경희대학교 인문학연구원 여성문화총서

여성문화의 새로운 시각 5

김진영, 연점숙 외

월인

경희대학교 인문학연구원 여성문화총서

여성문화의 새로운 시각 5

2006년 12월 10일 인쇄
2006년 12월 15일 발행

발행인 이 태 숙
발행처 경희대학교 인문학연구원
서울시 동대문구 회기동 1번지
전화 (02) 961-0212
인쇄처 도서출판 월인
서울시 강북구 수유2동 252-9
등록 제6-0364호 / 등록일 1998년 5월 4일
전화 (02) 912-5000 · 팩스 (02) 900-5036

ISBN 89-8477-340-9 93810

값 14,000원

‖ 머리말 ‖

원수집안의 아들과 미칠 듯한 사랑에 빠진 줄리엣은 "오, 로미오 왜 그대 이름은 몬타규이어야 하나요?" 하고 야속해하다 도대체 이름이란 무엇인가 하고 이름의 본질에 대해 질문한다. "도대체 이름 속에는 무엇이 있나요? 우리가 이 향기로운 장미를 장미가 아닌 딴 이름으로 부른다고 장미의 향기가 사라지나요?" 물론 장미를 호박꽃이라 부른다 해도 장미의 달콤한 향기는 사라지지 않는다.

문제는 이름 짓는 주체인 명명자(命名者)에게는 세상을 읽고 해석하는 존재가 갖는 권위와 힘이 주어진다는 것이다. 여성학이라는 이름으로 20세기 후반에 시작한 여성에 대한 새로운 조망은 역사와 신화가 만들어 낸 기존의 담론과 이름들을 되돌아보고 수정하는 작업을 해 왔다. 얼마 전 한 일간지가 인터뷰한 문학상 수상 여성소설가들은 '우리를 꼭 여성소설가라며 여성이라는 이름을 붙여야 하나요?' 하고 지적했다. 이보다 얼마 전에는 '여성'이 아니라 '여류'라는 접두사가 '여류시인, 여류작가' 식으로 쓰이곤 했다. 오늘날 교육받은 사람 중에 여류라는 이름을 아직도 쓰는 사람은 많지 않다. 마치 현재 미국에서 '검둥이(negro)'나 '흑인(black)'이라는 용어를 쓰지 않고 '아프리카계 미국인(Afro-American)'을 사용하는 것과 같을 것이다. (학생들의 글쓰기에 'negro'나 'black'을 사용하면 'p.c.'라고 빨간 줄이 쳐진다. 그것이 '정치적으로 옳은(politically correct)' 것이냐를 생각하라는 것이다.)

동서를 막론하고 남성중심문화가 명명해낸 여성의 이미지는 여성에 대한 편견과 오독으로 가득해 왔음은 주지의 사실이다. 크리스테바, 이리가라이, 식수, 쇼월터, 토릴 모이와 같은 프랑스와 영미의 유명한 페미니스트 학자들의 공통된 지적의 하나는 남성성이라고 이름된 것들의 특질이 표준이며 여성성이라고 이름지어지는 것들은 모두 부수적이라는 것이다. 인류의 마지막 식민지는 '여성'이라는 언술은 이러한 표준과 무관하지 않을 터이다.

남성중심문화가 주조해낸 언어를 다시 조망하고 수정하여 균형을 잡는 작업은 21세기가 되어도 당분간 계속될 것이다. 왜냐하면 우리의 세계 특히 한국사회는 최근 남녀간 불평등 상황인, 소위 '성 격차(gender gap)' 수준이 전세계 115개국 중 바닥권인 92위라는 순위를 얻었기 때문이다. 세계경제포럼(WEF)이 하버드 대학과 런던대학에 의뢰하여 고용, 교육, 보건, 정치 분야에서 남녀간 불평등 상황을 계량화 했다는 이 수치는 한국여성의 위상이 방글라데시나 아프리카 튀니지 보다 아래 순위에 있다고 보고했다.

'인간답게 존재한다는 것은 자신과 세상과 신에 대해 자신의 언어로 이름지어 부를 수 있는 것'이라는 메어리 달리의 말은 양성 평등의 추가 어느 정도의 균형을 찾을 때 까지 유효할 듯 싶다. 때로 새로운 시각으로 되돌아보며 비판적 관점에서 낡은 텍스트를 대하는 작업은 문화역사의 새로운 장을 쓰는 의미있는 이름 지어 부르기 일 것이다. 추가 평형을 찾으면 '여성' 이라는 접두사는 사라지고 많은 사람들이 불안한 눈으로 바라보는 '페미니즘' 이라는 용어는 과거사 문화역사의 한 장이 될 것이다. 그러한 날들의 도래에 대한 소망의 한 형태로 우리들의 여성문화의 새로운 시각은 그 조망을 멈추지 않을 것이다.

금년 6월, 『여성문화의 새로운 시각 4』가 문화관광부의 '2005년도 우수학술도서'로 선정되었던 낭보는 우리 총서 발행에 커다란 격려가 되었다. 총서 발행이 가능하도록 소중한 원고를 주신 학자들에게 깊은 감사를 드리는 바이다. 다섯 권째 총서인 『여성문화의 새로운 시각 5』는 우리 총서의 특성인 서구문학을 포함한 세계문학과 현대와 고전에 걸친 우리 한국문학 텍스트에 나타난 여성의 재현을 조망하였다. 또한 사회언어학자의 시각으로 바라 본 '성과 언어'에 관한 김규현 교수님의 글도 실려 있다. 앞으로 더 다양한 전공자의 시각에서 바라본 '여성문화의 새로운 시각'을 아우르는 총서가 되어야 할 과제가 남아 있다. 아무튼 열악한 환경에서 벌써 다섯 번째의 총서가 나오도록 힘이 되어 주신 전 인문학연구원 원장님이신 김진영 교수님, 책이 나올 수 있도록 여러 귀찮은 일을 담당하신 서유석 선생님, 그리고 상업적으로 별 소득이 없을 총서의 출판을 해주신 도서출판 월인에 깊이 감사드릴 뿐이다.

경희대학교 인문학연구원
여성문화연구실장 연 점 숙

차례

제1부 · 21세기와 여성문화 5

제2부 · 현대 여성작가와 작품형상

차례

제3부 · 고전문화와 작품세계

제1부

♥

21세기와 여성문화 5

금지된 열매 맛보기
-크리스티나 로세티의 『도깨비 시장』(*Goblin Market*) 읽기-

연 점 숙*

Ⅰ. 머리말

“내가 죽으면 사랑하는 이여. 슬픈 노래 부르지 마세요”(‘When I am dead, my dearest, / Sing no sad songs for me’)라는 구슬픈 시로 널리 알려진 크리스티나 로세티(Christina Rossetti)의 시인으로서의 위상은 시대에 따라 부침하는 문학연구 경향에 따라 많은 변화를 겪어 왔다. 그녀가 살았던 빅토리아 시대는 『오로라 리』(*Auraro Leigh*)에서 천명된 것처럼 ‘문학의 임무는 사회상을 충실히 반영하는 것(Their sole work is to represent the age)’이라며 여성문제나 노예제도 같은 거대 담론을 다루었던 엘리자베스 배렛 브라우닝(Elizabeth Barrett Browning) 보다 크리스티나 로세티를 더 훌륭한 시인(a great saintly poet)으로 평가하기도 했다. 그 평가의 준거는 사랑, 고독, 신앙 같은 사적인 주제를 아름다운 언어로 다루었다는 것과 무엇보다도 거의 수도자와 같은 생활을 했던 그녀의 깊은 신앙적 자세 때문이었다. 그녀의 사후에 로세티를 기린 시를 쓴 헨리 토마스 멕켄지 벨(Henry Thomas Mackenzie Bell)의 시 제목이 “훌륭한 시인, 무엇보다 여성으로서 더 훌륭했던 크리스티나 로세티에

---

* 경희대학교 영어학부 교수

게"(To Christina Rossetti, Great as a Poet, greater as a Woman)였던 예에서도 여성시인에게 기대된 성정체성의 견고성을 볼 수 있다.

그러나 20세기 중반에 이르러서는 로세티는 사랑의 상실에 대한 좌절과 자학으로 가득한 시를 쓴 신경쇠약증적인 여성시인이어서 간신히 『10인의 빅토리아 시인』에 수록될 수 있었던 주변적 작가로 격하된다. (다이안 다미코(Diane D' Amico)는 그 이유로 1920년대와 30년대에 프로이트의 영향으로 등장한 정신분석적 이론들이 정통기독교 신앙을 회의적인 시선으로 대했던 것에 기인했다고 보고 있다.) 이렇게 한동안 잊혀진 혹은 주변적 위치의 시인으로 있었던 로세티의 위상변화는 1970년대 말과 80년대 초반에 일기 시작한 여성주의 비평과 맥락을 같이 한다. 그들은 로세티가 남성중심적 시각으로 오독되었음을 밝혀냄으로써 그녀를 주변적 시인의 위상에서 빅토리아의 주요시인으로 복원시킨다. 그들은 로세티를 사적인 행복을 희생하여 온 영혼을 신에게만 바친 가련한 여성시인이 아니라 자신이 살았던 가부장제 이데올로기를 전복하여 '여성임'(feminine self)을 긍정하는 강한 의지의 시인으로 부각하려는 노력을 기울였다. 로세티는 신앙 때문에 결혼을 포기한 여성이 아니라 그녀의 예술 (시)을 위해 결혼을 거부한 여성으로 읽어 낼 수 있다는 것이다(D' Amico, Faith, Gender and Time 8).

그녀의 1,000여 편의 시중에서 가장 많이 논란이 되어 온 『도깨비 시장』(*Goblin Market*)은 후일 수녀가 된 그녀의 언니 마리아(Maria)에게 헌정된 시이다. 비록 로세티가 "이 동화를 통해 심오한 그 무엇인가를 의도하지 않았다"고 언급했지만 이 작품은 수수께끼 같은 환상적인 서사와 감각적인 이미지, 음악적인 언어에 매료된 비평가와 독자들로 하여금 많은 논난을 유발시켰다. 이 시의 서사구조는 향기롭고 달콤한 과일을 사라는 도깨비들의 유혹에 빠진 어린 처녀 로라(Laura)의 추락과 그녀를 구하려는 자매 리지(Lizzie)의 모험과 구원으로 이루어져 있다. 금지명령, 유혹, 욕망, 타락, 구원을 주축으로 하는 이 서사 읽기 중 하나는 성경의 금단의 나무와 열매, 인간의 타락, 그리스도 예수의 구원이라는 커다란 틀 안에서 흔히 이루어진다.

이 서사의 틀 한 가운데 있는 상징적 장치가 금지된 열매이다. 서구문화에서 금지된 열매는 에덴 동산에서 뱀의 유혹에 빠져 이브가 먹었던 선과 악을 알게 하는 지혜의 나무 열매이다. 창세기에 따르면 하나님은 아담과 이브에게 동산 안에 있는 모든 나무의 열매들을 접근가능한 것으로 허락하지만 이 지혜의 나무 열매만은 금지한다. 아내 이브의 권유에 아담도 함께 이 열매를 먹을 때 순수의 세계는 박탈되고 죄, 고통, 죽음이 있는 타락의 세계로 인류는 추방된다. (밀턴의 『실낙원』(*Paradise Lost*)은 이 과정을 그린 대작으로 뱀의 유혹에 넘어간 여성(이브) 욕망의 위험성을 강조한 가부장적 시선이 깔려 있다.)

금지된 열매는 접근, 획득 혹은 달성되어서는 안 된다는 금지의 매력 때문에 더욱 호기심을 유발하게 되는 욕망의 표상이다. 크리스티나 로세티 역시 성에서 오는 금지가 당연시 된 빅토리아시대를 살았던 작가이다. 젠더에서 오는 차별은 그녀의 오빠인 단테 가브리엘 로세티(Dante Gabriel Rossetti)가 주축이 된 라파엘 전파(the Pre-Raphaelite)로 인해 가까이에서 더욱 극심하게 느낄 수 있었던 것으로 전기작가들은 기록하고 있다(Marsh 84). 로세티는 신비하고 환상적인 여성의 미를 즐겨 그렸던 그녀의 오빠를 위해 때로 모델이 되어 줌으로써 남성시선(male gaze)의 객체가 될 수는 있었으나 자신의 진솔한 목소리는 마음대로 낼 수가 없었던 시대적 환경을 살았다.[1)] 예술만이 여성욕망에 대한 그녀의 진솔한 자신을 드러낼 수 있는 공간일 수 있었을 것이다. 흥미롭게도 『도깨비 시장』은 이 금지된 열매 맛보기의 의미를 교묘히 뒤집어 본 텍스트로 읽을 수 있는 여지를 행간에 남겨두고 있다. 이 글은 작가 로세티가 어떻게 이 금지된 열매와 인류 타락의 정전을 전유하여 남성중심적인 전통적 해석을 비켜나 여성의 눈으로 바라본 여성의 욕망과 금지된 열매 맛보기의 의미를 시사하는지 살펴보려 한다.

II. 로라의 금지된 열매 맛보기

금지된 열매의 유혹에 승복하는 여성과 이에 맞서 저항하는 여성의 대비

1) "소녀시절의 성모 마리아(Girlhood of Virgin Mary)", "수태고지(The Annunciation)" 등은 크리스티나 로세티를 모델로 한 그림임.

는 일반적으로 타락한 여성에 대한 비난과 저항하는 여성에 대한 칭송의 구도를 연상하게 하지만 『도깨비 시장』은 이러한 구도에 정확히 부합하지 않는다. 그렇다면 로세티에게 있어 금지된 열매의 의미는 무엇이었을까. 전통적으로 금지된 열매는 사과로 알려져 있다. 이것은 라틴어의 '사과'라는 'malus(apple)'라는 단어가 '악'이라는 'malum(evil)'과 유사한데서 생겨난 중세의 언어유희(pun)에서 왔으리라는 해석이 존재한다. 유대교에서는 이 과일을 포도, 무화과, 밀, 혹은 귤의 일종으로 보기도 했다. 최근에는 에덴동산의 지역적 위치를 반영하여 석류라고 주장하는 이론도 있다.2)

그러나 금지된 열매란 사과이든 석류이든 혹은 『도깨비 시장』의 도깨비 남자(goblin men)들이 소녀들을 유혹할 때 썼던 수많은 향기로운 과일들이든 그 금지됨으로 인하여 호기심과 욕망을 불러일으키는 기제가 된다. 이 금지된 과일들은 빅토리아 시대 여성들에게 암묵적으로 금지되었던 것들로 읽을 수 있다. 그 첫 번째가 '여성 욕망'(female sexuality)이다. 커벤트리 패트모아(Coventry Patmore)의 시가 창조한 '집안의 천사'(The Angel in the House)는 빅토리아 사회의 순결하고 조신한 여성의 표상이었으며 이 천사는 너무 순결하여 남성들이 갖는 '저속한 성적인 욕망'을 소유할 수 없는 존재로 간주된다. 두 번째는 여성에게는 금지되었던 지식과 교육이다. 빅토리아시대의 가부장적 문화는 여성이 남성과 똑같은 교육을 받게 되는 것은 여성의 생식기능에 해악을 가하는 것이라고 믿었다. 그럼으로써 여성의 섹슈얼리티(sexuality)와 앎에 대한 욕구의 이중적 족쇄는 이 사회가 갖는 '집안의 천사' 이데올로기를 효과적으로 확대할 수 있었다.

크리스티나 로세티는 이 금지된 여성의 욕망과 지식에 대한 열망이 서로 이질적이 아니었음을 『도깨비 시장』의 화려한 시쓰기 장치 이면에 깔아 두고 있다. 최초의 여성인 이브가 먹었던 금지된 열매가 달려 있던 나무가 동시에 선과 악을 알게 하는 지혜의 나무라는 것은 여성욕망과 지식(Knowledge)의 밀접한 관계를 보여주고 있다. 로세티 연구 학자인 다미코 교수는 이브가 금단의 열매를 먹은 것은 '성적인 욕망을 갖기(lustful)' 위해서가 아니라

2) 1997년에 크로니클 북(Chronicle Books)사에서 발간된 『도깨비 시장』은 단테 가브리엘 로세티의 석류를 먹고 있는 '프로세르피나'(Prosperine)의 초상화를 표지그림으로 사용하고 있다.

하나님과 똑같아 지기를 바라는 '오만한(prideful)' 욕망에서 기인했다고 지적한 바 있다("이브, 마리아, 마리아 막달렌", 179). 마찬가지로 『도깨비 시장』 전편 그 어디에서도 로세티는 유혹에 진 '타락한 여성(Fallen woman)'인 로라에 대하여 비난하거나 정죄하는 톤을 전혀 취하지 않는다. 여성의 성적인 욕망은 빅토리아 여성에게는 타부시 되는 것이었지만 이 규범을 어긴 여성에 대한 죄악시에 대한 부재 혹은 거부 그 자체가 당시로서는 상당 부분 급진적인 면모라고 할 수 있다.

빅토리아 시대의 잣대로 볼 때 '타락한 여성'의 이름이 '로라(Laura)'라는 것은 로세티가 의도적으로 선택한 것인지 우연적인 것인지 알 수는 없다. 그러나 여성에 대한 비현실적인 이상화와 신비화의 대표적인 시인 페트랄카(Petrarch)가 그의 궁중연애시 소넷에서 노래한 대상이 그 유명한 '로라'라는 것은 우연 이상의 의미를 갖는다. 카렌 암스트롱(Karen Amstrong)은 이렇게 천사처럼 여성을 완벽한 존재로 이상화하는 것은 욕망으로 위험한 이브의 반대편에 있는 성모 마리아와 같은 '완전한 여성'에 대한 중세의 집착으로 보았다(81). 가톨릭교에서 믿고 있는 성모 마리아의 영원한 처녀성(eternal virginity)의 신화는 여성의 섹슈얼리티를 부정적으로 바라보게 해왔음을 부인할 수 없다.

페트랄카의 이상화된 천사같은 여성, 로라와 달리 로세티의 로라는 호기심이 많고 자신의 욕망을 적극적으로 드러내는 여성이다. 도깨비들의 과일 사라는 외침에 처음 그녀는 리지에게 조심하라는 경고를 한다. 그 이유는 도깨비남자들의 정체에 대한 불확실성 보다는 그들이 파는 과일이 어떻게 어디에서 생겨나고 익어갔는지 그 근원을 모르기 때문이다.

> 우린 저 도깨비 남자들을 쳐다보면 안돼.
> 절대로 저 과일들을 사선 안돼.
> 저 굶주리고 목마른 뿌리들을
> 저들이 어떤 땅에서 어떻게 길렀는지 누가 알겠어?
>
> "We must not look at goblin men,
> We must not buy their fruits:

Who knows upon what soil they fed
Their hungry thirsty roots?"

(*Goblin Market* 42-45)

그러나 다음 순간 뱀의 유혹에 쉽게 설득당하는 이브처럼 로라는 도깨비 남자들의 과일의 근원에 대한 경계심을 이완하고 과일이 갖는 이국성, 신비함, 불가해성에 대해 매료된다.

저렇게 달콤한 포도를 기르는
포도나무는 얼마나 아름다울까.
저 과일나무 숲을 스치는
바람결은 얼마나 향기로울까.

"How fair the vine must grow
Whose grapes are so luscious;
How warm the wind must blow
Thro' those fruit bushes." (60-64)

로라는 도깨비에게 다가가 자신의 기준으로 경제교환을 제의한다. 들판에 가득 핀 '노란 들꽃, 가시금작화'와 열매를 교환하자는 로라의 의사는 쌍방 모두 효용되는 경제가치로 통용되지 않는다. 도깨비들이 '아가씨 머리의 금발'로 값을 지불하라고 권유하자 그녀는 금발머리 한 다발을 잘라 주고 과일을 구매한다.

단테 가브리엘 로세티가 그린 금발머리칼을 잘라 도깨비들의 과일을 사는 로라의 모습(1862)

로라가 과일을 먹자 그녀의 과일에 대한 욕망은 오히려 무한히 증대한다. 과일에 대한 그녀의 갈증은 중독자와 같아지고 더 이상 열매를 먹을 수 없게 되자 로라는 폐인처럼 변해간다. 그녀는 다시는 과일을 먹을 수 있다는 희망이 사라지라 예전처럼 일도 할 수 없고 '생기를 잃게(listless, 297) 된다.

우리는 여기서 로세티가 지혜의 나무와 생명의 나무의 열매의 경계를 의도적으로 모호하게 처리함을 알 수 있다. 창세기에서 아담과 이브는 금지된 열매를 따먹은 후 죄에 대한 처벌의 하나로 다시는 그 나무로 접근할 수 없도록 정원에서 추방된다(창세기 3:22-24). 그러나 로세티의 시에서는 로라가 다시 생기를 찾게 된 생명의 회복과 치유는 다시 이 금지된 과일을 먹는 데에 있다. 리지가 로라를 대신하여 도깨비를 찾아가 고난과 수모끝에 묻혀온 과일즙은 로라에게 구원의 영약으로 작용한다. 근본적으로 로라를 타락하게 한 지혜의 나무 열매나 구원을 던져 준 생명의 나무 열매나 그 뿌리는 동일한 나무이며 바로 이 점에서 로세티는 순결함과 죄의 정의를 유보하고 있다고 볼 수 있다. 이 부분은 성경에서 예수가 "이와 같이 좋은 나무마다 아름다운 열매를 맺고 못된 나무가 나쁜 열매를 맺나니(마태 7:18)"라는 부분과 대조가 되는 부분이다.

또한 이 에피소드는 로세티가 금욕이 선한 것이고 욕망을 소비하는 것은 죄악이라는 이분법에 동조하지 않음을 보여준다. 로세티의 다른 시작품, 특히 '세여인(A Triad)'에 나타난 생기잃어 가는 여성에 관한 모티프는 그녀들이 부여받은 잠재력과 생명력을 충분히 계발할 기회를 부여받지 못해 희망을 잃어갈 때의 현상이다. 빅토리아 사회는 여성에게 지식의 지극히 일부분에만 접근하도록 허용했으나 완전한 몰입은 암묵적으로 금지한 시대였다. 그것은 사회로의 자유롭고 완전한 접근(access)이 제한됨을 의미했다.

여성의 영적인 구원과 사회 개선과의 관계에 대해 로세티는 남과 달리 개인적인 충분한 경험을 가지고 있는 시인이다. 그녀는 '타락한 여성'(Fallen Woman)의 쉼터이며 교화기관인 하이게이트의 성 마리라 막달렌(St. Mary Magdalene)에서 10여년이나 봉사한 경험을 가지고 있다(Marsh 238). 이 기관의 목적은 이 참회하는 여성들을 건전한 노동력을 행사할 수 있는 하녀와 같은 일을 할 수 있도록 변화시키는 것과 영국국교도의 활동적인 신도가 될 수 있도록 하는 것이었다. 로세티 전기작가인 잔 마쉬(Jan Marsh)에 의하면 로세티의 『도깨비 시장』의 서사는 이 여성들의 쉼터에서 나온 어떤 여성들의 에피소드와 병치한다고 지적했다. 하이게이트의 한 교도소장이 쓴 글이 1857년 『영국여성 저널』(*English Woman's Journal*)에 수록되었는 데 그 글은 금지된 사과를 먹은 여성들에 관한 글이었다고 한다. 몇명의 젊은 여성들이 어떤 과수원에서 금지된 사과를 먹었는데 이 사실이 그녀들 모두에게 죽음, 폭력과 같은 것으로 이끌었다는 내용이었다고 한다(242). 이 교도소장의 글이 로세티의 『도깨비 시장』의 이야기와 현저히 다른 점은 금지된 과일을 맛본 여성들에게 주어진 처벌이다. 교도소장의 글에 등장하는 여성들은 심한 죄의식과 수치심에 고통받는 반면 유혹에 진 타락한 여성인 로라는 죄의식이나 수치심에 전혀 시달리지 않는다. 로라의 고통은 그녀의 행동에 대한 후회가 아니라 과일을 다시 맛보고 싶은 증폭된 욕망으로만 나타난다. 로세티는 『도깨비 시장』에서 여성의 욕망이 가져온 현상에 대해 전통적인 접근을 하지 않음으로써 타락한 여성과 순결한 여성의 경계에 대해 유보적인 입장을 취한 것으로 보인다.

이러한 로라를 대하는 리지 역시 한치의 비난이나 원망없이 그녀를 고통에서 구해 주려는 열정으로 가득 차 있을 뿐이다. 많은 비평들은 이러한 리지를 그리스도적 인물로 부각시키기도 하는데 성서의 내용과 다른 점은 인간이 범죄(타락) 이후에 겪어야만 하는 하나님과의 분리의 쓰디쓴 경험이 없다는 것이다. 리지를 그리스도적 인물로 간주한다면 로라는 리지와의 분리의 경험에서 오는 암흑의 고통을 감내해야만 했을 것이며 따라서 극심한 수치심으로 괴로워하는 모습으로 재현되었을 것이다. 그러나 로라는 리지의 비난이나 비판을 초래하지 않고도 그녀가 맛보았던 금지된 열매의 열락의 맛에 대해 열정적으로 서술할 뿐이다. 그 다음 장면은 범죄 후 에덴 동산에서 추방된 모습이 아니라 두 자매가 다정하고 평화롭게 잠들어 있는 축복된 천상의 모습으로 그리어진다.[3)]

3) 로라와 리찌가 잠든 모습은 단테 로세티가 그려서 초판 『도깨비 시장』에 실려 있다. 또한 두 자매의 친밀함은 20세기 후반 들어 게이 레즈비언 텍스트에 레즈비언 관계로 즐겨 전유되기도 했다.

단테 가브리엘 로세티가 그린 로라와 리찌의 잠든 모습.
1862년 『도깨비 시장과 그 밖의 시들』이라는 시집의 표지 그림이었음.

한 둥지의 두 비둘기처럼
서로의 날개 덮어 사뿐히 잠든
금발머리 옆의 또 금발머리
그들은 커텐 드리운 침대에 누워 있네
한 줄기에서 피어난 두 송이 꽃처럼
방금 내린 새하얀 두 눈송이처럼
임금님께 드리려 황금장식한
상아로 만든 두 지팡이처럼
달님과 별님도 그들을 바라보고
산들바람은 자장가를 불러주네
올빼미도 날지 않고 쉬고 있네
시끄러운 날개 짓으로 이리저리
나르는 박쥐 한 마리 없으며
. . . .
뺨과 뺨을 맞대고 가슴과 가슴을 맞대고
한 둥지에 다정히 잠들어 있네.

Golden head by golden head,
Like two pigeons in one nest
Folded in each other's wings,
They lay down in their curtain'd bed:
Like two blossoms on one stem,
Like two flakes of new-fall'n snow,
Like two wands of ivory
Tipp'd with gold for awful kings.
Moon and stars gaz'd in at them,
Wind sang to them lullaby,
Lumbering owls forbore to fly,
Not a bat flapp'd to and fro
Round their rest:
Cheek to cheek and breast to breast

Lock'd together in one nest. (182-198)

이처럼 사회의 추방자에 대한 로세티의 시선이 당시의 관습을 벗어나 있다는 것은 그녀가 자신이 살았던 시대에 대해서 다른 견해를 드러내는 중요한 점으로 읽을 수 있을 것이다. 그녀는 사회적 약자인 '타락한 여인'들에 대해 기존 사회가 정죄와 배제가 아닌 수용과 관용을 보여야 한다는 견해를 시 속에서 드러낸다. 하이게이트의 성 마리아 막달렌집에서 로세티가 오랫동안 관여했던 사실에 대해 다미코 교수 역시 "이 교화기관의 궁극적인 목적이 그녀들을 교화하여 다시 가정으로 돌아가게 하는 명분을 가진 기관이라는 것을 상기할 때 로세티는 '타락한 여인'이 영원히 사회적 추방자가 되는 것을 믿지 않았었다고 가정할 수 있다(69)"라고 언급하였다. 안젤라 리톤(Angela Leighton) 역시 로세티가 『도깨비 시장』에서 "타락한 여성은 거리의 여인과 죄인일 뿐만 아니라 동시에 사랑스런 모두의 누이(137)"라는 사실을 보여주는 것이라고 보았다. 로라는 이 작품의 말미에서 다른 여성과 똑같이 정상정인 어머니와 아내의 행복을 누리는 것으로 나타난다. 그러나 사실상 한번 '타락한 여성'이라는 낙인이 찍힌 후에는 정상적인 명예는 회복 불가능한 것이 로세티의 사회였다. 로세티는 만약 완전함의 표상인 신(예수)이 간음한 여인을 용서한 것처럼 이러한 여인들을 포용하는 데 왜 불완전하며 더럽혀진 사회는 이 여성들을 받아들이지 못하는가 하는 질문을 하는 것으로 볼 수도 있다.

III. 리지의 모험과 로라 구하기

로세티가 로라와 대조되는 리지를 통해 보여주려 하는 것은 첫째로는 물론 교육받지 못한 하이게이트의 교화대상 여성들에게 도깨비들이 파는 달콤한 유혹에 빠지지 않아야 할 것이라는 메시지일 것이다. 그러나 마쉬가 주장하는 대로 "종교적 교리에 엄격히 매인 하이게이트를 운영하는 교육받은 위원들도 보다 더 적합한 관점(243)"을 얻을 수 있을 것이다.

『도깨비 시장』에서 리지를 통해 나타난 구원의 메시지는 정신적 구원의 의미에 비중을 두었기 보다는 사회적 포용을 통한 구원이다. 사회의 가장 기본 단위인 가정과 가족에서 시작한 포용은 자매 리지에게서 시작된다. 관습적으로 볼 때 순결한 리지는 유혹에 져버린 로라를 질타하지 않고 애정어린 염려를 나타낼 뿐이다.

지니를 기억하지 못해?
어떻게 그애가 달밤에 나다니다
그들의 특별한 선물을 받고
그들의 과일을 먹었는지 그리고
언제나 여름이 일렁이는
그들의 골짜기에서 딴 꽃을 꽂았는지.
그러나 그 달밤이래로
그애는 야위고 야위어
그 도깨비들이 그리워서 밤낮으로 찾다가
더 이상 찾지 못해 창백히 스러져가
첫눈 오던 날 가버렸잖아.
. . . .
그러니 다시는 혼자 나다지지 마.

Do you not remember Jeanie,
How she met them in the moonlight,
Took their gifts both choice and many,
Ate their fruits and wore their flowers
Plucked from bowers
Where summer ripens at all hours?
But ever in the moonlight
She pined and pined away;
Sought them by night and day,
Found them no more but dwindled and grew grey;
Then fell with the first snow,
. . . .

You should not loiter so. (147-162)

로라가 맛보았던 금지된 과일은 죽은 지니의 경우처럼 더욱 더 목마르게 하는 과일이다. 목마름은 지나쳐서 생명을 빼앗아 갈 수 있는 독성이 있는 과일이다. 두번 째 로라가 다시 이 과일을 리지의 헌신적인 수고를 통해 맛보게 되었을 때 이 과일은 "목에는 꿀과 같으나 몸에는 독과 같은(like honey to the throat / But poison in the blood"(554-55) 몹시 쓰디 쓴 것으로 변한다. 이것은 계시록에서 "내가 천사의 손에서 작은 책을 갖다 먹어 버리니 내 입에는 꿀같이 다나 먹은 후에 내 배에서는 쓰게 되리라(10:10)"라는 인유를 연상시키는 부분이다. 로세티는 비록 쾌락의 열매가 달콤해 보이지만 사실상 그것들은 파괴적이라고 간파하는 것이다. 이 쾌락이라는 것은 성적인 것 그리고 지식이며 혹은 빅토리아 시대가 여성에게 적합하지 않은 것으로 간주된 것들이라고 확대 해석할 수 있다. 그렇다면 이 금지된 열매는 반드시 죄악된 것이라기보다는 사회도덕의 문제이다. 따라서 금단의 열매를 맛본 자에 대한 감시와 처벌은 신성한 존재에게서 오는 것이 아니라 사회에 의해서이다. 불완전한 빅토리아 영국사회는 여성에게는 이러한 이슈들을 금지시켰으므로 이 열매에 대한 소비는 그러한 사회에서는 파멸로 귀결될 뿐이다.

로세티는 물론 그녀의 하이게이트 경험 때문에 (성이라는 금지된 열매를 소비한) 빅토리아 시대의 매춘 문제에 대해 다른 사람보다 더 깊은 견해를 가지고 있었을 것이다. 또한 그녀는 자신이 살았던 시대가 가지고 있던 여성의 성과 결혼이 갖는 이중잣대를 하이게이트에서 일했던 경험 때문에 보다 더 첨예하게 인식했다고 할 수 있다. 다미코 교수는 이 문제에 대해 다음과 같이 추론한다.

> 로세티는 사랑하지도 않으면서 결혼이라는 제도에 자신을 팔아버린 여성과 사랑의 약속에 어리석어져서 결혼 전에 순결을 잃은 여성과의 차이를 인정하지 않은 듯하다. 그 둘 모두 하나님 보다 이 세상의 것들을 우선시 했다는 결함이 있다. (Equal Before God 77)

또한 타락한 여인, 사랑없이 결혼한 여인, 그리고 독신 여성이 등장하는 '세 여인(A Triad)'이라는 시에서 사랑없이 안락함만을 위해 결혼한 여성을 타락한 여성보다도 더 비판적으로 그리고 있다는 사실 또한 빅토리아 사회의 성과 결혼에 대한 로세티의 날카로운 비판의식을 엿볼 수 있다.

바바라 가알릭(Barbara Garlick)은 라파엘전파에게 있어서 "금지된 열매는 회원들이 즐겼던 야성적인 면일 뿐만 아니라 책이 주는 비밀한 즐거움(109)"으로 언급한 바 있다. 로세티는 라파엘전파 운동을 가까이에서 보았기 때문에 금지된 열매가 지식과 교육이라는 또 다른 수사법이라는 것을 익숙히 알았을 것이다. 이런 관점에서 볼 때 『도깨비 시장』은 '타락한 여성'에 대한 담론을 제공하는 작품을 넘어 19세기의 커다란 문제의 하나였던 '여성문제'(Woman Question)에 대한 것으로 확대해서 볼 수 있을 것이다. 여성을 대상으로 하는 교육의 부족이 여성의 방탕을 가져온다고 간주한 빅토리아 사회는 동시에 여성에 대한 지나친 교육은 여성의 생산기능에 장애를 가져온다고 믿었다. 그러나 이때에 필요한 교육은 남성들에게 열려진 학구적인 교육이 아니라 도덕교육일 뿐이었다. 마쉬는 "하이게이트에 수용된 처녀들은 자신들의 욕망을 제어할 줄 모르는 어린이 수준의 도덕적 성숙을 가진 사람들로 인식되었다(243)"고 언급하고 있다.

마찬 가지로 『도깨비 시장』의 로라와 리지도 도깨비들과 경제활동의 교환은 말할 것도 없고 "도깨비 남자들을 쳐다봐서도 안 되는(should not peep at goblin men(49)" 것이 도덕적인 것으로 교육받았다. 그러나 로라는 "호기심"으로 인해 여성인 그녀에게 주어진 영역 너머의 경험과 지식을 찾기를 원했다. 『도깨비 시장』에서 판매되는 과일의 문제는 로라 자신의 언어로 표현된다. "저 굶주리고 목마른 뿌리들을/저들이 어떤 땅에서 어떻게 길렀는지 누가 알겠어(Who knows upon what soil they fed/Their hungry thirsty roots?")?. (44-45) 열매 (뿌리)를 지식으로 확대해서 보면 위험하고 비정통적인 철학으로 읽을 수 있을 것이다. 로세티가 "악을 배우는 것보다 무지한 채 남아있는 것이 더 현명하다(It is better to remain ignorant than to learn evil (Face of the Deep 38)"라고 말할 때 그녀 역시 이러한 지식의 접근을 두려움으로 바라보고 있음을 알 수 있다. 지식의 발견에 대한 암묵적인 거부는 여성으로 하여금 자신의 사적인 영역 안에서 '집안의 천사'라는 미사여구로만 머무르게 부추겼다. 로라와 리지도 도깨비 남자들이 오기 전까지는 우유를 짜고 버터를 만들고 바느질을 하는 집안의 처녀들이었다.

로라는 외부에서 들리는 유혹의 목소리에 유인되어 이 집안의 경계를 기꺼이 이탈하였으며 리지 역시 로라를 구원해야만 하는 상황 때문에 원하지는 않았지만 사회가 부여한 경계를 넘는다. 리지는 금화를 가지고 도깨비남자들에게서 과일을 구매하려한다. 그러나 그녀의 화폐를 통한 경제적 교환의 활동은 거부된다. 그들은 화폐가 아닌 리지의 일부를 교환의 조건으로 제안한다. "여기 우리와 앉아 향연을 즐겨요 / 와서 우리들의 손님이 되어 주세요 (Sit down and feast with us, / Be welcome guest with us. 381-82)" 그녀가 그들의 제안에 순응하지 않고 과일 맛보기를 거부하자 그들은 난폭해 진다.[4)]

> 그들은 그녀를 밀고 밟았다.
> 팔굼치로 치고 떠밀며
> 손발톱을 날카롭게 하여
> 짖고, 쉿소리와 고양이소리를 내며 비웃었다.
> 그녀의 옷을 찢고 스타킹을 더럽히고
> 그녀의 머리를 끝부터 마구 헝클었다.
> 그녀의 부드러운 발을 밟고
> 그녀의 손을 움켜잡고 먹지 않으려는
> 그녀의 입에 그들의 과일을 짜발랐다.
>
> They trod and hustled her,
> Elbowed and jostled her,
> Clawed with their nails,
> Barking, mewing, hissing, mocking,
> Tore her gown and soiled her stocking,
> Twitched her hair out by the roots,
> Stamped upon her tender feet,

4) 1973년 9월 플레이보이(*Playboy*)지는 이 부분을 성적인 은유로 가득차게 해석한 리지의 모습을 표지의 그림으로 삼은 바 있다.

Held her hands and squeezed their fruits
Against her mouth to make her eat. (399-407)

그러나 리지는 이 도깨비 남자들이 행하는 모든 물리적 공격을 굳건하게 감내한다. 리지는 자신의 자매 로라를 구원하려는 목적에 성공하면서도 그 자신은 더럽혀지지 않는다. 과일을 맛보는 경험은 일시적이지만 리지의 과업은 영속적인 구원의 목적을 달성한다. 그러나 이러한 리지가 여성적이지 않은 것으로 인식된다. 로라는 이미 '타락한 여성'이라는 여성화된 범주로 간주된다. 그러나 도깨비들의 과일을 그녀의 기준으로 구매하려고 했던 리지는 "거만(proud, 394)"하고 "무례(uncivil, 395)"하다고 도깨비들에게 힐난을 받는다.

도깨비남자들을 쳐다보는 것도 안된다고 교육받은 모범생 리지가 스스로 도깨비들을 찾아가는 행위는 두가지 이유에서 정당성을 얻는다. 하나는 원래의 그녀는 도깨비들과의 어떠한 관련도 혐오하였다는 것과 또 하나는 그럼에도 불구하고 모험을 하는 동기는 자매를 구하려는 자기희생의 자세 때문이다. 리지의 이런 행위는 자신이 살고있는 사회의 자매에게 자유를 찾도록 도와주려는 것이며 이것은 가부장제 사회에서 추방될 수 있다는 모험을 감수하는 행위이다. 도깨비남자들에게 물리적으로 수많은 곤욕을 당한 리지는 로라의 반대편에 서있는 성모 마리아처럼 순결한 존재여서 타락한 자매를 구하는 것은 아니다. 다미코 교수는 "성모마리아와 같은 여성은 독자에게 이상적일 수 없다(76)"라고 언급하기도 했다.

로라와 리지 모두 후반에서는 사회에서 기대하는 여성의 역할을 담당한다. 그들 모두 어머니와 아내가 되어 그들의 자녀들에게 도깨비 이야기를 들려준다. 그러나 이 도깨비이야기는 나그네를 조심하라거나 금지된 과일을 먹어서는 안 된다는 교훈의 이야기가 아니라 여성간의 유대, 자매애에 대한 긍지와 찬미의 이야기이다. 아무도 그녀들의 위험하고 반항적인 과거에 대해 전혀 후회의 감정을 드러내지 않는다는 것이 주목할 만하다. 또한 두드러진 사실은 비록 로라와 리지가 결혼한 어머니가 되었지만 시작품에서는 남성이나 가부장의 존재가 부재로 남아 있다는 것이다. 남성들의 부재에도 불구하고 시속에 나타난 가정의 풍경은 평화와 안정, 사랑으로 가득하게 재현된다. 또한 어린자녀들에게 금지된 열매를 먹었던 여성화자의 목소리로 여성경험과 철학을 서술한다는 사실도 주목할 만하다.

IV. 맺음말

크리스티나 로세티가 쓴 1.000 여 편의 시작품 중에서 가장 유명한 작품이 『도깨비 시장』이다. 마술적인 음악성을 지닌 567행으로 이루어진 이 시는 어린이를 위한 동화, 영성체의식의 종교적 텍스트, 페미니스트 텍스트, 또는 게이 레즈비언 텍스트에 이르기까지 수많은 텍스트로 읽히며 이 작품의 다중적 의미를 드러내고 있다.[5] 이러한 읽기가 가능한 것은 (작가 크리스티나 로세티가 자신은 복잡한 의미를 내포하지 않았다고 설명했지만) 이 작품이 갖는 환상적이며 신비한 애매모호성 때문이다.

『도깨비 시장』의 중심 모티프의 하나인 '금지된 열매 맛보기'의 의미 또한 그 애매모호성으로 인해 다양한 방식으로 접근할 수 있다. 이것은 무엇보다도 자신이 살았던 빅토리아 영국사회에서 여성의 역할과 여성의 위치에 대한 로세티의 유보적 입장에서 기인한다고 할 수 있다. 그녀는 유혹에 약해 금단의 사과를 먹음으로써 인류를 파멸로 이끌었다고 지탄되는 욕망의 여인 이브의 이야기를 전유하여 여성에게 주어진 부당한 제한들을 다루고 있다고 볼 수 있다. 로세티는 성서의 예들을 들어 그녀의 사회가 여성에게 특히 '타락한 여성'에게 갖는 편견과 제한은 원래의 하나님의 의도와 어떻게 부합되지 않는지를 드러낸다. 특별히 그녀는 여성을 제한하는 이데올로기적 경계를 로라와 리지를 통해 상당 부분 해체한다. 이 자매들을 통해 읽을 수 있는 것은 섹슈얼리티가 결여된 순결한 성모 마리아 혹은 지식을 찾으려는 시도로 인해 처벌받은 욕망의 여성 이브와 같은 극단의 범주에서 자유로워져야 함에의 암시이다. 금지된 과일을 먹음으로써 '타락한 여성' 로라

5) 1997년에 크로니클 북(Chronicle Books)사에서 발행된 『도깨비 시장』의 후기에서 조이스 캐롤 오오츠(Joyce Carol Oates)는 이 작품이 지닌 수수께끼 성향을 열거한 바 있다.

를 아무런 원망이나 정죄없이 받아들이고 구원하는 리지의 표상은 19세기 빅토리아 시대의 '여성문제(Woman Question)'에 대한 로세티의 예술을 통한 무의식에서 나온 대안으로 읽을 수 있을 것이다. 또한 양피지 위의 글쓰기처럼 숨은 의미가 겹겹이 드리워진 이러한 시쓰기는 남성위주 시대를 살았던 소외된 여성 시인의 저항과 전복기도이기도 하다.

참고문헌

Armstrong, Karen. *The Gospel According to Woman: Christianity's Creation of the Sex War in the West.* New York: Anchor, 1987.

Bible. King James Version. Camden: Thomas Nelson, 1972.

Bristow, Joseph, ed. *Victorian Women Poets.* London: Macmillan, 1995.

Browning, Elizabeth Barrett. *Aurora Leigh.* Oxford: Oxford UP, 1993.

D'Amico, Diane. "Eve, Mary, and Mary Magdalene: Christina Rossetti's Feminine Triptych." Kent, *Achievement* 175-91.

_____________. "'Equal Before God': Christina Rossetti and the Fallen Women of Highgate Penitentiary." *Gender and Discourse in Victorian Literature and Art.* Ed. Antony H. Harrison and Beverley Taylor. DeKalb: Northern Illinois UP, 1992. 67-83.

_____________. *Christina Rossetti: Faith, Gender, and Time* Baton Rouge: Louisiana State UP, 1999.

Garlick, Barbara. "The Frozen Fountain: Christina Rossetti, the Virgin Model, and Youthful Pre-Raphaelitism." *Virginal Sexuality and Textuality in Victorian Literature.* Ed. Lloyd Davis. Albany: State U of New York P, 1993. 105-27.

Kent, David. *The Achievement of Christina Rossetti.* Ithaca: Cornell UP, 1987.

Leighton, Angela. "'Because men made the laws': The Fallen Woman and the Woman Poet." Bristow 223-45.

Marsh, Jan. "Christina Rossetti's Vocation: The Importance of 'Goblin Market'." *Victorian Poetry* 32(1994): 233-48.

________. *Christina Rossetti: A Writer's Life.* Middlesex: Viking, 1995.

Mayberry, Katherine J. *Christina Rossetti and the Poetry of Discovery* Baton Rouge: Louisiana State University Press, 1989.

Rosenblum, Dolores. *Christina Rossetti: The Poetry of Endurance* Carbondale and Edwardsville: Southern Illinois UP, 1998.

Rossetti, Christina G. *The Complete Poems of Christina Rossetti.* Ed. R.W. Crump and Betty S. Flowers. London: Penguin, 2001.

______________. *Goblin Market : A Tale of Two Sisters* San Francisco : Chronicle Books, 1997.

______________. *The Face of the Deep: A Devotional Commentary on the Apocalypse.* London: SPCK, 1892.

중세 사이클극에 나타난 가족

김 정 애*

1. 서론

영국에서는 13세기에 번창하기 시작한 상인들의 조합이 교회 밖에서 이루어지는 연극 공연을 주관했다. 당시 유럽과의 무역 증가로 세력이 커진 상인 조합은 도시의 발달을 촉진시켰고 자신들의 세력을 연극 공연이라는 매개체를 통해 과시했다. 당시 교회는 일반인들을 교회 행사에 더 많이 참여시키려는 의도로 성체축일Corpus Christi Day이란 새로운 축제를 선포하고[1] 이 축제 기간 중에 연극을 공연하도록 하였다. 성체축일 축제는 예수의 몸과 피인 빵과 포도주의 구원의 능력과, 인간이며 신이신 예수와 그의 희생을 기리는 축제이다. 그러나 성체축일 축제에서 공연된 연극은 그 소재를 예수의 수난에 국한하지 않고 창조에서 최후의 심판일에 이르는 모든 성서상의 사건을 다루었는데 이를 사이클 극이라고 부른다.

축제의 시기는 부활절 후 60일째 되는 날로 대개 5월 21일부터 6월 24일 사이에 해당하며 따듯한 날씨와 낮 시간이 긴 시기로 실외 공연에 최적의

---

* 경희대학교 영어학부 교수

1) 교황 우르바누스 4세가 1264년부터 성체성혈 대축일을 공표하여 1311~12년에 열린 빈 공의회에서 교황 클리멘스 5세가 승인하였음.

시기라 할 수 있다. 성체축일 축제는 마을을 지나는 행진과 공연의 형식을 띠는데 교회는 성직자, 상인, 기술자등 모든 계층의 사람들이 참여하도록 독려했고 이런 과정에서 조합이 연극 공연에 주도적 역할을 맡게 된다. 영국에서는 약 125개의 마을에서 연극이 공연되었지만 지금은 주로 네 도시에서 —요크(48개), 체스터(24), 타운리(32), N-타운(42)—공연된 사이클 극이 전해 내려온다.

사이클극에 나타난 가족 이야기는 성경에 그 기원을 둔다. 최초의 가족인 아담과 이브, 인류를 멸망시킬 홍수에서 구원받는 단 하나의 가족인 노아와 그 아내 그리고 자식들, 예수에게 십자가 처형이라는 판결을 내린 빌라도 총독과 그 아내 프로클라, 성경에는 나오지 않지만 예수 탄생을 경배하는 임무를 받은 목동들이 겪는 이야기에 나오는 하층민 부부인 막과 질, 그리고 성모 마리아와 요셉의 성가정 등이 사이클극에서 다루어진다.

성경은 아담과 이브 이야기에서 여성의 운명을 결정지어 놓았다. 이브가 지은 죄로 인해 앞으로 모든 아내는 남편에게 지배받게 되리라는 신의 명령은 바오로 성인에 의해 다시 강조되고 결혼의 본질적 요소로 자리 잡는다. 그리스도가 교회의 머리인 것처럼 남편은 아내의 머리이기 때문에 아내는 남편에게 복종해야 한다는 것이 교회의 가르침이었다. 따라서 훌륭한 결혼의 조건은 남편이 지배하고 아내가 무조건적으로 복종하는 것으로 남편의 절대적인 권위가 강조되었다: Wives should be subordinate to their husbands as to the Lord. For the husband is head of his wife just as Christ is head of the church, he himself the savior of the body.2)

성경에 나오는 훌륭한 여성은 많지만 그중에서 교회가 훌륭한 아내의 귀감으로 삼는 여성은 사라이다. 사라는 복종, 정절, 헌신과 같은 아내가 갖추어야 할 덕목을 모두 갖춘 여성이다. 사라와 토비아스의 결혼은 성스러운 결혼의 모델로 사라는 결혼한 여성이 본받아야 할 여성으로 충실한 아내, 사려 깊은 어머니, 존경받는 며느리, 살림을 알뜰히 하는 주부 등의 역할을 훌륭히 행하는 여성이다. 사라의 아버지는 딸을 시댁으로 보내면서 시부모

2) Ephesians 5:22-23. 앞으로 나오는 모든 성경 인용은 *The Catholic Study Bible*, ed., Donald Senior(Oxford: Oxford Univ. Press, 1990)에 의거한다.

를 공경하고 남편을 사랑하며 가족을 돌보고 집안 살림을 잘 꾸리고 항상 흠잡을 데 없이 행동 하라도 당부한다(Tobit. 10:12). 사라와 같이 완벽한 여성, 아내는 사이클극에 등장하지 않는다. 사이클극이 예수의 수난을 다룬 남성 중심의 극이기 때문에 여성 인물은 성모 마리아를 제외하고는 주변적 위치를 차지하며 그 역할도 마리아 막달레나를 제외하면 모두 아내이며 어머니이다. 일반적으로 여성은 결혼한 여성, 과부, 처녀의 세 부류로 구분되고 그중 처녀에게 가장 높은 위치를 부여했다. 이렇게 여성은 독자적으로 직업이나 계급에 의해 분류되는 것이 아니라 남성과의 관계에 의해 결혼을 했는지 아닌지에 의해 분류되었다

본고에서는 가족 내에서 여성의 역할이 아내와 어머니로 양분되는 양상에 주목하고 아내의 역할로 나오는 이브, 노아의 아내, 빌라도의 아내 프로클라, 막의 아내 질, 그리고 아내이며 어머니이지만 어머니의 역할이 더 강조되는 성모 마리아를 중심으로 살펴보겠다. 사이클 작가들은 이들에 관한 성경속의 내용을 그대로 답습하지 않고 외경, 교회의 스테인 그라스, 조각, 성경의 주해 등은 물론 당시의 사회 상황을 광범위하게 반영하고 있다. 사이클극에 나타난 이들 아내들의 행동과 모습은 당시 가족관에 대한 반영이며 남성 중심 사회 속에서의 여성의 모습이다. 사이클극의 가부장적 영향은 여성 혐오의 형태로 나타나는데 사이클극에 나오는 아담과 요셉, 노아와 목동 등은 아내에 대한 불만을 노골적으로 토로한다. 테일러의 지적처럼 남편들에게 지탄의 대상이 되는 이브, 노아의 아내, 막의 아내 질은 여성 혐오 전통의 맥을 잇고 있다.[3] 이브와 같이 부정적 이미지의 여성에 대한 반대급부에 모든 여성이 본받아야 할 덕목을 갖춘 완벽한 여성, 어머니로 신의 경지에 까지 오른 성모 마리아가 있다. 사이클극에서 성모 마리아는 요셉의 아내로서의 역할보다는 아들 예수의 탄생과 죽음과 연관된 어머니로서의 기쁨과 고통이 강조된다.

3) Jerome Taylor, "The Dramatic Structure of the Middle English Corpus Christi, or Cycle, Plays", *Medieval English Drama*, eds. Jerome Taylor and Alan H. Nelson, Chicago and London: Univ. of Chicago Press, 1972, p.155.

2. 본론

2.1. 아담과 이브

<아담과 이브>(체스터 2)에서 이브는 뱀의 유혹을 받고 금단의 사과를 먹은 후 아담에게 권하여 먹게 한다. 여기서 사탄은 뱀의 모습으로 변신하여 나타나는데 그 모양새를 보면 상체는 새의 깃털을 달고 다리는 뱀의 모양을 한 여자의 형상으로 나타난다. A manner of an adder is in this place, / That wynges like a byrd she hase, / Feete as an adder, a maydens face / Her kindenes I will take.(2:193-6)[4] 여자의 형상을 한 사탄의 모습은 성경에는 나오지 않는 것으로 사탄과 뱀과 여자는 동일하다는 인식을 보여주는 대목이다. 프루고니의 지적처럼 사탄을 다리는 뱀이고 머리는 아름다운 여성의 모습으로 묘사한 것은 바다에서 뱃사람을 유혹하여 물속에 빠트리는 새와 여자의 모습을 한 사이렌에서 그 기원을 찾을 수 있으며 뱀에게 여성의 모습을 부여한 것은 전적으로 남성 중심의 욕망의 반영이다.[5]

사탄의 목적은 인간이 죄를 짓게 하여 낙원에서 추방시키는 것이었고 아담과 이브중 이브를 그 대상으로 삼은 것은 여자는 금지된 것을 원하고 쾌락을 추구하므로 유혹에 쉽게 넘어갈 것이란 남성 중심적 편견에 근거한 것이다. 하느님의 명령을 거역하여 선악과를 먹고 숨어있는 이들에게 나타나신 하느님이 아담을 책망하자 아담은 이브를 탓하고 이브는 뱀을 탓한다.(A Eve, thou are to blame / To this enticed thou me; / ... Lord, Eve gart me do wrong. 요크 5:108-9/142)[6] 이브는 선악과를 먹으면 신처럼 선과 악, 행과 불행을 구별할 수 있다는 사탄의 말에 넘어가 선악과를 받아먹고 남편에게도 권한다. 아담이 선악과를 먹은 것을 이브의 탓으로 돌리는 것은 도덕적이지 못하다.

---

4) *The Chester Mystery Cycle*, ed., by R. M. Lumiansky and David Mills. Vol. 1, EETS, Supplementary Series 3. London: Oxford Univ. Press, 1974. 앞으로의 모든 본문 인용은 행수로만 표시한다.

5) Chiara Frugoni, "The Imagined Woman", *A History of Women in the West: Silences of the Middle Ages*, eds. George Duby and Michelle Perrot, Harvard Univ. Press. 1994, pp.358～9.

6) Richard Beadle ed., *The York Plays*, York Medieval Texts, 2nd series, London, 1982.

아담 또한 이브처럼 진리를 알고 신처럼 되기 위해 먹은 것이지 아내에 대한 사랑 때문은 아니었다. 아담은 자신이 에덴동산에서 추방되는 것을 슬퍼하며 세상의 남자들에게 충고한다. "이제 남자들은 여자의 유혹에 빠지지 말기를 / 여자를 믿는 자는 반듯이 속임을 당한다. 내 아내가 나의 적이었고 / 여자와 악마는 오누이처럼 잘 아울리는 구나! / 여자의 탐욕이 나를 슬프게 한다. / 신은 남편들이 아내를 믿지 않게 해주시기를!"(5:349-56) 이브 이후로 모든 여성은 악의 화신으로 경계의 대상이 되고 여자는 앞으로 출산의 고통을 겪으며 남편에게 지배당해야 마땅한 운명에 놓인다.

2.2. 노아와 그 아내

네 사이클에서 모두 다루고 있는 노아 이야기에서 노아 부인의 성격은 서로 다르게 나타난다. 그러나 노아 부인에 대한 일반적인 평가는 '고집 세고' '교활하고' '사악한 아내'라는 것이었다.[7] N-타운 사이클에서는 성경에서처럼 순종하는 아내로 배 타는데 저항하지 않는다. 성경상의 순종하는 노아의 아내를 다른 사이클극 작가들은 고집 세고 남편의 말에 이런 저런 핑계를 대며 복종하지 않고 심지어 남편을 구타하는 잔소리꾼 아내로 형상화 했다. 체스터 사이클에서 노아 부인은 배를 짓는데 동네 여자들과 함께 목재를 가져오는 등 협조를 하지만 배에 탈 필요성을 알지 못하고 타더라도 친구 없이는 안타겠다고 고집을 부린다. 친구들을 죽게 남겨두고 혼자만 살아남기를 원치 않는 인간적 자매애를 보인다. 요크 사이클에서 노아 부인은 땅을 떠나고 싶어 하지 않고 노아의 홍수 이야기를 믿지 않으며 남편이 가정을 돌보지 않고 배 만드는 일에만 전념하는 것에 불평하며 집에 가서 자신의 물건을 가져와야한다고 말한다. 게다가 그녀는 자초지종을 말하지 않고 오랜 기간 동안 집을 떠나 가정을 돌보지 않은 노아를 비난하고 신의 뜻이었다고 말하는 남편을 구타한다. 이는 극적인 재미를 주기위한 장치일수 있으나 실제로 여성의 가정 내 위치가 남편과 맞설 수 있을 정도로 변화되었음

7) V. A. Kolve, *The Play Called Corpus Christi*, Stanford: Stanford Univ. Press, 1966, p.148.

을 반영한다.

노아 부인의 성격을 가장 비중 있게 다룬 타운리 사이클의 경우, 배를 타지 않겠다는 이유가 더 구체적이고 논리적이다. 처음에는 노아의 홍수에 대한 두려움을 비웃으나 곧 마음을 바꾸어 가재도구 묶는 일을 돕고 배 입구까지 간다. 그러나 들어가기를 거부하고 이런 저런 핑계를 댄다. 배의 모양을 맘에 들어 하지 않으며 가더라도 지금 하던 물레질을 끝내고 가겠다고 고집을 핀다. 여성의 물레질은 인류가 에덴동산에서 추방당한 이후 벗은 몸을 가리기 위해 해야 하는 노고로 오롯이 여성의 몫이 된 노동이다. 배에 타기를 강요하는 노아에게 대들다 노아의 아내는 남편에게 세 차례나 맞지만 똑같이 세 번 맞받아친다. 남편에게 조금도 지지 않는 드센 노아의 아내는 결혼생활의 어려움을 말하고 자신이 남편보다 가족을 더 잘 부양할 수 있다면서 남편을 저주하고 죽기를 바란다(타운리 3:389-96).[8] 노아의 자식인 세 명의 아들과 세 명의 며느리들은 아버지의 명령에 순종하여 어머니를 방주에 태우려고 설득하지만 어머니의 입장을 이해하고 동조하는 자식은 하나도 없다. 노아는 아내의 불같은 성격에 대해 불평하면서ffor she is full tethee / ffor littil oft angre / If any thyng wrang be / Soyne is she wroth(3:186-89). 젊은이들에게 아내 길들이기에 대해 조언한다. "아내가 있는 남편들이여, 당신들이 살고 싶으면 아직 아내가 젊을 때 그들의 혀를 잘 다스려라. 결혼한 남편들이 고통을 받는 것을 보면 내 가슴과 온 몸이 찢어지는 아프다네."(3:397-401)

남편의 황당한 홍수 이야기를 믿지 않는 노아 부인은 남편이 배 만드는 일에만 전념하고 가정을 돌보지 않아 굶주려야 했음을 불평한다: "당신 때문에 우리가 죽게 생겼어요. 우리가 땀 흘려 일할 때 당신은 자기 일에만 매달렸지요. 그래서 먹고 마실 것이 바닥이 났지요."(3:192-198) 자신의 일의 중요성을 역설하고, 남편과 한판 육박전을 하는 노아의 아내가 전적으로 잘못했다고 탓할 수 없다. 노아의 아내는 남편의 부재 시에 가정을 책임지는 생활력이 강한 여성임에도 작가는 이런 노아의 아내를 남편에게 맞아 마땅

8) A. C. Cawley ed., *The Wakefield Pageants in the Towneley Cycle*, Old and Middle English Texts. ed. G. L. Brook. Manchester: Univ. of Manchester Press, 1958.

하고 순종하도록 길들여져야 하는 아내로 설정하여 남성 중심적 가치관을 드러낸다. 남편과 아내의 말싸움, 그리고 육박전은 관객들에게 흥미를 불러 일으켜 인류의 멸망과 구원이라는 심각한 주제를 완화시키는 희극적 이완 장치 작용을 한다. 남편을 거역하고, 고집 세고, 교활하며, 심술궂은 등의 온갖 부정적 형용사로 묘사되던 노아 부인은 일단 배에 오른 후에는 남편과 화해하고 순종하며 신을 섬기는 아내로 갑작스러운 변신을 하는데 그 과정은 독자들에게는 자세히 묘사되지 않고 생략된다. 작가에게 중요한 것은 그녀가 남편과의 갈등과 홍수를 겪으면서 변화했고 그녀의 변신을 통해 남편 노아의 권위를 다시 회복시키고 나아가 노아가 상징하는 교회와 이 세상의 질서를 바로 세우려 한 것으로 보인다. 배에 오른 이들은 서로 의논하고 같이 기도하는 화합의 가정을 이루어 하느님이 말한 대로 서로 존중하고 신을 섬기는 부부로 구원 받는다(3:106-8).

2.3. 빌라도와 프로클라

성경에서 빌라도의 아내는(이름이 주어지지 않음) 예수를 재판하는 남편에게 전갈을 보내는데, "당신은 그 무죄한 사람의 일에 관여하지 마십시오. 간밤에 저는 그 사람 일로 꿈자리가 몹시 사나웠습니다."(마태 27:19)라고 한다. 이 에피소드는 예수의 무고함이 이방인 여인이 꾸는 예언적 꿈을 통해 알려진다는 의미를 갖는다. 이런 성경상의 언급을 근거로 사이클극 작가는 프로클라를 재창조했다. <빌라도 아내의 꿈 *Dream of Pilate's Wife*>(요크 30)에서는 빌라도와 프로클라의 부부 관계가 다른 사이클과 달리 구체적으로 묘사된다. 프로클라가 재판장에 나타나자 빌라도는 자신의 일을 멈추고 "오 내 사랑! A luffe, here, lady, no lesse!(25)"이라며 아내를 반긴다. 프로클라는 자신의 남편이 그의 명령에 불복하는 자를 사형에 처할 권력이 있는 사람이며 그런 권한을 가진 남자의 아내로 자신의 미모와 화려한 옷에 대해 자랑한다(37-45). 빌라도가 재판을 하는 공적인 자리에서 아내의 잠자리에서의 매력을 말하는 등 부부간의 애정으로 화제가 바뀌자 재판장 관리가 법정에 여자가 나타나는 것은 위법이므로 퇴장해야함을 말한다. 프로클라는 관리에게 화를 내지만 빌라도는 그의 충고대로 아내를 집으로 아들과 하녀와 함께 돌려보내면서 위로의 술을 권한다.

하급 관리에 의해 법정에서 강제 퇴장당한 프로클라는 휴식을 취하기 위해 누어 잠이 들고 꿈에 사탄이 나타나 프로클라를 사주한다. 울프의 지적대로 작가는 프로클라와 이브의 유사성을 염두에 두었을 것이다.9) 만약 예수가 죽어서 인류가 구원받게 되면 악마의 입지가 없어지므로 사탄은 프로클라에게 빌라도가 재판을 멈추도록 설득하라고 속삭인다. 프로클라가 예수 처형을 저지 시키려고 한 행동은 예수를 죽음으로부터 구하려는 목적이 아니라 예수의 죽음이 남편 빌라도의 권력에 손상을 입힐까 두려워 한 행동이었다. 성경속의 프로클라는 예수의 무고함을 증거하기위한 장치였으나 사이클극의 프로클라는 이브처럼 사탄의 사주를 받아 예수의 인류 구원을 방해하는 매체로 이용된다. 예수의 무고함을 증거하는 여인에서 사탄의 유혹에 넘어가 Your striffe and yore strenghe schal be stroyed, / Youre richesse schal be refte you that is rude(30:174-5), 예수의 인류 구원을 방해하려는 여인으로 그 역할을 완전히 왜곡시켜 여성의 사악함이 강조된다. 하급 관리에 의해 법정에서 퇴장당한 프로클라는 다시 그 곳에 갈 엄두를 내지 못하고 아들을 시킨다. 빌라도에게 가서 자신의 꿈 이야기를 하고 예수를 풀어줄 것을 전하라고 하나 아들은 어머니 말을 듣지 않는다. 노아의 자식들처럼 부모의 권위는 아버지에게만 해당되고 어머니의 의견은 무시당한다. 성적 매력을 발산하고 예언적 꿈을 꾸며 자신의 의견을 관철시키려는 귀족 여성인 프로클라는 아내의 덕목에 반하는 인물이다. 아무리 귀족이라 해도 여성은 공적 장소에서 발언권이 없으며 이를 위반하는 것은 질서를 파괴하는 것이다. 프로클라는 자신의 한계에 반항하는 여성으로 허영심과 욕심이 그녀의 행동을 지배한다. 프로클라는 남편의 잠자리 파트너로서는 인정받지만 공적인 일에서 그녀의 지위는 남편과 동등하지 않고 그의 부하들보다 아래이며, 심지어 아들에게까지 무시당한다. 남편을 구하려던 그녀의 목소리는 아무도 귀 기울이지 않는 주변의 남성들에 의해 침묵 당한다.

---

9) Rosemary Woolf, *The English Mystery Plays*, Berkeley and Los Angeles: Univ. of California Press, 1972, p.245.

2.4. 막과 질

<두 번째 목자극 *Second Shepherd's Play*>(타운리 13)은 세 명의 목자들의 독백으로 시작한다. 그중 두 번째 목자는 추위와 결혼생활의 어려움을 불평하면서 노아처럼 젊은이들에게 결혼 생활의 고통에 대해 경고한다. "결혼을 염두에 둔 젊은이여, 제발 심사숙고하길 바라네. '내가 미리 알았더라면' 이란 생각은 아무 도움이 되지 못한다네. 결혼은 큰 불행과 슬픔, 그리고 고통을 가져온다네."(91-96) 그리곤 자신의 아내가 고래처럼 큰 덩치에 못생겼으며 심술쟁이로 죽어버렸으면 좋겠다고 불평한다(105-8). 아내는 잔소리꾼이고 남편에게 부과된 저주라는 인식은 중세 파블리오 문학의 가장 대중적인 주제 중 하나였다.

목동일을 도와주는 막Mak도 두 번째 목동처럼 아내 질Gyl의 바가지 때문에 결혼 생활이 고통스럽고 아내가 게으르며 먹고 마시기만 하고 매해 아기를 낳아 이들을 모두 부양하는데 너무 힘들다고 불평한다(237-243). 그러나 아내가 게으르다는 막의 불평은 부당한 것이다. 질은 매해 출산으로 몸이 편할 날이 없었고 그럼에도 어려운 살림을 꾸려나가기 위해 물레질은 하는 억척스런 여성이다. 막이 양을 도둑질 한 것 때문에 남편이 잡혀갈까봐 계략을 꾸미는 것도 그녀의 현실 대처 능력을 보여주는 대목이다. 양을 훔쳐와 먹을 것이 생겼다고 좋아하는 철없는 남편과는 달리 질은 절도에 대해 치러야 할 처벌이 교수형임을 알고 있다.[10)]

질은 노아의 아내와 여러 면에서 흡사하다. 남편의 문 열라는 요구를 즉시 들을 수 없는 이유로 물레질을 끝내야 한다는 점이 그렇고 그들이 사용하는 언어가 비슷하다. 질도 노아의 아내처럼 남편을 돕지만 그 수단은 거짓과 속임수이다. 막이 양을 훔쳐와 즉시 요리를 하자고 하자 질은 신중을 기한다. 질과 막은 생활고에 찌든 하층민 부부로 서로 싸우지만 일단 공동의 이익을 위해서는 하나로 뭉쳐 외부의 위협에 대처한다. 양을 잃어버린 목동들이 들이닥칠 수 있으니 자신이 방금 아기를 낳은 것처럼 속여 위기

10) A. C. Cawley, Marion Jones, Peter F. McDonald, & David Mills, *The Revels History of Drama in English*, vol. I. Medieval Drama. Methuen, 1983, p.178.

를 모면하자고 제안한다. 목동들이 들이 닥치자 질은 출산의 고통을 호소하며 양을 갓 낳은 아기처럼 포대기에 감춰놓는다. 그리고 자신의 무고함을 주장하기위해 만일 자신이 양을 훔쳤다면 자신이 난 아기를 먹을 것이라며 오히려 그들을 협박한다(535-538). 자신이 거짓말을 하는 것이 아님을 증명하기 위해서라면 아기를 먹겠다고 하는 끔직한 발상을 하는 질의 모습은 그녀가 성모 마리아와 얼마나 극한 대조를 이루는가를 보여준다. 질이 양을 포대기에 싸서 무릎에 안고 있는 모습은 아기 예수를 안고 있는 성모의 모습을 패러디 하고 있다. 질의 출산을 믿고 돌아가려다 아기에게 선물을 주기위해 돌아온 목동들에게 이들의 속임수가 들통 나고 이에 목동들은 막을 '천위에서 던지기'를 함으로서 벌을 주지만 질에게는 아무런 처벌을 하지 않는다. 이들 부부에 대한 처벌이 죄에 비해 가볍게 다루어진 것은 앞으로 일어날 예수 탄생의 축복에 대한 용서와 화해의 정신이 작용한 것이며 이 극이 그리는 절도 행위, 추위, 굶주림 등으로 고통 받는 세상은 앞으로 목동들이 경배할 구세주의 탄생으로 구원받게 될 것이라는 메시지를 담고 있다.

2.5. 성모 마리아와 요셉

남성중심의 가치관과 여성 혐오 전통을 가장 극명하게 드러내고 있는 체스터 사이클이 하느님의 권위, 능력에 대한 강조를 통해 여성에 대한 남성의 우위를 주장하는 반면에[11] 마리아에게 중요한 역할을 부여하고 있는 N-타운 사이클은 마리아의 어린 시절부터 결혼과 수태고지의 과정을 자세히 다루어 마리아의 인간적 면모를 부각시킨다. 이는 따로 존재하던 소위 <마리아극 *The Mary Play*>(The Passion Play II)-*Conception of Mary*(N-town 8), *Mary in the Temple*(9), *The Betrothal of Mary*(10), *The Parliament of Heaven and the Annuciation*(11), *Joseph's Doubt*(12), *The Visit to Elisabeth*(13), *The Assumption of Mary*(41)-을 사이클 안으로 흡수했기 때문이다.[12]

---

11) Martin Stevens, *Four Middle English Mystery Cycles: Textual, Contextual and Critical Interpretations*, Princeton: Princeton Univ. Press, 1987, p.277.

12) Peter Meredith ed., *The Mary Play from the N. Town Manuscript*. New York: Longman, 1987,

나이가 많아서 자손이 없는 요아킴과 안나 부부사이에서 기적의 은사로 태어난 마리아는 어린 시절부터 총명함을 보여 세 살 때 이미 시편을 외우고 성전에서 교육받으며 성장한다. <마리아의 결혼>(10)에서 주교는 14세가 된 모든 젊은 여자들은 결혼을 해야 함을 공포하지만 마리아가 동정으로 남아있기를 고집하자 천사가 나타나 마리아의 남편감을 지팡이에 꽃이 피는 기적을 통해 알려줄 것임을 말한다. 요셉의 지팡이에 꽃이 피고 마리아의 신랑감으로 선택되자 그는 결혼에 대한 불만을 토로한다. 자신은 이미 늙어 망령들 나이인데 젊은 아내를 맞이하는 것은 전혀 즐겁지 않으며, 오쟁이질 염려가 있다는 것이다. 마리아와 결혼하는 요셉을 늙고 결혼 후에 아내의 부정에 노심초사하는 소심한 남자로 설정한 것은 성경에는 나오지 않는 파블리오적 요소이다. 요셉을 파블리오에 나오는 젊은 아내를 둔 전형적인 늙은 남편처럼 의심 많고 이해심 없는 인물로 묘사하여 순수하고 고상한, 신앙심 깊은 마리아와 극명한 대조를 이루게 하여 극의 중심인물인 마리아를 부각시키고 있다.[13] 또 요셉을 늙은이로 설정하여 결혼 후에도 남편으로서의 권리를 요구하지 않을 사람으로 함으로서 마리아의 순결이 손상되지 않음을 강조한다.

<수태고지>(11)에서 천사 가브리엘이 마리아에게 나타나 성령으로 그리스도를 잉태할 것임을 알리자 마리아는 잠시 의심하는 모습을 보인다. 처녀인 자신이 어떻게 잉태할 수 있는지를 묻자 하느님의 능력에는 불가능이 없다며 그 증거로 고령으로 출산이 불가능했던 엘리자벳의 임신을 알린다. 마리아에게서 구원자가 탄생할 것이므로 이를 수용할 것인지를 묻고 마리아가 동의하자 성령이 세 줄기의 빛으로 그녀의 가슴에 내려온다. 마리아는 즉시 자신의 몸 안에 신이 아기의 형태로 들어왔음을 느끼고 크게 기뻐한다. 이때 가브리엘이 부르는 마리아에 대한 칭송 노래는 마리아의 정체성을 처녀이며 어머니, 하늘과 지옥의 여왕으로 규정짓는다(11:334-341). 여기서는 자

p.2.

13) Ashley Kathleen, "Medieval Courtesy Literature and Dramatic Mirrors of Female Conduct", *The Ideology of Culture*. eds. Nancy Armstrong and Leonard Tennenhouse. New York: Methuen, 1987, pp.37～45.

유의지로서 구세주의 어머니가 되겠다는 마리아의 순종 덕목이 강조되고 마리아의 임신이 엘리자벳처럼 하느님의 기적으로 이루어짐을 말하고 있다.

<예수탄생>(15)에서는 예수 탄생 사건을 중심으로 마리아에게 일어나는 기적들을 다루고 있다. 베들레헴으로 가는 도중 마리아는 체리나무를 보고 그 열매를 먹고 싶어 한다. 그러나 체리가 너무 높이 달려있어 딸 수가 없자 마리아가 기도하니 체리나무가 스스로 구부러지면서 따먹게 되는 기적이 그 하나요, 마구간에 여장을 푼 마리아가 출산의 기미가 보이자 요셉이 산파를 부르러 간 동안 아무 고통 없이 아기 예수를 낳는 기적이(마리아는 하느님이 여자에게 부과한 출산의 고통에서 제외된다.) 그 두 번째 이며, 마지막으로 요셉이 불러온 산파 살로메가 출산한 마리아가 처녀임을 믿지 못하고 확인하자 손이 시들어 버리는데 마리아가 살로메에게 아기 예수의 옷자락을 만지게 해 낫게 하는 기적을 행한다.

신의 뜻에 따라 예수를 낳은 마리아는 사이클극에 등장하는 다른 어머니들, 속임수를 쓰며 자신의 거짓이 탄로 날 것을 두려워 아기를 먹어치우겠다고 협박하는 질, 배를 타지 않음으로 자식들을 버릴 태세인 노아의 아내, 헤롯왕의 유아 처형령에 복수를 다짐하는 아이들의 어머니등과 대조되는 인간적인 어머니이다.[14] 예수가 태어난 후부터 십자가에 처형되기 전까지의 예수의 성장과 교육에서 어머니 마리아의 역할은 거의 전해지지 않는다. 헤롯왕의 유아 처형령이 내렸을 때 이집트로 피신했었고 유월절 축제에 참석하러 예루살렘에 갔다가 돌아오는 길에 예수가 없어진 것을 알고 다시 돌아가 보니 12살 먹은 예수가 성전에 남아 다른 랍비들과 토론하며 남아있는 것을 데려온 사건, 가나의 결혼식에 참석하여 예수에게 포도주의 기적을 행하도록 영향력을 행사한 정도가 성경에 기록되어있고 예수의 공생 기간 중에 어머니 마리아의 역할은 거의 없다. 어머니 마리아는 오로지 예수의 탄생과 죽음에서 그 역할이 가장 강조된다.

<예수 십자가 처형>(체스터 17)에서 제자들 외에도 세 명의 마리아-성모 마리아, 글레오파의 아내 마리아, 마리아 막달레나-가 처형을 지켜본다. 예

14) Katie Norminton, *Gender and Medieval Drama.* Cambridge: D. S. Brewer, 2004, p.97.

수가 마리아에게 제자를 가리키며 "어머니 이 사람이 어머니 아들입니다" 하고 제자들에게는 "이분이 네 어머니이시다"(요한 19:25-27)라고 말하고 숨을 거둠으로서 마리아는 인류의 어머니로 격상한다. 이때 성모의 울부짖음은 자식을 앞세우는 어머니로서의 처절한 고통이 들어나고 있고 동시에 예수 수난의 비극적 파라독스를 이해하는 신앙적 깊이도 보인다. 처형 장면에 있던 세 명의 마리아가 예수에게 묶인 사슬을 끊고 처형을 중지케 하라고 읍소할 때 성모의 감정은 더 고조 확대된다. 64행에 달하는 마리아의 애가는 그리스도 스스로가 원한 수난에 대한 인간적 당혹감이 표현되어있고 이런 애가를 통해 슬픔이 일부나마 정화된다. 마리아의 눈물, 기절, 탄식, 그리고 십자가에 매달려 떨어지기를 거부하는 몸짓등과 같은 일련의 행동은 이미 죽어 움직이지 못하는 예수와 대조를 이루며 더 생동감 있게 묘사된다.[15] 앞서 보아온 마리아의 초자연적 능력과 더불어 지극히 인간적인 고통을 호소하는 마리아를 강조함으로서 그녀의 이중성 내지는 모호성이 극명하게 드러난다.

예수의 죽음 직전에 요한이 예수 부활에 대한 위로의 말을 하며 마리아를 데리고 나간 후 마리아는 그녀가 죽을 때까지 성전에 있었고 성모 승천이 성전에서 이루어진다. 마리아가 승천하고 대관식을 하는 장면(요크 47)에서 예수는 마리아를 하늘의 여왕으로 명하고 천사들의 경배를 받아야 함을 말한다. 이제 마리아는 하늘의 여왕이 되고 인간과 신 사이의 중재자가 된다. 마리아의 대관식에서 예수는 어머니에게 다음과 같이 말한다. "모든 창조물 앞에서 / 당신에게 은총과 권능을 드립니다. 당신께 밤낮으로 기도하는 모든 이들에게 / 도움을 줄 수 있도록 하기 위함입니다."(47:45-8) 천사들도 마리아의 다섯 가지 기쁨을-예수 잉태, 탄생, 예수 부활, 예수 승천, 성모 승천- 노래하는데 이는 오직 아들과 연관된 것으로 어머니의 완벽한 모습이 강조된다.

이처럼 사이클극의 마리아는 앞서 살펴본 이브, 노아의 아내, 빌라도의 아내 프로클라, 막의 아내 질 등과는 달리 요셉의 아내라는 역할보다 예수의

---

15) C. Richardson and J. Johnston, *Medieval Drama*, London: Macmillan, 1991, p.77.

어머니로서의 역할이 강조된다. 요셉과 마리아의 갈등은 전적으로 남편 요셉의 아내에 대한 편견, 몰이해와 신뢰 부족으로 발생하는 반면 어머니 마리아의 자식 사랑은 예수의 탄생과 죽음이라는 사건을 통해 강조된다. 마리아는 여성의 신앙심, 영적권위를 상징하며 육체적 순결, 침묵, 남편에게 복종, 겸손, 인간적 고뇌에 대한 인내심등이 마리아의 덕목이다. 마리아의 성모 승천과 같은 신비, 기도의 중재의 능력은 일반 여성이 도달할 수 없는 요원한 것이지만 여기에 마리아의 인간적 고뇌가 가세됨으로 마리아는 중세 여성에게 사랑스러운 대상이 된 것이다.

3. 결론

중세 사이클극은 나오는 가족의 형태는 아담과 이브에서 시작하여 성모 마리아와 요셉의 가족으로 완성된다. 하느님이 가족이란 제도를 아담과 이브를 통해 만드신 후 홍수로 인류를 멸망시킬 때에도 노아의 가족을 구원하셨고 마리아와 요셉의 결혼으로 예수가 탄생하여 인류를 구원한다는 대미로 완성된다. 아담과 이브, 노아와 그 아내, 빌라도와 프로클라, 막과 질의 경우 남편과 아내의 갈등 구조를 제시하고 남편의 말에 순종하지 않고, 남편을 궁지에 빠트리는 교활하고 사악한 아내를 형상화 한다. 그리고 성모 마리아와 요셉의 경우는 이들의 부부 관계보다는 어머니와 아들 예수의 갈등에 초점을 맞추어 자식의 탄생과 죽음으로 기쁨과 고통을 겪는 완벽한 어머니로서의 마리아가 부각된다.

사악한 아내로 형상화된 이브, 노아의 아내, 프로클라, 질은 모두 한 가정의 아내로서 중요한 역할을 한다. 교회나 남성 중심적 시각이 아닌 여성의 입장에서 보면 이들은 전혀 비난의 대상이 아니다. 이브는 선악과를 먹음으로서 신과 같이 될 수 있다는 말에 남편에게도 그런 능력을 갖게 하기 위한 배려에서 한 행동이었으며 노아의 아내는 가정을 돌보지 않고 수년 동안 배 만드는 일에만 전념하는 남편 대신에 물레질을 하여 가정을 꾸려나가는 억척스런 여성이다. 프로클라도 남편이 무고한 예수의 죽음에 관여하여 권위에 손상을 입을까봐 그를 보호하기 위한 행동이었고 질은 양 도둑으로 남편 막이 잡혀가는 것을 막기 위해 속임수를 고안한 것이었다. 이들의 남편을 위한 적극적인 행동은 아내의 덕목을 위반하는 행위로 간주되어 비난의 대상이 되고 사이클 극은 남성 관객에게는 아내를 어떻게 다스려야 할 것인지를 여성 관객에게는 이들 여성들을 보고 배우지 말아야 함을 충고한다.

이브를 위시한 교활하고 사악한 아내들을 형상화 하기위해 이들의 묘사가 성경을 많이 벗어난 것과는 달리 사이클극에 나타난 성모 마리아는 중세 신학이 형상화한 인물을 충실히 반영한다. 성모 마리아를 소재로 한 다양한 사이클극은 13세기에 시작된 성모 마리아 숭배 문화를 반영함과 동시에 영향을 끼치게 되어 15세기에 이르면 마리아 숭배가 최고조에 달하게 되고 마리아는 처녀, 신부, 어머니, 여왕, 중재자등 여러 역할을 모두 감당하는 완벽한 여성으로 마리아 숭배문화는 마리아를 기독교적 신비의 상징으로 만들었다.[16] 성모 마리아는 다른 여성들과 다를 뿐 아니라 우월한 인물로 신의 은총을 받은 자이며 깊은 신앙심, 탄생의 기적과 범상치 않았던 어린 시절, 결혼은 했지만 처녀인 채로 남아있으며 그리고 그녀의 모성성, 죽음과 승천으로 하늘의 여왕으로 등극하는 인물이다. 처녀이자, 겸손한 아내이며, 아들의 죽음을 슬퍼하는 어머니이자, 죄인들의 기도를 들어주는 자비의 어머니이며, 하늘의 여왕이신 마리아는 모든 여성이 추구해야 하는 덕목의 총체로 구체화된다. 성모 마리아는 신의 경지에 이른 너무 완벽한 여성으로 일반 여성들이 모방할 수 없는 대상이며 일반 여성에게는 부과되지 않는 우월성과 능력을 가졌지만 그 능력은 그리스도의 어머니라는 역할에서 나오는 힘이며 이는 그녀의 수동성과 자기 부정에 기인한다.

---

16) Marina Warner, *Alone of All Her Sex: The Myth and Cult of the Virgin Mary*, London: Weidenfeld and Nicolson, 1976: rpt., with New Afterthought, Picador, 1990, p.89.

참고문헌

Amstrong, Nancy and Leonard Tennenhouse. *The Ideology of Culture.* New York: Methuen, 1987.

Beadle, Richard ed. *The York Plays. Medieval Texts.* London: Edward Arnold. 1982.

The Catholic Study Bible, Oxford Univ. Press. 1900

Cawley, A. C. ed. *The Wakefield Pageants in the Towneley Cycle*, Old and Middle English Texts. Manchester: Univ. of Manchester Press. 1958.

R. T. Davis ed. *The Corpus Christi Play of the Middle Ages.* Totowa: Rowman, 1972.

Duby, George Michelle Perrot. *A History of Women in the West: Silences of the Middle Ages.* Harvard Univ. Press. 1994.

Kolve, V. A. *The Play Called Corpus Christi.* Stanford Univ. Press. 1966.

Lumiansky R. M. and David Mills eds. *The Chester Mystery Cycle.* EETS, Supplementary Series 3. London: Oxford Univ. Press, 1974.

Meredith, Peter ed. *The Mary Play from the N. Town Manuscript.* New York: Longman, 1087.

Normington, Katie, *Gender and Medieval Drama.* Cambridge: D. S. Brewer. 2004.

Potter, Lois ed. *The Revels History of Drama in English.* vol. 1: Medieval Drama Methuen, 1983.

Richardson, C. and J. Johnston. *Medieval Drama.* London: Macmillan. 1991.

Stevens, Martin. *Four Middle English Mystery Cycles: Textual, Contextual and Critical Interpretations.* Princeton: Princeton Univ. Press, 1978.

Taylor, Jerome and Alan H. Nelson. eds. *Medieval English Drama.* Chicago and London: Univ. of Chicago Press. 1972.

Warner, Mariana. *Alone of All Her Sex: the Myth and Cult of the Virgin Mary.* London: Weidenfeld and Nicolson. 1976; rpt. with new Afterthought, Picador, 1990.

Woolf, Rosemary. *The English Mystery Plays.* Berkeley and Los Angeles: Univ. of California Press. 1972.

성과 언어의 사회언어학적 연구

김 규 현*

1. 들어가는 말

사회언어학 분야에서의 성(gender)과 언어 연구는 남성과 여성간의 사회적 비대칭적인 지위 관계와 남녀 언어의 상이한 특성을 조명하는 다양한 이론적 시각에서 수행되어 오고 있다. 1960년대 라보브(Labov)의 변이 이론(variation theory)의 대두와 함께 언어의 변이 현상이 사회적 변인과 어떠한 상관관계가 있는지를 분석하는 맥락에서, 계층, 나이, 지역, 민족, 인종과 같은 사회적 변인 중 하나로 성이 다루어지게 되었으며, 1970년대 성차별 언어(sexist language)에 대한 인식이 고조되는 가운데 레이코프의 *Language and Woman's Place*가 출간됨에 따라, 언어와 성의 관계를 보다 체계적으로 살펴보려는 언어학적 시도가 본격적으로 활성화되는 계기가 마련되었다(Lakoff 1975).

이 이후 80년대와 90년대를 거쳐서 언어와 성의 연구는 페미니스트 언어학의 발전과 함께, 언어의 남성지배적, 비대칭 구조적 성격을 다각적으로 규명하고자 하는 연구들이 나오게 되었다. 또 한편으로는 언어인류학(linguistic

---

* 경희대학교 영어학부 교수

anthropology) 및 의사소통민족지학(ethnography of communication) 분야를 중심으로 남녀 언어의 차이를 기본적으로 문화의 차이에서 오는 대화 스타일의 차이로 이해하고자 하는 시각도 제시되었다. 최근에는 기존 연구에서 암묵적으로 전제해 왔던 내용을 비판하는 맥락에서, 언어가 단순히 현실을 반영하는 일정한 의미와 형태로 구성되어 있는 것으로 보는 이념적 시각에서 벗어나, 언어의 의미는 근본적으로 맥락에 근거하여 창출되는 것이기 때문에, 성과 언어의 관계에 있어서도 언어를 통해 성과 관련된 이념과 정체성이 조성되는 과정을 미시적으로 조명해야 할 필요성이 지적되고 있다. 또한 성을 두 개의 이분법적 범주로 구분하는 본질주의(essentialism) 및 남성의 언어를 기본적인 규범으로 보고 여성의 언어를 그러한 규범으로부터의 일탈 현상으로 간주하는 입장에 대한 비판이 가해지고 있다. 특히 포스트모더니즘의 상대주의적 시각에서 남성스러움(masculinity)과 여성스러움(femininity)을 구성하는 사회적 과정을 이해하고자 하는 데에 많은 사회언어학자와 페미니스트 언어학자의 관심이 집중되고 있다. 그에 따라 자료 수집 및 연구 방법론에 있어서도, 보다 경험적이고(empirical) 미시적인(micro) 분석을 하기 위한 노력이 이루어지고 있기도 하다.

본고에서는 영어권을 중심으로 사회언어학 및 관련 분야에서의 성과 언어 연구에서 다루어져 온 연구 주제 및 방법론을 살펴보는 것을 목적으로 한다. 2장에서 사회언어학의 변이 이론에 토대를 둔 연구를 살펴보고, 3장에서는 소위 '결여(deficiency)' 모델로 알려져 있는 레이코프의 연구를 소개한다. 4장에서는 언어의 남성 우위적 속성을 조명하는 소위 '지배(dominance)' 모델에 속하는 연구의 내용을 살펴보고, 5장에서는 남성과 여성의 상이한 의사소통 스타일을 문화적 차이로 보는 소위 '차이(difference)' 모델의 시각에서 남녀간의 대화 스타일의 특성을 분석하고 있는 연구들을 소개한다. 마지막으로 6장에서는 소위 '성의 수행(doing gender)'의 측면에서 성의 속성을 파악하려는 최근 페미니스트 언어학과 민족방법론(ethnomethodology)의 시각을 간략하게 소개하고, 연구방법론과 관련된 몇 가지 문제점을 지적하면서 본고를 마감하고자 한다.

2. 변이 이론적 시각

1960년대 말 대두한 변이 이론은 사회적 성층화(social stratification)의 시각에서 여러 사회적 변인이 언어사용에 미치는 영향을 정량적으로(quantitatively) 파악하고자 하였다. 이 이론은 언어 변이형의 분포 및 언어 사용 맥락에서의 변이의 체계성을 조명하고, 이와 아울러 궁극적으로 언어 변화의 방향을 추적하는 것을 목적으로 한다. 따라서 성과 언어의 관계 자체에 초점을 두지는 않았지만, 언어 사용에 영향을 미치는 여러 사회적 변인 중 하나로 성을 고려하게 되었다.

대표적인 변이 연구로는 1970년대 미국에서의 라보브(Labov)의 연구 및 영국에서의 트럿길(Trudgill), 밀로이(Milroy) 등의 연구를 들 수 있다. 변이 이론은 발음이나 문법 등 언어의 여러 측면에서 나타나는 변이 현상이 언어의 본질적인 특성임을 인정하고, 이러한 변이형의 분포가 화자의 지위나 사회계층, 경제 수준, 나이, 거주 지역, 인종, 성별 등 여러 사회적 변인(social variables)과 체계적인 상관관계가 있음을 정량적 분석 방법을 사용하여 제시하였다. 예를 들어, 중산층 대 노동계층, 남성 대 여성 등으로 실험 대상 집단을 구분하여 각 집단의 언어 특성을 비교하고, 또한 격식성(formality)에 따라 구분되는 과제 수행 맥락을 조성하여(예를 들어, 단어 목록 읽기, 단락 읽기, 인터뷰 형식의 대화, 일상적 대화), 맥락(context)에 따른 언어 변이도 정량적으로 파악하고자 하였다. 초기 변이 분석 연구에서는 주로 화자들의 발음을 중심으로 언어와 사회적 변인간의 관계의 체계성을 제시하고자 하였는데, 60년대 말 미국 뉴욕에서의 언어변이를 분석한 라보브의 연구를 시작으로 하여(Labov 1966), 주로 중류층에서 상류층으로 갈수록 표준어 발음을 많이 하고, 노동계급 등 하층계급으로 갈수록 비표준형 방언(vernacular, non-Standard form) 발음을 많이 하는 경향이 있음이 제시되었다. 또한 계층에 관계없이 격식성이 높은 맥락일수록 표준어 발음을 하는 비율이 증가하는 경향도 지적되었다.

이와 관련하여 사회적 변인으로서의 성과 언어의 관계를 분석하는 여러 연구에서 여성이 남성보다 표준어를 사용하는 경향이 강하다는 주장이 나오게 되었다. 예를 들어 영국의 노르위치(Norwich) 지역 주민을 대상으로 한 연구에서, 트럿길(1974)은 남성(특히 노동계층 남성)이 여성보다 비표준형 방언 발음([n] for (ng))을 더 많이 하는 반면, 여성이 남성보다 표준어 발음을 하는 경향이 더 강함을 제시하였다(Trudgill 1972). 또한 표준어와 방언을 일상적으로 얼마나 사용하는지 스스로 평가하는 데 있어서 남성과 여성은 상이한 태도를 보이는데, 남성은 실제 자신이 사용하는 것보다 방언을 더 많이 사용한다고 평가한 반면, 여성은 반대로 자신이 실제로 사용하는 것보다 표준어를 더 많이 사용한다고 평가하였다. 트럿길은, 남성과 여성이 언어의 위세형(prestigious form) 대하여 상반된 태도를 보인다는 라보브의 주장에 근거하여(Labov 1966), 남성은 방언이 갖는 소위 거칠고 남성다운 자질과 연관된 암묵적 위세(covert prestige)를 선호하고, 반면에 여성은 표준어의 소위 세련된 자질로 대표되는 명시적 위세(overt prestige)를 선호한다고 보았다.[1] 트럿길은 이러한 차이에 대한 설명으로서, 여성은 사회적으로 인정받는 지위를 갖지 못한 경우가 많기 때문에, 언어를 통해 자신의 지위를 부각시키고자 하는 욕구가 있기 때문이라고 보았다. 반면 남성은 대개 직업을 갖고 있고 사회적으로 자신의 지위를 인정받을 수 있는 통로가 있기 때문에, 구태여 사용하는 언어를 통해 지위를 높일 필요가 없다는 것이다.[2]

이러한 변이연구에 대해서 많은 비판이 나오게 되었는데, 격식성과 계층에 따른 일반화를 시도하는 과정에서 전체적인 패턴에 맞지 않는 사례들의 존재가 무시되는 경우가 많았고, 한 계층 내에서 관찰되는 변이 현상에는 주의를 기울이지 않았다는 점이 문제적으로 지적되었다. 또한 남녀언어를 비교하는 경우 분석 결과를 해석하는 데 있어서도, 남성언어를 기본적인 규

1) 영국의 사회언어학자인 체셔(Cheshire)는 문법에 있어서도 여성이 남성보다 표준형을 더 많이 사용한다고 하였다. 영국 리딩(Reading)의 노동계층 거주지역의 청소년들을 대상으로 한 연구에서 체셔는 현제시제, have 동사, was, do의 인칭에 따른 사용, 다중부정(multiple negation), 과거 부정(didn't)의 대체형으로서의 never의 사용, 관계대명사의 대체형으로서의 what의 사용, 그리고 축약형 ain't 등에서 관찰되는 비표준어적 자질이 여자아이들보다 남자아이들의 언어에서 더 많이 나타남을 보였다(Cheshire 1982).

2) 그러나 직업이 있는 여성이 무직 여성보다 표준어를 오히려 더 많이 사용하는 경향이 있다는 점이 지적되었고, 따라서 일반적으로 여성이 언어를 통해 지위를 보장받기를 원한다는 설명은 명확한 실증적 근거가 부족한 내용으로 평가되기도 하였다(Talbot 1998).

범(norm)으로 삼고 여성 언어를 그러한 규범에서 일탈하는 현상으로 간주하는 등, 성 차이에 따른 언어사용의 제 측면을 조명하려고 분석적으로 노력하기 보다는, 사람들이 일반적으로 성의 차이에 대해 상식적으로 공유하고 있는 지식을 적용하는 데에 그쳤다는 비판도 있다. 또한 연구 대상자의 사회 계층을 나누는 과정에서 남성은 본인의 경제적 수준에 따라 계층을 결정했지만, 여성의 경우는 남편의 경제적 지위에 따라 계층 분류를 하는 등, 전통적이고 상식적인 남성 우위적인 가족관에 근거하였다는 지적을 받기도 하였다(Talbot 1998).

사회적 성층화(social stratification) 측면에서 언어변이 현상을 설명하려고 하는 변이 연구를 보완하는 맥락에서, 밀로이(Milroy)는 언어변이 현상을 미시적으로 보다 잘 설명하기 위해서는 사회구성원의 상호간의 사회적 망(social network)의 결속력의 강도를 살펴보아야 한다고 하였다. 즉 공동체 구성원 간의 결속력이 강한 사회적 망이 조성되어 있는 경우에는 구성원들이 방언의 언어 자질을 공유하도록 하는 압력이 커지는 반면, 결속력이 약한 사회적 망이 조성되는 경우에는 언어 변이의 폭이 보다 넓어질 수 있다는 것이다. 예를 들어 밀로이가 벨파스트(Belfast)의 세 지역을 비교한 연구를 보면, 여성이 취업을 통해 결속성이 강한 사회적 망을 구성하고 있고 남성들이 직장이 없는 경우에는 여성이 오히려 남성들보다 방언을 더 사용하고 남성이 표준어를 더 많이 사용하는 것으로 나타난다(Milroy 1980). 즉 이전 변이 연구에서는 남성이 전반적으로 여성보다 방언을 더 많이 사용하는 것으로 나타났지만, 실제로 그러한 경향은 남성들이 구성원들 사이에 유대감이 강한 오랜 전통의 직업에 종사하는 경우에만 관찰된다는 것이다. 이와 비슷한 맥락에서, 니콜스(Nichols)는 언어변이가 사회계층의 차이보다는 시장의 구조에 따라 결정되는 측면이 있음을 지적하였는데, 미국 사우스캐롤라이나 주 흑인사회의 경우, 여성들이 외부 지역으로 나가서 직장을 갖는 경우가 많아서 표준어를 쓰는 경향이 많은 반면에, 남성들은 거주 지역 내에서 직장을 갖는 경우가 많기 때문에 표준어를 구사할 필요가 없는 것으로 나타났다(Nichols 1983). 보다 최근의 연구로, 고든(Gordon)은 하층계급 남성은 남성답다는 정형화된 이미지를 갖는 반면에 하층계급 여성은 성적으로 문란하다는 정형화된 이미지를 갖고 있다고 지적한다. 이러한 이유로 여성들은 표준어를 씀으로써 그러한 이미지에서 벗어나고자 한다는 것이다(Gordon 1997). 에커트(Eckert)는 여성들이 주로 종사하는 직종, 즉 비서, 응접계원(receptionist), 여객기 승무원, 교사 등 분야에서 표준어 사용을 요구하기 때문에 여성이 표준어를 많이 사용하게 된다고 하였다(Eckert 1998).

전체적으로 변이이론은 여러 비판에도 불구하고, 이전의 방언학(dialectology) 연구에서 볼 수 없었던 실증적 연구방법론을 사용하여 변이현상의 체계성을 정량적으로 조명했다는 점에서 의미가 있다. 즉 기존 언어학에서는 종종 무작위적인 현상을 간주되어 온 언어 변이 현상이 언어의 주변적인 현상이 아니라, 화자 및 맥락에 따라 체계적으로 발현되는 언어의 본질적인 특성이라는 점을 실증적으로 제시하였다. 그러나 최근에 구성적 접근방법(constructionist approach)의 시각에서 언어현상을 파악하고자 하는 연구가 활발히 진행됨에 따라 언어가 화자의 지위나 성별과 같은 현실의 범주를 단순히 반영한다는 변이이론의 시각은 비판을 받게 되었다(Speer 2005). 또한 포스트모더니즘의 상대주의적 시각에서, 변이 연구가 남녀의 성을 이분법적인 구분하는 본질주의를 전제로 하여 언어가 성에 따라 어떻게 다르게 발현되는지를 분석하는 데 중점을 두었다는 점에서 한계점이 있다는 지적이 나오기도 하였다(Bing and Bergvall 1996).

3. 레이코프의 연구 - 결여(deficiency) 모델

위에서 지적한 바와 같이 변이이론에서는 궁극적으로 언어 변이의 체계성을 밝히고, 그러한 체계성과 언어변화의 관계를 규명하는 데 중점을 두었다. 성은 여러 사회적 변인 중 하나로서 다루어졌고, 그러한 의미에서 성과 언어 관계 자체는 중점적인 연구과제가 아니었다고 할 수 있다. 사실 많은 초기 변이 이론 연구에서 수행된 성과 언어 연구는 어떤 의미에서는 소위 페미니스트 언어학이 본격적으로 대두하기 이전 시기에 속한다고 할 수 있다(Litosseliti 2006).

언어학 분야에서의 성과 언어의 연구는 1975년에 출간된 레이코프(Lakoff)의 *Language and Woman's Place*를 계기로 하여 새로운 전환기를 맞게 된다. 레이코프의 연구는 언어와 성의 관계를 조명하는 데 있어서 체계적인 언어학적 분석을 처음으로 총체적으로 시도했다는 점에서 큰 의미가 있다. 구체적인 언어 자료의 예를 통해 여성에 대한 언어표현의 특성을 분석했을 뿐 아니라 여성이 사용하는 언어의 특성을 다양한 측면에서 제시하였다.[3] 직관에 근거한 연구방법을 사용했다거나, 언어의 의미를 언어 사용 맥락과 연결시키지 않았다는 비판을 받기도 하지만,[4] 남녀의 사회적 성이 언어사용을 통해 반영되고 구성되는 모습을 보다 실증적인 연구방법을 통해 규명하고자 하는 많은 후속 연구를 불러오는 획기적인 자극제가 되었다(Bucholtz 2004).

여성이 사용하는 언어의 특성에 대하여 레이코프는 여성이 남성에 비해 'lovely'나 'adorable'과 같은 소위 '별 내용이 없는(empty)' 수식어를 쓴다거나, 'beige'나 'lavender'와 같이 (남성들에게는 불필요하게 보일 수 있는) 세밀한 수준에서 색을 구분하는 색조어를 많이 사용하고, 'oh dear'와 같이 약한 감탄사 등을 쓰는 경향이 많다고 하였다. 또한 대화 화제에 있어서도 소위 중요성이 떨어지는 '사소한(trivial)' 화제에 대해 주로 이야기 하고, 직접적인 주장을 하기 보다는, 좀 과도하다싶을 정도로 공손하고 간접접인 방식으로 이야기를 하는 경향이 있다고 하였다. 또한 억양에 있어서 여성은 남성에 비해 평서문 끝을 올리는 등 질문 형태로 발화를 많이 하는데, 이는 발화내용에 대해 자신의 불확실한 태도를 나타내거나 상대방의 승인을 받으려는

3) 본고에서는 '여성이 사용하는' 언어의 특성에 관한 레이코프의 연구내용에 중점을 두고자 한다. 참고로 '여성에 대한' 언어표현의 특성으로 레이코프가 지적한 사항 중 하나를 들어 보면 다음과 같다. 여성의 master와 mistress는 원래 '상전/주인'의 뜻을 갖고 있는 단어로 각각 '남자주인'과 '여자주인'을 의미했었는데, 오늘날에는 master는 그 의미가 변하여 한 분야의 지식과 기술을 모두 습득한 '최고 전문가'의 의미도 갖게 되었다. 이와 같은 의미의 변천에 따른다면 mistress도 여성 최고전문가를 의미하는 어휘가 되었겠지만, 실제로는 '정부/(비합법적인) 연인' 등 오히려 여성을 비하하는 의미를 갖게 되었다는 점에서 언어가 남녀의 관계를 비대칭적으로 반영하고 있음을 지적하였다.

4) 하지만 레이코프가 직관을 토대로 문장 위주의 분석을 하는 언어학의 패러다임을 따르는 언어학자라는 점을 고려할 때, 그러한 시각에서 성과 언어의 관계를 분석한 것은 당연하다고 하겠다. 또한 레이코프는 애초에 실증적 연구를 시도한 것이 아니라, 여성스러움(femininity)에 관한 이념을 기술하고자 한 것이기 때문에 그러한 연구방법론에 관한 비판은 본질에서 벗어난 것이라는 지적도 있다(McElhinny 2004).

데 연유한다고 하였다.[5] 또한 여성은 남성보다 부가 의문문을 사용하거나, 'so'나 'really'와 같은 강화사(intensifier)나 'a bit'과 같은 완화사(qualifiers)를 사용하는 경향이 많은데, 이는 여성은 자신이 이야기하고 있는 내용에 대해 자신감과 확신이 없는 태도가 반영된 결과라고 하였다.[6] 레이코프는 이러한 여성 언어의 특징이 어렸을 때부터 '숙녀답게(ladylike)' 공손하고 약한 어조로 말을 하도록 사회화과정을 거쳐 왔기 때문에 생기는 결과라고 설명한다. 이러한 시각에서 레이코프는 여성들이 보다 적극적으로 자신의 의견을 강하게 주장하는 방향으로 말을 하도록 노력을 함으로써 자신의 지위를 보다 향상시킬 수 있으며, 그러한 노력은 사회의 불평등한 남녀 지위의 차이를 줄이려는 노력과 병행되어야 한다고 주장한다.

레이코프의 연구는 성과 언어 연구에 있어서 크나큰 반향을 가져 왔다. 우선 위에서 잠깐 언급한 바와 같이 주로 직관에 의거하여 단편적인 자료만을 대상으로 남녀 차이에 대한 정형화된(stereotyped) 문화적 시각에서 분석을 했다는 점에서 연구 방법론에 대한 비판이 있었다. 이와 관련하여 레이코프가 주로 직관에 근거해서 제시한 내용을 실증적으로 검증하려는 여러 후속연구가 나오게 되었다.[7] 예를 들어 여성이 남성보다 부가의문문을 더 많이 사용한다는 레이코프의 주장과 관련하여 호움즈(Holmes)는 사용 빈도

5) 피시먼(Fishman)과 맥코넬-지넷(McConnell-Ginet)도 여성이 질문의 형태로 발화를 하는 경향이 많다는 점을 지적하고 있는데, 이는 여성이 청자로부터 반응을 이끌어 내려는 노력을 하기 때문이라고 주장한다(Fishman 1983, McConnell-Ginet 1983).

6) 레이코프의 분석은 체계적이고 과학적인 시각이 아닌, 정형화된 틀과 문화적 편견에 영향을 받는 민중언어학적(folk-linguistic) 시각에 의존하고 있다는 비판을 받았다. 사실 레이코프의 주장은 1922년 덴마크의 언어학자인 예스퍼슨(Jespersen)이 여성언어에 대해 언급한 내용과 어느 정도 일맥상통하는 측면이 있다. 예스퍼슨도 여성이 'very'나 'so'와 같은 강화사나 'awfully pretty'와 같은 강도 높은 부사가 포함되는 수식어를 많이 사용하고, 'wonderful'이나 'lovely'와 같은 소위 '별 내용이 없는(empty)' 수식어를 많이 사용한다는 점을 지적하였는데, 이는 여성이 과장을 하는 경향이 있고 또한 언어 및 인지 능력이 부족하기 때문이라고 하였다. 또한 여성은 자신의 이야기할 내용을 미리 충분히 준비하지 않고 빨리 말을 하기 때문에 문장을 끝내지 못한다고 하였다(Jespersen 1922). 이러한 주장은 여성을 비하하는 남성우위적인 시각을 반영하는 예로 많은 페미니스트 언어학자의 비판을 받았다(Cameron 1992).

7) 레이코프 연구의 후속 연구 중 하나인 오바르(O'Barr)의 연구를 보면, 법정에서 진술을 하는 맥락에서 남성들의 말에서 레이코프가 지적한 여성언어적 특성이 많이 나타남을 보였다. 이를 토대로 오바르는 레이코프가 제시한 여성언어의 특성이 힘의 결여(powerlessness)에서 연유하는 것으로 볼 수 있다고 하였다(O'Barr 1982).

수뿐만 아니라 다른 맥락에서 관찰되는 부가의문문의 상이한 기능을 고려해야 함을 보였다(Holmes 1982, 1984). 호움즈가 뉴질랜드 여성과 남성의 부가의문문의 사용 패턴을 분석한 연구를 보면, 여성이 전반적으로 남성보다 부가의문문을 더 많이 사용하는 것으로 나타나기는 했지만, 레이코프가 이야기하는 유형의 '지시적/확인적(referential)' 부가 의문문, 즉 화자가 해당 정보에 대해 불확실한 태도를 보이면서 상대방으로부터 정보를 확인받고자 하는 맥락에서 사용되는 부가의문문의 경우는 오히려 남성이 더 많이 사용한 것으로 나타났다(61% 대 35%). 반면에 여성은 상대방의 논점을 지지해 주거나 새 대화자를 대화에 참여하도록 이끄는 기능을 갖는 '정의적(affective)' 부가의문문의 한 유형인 '촉진적(facilitative)' 부가의문문을 더 많이 사용하였다(59% 대 25%). 또한 정의적 부가의문문의 또 하나의 유형인 '완화적(softening)' 부가의문문'의 경우는 남성이 여성보다 더 많이 사용하는 것으로 나타났다(13% 대 6%)(Holmes 1982, 1995).[8]

전반적으로 이와 같이 레이코프의 주장을 실증적으로 검증하고 비판하는 연구를 통해 부각된 점은 레이코프가 전제한 것처럼 하나의 언어형태가 하나의 기능만을 갖는 것이 아니라는 것이다. 부가의문문이 맥락에 따라 여러 기능을 하는 것처럼, 레이코프가 여성 언어에서 많이 나타나는 것으로 제시한 언어자질들도 맥락에 따라 여러 사회적 기능을 수행하기 때문에 그러한 언어형태들이 여성 화자의 불확실한 태도만을 나타낸다고는 할 수 없다(Tannen 2003). 사실 레이코프가 여성의 자신감의 결여 및 불확실한 태도를 반영한다고 한 언어형태들은 다양한 언어 전략의 일환으로 사용될 수도 있고,[9] 또한 남성들도 맥락에 따라 그러한 '여성언어'적 특성이 강한 스타일을 사용할 수도 있는 것이다.[10]

---

8) 각 부가의문문 유형의 예를 들어 보면 다음과 같다.
   (1) 지시적/확인적 부가 의문문: Men use tag questions too, don't they?
   (2) 정의적-촉진적 부가의문문: Still working hard at your office, are you?
   (3) 정의적-완화적 부가의문문: Open the oven door for me, could you?

9) 레이코프를 비판하는 맥락에서 카메론과 코우츠(Cameron & Coates)는 여성이 공손전략을 전략적으로 사용하여 힘의 관계에 영향을 미칠 수도 있다는 점을 지적하였다(Cameron & Coates 1989).

10) 말라가시(Malagasy) 주민에 대한 옥스(Ochs)의 연구에서는 남성이 오히려 여성보다 공손하게

'결여(deficiency)' 모델로 알려지게 된 레이코프의 연구는 이러한 여러 비판에도 불구하고 70년대와 80년대에 많은 페미니스트 언어학 연구를 활성화시키는 데 중요한 역할을 하였다(Bucholtz 2004). 레이코프의 연구에 뒤이어 80년대에 들어와 여성과 언어의 관계를 다루는 연구가 본격적으로 수행되면서, 남녀 언어의 차이를 여러 언어행위 및 대화 스타일과 관련지어 분석하는 연구들이 나오게 되었다. 이론적 시각의 측면에서 이들 연구들은 크게 둘로 나누어 볼 수 있는데, 언어가 근본적으로 남성언어 위주로 구성되어 있음을 지적하는, 소위 '지배(dominance)' 모델에 속하는 연구가 있고(Spender 1980), 또 한편으로는 남녀의 의사소통 스타일의 차이를 여성과 남성이 서로 다른 '문화' 속에서 사회화 되어 온 결과로 보는, 소위 '차이(difference)' 모델에 속하는 연구들이 나오게 되었다(Maltz & Borker 1982, Tannen 1990). 이러한 여러 연구를 통해 기존의 발음이나 어휘 사용 패턴의 연구를 넘어서, 남녀 언어 차이를 대화 스타일(conversational style) 측면에서 파악하고자 하는 시도가 이루어졌다(Bonvillain 2003).

4. 대화 스타일과 힘의 관계 - 지배(dominance) 모델

페미니스트 학자인 스펜더(Spender)는, *Man Made Language*(1980)라는 그녀의 책 제목에서도 알 수 있는 것처럼, 언어는 남성의 시각에서 세상의 사건과 사물을 반영하도록 구성되어 있기 때문에 여성의 시각과 목소리는 표현되지 않거나 위축되게 된다고 주장하였다. 예를 들어 영어의 경우 남녀 구분을 하지 않고 일반적으로 사람을 지칭하는 표현으로 사용되는 'man'이나

말하는 것으로 나타났다(Keenan [Ochs] 1974). 이러한 대화 스타일의 차이는 남성과 여성이 종사하는 사회적 역할과 관련이 있는 것으로 나타났는데, 이 사회에서는 여성의 직접적인 대화 스타일은 격식성이 높은 상황에는 부적절한 것으로 여겨지고, 반면에 남성의 간접적인 대화 스타일은 사회적으로 중요하고 격식성이 높은 발화 상황에 적절한 것으로 간주된다고 한다. 옥스는 이러한 예를 통해, 성과 언어의 관계는 단순히 한 언어형태나 사용패턴을 통해 성의 사회적 의미가 투명하게 반영되는 단순한 관계가 아니라, 언어가 화자의 태도나 사회적 행위 등 여러 사회적 의미를 구성하는 가운데 성의 모습을 '직시적으로(indexically)' 구축하는 과정을 통해 성립되는 관계임을 주장하였다(Ochs 1992).

'mankind'와 같은 표현이나 대명사 'he'/'him'/'his'의 사용을 통해 남성을 규범으로 보는 이념(ideology)이 강화된다고 하였다. 또한 영어에서 'work'라는 단어는 암묵적으로 보수를 받는 성격의 직업만을 지칭하고, 명확한 보수가 따라오지 않는 (여성이 주로 하는) 집안일은 그 대상범위에서 벗어난다는 것이다. 또한 'motherhood'의 의미도 여성들이 지향해야 하는 긍정적인 개념으로서만 강조되고, 그와 연루되는 출산의 고통 등의 의미는 감추어져 있음을 지적한다.[11] 또한 흔히 우리가 여성이 남성보다 말이 많다는 이야기를 많이 하는데, 여기에는 여성이 남성보다 실제로 말을 더 많이 하는 것이 아니라, 단지 여성이 단지 침묵하지 않고 말을 한다는 것 자체를 비판하는 남성 위주의 시각이 배어 있는 것이라고 주장한다.[12] 이러한 점을 들어서 스펜더는 레이코프의 결여 모델이 남성의 언어를 규범으로 보는 시각에 근거하고 있다고 비판하고, 남성지배적인 구조가 반영되어 있는 언어의 비대칭구조를 규명하는 것이 중요하다고 주장하였다.

이와 같은 스펜더의 시각은 소위 '지배(dominance) 모델'의 시각을 대변하다고 볼 수 있다. 이 시각에 따르면 여성이 남성과 대화할 때 지배를 당하는 위치에 놓이게 되기 때문에 남녀 언어 차이가 생긴다고 주장한다. 그러한 비대칭적인 상호작용을 통해 남성이 여성을 착취하는 행위가 언어에 반영되고 또한 계속 구축된다는 것이다. 지배 모델의 시각에서 남녀의 언어사용 차이를 분석한 연구를 살펴보면, 피시먼(Fishman)은 부부간의 대화를 대상으로 남녀언어 차이를 분석하였는데, 여성이 남성보다 부가의문문을 두 배 이

11) 이러한 스펜더의 '성차별적인 언어(sexist language)'에 대한 지적은 언어형태와 의미의 관계가 고정되어 있는 것으로 보는 기존의 언어학적 이념에 근거하고 있다는 점에서 비판을 받았다. 즉 언어가 사용될 때, 동일한 언어표현이라도 맥락에 따라 다른 의미와 행위를 창출한다는 점에서, 특정 어휘가 성차별적인 의미를 '고정적'으로 갖고 있다는 주장은 이러한 언어의 구성적 측면을 간과한 것이라는 것이다(Cameron 2006).

12) 실제로는 여성보다 남성이 오히려 말을 더 많이 한다는 점이 여러 연구에서 제시되고 있다. 에델스키(Edelsky)는 대학의 교수회의에서 교수들 간의 대화를 분석하였는데 전반적으로 남성이 여성보다 더 많은 발언을 하는 것으로 나타났다. 특히 회의의 주제와 맥락의 격식성이 높을수록 남성의 발언시간은 길어졌고 여성의 발언시간은 짧아진 것으로 나타났다(Edelsky 1981). 스웬과 그래돌(Swan & Graddol)의 연구에서는 초등학교 교실에서 남자아이가 여자아이보다 거의 두 배 이상 더 많은 말을 하는 것으로 나타났다. 이는 교사가 남자아이한테 시선을 더 많이 주고, 적극적으로 손을 들어서 발언권을 신청하는 남자아이들을 더 주목하는 데에서 연유하는 것으로 보았다(Swan & Graddol 1988).

상 사용하였고, 'you know'와 같은 완화/울타리 표현(hedge)도 여성이 남성보다 두 배 정도 더 많이 사용하는 것으로 관찰되었다. 반면에 진술문(statement)의 경우는 남성이 여성보다 두 배 정도 사용한 것으로 나타났다. 또한 여성은 남성과 대화할 때 상대방의 주의를 끄는 발화를 많이 하고, 'yeah'와 같은 청자반응신호(backchanneling signals)를 더 많이 발화한다고 한다. 그리고 대화중에 새로운 화제를 소개하는 데 있어서는, 여성이 남성보다 거의 두 배 정도 더 많은 화제를 소개했지만, 그 중에 실제로 대화의 화제로 자리 잡게 되는 경우는 약 삼분의 일 정도에 불과하였고, 반면에 남성이 소개한 화제는 거의 모두 수용되어서 후속 대화의 화제로 정착된 것으로 나타났다. 이는 대화의 화제를 결정하는 데 있어서도 여성보다 남성들이 자신들이 이야기하고자 하는 방향으로 대화를 주도해 나가는 경우가 더 많다는 것을 의미하는 것으로 해석된다(Fishman 1983).[13]

레이코프를 비판하는 맥락에서 피시먼은 이러한 여성 언어의 특징들은 여성의 불안한 태도나 자신감이 결여된 태도를 반영하는 것이 아니라, 상대방 남성 화자를 적극적으로 대화에 참여시키기 위한 협조적 전략으로 발현되는 것으로 보아야 한다고 주장한다. 즉 여성은 남성과 대화할 때 상대방의 반응을 적절히 이끌어 내어 부드럽게 대화를 진행시키기 위해 협조적으로 반응하면서, 상대적으로 반응을 잘 하지 않는 남성과의 대화를 이끌어 나가기 위해서 소위 대화에 있어서 힘든 일을 도맡아 하는 'conversational shitworkers'의 역할을 수행한다는 것이다. 이러한 남녀의 상이한 대화 스타일은 (레이코프가 제시하는 것처럼) 여성이 남성에 비해 능력이 떨어진다거나 사회적 훈련이 모자란다기보다는, 여성의 사회적 위치가 근본적으로 남성에 비해 열등하다는 것을 보여주는 것이라고 주장한다.

---

13) 가족간의 저녁식사 대화를 분석한 옥스와 테일러(Ochs & Taylor)의 연구를 보면, 아버지가 어머니나 자녀의 이야기를 평가하고 문제화하는(problematize) 평가자의 역할을 수행하는 패턴이 압도적으로 많이 관찰되는데, 이러한 남성 우위적 구도는 어머니의 협조적 반응에 의해 상호작용적으로 구축된다는 점을 지적하고 있다(Ochs & Taylor 1995). 자녀들이 이러한 비대칭적 구도에서 사회화 과정을 겪는다고 볼 때, 남자아이는 아버지의 지배적 역할을, 그리고 여자아이는 어머니의 종속적/협조적 역할을 각각 배워나갈 수 있는 여지가 크다고 할 수 있겠다.

남녀의 지위 및 힘의 차이를 언어현상과 연관시키고 있는 또 하나의 연구로 짐머만과 웨스트(Zimmerman & West)의 대화분석 연구를 들 수 있다(Zimmerman & West 1975). 공공장소에서의 대화를 대상으로 짐머만과 웨스트는 화자가 상대방이 말을 하는 중에 끼어들어서 자신의 말을 시작하는 소위 말끼어들기 행위(interruption)를 분석하였는데, 이성 간 대화에서 주로 남성화자가 여성화자의 말 중간에 끼어드는 경향이 많음을 보였다. 반면에 동성 간 대화에서는 그러한 경향이 두드러지지 않았다는 점에서, 말끼어들기라는 행위를 통해 남성이 여성에 대하여 힘을 행사하는 것으로 분석하였다. 말끼어들기를 남성의 여성에 대한 하나의 지배(dominance)의 형태로 분석한 짐머만과 웨스트의 연구는 말끼어들기 및 말중복(overlap) 현상과 관련하여 남녀의 언어사용 차이를 보려는 많은 후속연구의 토대가 되었다.

이러한 지배모델의 시각에서 수행된 연구는 말끼어들기와 같은 특정 언어 행위를 특정의 성과 연관시킬 뿐 아니라, 말의 형식에 중점을 두는 나머지 대화맥락, 화제, 장르, 스타일 등을 충분히 고려하지 않는다는 비판을 받았다. 특히 남녀 언어의 차이는 서로 다른 문화적 환경 속에서 남성과 여성이 사회화 되어 온 데 연유한다는 주장을 펴는 소위 '차이(difference)' 모델의 시각을 취하는 학자들은 '지배(dominance)' 이론이 여성의 종속적인 위치를 과도하게 강조하고, 남성이 보편적으로 여성을 지배하는 위치에 있다는 전제하에 분석을 수행하는 것을 비판한다. 그럼에도 불구하고 지배 모델의 틀에서 수행된 일련의 연구들은 페미니스트 언어학 발전에 중대한 기여를 하였고, 또한 이전 연구들에 비해 연구 방법론이나 분석 대상에 있어서 보다 실증적이고 자료 위주의 연구를 수행했다는 점에서 사회언어학 발전에 기여한 바가 크다고 할 수 있다.

5. 대화 스타일의 문화적 차이 – 차이(difference) 모델

남녀 언어의 차이를 남성과 여성의 '문화' 차이에 나오는 것으로 보는 시각이 있다. 소위 '차이(difference) 모델'로 알려져 있는 이 시각은 여성이 남성에 비해 무언가 부족하다거나 더 약하다는 레이코프의 소위 '결여(deficiency) 모델'이나 여성은 우월한 지위를 점하고 있는 남성에 종속될 수밖에 없는 피해자라는 '지배(dominance) 모델'의 시각과는 달리, 남녀 언어의 차이는 남성과 여성이 서로 다른 사회화 과정을 거치면서 성장해 온 결과로서 나타나는 것으로 본다. 언어인류학과 의사소통민족지학의 시각에서 말츠와 보커(Maltz & Borker)가 주장하는 내용을 보면, 어렸을 때 동성집단 내에서 상호작용하는 가운데, 남자아이들은 경쟁적으로 자기주장을 직접적으로 하고 상대방 의견에 강하게 반대하도록 기대되는 반면에, 여자아이들은 착하고 공손하게 보이도록 하는 압력을 받는다는 것이다(Maltz & Borker 1982). 이러한 남녀 간의 상이한 사회화 과정을 통해 남성과 여성은 서로 상이한 대화 스타일을 함양하게 되는데 이러한 차이는 일반적으로 여성에게 불리하게 작용한다고 한다. 즉 여성이 자신의 스타일로 소위 '숙녀처럼' 공손하게 이야기 하면 상대방이 그에 대해 진지하게 반응하지 않거나 무시하는 결과를 가져오고, 남성 스타일로 직접적으로 의사표현을 하면 여성스럽지 못하다는 부정적인 평가를 받게 된다는 것이다.[14]

태넌은 말츠와 보커와 같은 시각에서 남성과 여성 모두 나름대로 동등하게 타당한 대화 스타일을 갖고 있다고 주장한다. 다른 사회화 과정을 거치면서 다른 '문화' 속에서 성장해 왔기 때문에 서로 다른 대화 스타일을 갖게 된 것이고, 이는 마치 다른 문화권의 사람들이 서로 다른 대화 스타일을 갖게 되는 것과 같은 원리라는 것이다. 따라서 서로 다른 문화권의 사람들이 대화할 때 상대방의 문화를 이해하지 못해서 문화간 오해(cross-cultural miscommunication)가 생기는 것과 같이(Gumperz 1982), 남성과 여성도 상대방의 '문화'를 이해하지 못하기 때문에 의사소통의 오해가 생긴다고 주장한다.

---

14) 이러한 주장과 관련해서 굳윈(Goodwin)은 미국 필라델피아 시 남서부 지역의 흑인 남자아이들과 여자아이들을 대상으로 한 연구에서, 남자아이들은 직접적으로 명령을 주고받는 등 위계적인 질서를 구축하는 방향으로 발화행위를 구성하는 반면, 여자아이들은 보다 간접적인 발화스타일을 사용하여 보다 수평적인 구도의 상호작용 패턴을 보인다고 하였다. 이러한 면에서 볼 때, 경쟁적인 행위나 협조적인 행위를 수행해야 할 사회적 필요성을 충족시키는 데 있어서 여자아이들이 남자아이들보다 더 복잡하고 공교한 교섭전략을 사용하는 측면이 있음이 지적되었다(Goodwin, 1980).

태넌은 미국에서 1990년대 초 베스트셀러가 되기도 했던 자신의 저서 *You Just Don't Understand: Women and Men in Conversation*(1990)에서, 남성은 주로 '정보 대화(report talk)'의 스타일을 사용하여 자신의 지식을 부각시키고 대화를 주도하는 반면, 여성은 주로 '공감대 대화(rapport talk)'의 스타일로 상대방의 말을 경청하고 공감을 표시하는 방향으로 말을 한다고 하였다. 따라서 남성은 대화 상대자보다 한 수 높은 위치(one-up position)에 서려고 하는 경향을 보이고, 여성은 대화 상대자와 동등한 위치에서 대화를 해 나가는 경향을 보이게 되는데, 그러한 대화 스타일의 차이를 이해함으로써 여러 정형화된(stereotyped) 남녀 간의 언어 차이를 보다 깊게 이해할 수 있다고 하였다. 이러한 태넌의 연구는 언어학 저서로서는 예외적으로 대중적으로 큰 호응을 얻었고, 그와 같은 맥락에서 그레이(Gray)의 *Men Are from Mars, Women Are from Venus*(1992)와 같은 일반 대중을 위한 저서들이 여전히 많은 인기를 누리고 있다. 또한 '차이(difference) 모델'의 시각에서 남녀 차이에 대한 의식을 고양시키고자 하는 내용이 여러 기관의 연수 프로그램의 중요한 내용이 되는 결과를 가져오게 되었다(Litosseliti 2006).

말츠와 보커 및 태넌의 연구로 대표되는 '차이 이론'은 남녀 간의 대화 스타일 차이를 고정된 것으로 보면서 힘과 남성우위의 문제를 무시함으로써 오히려 정형화된 성의 모습을 영속화시킨다는 비판을 받았다(Cameron 1992). 지배 이론적 시각에서 우찌다(Uchida)는 대화에서의 남녀 역할의 차이가 단지 문화적 차이에서 오는 것으로는 볼 수 없으며, 우리의 일상생활에 영향을 미치는 사회의 위계적 힘의 구조를 반영하는 것으로 보아야 한다고 주장한다. 여성의 대화 스타일로 인하여 여성이 대화를 해 나가는 데에 더 많은 부담을 지게 될 뿐 아니라, 남녀 간 의사소통에서 오해가 생길 경우 그에 대한 부담을 지는 쪽은 여성이라는 것이다. 따라서 태넌과 같이 사회적 비대칭적 구조의 측면을 무시하고 남녀 간의 언어차이를 단순히 서로 다른 문화의 차이로 보는 시각을 취한다면, 오히려 여성을 비하하고 적대시하는 시각이 '합법적으로' 강화될 수 있는 위험을 가져올 수 있다고 주장한다(Uchida 1992). 이와 비슷한 시각에서 트뢰멜-프뢰츠(Troemel-Ploetz)는 남성과 여성이 서로 다른 문화에 속하기 때문에 서로를 잘 이해하지 못한다는 태넌의 주장을 비판하면서, 오히려 남성과 여성은 서로를 너무나도 잘 이해한다고 주장한다. 실제 대화 맥락에서 남성은 여성보다 자신의 상호작용적 욕구를 보다 더 잘 충족시킨다는 점을 지적하면서, 태넌의 연구는 그러한 비대칭적 구조의 대화가 가져오는 사회-정치적 결과에 유의하지 않고 현상(status-quo) 유지만을 하도록 유도하는 결과를 낳는다고 비판한다. 결과적으로 태넌의 소위 비정치적인 성격의 문화적 시각의 연구가 본의 아니게 실제로는 남성의 우위적 입지를 강화시키는 정치적 행위를 구성한다는 것이다(Troemel-Ploetz 1998).

이러한 여러 비판에도 불구하고, '차이 모델'은 언어인류학 및 의사소통민족지학의 시각에서 남녀의 의사소통 스타일을 문화적 특성으로 파악함으로써 언어와 성의 관계에 대한 이해를 심화시키는 데에 큰 기여를 하였다. 또한 부정적으로 평가되어 온 여성언어를 긍정적인 시각에서 재평가하는 계기를 마련하기도 하였다. 특히 여성의 언어는 단지 '사소한(trivial)' 성격의 언어가 아니라, 여성들이 문화적으로 중요한 자신들만의 하위문화를 구성하고, 그 안에서 자아 및 정체성을 구축하는 데 중요한 역할을 한다는 인식이 여러 연구에서 새롭게 제시되고 있다(Coates 1988, 1996, Holmes 1995).

6. 맺는말

본고에서는 사회언어학 분야에서의 성과 언어 연구를 소개하고자 하는 취지에서, 크게 변이 이론, 결여 이론, 지배 이론 및 차이 이론으로 대변되는 여러 연구의 내용과 성격을 살펴보았다. 변이 이론적 시각에서 수행된 연구에서는 성을 언어에 영향을 미치는 사회적 변인으로 보아 남녀 간의 언어차이를 파악하고자 하였고, 표준어/비표준어 사용과 관련하여 남녀의 차이를 조명하고자 하는 많은 후속연구에 대하여 분석의 기준점을 제공하였다. 또한 소위 사회언어학적 인터뷰(sociolinguistic interview)로 알려지게 된 자료수집 방법과 정량분석을 활용하는 실증적 연구방법을 정착시킴으로써, 성과 언어의 상관관계를 조명하려는 여러 후속연구가 나올 수 있는 계기를 마련했다고 할 수 있다. 또한 레이코프의 연구를 계기로 하여, 지배 및 차이 모델의 틀에서 활발하게 여러 후속연구가 수행되었고, 발음, 억양, 문법, 어휘뿐만 아니라, 질문, 말끼어들기, 화제 도입, 청자반응신호 등 대화 스타일의 여러 발화 행위(speech act)적 및 상호작용적(interactional) 측면을 조명함으로써 남녀 언어의 특성에 대한 이해를 심화시키는 데 크게 기여하였다.

최근에는 포스트 모더니즘적 성향의 페미니스트 언어학 연구 및 비판적 사회언어학(critical sociolinguistics)/비판적 담화분석(critical discourse analysis), 사회심리학(social psychology), 대화분석(conversation analysis) 등 여러 분야에서 성의 수행(performance), 성과 관련된 정체성(identity)과 이념(ideology) 등에 관한 연구가 활발하게 수행되어 오고 있다(Bucholtz, Liang, & Sutton 1999, Speer 2005). 특히 언어가 현실을 반영하는 데에 그친다는 생각을 넘어서, 남성과 여성의 지위와 역할을 차별화하는 이념과 사회적 관행을 조성하는 데에 담화(discourse)의 창출과정이 어떠한 구성적 역할을 하는지를 파악하고자 하는 취지의 연구가 다각적으로 시도되고 있다(Wodak 1997). 이러한 연구동향은 언어가 남성과 여성의 사회적 역할과 지위의 차이를 단순히 반영한다는 생각을 넘어서서, 담화를 구성하는 언어적 행위(practice)를 통하여 남성에 대하여 여성을 상대적으로 폄하하는 편견적인 태도와 그와 관련된 남성우월적인 이념이 존속되고 강화되는 측면이 있음을 파악하고, 그러한 비대칭적 구도를 시정해 나가려는 비판적 사회언어학/담화분석 등의 연구로 이어지고 있다. 이러한 면에서 기존의 언어공동체(speech community)의 개념을 넘어서 관행/행위공동체(community of practice)의 시각에서 남녀 언어차이를 조명하고자 하는 시도가 주목을 받고 있다(Eckert & McConnell-Ginet 1992, 2003). 또한 포스트모더니즘의 상대주의, 구성주의적 시각에 의거하여 남성과 여성을 이분법적으로 고정된 개념으로 보는 본질주의적 시각에서 벗어나, '남성스러움'과 '여성스러움'을 형성하는 사회-문화적 과정의 면모를 파악하고자 하는 방향으로 연구가 진행되고 있다(Bing & Bergvall 1996).

이와 관련하여 페미니스트 언어학자와 담화분석 학자들을 중심으로 성과 관련된 정체성과 이념에 주목하는 연구가 활발히 수행되어 오고 있다. 언어를 단순히 화자의 자아를 반영하거나 자아를 감싸는 외적인 매개체로만 보지 않고, 화자의 정체성과 자아를 조성하고 창출하는 사회적 관행(social practice)에 중점적으로 관여하는 내적 매개체로 분석하고자 하는 시도이다(Butler 1990). 이러한 연구 동향은 앞으로 언어학자와 페미니스트가 서로 보다 긴밀한 연계성을 가지고 함께 연구에 참여할 수 있는 기회를 확장시킬 수 있을 것으로 기대된다(Bucholtz, Liang, & Sutton 1999). 이와 비슷한 시각에서 민족방법론(ethnomethodology) 분야에서는 이미 오래 전부터 성의 사회 구성적 측면에 관심을 가져 왔는데, 각 구성원이 자신이 속한 성과 관련하여 문화적으로 기대되는 정상적인 성의 모습들을 구체적이고 해명 가능한(accountable) 관행적 행위(practical activities)를 통해 지속적으로 형성해 나감으로써 그러한 정형적인 성의 이미지가 창출되고 유지되는 것이라고 보았다. 이러한 시각은 가핑클(Garfinkel)이 성전환 여성 '아그네스(Agnes)'를 대상으로 분석한 연구에서도 볼 수 있는데, 성은 끊임없이 말과 행동을 통해 성취되는 것임('doing gender')을 제시하였다(Garfinkel 1967). 또한 같은 시각에서 케슬러와 멕케나(Kessler & McKenna)는 소위 '성부여 과정(gender attribution process)'에 분석의 초점을 맞추었는데, 이는 우리가 남성과 여성을 자연스러운 사실로 구분하고 인식하게 되는 과정을 가능하게 하는 방법적 절차(methodic procedures)를 규명하고자 하는 시도라고 할 수 있다(Kessler & McKenna 1978).

마지막으로 최근 성과 언어연구에 대한 논의에 있어서 방법론에 대한 성찰이 보다 활발히 이루어지고 있다는 점을 지적할 수 있다(Speer 2005). 연구방법론은 우리가 이해하고자 하는 목표 대상을 타당하고도 객관적으로 분석하는 데 사용되는 도구이기는 하지만, 동시에 특정 이념이나 편견이 담겨있을 수 있는 여지가 있기 때문에 자료 분석이 적절히 이루어지지 못하게 되는 결과를 가져 올 수 있다. 예를 들어 변이 이론의 시각에서 수행된 많은 성과 언어에 관한 연구를 보면, 대개 남성 면접자가 연구대상자를 인터뷰하는 것이 보통이었는데, 이러한 요인이 연구결과에 영향을 미쳤을 수도 있다는 지적이 나오고 있다. 즉 남성 피면접자는 동성인 남성 면접자의 질문에 대해 상대적으로 편안히 반응할 수 있는 맥락이 조성되어 자신이 일상적으로 사용하는 언어 스타일로 대답할 수 있는 반면에, 여성 피면접자는 이성인 남성 면접자의 질문에 대해 상대적으로 덜 편안한 상황에서 반응하게 되어, 보다 격식을 차린 대답을 하도록 유도되어서 표준어를 더 사용하게 되는 결과를 낳았을 수도 있다는 것이다. 이는 화자간의 수용(accommodation)에 관한 문제로서, 화자가 대화 상대자에게 얼마나 협조적으로 반응하느냐에 따라서 대화자들의 스타일이 서로 비슷해질 수도 있고 달라질 수도 있다는 점을 간과한 것이라고 할 수 있다(Talbot 1998). 그 밖에도 여러 페미니스트 언어학 연구에 있어서, 여성의 입장을 보다 존중하고자 하는 시도가 오히려 분석의 공정성을 해칠 우려가 있다는 점도 지적되었다. 즉 남성이 하는 말은 그대로 수용하지 않고 비판적으로 분석하는 반면 여성이 하는 말은 무비판적으로 수용할 수 있다는 것이다(Speer 2005).

연구 방법론과 관련하여 최근 비판적 사회언어학 및 사회심리학 분야와 대화분석(conversation analysis) 분야 간의 쟁점이 된 내용을 보면, 담화의 미시적(micro) 분석에 있어서 성이라는 거시적(macro) 개념을 가져와 해당 담화 현상에 대한 설명의 근거로 삼는 연구 관행을 어떻게 볼 것인가에 대하여 학자간의 시각 차이가 나타나고 있다. 비판적 사회언어학자나 사회심리학자들이 남녀의 대화를 분석할 때 성의 범주에 중점적으로 의존하면서 설명을 하는 경향에 대하여, 대화분석 학자인 쉐글로프(Schegloff)는 대화의 구조가 조성되어 가는 과정을 통해 사회적 행위가 어떻게 구성되고 성취되는지를 미시적으로 분석하는데 우선적으로 중점을 두어야 하며, 성급하게 참여자의 성을 끌어 들여와서 설명의 근거로 삼는다면 해당 현상 자체는 분석하지 않고 마치 설명을 다 한 것처럼 생각하는 오류를 범할 수 있음을 지적한다. 예를 들어, 남성이 여성이 말하는 가운데 말끼어들기를 했을 경우, 우리는 그러한 현상을 단순히 남성의 지배적 위상을 보여 주는 한 사례로 분석할 수 있을 것이다. 하지만 맥락에 따라서 상대방으로부터 기대되는 반응이 나오지 않았을 경우, 상대방으로부터 기대되는 강도에 부응하는 보다 적극적인 반응을 이끌어내기 위해 화자가 말끼어들기를 할 수도 있다는 것이다. 이러한 시점에서 본다면, 단지 화자가 남성이고 청자가 여성이기 때문에 남성이 말끼어들기를 했다는 '성급한' 분석으로 끝난다면, 해당 현상에 대한 진정한 설명은 시도조차 할 기회를 잃게 될 수 있다는 것을 알 수 있다. 이와 같은 첨예한 경험주의적 시각에서, 쉐글로프는 대화 당사자들의 시각에서 해당 현상을 분석해야 할 필요성을 강조한다. 즉 대화 당사자들 스스로가 대화를 해 나가는 데 있어서 성의 범주가 자신들의 상호작용 과정을 조성하는 데 영향을 주는 요인으로 보고 그러한 면에 지향적으로 반응할 경우에만 성의 범주에 의거한 분석이 적절히 수행될 수 있다는 것이다.

이와 같이 미시적 분석에 거시적 범주를 적용하는 데 주의를 기울여야 한다는 대화분석적 시각은 여러 비판적 담화분석 학자와 사회심리학자의 비판을 받기도 하였고, 앞으로도 계속될 긴 논쟁의 화두로 남아 있을 것이다(Billig 1999a, 1999b, Lakoff 2003, Schegloff 1987, 1997, 1998, 1999a, 1999b, Wetherell 1998). 그러나 이제 성과 언어의 관계를 연구하는 데 있어서 성이라는 거시적 범주를 연구자의 '외적인' 시각을 통해 분석에 우선적으로 적용하기보다는, 연구대상자인 참여자들의 지향성(participants' orientations)을 중점적으로 고려하면서 보다 철저하게 경험적 분석을 수행하는 것이 중요하다는 인식이 보다 널리 받아지고 있는 점이 주목된다(Kitzinger 2000, Speer 2005). 분석 방법뿐만 분석 대상이 되는 자료 설정에 대하여 지속적으로 논의를 해 나감으로써, 성의 여러 측면이 구체적인 사회행위를 통해 조성되는 미시적 과정을 보다 첨예하게 파악할 수 있는 방향으로 나아갈 수 있을 것으로 기대한다.

참고문헌

Billig, Michael. "Whose terms? Whose ordinariness? Rhetoric and ideology in conversation analysis", *Discourse and Society* 10(4):543-558, 1999a.

Billig, Michael. "Conversation analysis and the claims of naivety", *Discourse and Society* 10(4):572-576, 1999b.

Bing, Janet, M. and Bergvall, Victoria, L. "The question of questions: beyond binary thinking", *Rethinking Language and Gender Research: Theory and Practice.* Eds. Victoria L. Bergvall, Janet M. Bing, and Alice F. Freed. London & New York: Longman, 1996, 1-30.

Bonvillain, Nancy. *Language, Culture, and Communication: The Meaning of Messages*, 4th edn. Upper Saddle River, NJ: Prentice Hall, 2003.

Bucholtz, Mary, Ed. *Language and Woman's Place: Text and Commentaries*, revised and expanded edn, original text by Robin Lakoff, Ed. Mary Bucholtz. New York & Oxford: Oxford University Press, 2004.

Bucholtz, Mary, Liang, A. C. and Sutton, Laurel A. Ed. *Reinventing Identities.* New York/Oxford: Oxford University Press, 1999.

Butler, Judith. *Gender Trouble: Feminism and the Subversion of Identity.* New York: Routledge, 1990.

Cameron, Deborah. *Feminism and Linguistic Theory*, 2nd edn. London: Macmillan, 1992.

Cameron, Deborah. *On Language and Sexual Politics.* London & New York: Routledge, 2006.

Cameron, Deborah and Jennifer Coates. "Some problems in the sociolinguistic explanation of sex differences", *Women in their Speech Communities.* Eds. Jennifer Coates and Deborah Cameron. New York: Longman, 1989, 13-26.

Cheshire, Jenny. *Variation in an English Dialect.* Cambridge: Cambridge University Press, 1982.

Coates, Jennifer. "Gossip revisited: language in all-female groups", *Women in their Speech Communities.* Eds. Jennifer Coates and Deborah Cameron. New York: Longman, 1988, 94-122.

Coates, Jennifer. *Women Talk: Conversation between Women Friends.* Oxford: Blackwell, 1996.

Eckert, Penelope. "Gender and sociolinguistic variation", *Language and Gender*, Ed. Jennifer Coates. Malden, MA: Blackwell, 1998, 64-76.

Eckert, Penelope and McConnell-Ginet, Sally. "Think practically and look locally: language and gender as community-based practice", *Annual Review of Anthropology* 21:461-490, 1992.

Eckert, Penelope and McConnell-Ginet, Sally. *Language and Gender.* Cambridge: Cambridge University Press, 2003.

Edelsky, Carol. "Who's got the floor?", *Language in Society* 10:383-421, 1981.

Fishman, Pamela. "Interaction: the work women do", *Language, Gender and Society*, Eds. Barrie Thorne, Cheris Kramarae and Nancy Henley. Newbury House: Rowley, 1983, 89-101.

Garfinkel, Harold. *Studies in Ethnomethodology.* Englewood Cliffs, NJ: Prentice-Hall, 1967.

Goodwin, Marjorie Harness. "Directive-response speech sequences in girls' and boys' task activities", *Women and Language in Literature and Society.* Eds. Sally

McConnell-Ginet, Ruth Borker and Nellie Furman. New York: Praeger, 1980, 157-173.

Gordon, Elizabeth. "Sex, speech, and stereotypes: Why women use prestige speech forms more than men", *Language in Society* 26:47-64, 1997.

Gray, John. *Men Are from Mars, Women Are from Venus.* New York: Harper Collins, 1993.

Gumperz, John. Ed. *Language and Social Identity.* Cambridge: Cambridge University Press, 1982.

Holmes, Janet. "The functions of tag questions", *English Language Research Journal* 3: 40-65, 1982.

Holmes, Janet. "Hedging your bets and sitting on the fence: some evidence for hedges as support structures", *Te Reo* 27:47-62, 1984.

Holmes, Janet. *Women, Men and Politeness.* London: Longman, 1995.

Jespersen, Otto. *Language: Its Nature, Development and Origin.* London: Allen & Unwin, 1922.

Keenan (Ochs), Elinor. *Conversation and Oratory in Vakinankaratra, Madagascar.* Ph.D. dissertation, University of Pennsylvania, 1974.

Kessler, Suzanne J. and McKenna, Wendy. *Gender: An Ethnomethodological Approach.* Chicago & London: The University of Chicago Press, 1978.

Kitzinger, Celia. "Doing feminist conversation analysis", *Feminism and Psychology* 10(2): 163-193, 2000.

Labov, William. *The Social Stratification of English in New York City.* Washington DC: Center for Applied Linguistics, 1966.

Lakoff, Robin. *Language and Woman's Place.* New York: Harper and Row, 1975.

Lakoff, Robin. "Language, gender, and politics: Putting 'woman' and 'power' in the same sentence", *The Handbook of Language and Gender.* Eds. Janet Holmes and Miriam Meyerhoff. Oxford: Blackwell, 2003, 161-178.

Litosseliti, Lia. *Gender and Language: Theory and Practice.* New York: Oxford University Press, 2006.

Maltz, Daniel and Borker Ruth. "A cultural approach to male-female miscommunication", *Language and Social Identity*, Ed. John Gumperz, Cambridge: Cambridge University Press, 1982, 195-216.

McConnell-Ginet, Sally. 1983. "Intonation in a man's world", *Language, Gender and Society*, Eds, Barrie Thorne, Cheris Kramarae and Nancy Henley. Rowley, MA: Newbury House, 1983, 69-88.

McElhinny, Bonnie S. "'Radical feminist' as label, libel, and laudatory chant: the politics of theoretical taxonomies in feminist linguistics", *Language and Woman's Place: Text and Commentaries*, revised and expanded edn, original text by Robin Lakoff, Ed. Mary Bucholtz. New York: Oxford University Press, 2004, 129-135.

Milroy, Lesley. *Language and Social Networks.* Oxford: Blackwell, 1980.

Nichols, Patricia. "Linguistic options and choices for black women in the rural south", *Language, Gender and Society*, Eds. Barrie Thorne, Cheris Kramarae and Nancy Henley. Rowley, MA: Newbury House, 1983, 54-68.

O'Barr, William. *Linguistic Evidence.* New York: Academic Press, 1982.

Ochs, Elinor. "Indexing gender", *Rethinking Context.* Eds. Alessandro Duranti and Charles Goodwin, 1992, 335-358.

Ochs, Elinor and Taylor, Carolyn. "The 'father knows best' dynamic in dinnertime narratives", *Gender Articulated: Language and the Socially Constructed Self.* Eds. Kira Hall and Mary Bucholtz. New York & London: Routledge, 1995, 97-120.

Schegloff, Emanuel, A. "Between micro and macro: Contexts and other connections", *The Micro-Macro Link.* Eds. J. Alexander, B. Giesen, R. Munch, and N. Smelser. Berkeley, CA: University of California Press, 1987, 207-234.

Schegloff, Emanuel, A. "Whose text? Whose context?", *Discourse and Society* 8(2): 165-187, 1997.

Schegloff, Emanuel, A. "Reply to Wetherell", *Discourse and Society* 9(3):413-416, 1998.

Schegloff, Emanuel, A. "'Schegloff's texts' as 'Billig's data': A critical reply", *Discourse and Society* 10(4):558-572, 1999a.

Schegloff, Emanuel, A. "Naivete vs sophistication or discipline vs self-indulgence: A rejoinder to Billig", *Discourse and Society* 10(4):577-582. 1999b.

Speer, Susan A. *Gender Talk: Feminism, Discourse and Conversation Analysis.* London & New York: Routledge, 2005.

Spender, Dale. *Man Made Language*, London: Routledge & Kegan Paul, 1980.

Swan, Joan and Graddol David. "Gender inequalities in classroom talk", *English in Education* 22(1):48-65, 1988.

Talbot, Mary, M. *Language and Gender: An Introduction.* Malden, MA: Polity Press, 1998.

Tannen, Deborah. *You Just Don't Understand; Women and Men in Conversation.* New York: William Morrow, 1990.

Tannen, Deborah. "The relativity of linguistic strategies: Rethinking power and solidarity in gender dominance", *Sociolinguistics: The Essential Readings.* Eds. Christina Bratt Paulston and G. Richard Tucker, 2003, 208-228.

Troemel-Ploetz, Senta. "Selling the apolitical", *Language and Gender.* Ed. Jennifer Coates. Malden, MA: Blackwell, 1998, 446-458.

Trudgill, Peter. "Sex, covert prestige and linguistic change in the urban British English of Norwich", *Language and Society* 1:179-195, 1972.

Uchida, Aki. "When 'difference' is 'dominance': a critique of the 'anti-power-based' cultural approach to sex differences", *Language and Society* 21:547-568, 1992.

Wetherell, Margaret. "Positioning and interpretative repertoires: Conversation analysis and post-structuralism in dialogue", *Discourse and Society* 9(3):387-412, 1998.

Wodak, Ruth. *Gender and Discourse.* London: Sage, 1997.

Zimmerman, Don and West, Candace. "Sex roles, interruptions and silences in conversation", *Language and Sex: Difference and Dominance.* Eds. Barrie Thorne and Nancy Henley. Rowley, MA: Newbury House, 1975, 105-129.

오필리어의 시각 이미지에 대한 고찰

권 오 숙*

Ⅰ. 들어가는 말

『햄릿 *Hamlet*』의 여주인공 오필리어(Ophelia)는 셰익스피어(William Shakespeare)의 등장인물들 가운데서 단연 화가들이 가장 애착을 가진 인물이다. 그녀는 극 속에서는 보조 인물에 불과하지만 18세기부터 현재까지 끊임없이 많은 화가들이 그녀의 캐릭터를 해석하고 정의하는 데 집착했다. 오필리어가 그렇게 많은 화가들을 사로잡은 이유는 시대마다, 화가마다 조금씩 다를 것이다. 어떤 이는 너무나 순수하고 여린 소녀가 비정한 세상의 소용돌이 속에 휘말려 하릴없이 희생당하는데서 느껴지는 비애와 감상 때문에 사로잡혔을 테고 낭만주의 화가들에게는 그녀의 광기를 통해 느낄 수 있는 그녀의 마음 속 격정이 상상력을 자극했을 것이다.

또 다른 이유는 그녀의 복잡하고 애매한 캐릭터가 지니고 있는 매력을 들 수 있을 것이다. 셰익스피어의 오필리어는 일견 '순종적인 여인상'이란 여성에 대한 고정관념에 딱 들어맞는 인물처럼 보인다. 그러나 셰익스피어는 작품 속에서 오필리어를 상당히 애매하게 제시하고 있어 생각보다 훨씬 다양

---

* 한국외국어대학교 강사

한 해석을 잉태해왔다. 우선 그녀의 광기에 대해서 그것이 아버지의 죽음 때문인지, 햄릿의 변심 때문인지, 아니면 두 가지 다 때문인지가 명확하게 제시되어 있지 않다. 또한 그녀의 죽음에 대해서도 거트루드(Gertrude)의 설명에 의하면 사고사가 되지만 무덤파기 광대의 주장이나 조촐하게 치러지는 장례식 장면으로 미루어 볼 때는 의도적인 자살이 된다. 이러한 애매모호함 때문에 오필리어는 더욱더 신비적인 존재가 되고, 독자나 후대 예술가들의 상상력을 자극하고, 각자의 자의적인 해석이 가능한 장이 된다. 『햄릿』 텍스트에서 한 궁정 신하는 미친 오필리어에 대해 다음과 같이 왕비에게 보고한다.

> 신사 ... 그녀의 말에는 아무 뜻도 없습니다.
> 그러나 그 횡설수설하는 말이 듣는 사람들의 마음을 움직여
> 그 말들을 주워 모으게 만듭니다. 그리고는 나름대로 추측하여
> 자기들 생각에 따라 그 단어들을 짜맞춥니다. (4.5.7-10)

이렇게 불완전한 오필리어라는 기호는 상상력으로 채워야 할 여지가 무한하므로 호레이쇼(Horatio)의 표현처럼 "나쁜 일을 꾸미는 사람들에게 위험한 억측을 뿌릴 수도 있는"(4.5.14-15) 마력적인 힘을 지니게 된다.

수많은 화가들도 그런 오필리어의 공백에 자신의 상상력을 채워넣어 각자의 오필리어를 재현해왔다. 오필리어는 셰익스피어가 의도적으로 빼먹은 몇 개의 퍼즐 조각을 어떻게 맞추느냐에 따라 순수함의 정수도 되고, 음탕한 정욕을 지닌 육감적 여성으로도 탄생이 가능한 열린 기호인 것이다. 이에 대해 바르뜨(Roland Barthes)는 "오필리어의 이미지는 다양한 깊이의 어휘에서 뽑아낸 기호들로 지은 구조물이다"고 표현했다(Kiefer 11-2에서 재인용).

그 중에서도 특히 남성 화가들이 수많은 셰익스피어 여성 주인공들 가운데 유독 오필리어에게 집착한 이유는 크게 두 가지로 볼 수 있다. 사회가 요구하는 규범화된 성역할은 여성에게 가부장제 내에 종속될 것을 지시하고, 순응할 것을 기대해왔다. 이러한 여성(gender)은 남성들에 의해 욕망을 억압당하고, 그에 순종적일 때는 '성모 마리아'의 성스러운 이미지와 미화된 여성으로 비춰지지만, 반대로 남성들에게 복종적이지 않고, 자신의 욕망을 표

출할 경우는 '이브'와 같은 사악한 이미지로 비춰졌다. 그런데 오필리어는 자기 희생적이고, 의존적이고, 수동적이며, 가부장에게 대단히 순종적인 여성의 전형으로 볼 수 있다. 이것은 오랫동안 남성들이 생산해온 바람직한 여성상으로, 그 모든 특징을 한 몸에 담고 있는 오필리어는 마땅히 남성들의 숭배를 받아야할 대상인 것이다. 그런 오필리어에게서 많은 남성 화가들이 성모 마리아의 성스러운 이미지를 보았고, 아니면 그녀를 통해 그런 이미지를 유포하고 싶었을 것이다.

두 번째 이유는 그녀의 광기와 자살 때문이다. 성 차별의 오랜 역사 속에서 정상(sanity)은 남성성의 환유적 표식이었고 광기는 여성성을 나타내는 환유적 표식이었다. 남성 화가들은 광기를 흔히 여성적 특성이라고 보는 이런 전통적 담론을 수용하여 미친 오필리어를 통해 '광기, 자살=여성'이라는 이데올로기를 구축, 또는 강화하고 싶었을 것이다. 그러나 사실 광기는 여성의 환유가 아니라 고통과 권한박탈(disempowerment)의 환유인 것이다. 여러 오필리어의 그림 속에서 젠더와 광기 이데올로기의 이중 구속 하에서 여성 광기의 젠더화된 함의들을 살펴볼 수 있다.

이 글은 이런 여성, 순결, 광기, 죽음과 관련된 성 이데올로기적 담론들과 함께 오필리어의 광기와 죽음이 18세기부터 현재까지 시각 이미지 속에서 어떻게 묘사되고 해석되고 구성되어 왔나를 탐구하고자 한다.

II. 성녀 이미지로서의 오필리어

미술관은 오랫동안 남성들의 경험과 시선을 제공하고, 남성의 상징체계를 유포하는 대표적 공간이었다. 여성에게는 상징체계를 관장하는 힘을 제공하지 않았던 미술관은 "여성의 정체성을 위협하는 숱한 이미지들"(시카고 & 스미스, 11)이 넘쳐나는 공간이었다. 18세기부터 빅토리아 시대까지 남성 화가들은 미술 작품을 일종의 도덕적인 표상으로 취급했다. 이는 디드로 나 러스킨의 미술 비평서들을 보면 잘 알 수 있다. 남성 화가들은 많은 여성 이미지들에 자신들의 욕망을 담고 있다. 순결하고 정숙한 여성에 대한 그들의 욕망은 신화나 전설, 문학 텍스트 속에서 그런 성격을 가진 여성 인물들을 이상화된 모습으로 재현한데서 읽을 수 있다.

오필리어는 도상학적으로 대개 흰 드레스를 입은 모습으로 재현되는데 이는 그녀의 순결함과 순수함을 상징하는 것이다. 오필리어는 이 냉혹하고 험악한 세상과 타협하여 살지 못하고 성인이 되기 전에 이 세상을 떠난다. 성(性)적 자각 직전에 이 세상을 떠난 그녀는 순수와 순결의 정수로 여겨져 왔다. 따라서 여성의 순결을 최상의 미덕으로 찬양했던 빅토리아 시대 사람들에게 오필리어는 인간 이상의 존재로 이상화되었다. 안나 제임슨(Anna Jameson)이 1832년에 출간한 『셰익스피어 여주인공들 *Shakespeare's Heroins*』은 여성스러움과 여성다운 행실을 강조했던 빅토리아 시대의 여성관을 담고 있는 저서이다. 제임슨은 "궁정의 세계에서 나온 오필리어는 그토록 사랑스럽고 완벽하게 순수한 모습 속에서 지상을 떠돌면서도 여전히 천상의 숨결을 간직하고 있는 세라핌의 자태를 떠올리게 한다"고 쓰고 있다(112). 이렇게 빅토리아 시대에는 많은 작가와 화가들이 오필리어를 확연히 종교적 배경 속에 자리매김했다.

리차드 레드그레이브(Richard Redgrave)가 1836년에 그린 <화관을 만들고 있는 오필리어>(그림 1)는 성녀처럼 이상화된 오필리어의 모습이다. 이 그림 속의 오필리어는 흔히 그녀의 광기를 상징하는 애튜리뷰트인 화관도 쓰고 있지 않다. 그녀의 얼굴 표정에서도 광기의 기미는 찾아볼 수가 없고 오히려 고전주의 종교화에 등장하는 순결한 마돈나의 얼굴처럼 우아하고 온화해보인다.

라파엘 전파(Pre-Raphaelite)[1)]의 화가 단테 가브리엘 로제티(Dante Gabriel

1) 로제티와 윌리엄 홀먼 헌트(William Holman Hunt), 존 에버릿 밀레이(John Everett Millais)가 결성한 라파엘 전(前)파(Pre-Raphaelite)는 빅토리아 예술을 상징한다. 그들은 인위적이고 이상화된 르네상스 이탈리아 화가 라파엘 이전의 순수한 회화 양식으로 회귀할 것을 주장했다. 당시 아카데미의 전통인 명암 대조나 갈색 중시 풍조를 거부한 이들은 예민한 색채 감각을 갖고 신선한 색을 사용하여 화면을 단일하게 조명하는 화법을 발전시킨다. 또한 이들은 아카데미의 상습적인 주제에서 벗어나 여러 가지 전설, 신화, 성경, 셰익스피어나 단테 등을 텍스트로 삼았다. 라파엘 전파 화가들은 엄격한 자연주의를 바탕으로 철저한 관찰에 의한 세부 묘사를 하였다. 그래서 세심하게 주의를 기울인 세부 배경 묘사는 라파엘 전파의 대표적 특징이 되었다. 주제면에서는 그들의 그림이 경건함과 관능성을 동시에 담고 있기 때문에 비평가들이나 관객들로부터 모순된 평가를 받았다(키퍼 22-3 참조).

<그림 1> 리차드 레드그레이브. <화관을 만 들고 있는 오필리아>
1842년. 빅토리아 & 앨버트 뮤지엄 소장

<그림 2> 단테 가브리엘 로제티. <햄릿 3막 1장, 햄릿에게 선물을 돌려주는 오필리어>
1880년. 폴저 셰익스피어 라이브러리 소장

Rossetti)가 그린 수녀원 장면 그림(그림 2)은 종교화인 '수태고지'의 도상학을 보여준다. 이 그림에서 오필리어는 동정녀 마리아처럼 앉아있고 신부복을 입은 햄릿은 수태고지를 알리러 온 대천사 가브리엘을 연상시킨다. 오필리어는 관객을 향해 앉아 있지만 두려움에 찬 그녀의 시선은 햄릿을 향하면서 햄릿이 주었던 사랑의 정표들을 건네고 있다. 신비주의자였던 로제티는 이 그림 속에 온갖 비밀스런 종교적 상징들을 담고 있다. 오필리어 뒤쪽의 벽감에는 십자가에 못박힌 예수의 조각상이 놓여있다. 이는 그녀가 햄릿의 세상에서 예수처럼 죄없는 희생자가 되리라는 상징이다. 햄릿의 오른손이 꺾고 있는 장미 또한 햄릿의 무자비한 행동에 의해 무너져갈 그녀의 비극적 삶을 상징하는 것이다. 왜냐하면 래어티즈가 그녀를 "향긋한 5월의 장미" (4.5.157)라고 불렀던 텍스트적 근거로 장미는 바로 오필리어를 상징하기 때문이다. 그런데 서있는 햄릿의 포즈는 그야말로 십자가에 못박힌 예수와 같은 모습이다. 이는 타락한 덴마크에서 오필리어 뿐만 아니라 햄릿도 결국 희생될 것임을 보여주는 것이다. 어쨌든 이 그림에서도 오필리어는 종교화 속의 동정녀 마리아에 비유된다.

또한 조신한 여성상을 강조하던 19세기에는 셰익스피어의 여주인공들을 그러한 여성의 전형적 모델로 이용하는 경향이 있었다. 1888년에 런던에서 있었던 "셰익스피어의 여주인공전(展)"이 그 좋은 예이다. 당시 왕립미술원(Royal Academy)의 회장이었던 프레더릭 레이턴(Frederic Leighton)을 포함한 당대의 주요 화가들이 셰익스피어에 등장하는 21명의 이상적인 여인상을 그렸다. 이런 경향은 이상적인 여성상에 대한 당대의 물신주의를 반영한 것이다. 이 전시회에 출품된 마커스 스톤(Marcus Stone)이 그린 <오필리어>(그림 3)는 대단히 화려한 흰 드레스를 입고 있다. 그녀는 무릎을 꿇고 있는 듯한 자세로 뭔가를 바라보는 듯, 혹은 명상에 잠긴 듯 허공을 응시하고 있다. 그녀가 손가락으로 꽃을 만지작거리고 있는 것과 화면 앞쪽에 보이는 류트의 머리가 없다면 우리는 그녀를 오필리어의 재현으로 알아보지 못했을 것이다. 왜냐하면 이 그림에는 오필리어의 고뇌와 광기, 그리고 죽음의 기미들은 제거되었고 "5월의 장미"처럼 화사하고 아름답게만 재현되었기 때문이다.

<그림 3> 마커스 스톤. <오필리어>
1888년. 폴저 셰익스피어 라이브러리 소장

오필리어가 죽는 장면을 재현한 그림에서도 그녀를 종교적으로 승화시킨 예를 찾아볼 수가 있다. 오필리어가 죽는 장면은 아마도 화가들이 가장 선호한 주제일 것이다. 오필리어의 죽음은 무대 밖에서 벌어지고 셰익스피어는 왕비의 입을 통해 그 장면을 묘사한다. 하지만 그 묘사는 너무나 생생하여 관객이나 독자들의 머리속에 쉽게 그 가련한 형상이 떠오른다.

> 하얀 잎새가 거울 같은 물위에 비치고 있는
> 버드나무가 비스듬히 서 있는 시냇가.
> 그 애가 미나리아재비, 쐐기풀, 실국화,
> 연자주색 난초 따위를 엮어서 이상한 화환을 만들었다는구나.
> 이 자주색 난초를 음탕한 목동들은 상스런 이름으로 부르지만
> 청순한 처녀들은 죽은 사람의 손가락이라고 부르지.
> 아무튼 그 애가 그 화관을 늘어진 버들가지에 올라가 걸려고 했을 때
> 심술궂은 은빛 가지가 갑자기 부러져서 오필리어는
> 화관과 함께 흐느끼는 시냇물 속에 빠지고 말았다는구나.
> 그러자 옷자락이 물위에 활짝 펴져 인어처럼 잠시 수면에 떠서
> 오필리어는 늘 부르던 찬송가를 부르더란다.
> 마치 자신의 불행을 모르는 사람처럼,
> 아니 물에서 나서 물에서 자란 사람처럼
> 절박한 불행 따위는 아랑곳하지 않고 말이야.
> 하지만 그것도 잠깐, 마침내 옷에 물이 스며들어
> 무거워지는 바람에 아름다운 노래도 끊어지고
> 그 가엾은 것이 시냇물 진흙바닥에 휘말려 들어가
> 죽고 말았다는구나. (4.7.165-182)

아이러닉하게도 많은 화가들이 고뇌에 찬 소녀의 이 익사 장면에서 비애미를 느끼고 그것을 재현하는데 집착해왔다. 그 중 가장 대표적인 그림은 1851~2년에 라파엘 전파의 존 에버릿 밀레이(John Everett Millais)가 그린 것이다.

이 그림에서 오필리어는 꽃과 초목들이 마치 관처럼 그녀를 에워싸고 있는 물 위에 누워 있다. 살포시 뜬 눈은 먼 하늘을 향하고, 옷에 물이 스며들

<그림 4> 존 에버릿 밀레이. <오필리어>, 1851~2년. 테이트 갤러리 소장

어 시커멓게 물 속으로 번져간다. 약간 벌어진 입을 보면 그녀가 생의 마지막 순간에 부르는 찬송가가 들려올 것같다. 지옥의 심연처럼 어두운 물빛에 대조되는 하얀 목, 아직 채 핏기가 가시지 않은 뺨, 밀레이의 오필리어는 신비롭고 초절적인 자연과의 조화감을 보여준다. 이 그림에서 오필리어는 자신에게 작용하는 외부의 힘에 전혀 저항하지 않는다. 아니 오히려 손바닥을 위로 향한 채 벌리고 있는 그녀의 손은 마치 죽음을 의연히 받아들였던 예수의 모습을 떠올리게 한다.[2)]

---

2) 라파엘 전파의 화가들은 상징주의적 경향이 있었다. 이 그림에서도 배경에 그려진 많은 꽃들은 저마다 상징성을 담고 있다. 예를 들면 오필리어의 허리 근처에 있는 양귀비 꽃은 '죽음'을 상징하는 꽃이고, 치마폭에 그려진 오랑캐꽃은 '헛된 사랑', 그녀의 강둑 저편에 하얗게 핀 들장미는 그녀를 '오월의 장미'라고 불렀던 레어티스의 말에 근거한 것일게다. 이 그림에는 십 여개의 꽃과 나무들이 그려져 있는데 4막 5장에서 오필리어가 나누어주는 꽃들을 포함해서 모두 다 작품에서 언급된 것들이다.
이 그림에서 세밀하게 묘사된 풀, 나무, 꽃들은 일부 비평가들의 비난을 받았다. 한 인간의 비극적 죽음과 자연의 지나친 풍성함이 왠지 부조화스럽고 적절치 못한 융합이라는 것이다. 또한 이례적으로 자세하게 묘사된 초목들이 오필리어를 압도하여 그녀의 분노를 미약한 일부분으로 축소시켰다고 비난했다. 그리고 또 어떤 비평가들은 신체의 위치나 그 주위의 물이 너무나 잔잔한 데서 사실성이 결여되어있다고 비평하기도 했다. 하지만 그녀의 얼굴에 그 어떤 비애도 우수도 담겨 있지 않은 것은 그녀가 자신의 운명에 대해 초월적이 됐음을 말해주는 것이며 그녀를 압도하는 주변 경치는 그녀가 인간사에 무관심한 이 무자비하고 비정한 세

이렇게 오필리어를 천상의, 신성한 존재로 표현하려는 시도는 빅토리아 사람들이 셰익스피어를 영국적 창작력과 도덕률의 전형으로 승화시키려 했던 시도와 무관하지 않다. 셰익스피어를 도덕적인 작가로 승화시키기 위해서는 그의 여주인공들도 여성다움을 지닌 구조물로 제시될 필요가 있었던 것이다. 여성의 순결에 대한 남성들의 집착은 결국 성적으로 순결했던 오필리어를 성모처럼 이상화된 이미지로 재현시킨 것이다.

III. 오필리어의 광기와 죽음을 그린 이미지

이런 오필리어의 성모 이미지 극단에 그녀의 광기 이미지가 있다. 필리스 체슬러(Phyllis Chesler)는 『여성과 광기 *Women and Madness*』에서 남성은 반사회적인 행동을 한 결과 감옥으로 가는데, 여성들에게 있어 그런 반사회성은 자기 자신에게로 향해져 결국 정신병원으로 가게 된다고 주장한다. 남성의 광기는 외부로의 적극적인 표출이 가능하고, 여성의 광기는 내면으로 파고 들어가는 소극적인 형태를 띤다는 것을 표현하는 말이라 볼 수 있겠다. 오필리어는 이런 체슬러의 설명에 너무도 적합한 일례이다.

그녀는 아버지, 오빠, 햄릿의 입을 통해 나오는 자신을 억압하는 여러 가부장적 담론 속에서 자신의 감정이나 의견을 피력하지 못하고 그것들을 자신의 내면에 담는 소극적 여성이다. 앨프레드 프리드먼 박사는 우울증에 대한 연구에서 "자신을 우울하게 만드는 사람들을 향해 적대감을 언어로 표현하지 못하는 무능력이 그들을 우울증에 걸리게 한다"고 했다(체슬러 124에서 재인용). 오필리아는 거의 말을 하지 않는다. 그리고 그녀가 하는 말은 내면의 감정을 드러내기 위해서라기보다는 오히려 숨기려는 의도에서 나오는 듯하다. 그럼에도 불구하고 우리는 얼마되지 않는 대사들 속에서 그녀의 내

상에서 한낱 미물에 불과한 존재라는 것을 보여주는 것이다. 여류 비평가인 리자 니콜레티(Lisa Nicolettti)는 이런 비평가들의 비난을 이 그림이 지니고 있는 무한성에 대한 그들의 불안감의 표출로 보았다. 즉 "영원히 끝나지 않고 삶과 죽음 사이에 영원히 오필리어를 매어둘 것 같은 비종결성"이 그들을 불안하게 만든다는 것이다(Kiefer 22에서 재인용).

면에서 일어나고 있는 감정의 흐름을 생생하게 느끼게 된다. 예를 들어 수녀원 장면에서 햄릿의 가혹한 모욕과 언어 폭력을 당한 뒤 오필리어는 다음과 같이 한탄한다.

> 한가락 노래처럼 울리던 그 분의 맹세, 그 달디단 꿀을 빨아먹던 이 오필리어는 이제 세상 여자들 중에서도 가장 비참한 여자가 되고 말았구나. (3.1.157-8)

거의 무의식적으로 내뱉어진 이러한 대사들은 그녀가 지닌 사랑의 깊이와 표현되지 않은 슬픔으로 가득한 비밀스러운 내면의 고뇌를 드러낸다. 이런 억압기제 속에서 그녀가 겪는 고통과, 사랑의 감정조차 자신의 의지대로 행사할 수 없는 권할 박탈은 사랑하는 연인의 손에 아버지가 살해당하는 사건을 계기로 그녀의 신경의 줄을 끊어놓는다.

오필리어의 이미지들 가운데 그녀의 광기를 거칠고, 격정적이고, 관능적으로 재현한 그림들은 19세기 낭만주의의 영향력에서 두드러졌다. 그러나 18세기 말의 회화에서도 그런 요소들이 완전히 제거된 것은 아니었다. 벤자민 웨스트(Benjamin West)가 그린 광기 장면(그림 4)은 신도 신지 않고, 시선은 흐트러지고, 헝클어진 머리 타래에, 꽃을 흩뿌리며 춤을 추는 오필리어를 보여준다. 이런 모습은 오필리어의 심적 상태를 고스란히 드러내 보여주면서 제어할 수 없는 광기의 이미지를 재현한다. 래어티스는 그 처참한 몰골을 보고 하늘을 향해 탄식과 절규를 하고 있고 왕과 왕비는 차마 그녀를 바라보지 못하고 외면하고 있다.

> 오필리어 (왕에게) 당신에겐 이 회향꽃과 매발톱꽃을.
> (왕비에게) 당신에겐 지난날을 뉘우치는 이 운향꽃을 드리죠.
> 저도 하나 가져야죠. 이 꽃은 안식일의 꽃이라고도 하죠.
> 아 그러니 당신이 이 꽃을 달 때는 그렇게 불러선 안돼요.
> 이건 실국화, 당신에게는 제비꽃을 드릴까요.
> 그런데 아버님이 돌아가시고 죄다 시들어 버렸어요.
> 아버님은 편히 잠드셨대요. (4.5.173-183)

<그림 5> 벤자민 웨스트. <햄릿 4막 5장>, 1792년. Amherst 대학 소장

흥미로운 것은 그녀의 광기를 재현한 그림들에서는 앞에서 언급한 성녀 이미지들과는 정반대로 그녀의 관능미를 강조하고 있다는 것이다. 실제 일부 화가들은 그녀의 앞가슴을 드러낸 모습으로 재현함으로써 그녀의 억압된 관능성과 에로티시즘을 암시한다. 이는 화가들이 셰익스피어 텍스트를 제대로 재현해내고 있음을 말해준다. 왜냐하면 광기에 사로잡힌 뒤부터 오필리어는 외설적인 노래들을 부르며 비로소 자신의 억압된 감정을 토로하고 있기 때문이다.

내일은 성 발렌타인 축제날
동녘 하늘이 밝아오면 자리에서 일어나
이 처녀가 사랑하는 님 창 밑에 서서
그대를 기다릴 거에요.
내 님은 일어나 새 옷을 갈아입고
방문을 열어 주네요
들어갈 때는 처녀였으나 나올 땐
처녀의 꽃잎이 떨어졌으니.

아 슬프고 억울함이
내 가슴을 후빈다네!
아무리 사내들 습성이라고 하지만
그건 너무나 얄미운 심사여라 그대.
자리에 쓰러뜨려 누일 때는
백년 해로를 약속하더니만
이제 와서 하는 말
'네가 내 침대에 오지 않았던들
정말 그러려고 했지.' (4.5.48-66)

이에 대해 제임슨은 "광기 속에서 그녀의 수줍었던 침묵은 의미없는 중얼거림으로, 사랑스러웠던 숙녀다운 자태는 거칠게 갈대를 꺾는 조급하고 불안한 행동으로 변화한다. 그녀는 이성을 지녔던 이전의 그녀였더라면 꿈속에서라도 하지 않았을 말들을 내뱉는다"고 쓰고 있다(121).

하지만 최근 페미니즘 이론에서는 여성의 광기를 현실의 짓누름에 대해 저항하는 정치적 저항기제로 바라보는 시각이 있다. 광기는 단순한 일탈행위가 아니며, 그 자체를 하나의 저항적인 메타언어로 보는 것이다. 현대 문학의 많은 여성 인물들은 소외나 박탈, 방치 등의 거대한 현실에 반발하기 위하여 광기를 표출한다. 오필리어 역시 전통적으로는 순진하고, 복종적이고, 충실한 딸이요, 여동생이요, 연인으로만 평가되어졌다. 그러나 최근에 와서는 그녀의 광기를 가부장적 억압에 대한 반동에서 나온 것으로 보고 그 광기를 통해 비로소 자신의 목소리를 주장한다고 보는 인식들이 차츰 주장되고 있다. 가부장제의 여성 혀에 대한 혐오감 때문에 침묵해야 했던 오필리어는 광기를 빌어 마음껏 짓눌려있던 솔직한 욕망을 터뜨리는 것이다. 웨스트는 이런 텍스트를 전거로 마치 속살이 들여다보일 듯이 하늘거리는 얇은 천 사이로 오필리어의 하체를 유독 풍성히 묘사하여 독자들의 시선을 쏠리게 함으로써 그녀의 성숙한 관능미를 강조하고 있다.

외젠 들라크루아(Eugene Delacroix)가 그린 극적인 그림 <오필리아의 죽음>(그림 6)도 가슴을 드러낸 육감적 여체로 오필리어를 재현함으로써 그녀의 죽음에 관능성을 담고 그런 그의 그림은 오필리어에 대한 우리의 인식의 변화를 가져온다. 니나 아우어바흐(Nina Auerbach)는 "베를리오즈, 휘고, 들라크루아에게 오필리어는 셰익스피어 극의 보조역을 뛰어넘어 관능적이고 심미적인 자각을 나타내는 마력을 지닌 상징물로 팽창한다"고 주장한다(282).

<그림 6> 외젠 들라크루아. <오필리어의 죽음> 1843년. 폴저 셰익스피어 라이브러리 소장

그가 사용한 작은 붓질로 자유롭게 점점히 바른 나뭇잎들, 오필리어의 옷에 가해진 순간적인 붓질들은 신고전주의의 매끄러운 마무리에서는 생각할 수 없었던 것이다. 이러한 격동적인 붓질, 감각적인 색채들은 오필리어 마음 속의 요동치는 격정을 보여줌으로써 들라크루아를 낭만주의의 대가요, 인상주의자들의 선구자로 자리매김하게 하는 것이다.

<그림 7> 존 워터하우스. <오필리아>, 1889년. 로이드 웨버 경 소장

존 윌리엄 워터하우스(John William Waterhouse)는 1889년부터 1910년까지 세 개의 오필리어 그림을 그렸다. 첫 번째 그림(그림 7)에서 오필리어는 "잡초가 무성하게 자란" 풀밭에 널부러져 있다. 손에는 한 움큼 꽃을 꺾어 들고 허리춤에는 꽃과 풀로 만든 허리띠를 두르고 있다. 비록 이 그림은 한 순간만을 정적으로 보여주고 있지만 이 그림을 보면 쉽사리 미쳐서 머리를 쥐어뜯으며 들판을 뒹굴고 있는 오필리어를 연상하게 된다. 관객을 유혹이라도 하듯 화면 밖을 응시하고 있는 그녀의 관능적 자태는 순결하고 성스러운 자태로 그녀를 제시하던 그림들과는 사뭇 다르다. 도상학적으로 오필리어의 광기를 나타낼 때 길게 흐트러진 머리에 나뭇가지나 들꽃들이 꽂혀있거나 그것들로 만든 화관을 쓰고 물가를 배경으로 서있거나 앉아 있는다. 아니면 그녀는 한 움큼의 꽃을 들고 있거나 꽃을 뿌리는 모습으로 재현된다. 그런 점에서 이 그림은 전통적인 오필리어 광기 재현과는 상당히 거리가 멀다고 할 수 있겠다.

<그림 8> 존 워터하우스 <오필리어> 1910년. 로이드 웨버 경 소장

워터하우스가 그린 마지막 오필리어 그림(그림 8)도 수 십 년 동안 계속된 전통적인 오필리어 재현 방식에서 크게 벗어나 있다. 우선 대부분의 그림에서 오필리어는 흰색 드레스를 입은 것으로 재현된다. 그러나 이 그림에서 그녀는 처녀성을 상징하는 순결한 흰색 드레스를 입고 있는 소녀같은 오필리어가 아니라 화려한 금박 장식을 한 푸른색 드레스를 입은 육감적이고 성숙한 여인이다. 이 그림은 그녀가 들고 있는 꽃과 산만해 보이는 시선으로 오필리아의 광기를 표현하고 있다. 흥미로운 것은 화면 뒤쪽에 있는 다리에서 그녀를 바라보고 있는 두 소녀들이다. 셰익스피어의 텍스트에서 끄집어낸 중세 여인과 현대의 복장을 한 소

녀들이 한 화면 안에 공존하는 것이다. 존 크리스찬(John Christian)은 이 그림이 양식면에서 라파엘 전파와 대담한 인상주의 기법을 결합하여 오랫동안 영국 화단을 갈라놓았던 두 전통 사이에 다리를 놓았다고 주장했다(191). 즉 워터하우스는 주제면에서는 라파엘 화파의 경향을 따르고 있지만 기법 상으로는 대단히 사실주의적인 기법을 사용하고 있는 것이다.

지금까지 오필리어의 광기 장면을 재현한 수많은 그림들 중 가장 대표적인 그림 몇 개만 살펴보았다. 그러나 오필리어의 재현에서 광기 장면 못지않게 많이 다루어진 주제는 그녀의 죽음이다. 통상 자살로 여겨지는 그녀의 죽음은 자살을 비이성적인 감정에서 비롯된 여성적 특질로 담론화시켰던 빅토리아 시대의 논리에 맞아떨어지는 소재 였던 것이다. 푸코는 19세기에 삶을 빼앗을 권리에서 삶을 육성하고 '죽음을 금지할' 권리로의 이행이 일어났다고 주장했다(푸코 138-9). 그때부터 자살은 영웅적 요소를 상실하면서 병적이고 감상적이며 치욕적인 죽음으로 낙인이 찍혔다. 그러면서 특히 성적으로 타락한 여성과 연관된 자살을 연결시키는 의미들을 생산하는 시각 이미지들이 등장하게 된다. 빅토리아 시대의 문학과 회화에서는 자살을 흔히 연약함과 여성성으로, 혹은 악덕과 죄의 결과로 묘사했다.

토마스 롤랜드슨(Thomas Rowlandson)은 『영국인 죽음의 춤을 추다』에서 '여자는 사랑 때문에 죽고 남자는 명예 때문에 죽는다'는 주장을 입증할 일화를 소개한다. 그것은 거친 바다에 빠진 누군가를 구하려다가 익사한 한 남자와, 사랑하는 그 남자를 따라 파도 속에 몸을 던진 여인의 이야기이다. 이 이야기는 성에 따른 자살의 두 가지 유형을 보여준다. 남성들의 자살 유형이 영웅적이고 자발적이라면 여성의 자살 유형은 돌이킬 수없는 상실감에서 오는 비탄과 슬픔의 자살이라는 것이다(브라운 177-8에서 재인용). 그래서 빅토리아 시대의 여성의 죽음은 흔히 사랑의 실패나 순결의 상실 탓으로 여겨졌고 나아가 매춘녀의 자기 회개 방식으로 여겨졌다. 메리 왓슨(Mary Watson)의 장시 <매춘부의 자살>에서도 그 연관성이 확연히 담겨있다.

> 싸움은 끝났습니다! 내 영혼은 무거운 짐을 벗었습니다.
> 내 영혼 위에 앉은 파리떼는 저 멀리 날아갔습니다.

이제 더럽혀진 몸을 떠나 내 영혼, 천국으로 날아갑니다.
하늘이시여 회개하는 영혼을 받아주소서
부디 장엄한 왕좌에서 흘러내리는 자비의 물결이
불결한 실수와 번뇌하는 마음
그 모든 죄 씻어내어 아무 흔적 남지 않게 하소서
순결하게, 아무도 밟지 않은 처녀설(雪)처럼
순결하게, 천사의 광채처럼 세라핌의 백열처럼. (브라운 212에서 재인용)

결국 그녀들에게 죽음은 은유적으로 순결을 의미하는 것이다. 엘리자베스 브론펜(Elizabeth Bronfen)은 아름다운 여성의 사체를 재현하는 것은 두 가지 불안한 요소-즉, 여성의 관능성과 부패-를 청산하고 거리를 두는 방식이라고 지적했다(213).

오필리어의 자살도 아버지와 햄릿의 사랑의 상실에서 온 극도의 비탄과 슬픔에 인한 자살인 것이다. 론 브라운(Ron Brown)이 쓴 『자살의 미술사 *The Art of Suicide*』는 서양 미술의 역사에서 자살이 시각적 이미지로 어떻게 표현되어왔는지를 다룬 책이다. 그는 이 책의 프롤로그를 셰익스피어의 『햄릿』을 가지고 풀어 나간다. “사느냐 죽느냐 그것이 문제로다”(3.1.56)라는 햄릿의 독백을 단초로 글을 시작한다. 브라운에 의하면 자살의 도상학은 상당히 성차별적이어서 신성하고 고결한 영웅적인 자살은 남성적인 것으로, 병적이고 낭만적인 자살은 여성적인 것으로 구분해왔다. 브라운은 이 책에서 역사적으로 자살에 관한 개념이 영웅성과 죄악이라는 양극단을 오갔으며, 셰익스피어의 『햄릿』에 등장하는 햄릿과 오필리어의 죽음이 각각 이를 대표한다고 지적한다. 비극적으로 자살한 오필리어는 주로 병적이고 유약하며 창백한 모습으로 묘사되었다. 브라운은 이 그림들이 자살에 낭만성과 여성성을 부여하는데 일정 정도 기여하였다고 말한다.

이 희곡에 등장하는 죽음에는 두 개의 중요한 대립항들이 결합되어 있다. 죽음과 대면하기로 결심한 햄릿은 자유 의지에 의한 죽음을 추구한다. 그러나 자기 손을 거치지 않음으로써 자살이라는 낙인을 피할 수 있게 되었다. 그리고 승리한 그는 진정한 영웅적 분위기 속에서 ‘천사의 무리’에게 안겨 그토록 갈망해온 안식으로 인도된다. 그의 연인 오필리어는 여성의 육체에 끊임없이 새겨진 신경과민이라는 낙인을 거듭 환기시킨다. 오필리어가 스스로 선택한 죽음은 상실감과 의지 박약, 이성의 붕괴에서 비롯되었다. 이것은 그녀의 행위를 비하하고 그녀를 비극적인 차원에서 감상적인 차원으로 강등시킨다. (브라운15-7)

<그림 9> 폴 들라로슈. <젊은 순교자> 1855년. 루브르 박물관 소장

브라운은 햄릿과 오필리어가 남성과 여성으로서 처해있는 상황을 각각 '자유의지를 부여받은 이성적 주체'와 '벗어날 길은 오직 광기뿐인, 불신과 금기로 짜여진 그물에 걸려든 죄수'로 비유하였다(브라운 15). 또한 브라운은 오필리어가 자살을 예민한 감수성과 정신적 불안정과 관련짓는 데 이상적인 주제를 제공한다고 주장했다(232). 실존의 문제를 고뇌하고 존재의 가치를 논하는 햄릿의 자살에는 영웅적 메시지가 있지만 사랑의 실패나 아버지의 상실 같은 감상적 원인에서 유래한 오필리어의 자살은 불완전하고 유동적이고 연약하고 분열된 여

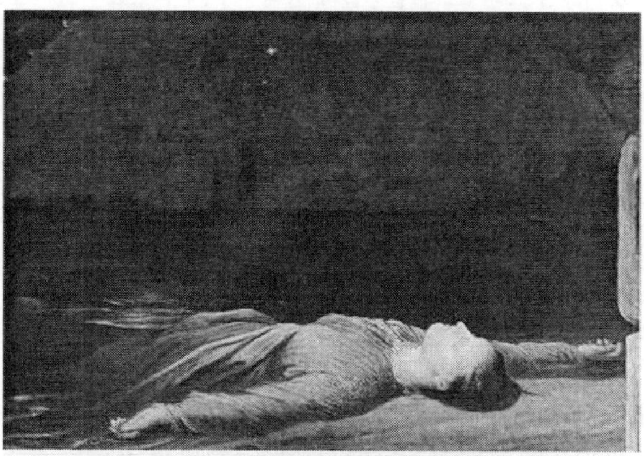

<그림 10> 죠지 와츠. <익사체로 발견되다> 1848~50년. 와츠 미술관 소장

성성 그 자체의 기호라는 것이다. 셰익스피어 텍스트에서 오필리어가 폴로니어스나 클로디어스의 정치적 목적에 이용되었듯이, 오필리어 이미지는 많은 남성 화가들의 성차별 이데올로기를 확산시키는데 이용되었다.

<그림 11> 아서 휴즈. <오필리어>, 1852년. 맨체스타 시립 미술관 소장

또다른 라파엘 전파 화가인 아서 휴즈(Arthur Hughes)가 그린 <오필리어>(그림 11)도 '여성 = 병약 = 자살'의 논리를 보여주는 또 하나의 도상이다. 이 그림에서 오필리어는 흰 드레스를 입고 골풀을 엮어 만든 관을 쓰고 골풀 더미를 안고 있는 너무나 창백하고 가냘퍼서 몹시 병약해 보이는 어린 소녀로 재현되어있다. 휴즈의 그림은 밀레이와 마찬가지로 세부 묘사가 자세하고 밝은 색채를 사용하고 있기는 하지만 그림의 내용은 상당히 대조적이다. 밀레이의 그림은 푸른 초목이 우거지고 야생화가 흐드러지게 피어있는 아름다운 물가를 배경으로 한데 비해 휴즈의 그림은 훨씬 황량해 보인다. 초목 대신 시든 골풀만이 자라 있고 소녀 앞의 물은 늪과 같은 진흙탕 물이다. 그야말로 햄릿이 묘사한 "잡초만 무성한 더러운 풀밭"인 셈이다. 창백한 얼굴에 짙게 드리워진 다크 써클로 한층 병적으로 묘사된 소녀는 금방이라도 뛰어들 듯 겁에 질린 표정으로 진흙탕 물을 내려다보고 있다. 밀레이의 오필리어가 온화한 표정으로 자신의 죽음을 받아들이는데 비해 휴즈의 어린 소녀의 표정에서는 일견 물에 뛰어 들기 직전의 공포와 주저가 스쳐지나간다. 이 그림은 여성의 자살에서 영웅적인 대의명분은 제거하고 정신 불안증과

연결된 병적이고 나약한 여성적 특질이라는 담론을 아주 효과적으로 재현한 것이다.

IV. 맺음말

18세기부터 꾸준히 화가들에 의해 재현된 오필리어의 이미지는 생산된 시대의 문화 규범이나 고정 관념을 반영하고 있다. 아니 규범과 고정 관념을 형성하기도 하고, 유지하기도 하고, 그 규범에서 벗어나기도 하고, 그것들을 파괴하기도 해왔다. 오필리어의 그림을 보면 여성의 몸을 체현하는 방법에 있어서 남녀 화가의 태도의 차이를 볼 수 있다. 남성 화가들의 그림 속 오필리어는 대체로 그들의 응시의 대상이요, 욕망의 대상이 된다. 그녀의 광기를 드러내기 위한 것이든, 억압된 그녀의 욕망을 보여주기 위한 것이든 오필리어의 반라(半裸)상은 남성 시선의 욕망의 대상이 될 수밖에 없다. 물에 흠뻑 젖은 옷은 화가들에게 여성의 육체 형상을 강조하고 드러낼 수 있도록 해준다. 이 순간 동정심은 성적 욕망과 뒤섞인다. 이런 여성의 자살 이미지에는 에로스와 타나토스가 혼합되어 있다. 브라운은 이에 대해 "심지어 죽어서도 여자는 소비될 운명이다"(209)라고 표현했다.

그러나 여성 화가들이 그린 많은 그림에서는 오필리어는 시선을 받는 대상이 되고 싶지 않은 듯 시선의 주체가 되어 관객을 응시한다. 남성 화가들에 의해서는 그녀의 깨진 사랑과 죽음의 경험이 낭만적이고 아름답게 재현되는 경우가 많은 데 비해 여성들의 시각에서는 고통스럽게 재현되는 경우가 많다. 마델린 르메르(Madeleine Lemaire)는 이상화된 셰익스피어 여주인공전이 열렸던 1880년대에 전혀 다른 해석을 담은 <오필리어>(그림 12)를 내놓았다. 그녀의 오필리어는 앞가슴을 드러낸 채 탐욕스런 눈길로 먼 곳을 응시하며 물가로 다가 오고 있다. 이 그림에서는 오필리어의 광기를 아버지를 상실한 비애 탓이 아니라 좌절된 성욕과 연결짓고 있는 것이다. 브램 다이크스트라(Bram Dijkstra)는 이 그림에 대해 다음과 같이 설명하고 있다.

<그림 12> 마델린 르메르. <오필리아> 1880년대.

르메르는 오필리어를 전통적인 방식대로 갈대와 꽃 등이 피어있는 물가를 배경으로 그리고 있다. 그러나 뱀파이어처럼 번득이는 눈빛으로 곁눈질을 하도록 재현함으로써 그녀의 광기의 원인을 성적인 것으로 강조하고 있다. 또한 드레스가 흘러내려 가슴이 드러나도록 함으로써 예의범절을 강조했던 당대의 decorum에서 일탈을 강조하고 있다(44).

이처럼 여성 화가들은 오필리어의 이미지를 성차별 담론을 구현시키는 이미지로 이용했던 남성 화가들과는 달리 지배적인 남성 중심 담론에서 일탈하고 그 담론을 전복시키는 장으로 이용했다. 그렇다고 남성화가들이 오필리어를 늘 획일적으로 묘사한 것은 아니다. 메리 윌슨(Mary Floyd Wilson)의 주장처럼 오필리어는 "늘 예쁘고 경건한 인물로만 재현된 것이 아니라 수동성과 여성스러움, 성적 순수성과 성적 매력, 격정과 유약함이 혼합된 존재"로 그려졌다(407).

셰익스피어가 창조해낸 오필리어 원형은 어느 시대, 어느 장소의 문화와 이데올로기의 요구에 따라서도 변형되고 재창조될 가능성을 지니고 있다. 남성에게는 남성들이 창조해낸 여성성을 담아낼 수 있는 기호로, 여성에게는 그런 남성들의 담론에 대한 저항을 담아낼 수 있는 기호로 그 어떤 이데올로기나 담론도 담아낼 수 있는 가장 열려있는 문학(문화)적 원형인 것이다. 이렇게 유동성 있게 새로운 해석을 담을 수 있는 오필리어는 끝없는 변형과 변주가 가능한 주제로 늘 현재의 삶을 살고 있다. 상처 입은 순수한 영혼으로서의 오필리어의 이미지는 너무 강하여 사라지지 않을 것이다. 비록 더 이상 그녀가 빅토리아 시대 식으로 영적으로 승화된 형태로 재현되지는 않는다 하더라도 많은 사람들을 비극미로 끌어당기는 그 마력은 영원히 변함없을 것이다.

참고문헌

브라운, 론 저. 엄우흠 역. 『자살의 미술사』. 다지리, 2003.

시카고, 주디 · 루시-스미스, 에드워드 저. 박상미 역. 『여성과 미술: 열 가지 코드로 보는 미술 속 여성』. 아트북스, 2003.

체슬러, 필리스 저. 임옥희 역. 『여성과 광기』. 여성신문사, 2000.

Aurebach, Nina. *Romantic Imprisonment: Women and Other Glorified Outcasts.* New York: Colombia UP, 1986.

Bronfen, Elizabeth. *Over Her Dead Body: Death, Feminity and the Aesthetics.* New York: Routledge, 1992.

Dijkstra, Bram. *Idols of Perversity: Fantasies, Feminine, Evil in Fin-de-Siecle Culture.* New York & Oxford: Oxford UP, 1986.

Floyd-Wilson, Mary. "Ophelia and Femininity in the Eighteenth Century: Dangerous conjectures ill-breeding minds", *Women's studies,* 21(1992), 397-409.

Jamson, Anna. *Shakespeare's Heroines: Characteristics of Women; Moral, Poetical and Historical.* New York: Random House, 2003.

Kiefer, Carol Solomon. *The Myth and Madness of Ophelia.* Amherst: Mead art Museum. 2001.

Martineau, Jane. *Shakespeare in Art.* London & New York: Merrell, 2003.

Salaman, Malcolm Charles. *Shakespeare in Pictorial Art.* London: Elibron. 2004.

Shakespeare, William. *Hamlet.* New York: Methuen,1990.

Trippi, Peter. *J. W. Waterhouse.* London: Phaidon Press, 2004.

히스테리와 스토리

오 현 숙*

1. 서론

히스테리(Hysterie)는 여성의 질병이다. 이는 대개 여성이 히스테리를 앓고 있고 여성처럼 모호하다는 것을 모두 의미한다. 어원을 보면, 히스테리는 자궁을 뜻하는 히스테라(Hystera)에서 나왔으며, "히스테리아(Hysteria)"는 "자궁의 이동"을 의미한다.[1] 고대 그리스부터 히스테리는 여성의 성적 기관과 연관되었을 뿐 아니라 그것의 비정상적인 활동을 나타내는 질환이었다. 히스테리가 메두사나 사이렌처럼 허구적인 여성 괴물로 여겨진 이유가 여기에 있다. 히스테리에 대한 고대의 상상력은 현대 정신분석에서도 그대로 재현된다. 히스테리를 체계적으로 규명한 프로이트(Gigmund Freud)는 『히스테리 연구 *Studies on Hysteria*』에서 그것이 성적인 원인과 밀접한 관련이 있으며, 여성성 못지않게 미지의 영역이라고 말한다. 유사하게 라캉(Jacques Lacan)은 히스테리를 "여자가 된다는 것은 무엇인가"라는 질문이라고 정의한다. 히스테리 환자는 자신의 성정체성에 관해 늘 의문을 던지며 진정한 여성이 되는

* 경희대학교 영어학부 강사

1) 크리스티나 폰 브라운, 『히스테리: 논리, 거짓말, 리비도』, 엄양선・윤명숙 역, 여이연, 2003, 37쪽.

것에 관심을 기울인다. 라캉은 기존의 히스테리 개념들에 능동적인 요소를 첨가시켰다고 볼 수 있는데, 왜냐하면 그가 히스테리를 질문하는 존재로 재해석했기 때문이다. 비로소 히스테리는 과거의 괴물 이미지에서 벗어나 자신의 정체성에 스스로 질문하는 능동성을 획득한다.

그러나 엄밀히 말해서 히스테리는 질문이 아니라 응답에 관한 것이다. 히스테리는 "나는 누구인가"라는 자의식적인 질문이 아니라 누군가의 대답을 되돌려 받는 것, 즉 응시이다. 왜냐하면 히스테리는 언제나 질문하는 대상, 즉 타자와의 관계에서 비롯되기 때문이다. 타자는 히스테리 환자가 자신의 성 정체성에 대해 대답해주리라고 상상하는 대상이다. 대상의 대답이 실재적인 것이 아니라 히스테리 환자의 상상이더라도, 히스테리의 질문은 타자에 대한 의존이 된다. 라캉에 의하면, 히스테리 환자는 타자, 궁극적으로 타자의 욕망을 궁금해 한다. 왜냐하면 히스테리 환자는 타자의 욕망이 자신을 여성으로 만들어 준다고 생각하기 때문이다. 그래서 히스테리 환자는 타자가 욕망하는 것을 욕망한다. 히스테리와 타자의 관계는 라캉이 밝힌 네 가지 담론에서 보다 명확하게 드러난다. 라캉의 네 가지 담론[2]에서, 히스테리 담론은 주인담론과 연관이 있다. 주인담론은 스스로 지식이나 진리를 소유했다고 상상하고 타자인 노예에게 명령을 내린다. 반면에 히스테리 담론은 주인 담론이 진리를 가지고 있다고 믿고 끊임없이 질문한다. 요컨대 히스테리 환자는 주인의 응답을 듣고 존재의 의미를 획득하려고 한다. "존재에 대한 질문을 가지고 자기가 믿는 타자에게 향하는 모든 사람을 히스테리적이라고 볼 수 있다"[3] 이런 점에서 히스테리는 여전히 수동적이고 종속적인 존재이다.

히스테리는 타자의 응답에 의해서만 존재의 의미를 획득할 수 있으므로

---

2) 라캉은 사회에 영향력을 미치는 주요 담론을 네 가지로 분류하여, 주인(Master's Discourse), 대학(University), 히스테리(Hysteric's Discourse) 그리고 분석자(Analyst's Discourse)라는 이름으로 부른다. 네 담론은 진리에 관한 질문에 따라 하나의 담론에서 다른 담론으로 위치를 변화시킨다. 여기서 담론이 고정되지 않고 다른 요소들과의 관계 속에서 형성되고 변화된다는 것을 알 수 있다. Jacques Lacan, *Encore 1972-1973, Book XX*, trans. Bruce Fink(New York: W. W. Norton & Company, 1975), p.16.

3) 페터 비트머, 『욕망의 전복』, 홍준기·이승미 역, 한울, 1998, 175쪽.

주인담론이 없다면 존재할 수 없다. 그러나 라캉의 담론 공식에서 히스테리 담론이 주인과 노예의 변증법의 방식으로 주인담론과 연결되어 있다면, 그것은 주인의 위치를 전복시킬 수 있다. 다시 말해서 히스테리는 노동, 즉 질문을 통해서 주인도 자신에게 의존한다는 사실을 깨달을 수 있다. 라캉의 관점에서 히스테리 담론은 주인담론을 통해 존재를 획득하려고 하므로 불완전하지만, 히스테리는 자신을 규정하는 담론의 불완전함을 보여줄 수 있다. 여기서는 히스테리가 사회 담론에 의해 여성의 고유한 질병이 되는 과정을 추적하고, 이야기와 거짓말을 통해서 히스테리의 전복적인 요소들을 살펴보려고 한다.

2. 히스테리의 계보학

히스테리는 성정체성에 대해 질문하고 타자의 욕망을 욕망하는 존재인가? 더 나아가 히스테리 담론은 주인담론에게 진리나 지식을 질문하고 있는가? 라캉의 정의는 옳지 않다. 왜냐하면 히스테리는 서구의 역사 속에서 다양하게 변화되어 왔기 때문이다. 최소한 라캉 이전에 히스테리는 질문하지 않았고, 침묵의 존재였다. 히스테리는 수다스럽지도 않고 단지 괴이한 육체의 몸짓에 불과했다. 히스테리가 목소리를 가지고 말을 하기 시작한 것은 프로이트의 정신분석이 생긴 이후의 일이다. 프로이트가 등장하기 전까지 히스테리는 전적으로 침묵이고 괴물이며 광기였다. 그러나 히스테리의 침묵의 양상 또한 시대마다 변화되어 왔다. 히스테리는 고정된 존재가 아니다.

고대 그리스 시대부터 히스테리는 유동적이고 모호한 질병이었다. 히포크라테스에 의하면, 히스테리는 성적으로 충족되지 못해서 자궁이 움직이는 질병이다. 동일하게 플라톤은 「티마이오스」(Timaeus)에서 히스테리를 자궁의 질병이라고 정의한다. 즉 자궁은 본래 아이를 생산하기를 열망하는 동물성을 나타낸다. 자궁이 오랜 기간 성적으로 충족되지 못하면, 여성의 신체의 아래 부분에서 위 부분으로 동요하고 방황하다가 호흡을 방해한다.[4] 이때 여성은 히스테리에 걸리는 것이다. 요컨대 히스테리는 움직이는 성적인 동물이다. 히스테리를 규정한 의학이나 철학은 상반된 성적인 유형을 이상적이라고 정의한다. 히스테리와 달리 건강한 성은 에로스를 나타내며 아름다움과 진리와 모순되지 않는다. 푸코(Michel Foucault)가 지적하듯, 고대 사회는 성 혹은 욕망을 도덕적인 배려의 문제로 취급하였다.[5] 고대인들은 성을 성찰과 실천의 문제로 만들었다. 도덕적 배려의 덕목들로 여겨진 네 가지 성적 실천들을 예로 들면 다음과 같다. 먼저, 고대 그리스인들은 성적인 행동을 "윤리적인 실체(ethical substance)"로 나아가기 위한 개념(아프로디지아)을 설정하고, 이에 따른 복종의 형식(크레시스)을 규정하고, 윤리적인 주체로 나아가기 위한 자기 자신에 대한 태도(엔크라테이아)를 성립하여, 도덕적 수행의 절제와 예지(소크로수네) 등을 파악하고 실천하였다.[6] 성은 절제의 덕목인 동시에 이성 및 도덕과 조화를 이룬다. 따라서 유동하는 여성의 육체를 나타내는 히스테리는 이들 윤리적인 덕목들을 실천하지 못한 타락 혹은 무절제를 의미한다. 다시 말해서 히스테리는 당시 사회에서 가장 부도덕하고, 건강하지 못한 육체적인 질병이 된다. 고대 사회에서 사회 담론은 도덕적이고 절제된 성적 실천을 강조하였다면, 히스테리는 유동적인 육체를 대표하는 타락한 여성의 질병이었다.

중세에는 히스테리가 "악마에게 홀린"[7] 질병이 되어 고대보다 더욱 사악하고 모호한 대상으로 여겨졌다. 히스테리는 육체적인 감각과 지각 능력의 마비의 증상을 나타내기 때문에 마녀의 요술이나 징표로 간주되었다. 마녀는 신비하고 사악한 지식을 소유하고, 성적인 방종을 일삼는 악마 자체라고 할 수 있다. 히스테리가 마녀나 악마의 차원으로 해석된다는 것은 고대와 마찬가지로 중세의 사회의 담론을 반영한 것이다. 당시의 담론을 대표하는 아우구스티누스는 『신국론』에서 인간의 성적인 타락에 대해 기술한다. 성적인 욕망은 원죄에 따른 타락의 결과이다. 본래 인간의 성이란 씨를 뿌리듯

---

4) Plato, "Timaeus", *Plato: Complete Works*, ed. John M. Cooper(Cambridge: Hackett Publishing Company, 1997), 91c-d.
5) Michel Foucault, *The History of Sexuality Vol. 2*, trans. Robert Hurley(New York: Vintage Books, 1990), p.37.
6) *Ibid.*, p.37.
7) 줄리아 보로사, 『히스테리』, 홍수현 역, 이제이 북스, 2002, 16쪽.

자율적인 자위의 형태였다. 그런데 신의 명령을 어긴 이후 인간은 자율성을 상실하고 자신의 의지와 상관없는 욕망에 사로잡히게 된다.[8] 이렇듯 성은 그 자체가 타락과 부도덕을 상징하는데, 과도한 성적 표현으로 간주되는 히스테리의 격렬한 몸짓은 사회의 악이 된다. 프로이트의 표현대로, 마녀의 빗자루는 당시 남성의 성기를 상징하고, 빗자루를 타고 날아다닌다고 여겨진 마녀는 성적 방종을 의미한다고 볼 수 있다. 즉 히스테리는 중세 사회에서 요구하는 절제와 금욕의 덕목을 위반하는 악 그 자체였다.

근대로 넘어가면서 해부학적인 지식의 발전으로 히스테리는 의학적인 연구의 대상이 된다. 불완전한 자궁이나 마녀의 홀림으로 여겨졌던 히스테리는 이제 신경이상이나 심리적인 질병임이 밝혀진다. 푸코가 히스테리의 원인이 점차 "위쪽으로" 옮아간다고 말하듯이, 히스테리의 원인은 증상과 상관없이 자궁에서 머리로 이동한다.[9] 19세기 후반부터 샤르코를 포함한 신경생리학자들은 히스테리가 유전과 신경계통의 이상에서 발생한다고 생각하였다. 샤르코에게 히스테리는 온전한 정신적인 문제가 아니라 여전히 육체적인 질병이었음을 알 수 있다. 하지만 샤르코가 암시와 최면을 사용했다는 점에서 히스테리는 정신적인 질병으로 나아가게 된다. 프로이트와 브로이어의 『히스테리 연구』는 당시까지 의견이 분분했던 히스테리를 이해할 수 있는 토대를 마련한다. 특히 프로이트가 히스테리를 과거의 사건으로 인한 정신적 외상 때문에 발병하는 신경증의 일종이라고 규정함으로써 히스테리는 정신적 질환이 되었다. 프로이트는 특히 히스테리가 억압되거나 좌절된 성적 욕망에서 비롯되었다는 점을 주목한다. 히스테리는 육체에서 정신의 질병으로 변화됨으로써 인간화되었지만, 성적인 여성의 질환이라는 고대의 관념에서 크게 벗어나지 못했다.

그러나 히스테리는 프로이트 이후로 언어를 가지게 되었다. 프로이트와 브로이어는 안나 O(Fräulein Anna O)라는 히스테리 환자를 치료하면서 "굴뚝 청소"라는 대화치료를 사용하게 된다. 굴뚝청소는 본래 안나 O가 브로이어에게 장난삼아 사용한 말인데, 정신분석의 주요한 치료 방법이 된 것이다.

---

8) 성 아우구스티누스, 『신국론』, 조호연 · 김종흡 역, 현대지성사, 1997, 670~2쪽.

9) 크리스티나 폰 브라운, 『히스테리』, 51쪽.

이 대화치료에 의해서 히스테리는 비로소 말을 하게 된다. 말하자면 히스테리는 침묵 혹은 괴물의 몸짓 대신 이야기를 시작한 것이다. 19세기에 히스테리가 가장 다채롭게 분석되고 표출된 이유도 바로 그들의 이야기에 있다. 하지만 프로이트의 히스테리 병력 사례들에서 알 수 있듯, 히스테리의 언어는 전적으로 의사에 의해 기록되고 해석되었다. 19세기에 풍요로울 만큼 다양한 히스테리 담론은 그들의 수다가 아니라 사회 담론에 의해 만들어 진 것이다. 푸코의 지적대로, 이 시대가 성에 대해 수다스러운 점은 바로 과학 혹은 정신분석이란 이름으로 행해진 다양한 고백의 양식 때문이다. 즉 그 시대에는 어느 때보다 국가가 제도와 과학을 통해 사적인 성에 귀를 기울였을 뿐 아니라 성에 관한 진실 혹은 정상적인 성의 유형들을 생산하였다. "근대 사회에서 특이한 점은 사회가 성을 어두운 존재로 몰아넣은 것이 아니라, 그것을 비밀이라고 선전하면서 사람들이 스스로 한없이 그것에 대해 말하도록 만든 것이다."[10] 히스테리의 말하기는 사회 담론이 과학과 고백의 제도에 의해 사적인 삶을 들으려고 한 결과이며, 히스테리의 언어는 결국 근대의 성적인 정상화의 대척점에 있다.

20세기에 들어서 히스테리는 커다란 변모를 겪는다. 히스테리는 더 많은 질문과 수다를 쏟아놓게 되었는데, 그 이유는 히스테리가 남성에게도 확장되었기 때문이다. 여성의 전유물로 인식되었던 히스테리가 남성에게도 발견된 것이다. 1차 세계 대전에서 절정기에 달한 남자의 히스테리는 사적인 성적인 문제가 아니라 사회적인 사건이나 담론과 관련될 수 있다는 사실을 드러냈다. 전쟁이라는 끔찍한 상황 속에서 군인들은 신체적인 부상과 무관하게 기이한 행동을 하거나 육체적인 마비를 일으켰다. 그들의 전형적인 증상은 유아처럼 걸음을 걷는 것인데, 이는 의사들이나 다른 군인들에게 꾀병으로 보였다. 하지만 군인들의 증상은 히스테리가 살육과 폭력을 요구하는 전쟁의 상황, 즉 집단적인 여건에서 비롯될 수 있음을 보여준 셈이다. 이제 히스테리는 여성의 전유물이 아니라 남성도 걸릴 수 있는 질병이 되었고, 그 결과 자궁에서 정신으로 거처를 옮겨, 거식증이나 우울증과 같은 일상적인

---

10) Michel Foucault, *The History of Sexuality Vol. 1*, trans. Robert Hurley(New York: Vintage Books, 1990, p.35.

질병으로 확대되었다. 일상화를 통해서 히스테리는 우리 모두의 질병이 되었다. 우리는 어느 정도는 히스테리아이다. 히스테리에서 자유로운 사람은 없다. 그것은 비록 보이지 않지만 우리의 내부 어딘가에 존재하기 때문이다.

히스테리는 고대부터 지금까지 여성의 육체를 상징하는 자궁으로부터 머리로, 더 나아가 정신적인 질환으로 변화되어 왔다. 히스테리는 시대마다 사회의 도덕이나 이성에 따라 그 양상을 달리해 왔기 때문에 역사의 과정 속에서 그것을 정신분석과 같은 단일한 언어로 규정하기에 불가능하다. 오히려 히스테리는 규정불가능성을 의미하며, 사회의 담론에서 배제되거나 재현할 수 없는 모호성 그 자체라고 할 수 있다. 이런 점에서 히스테리는 푸코가 『광기의 역사 *The History of Madness*』에서 정의하는 '광기'와 유사하다. 즉 광기는 시대마다 사회에서 배제되고 감금되어 온 '타자성'을 의미하며, 정신분석에 의해 재현 불가능한 대상으로 고정되었다. 광기 또한 사회의 담론과의 관계에서 생산된 타자성이다. 히스테리는 광기의 또 다른 이름이라고 할 수 있다.

그러나 히스테리는 저항의 차원에서 푸코의 광기와 다르다. 푸코는 광기가 정신분석에 의해 규정됨으로써 재현 불가능한 침묵이 되었다고 말한다. 우리는 그 침묵을 깰 수 없다. 오직 위반적인 예술의 형태에서만 가능하다. 반면에 히스테리는 근대에 정신분석의 말 걸기에 의해서 자신의 이야기를 시작했지만, 자신을 규정하는 담론에 질문을 던지고 수다를 떨 수 있다는 역동적인 측면이 있다. 앞서 밝혔듯이, 라캉은 히스테리가 주인담론에 의존하고 주인의 욕망을 탐색하지만, 주인 또한 히스테리 담론이 없다면 존재할 수 없다고 말한다. 마치 프로이트의 정신분석이 히스테리 환자들의 수다에 의해 형성되었듯, 사회 담론은 히스테리 담론을 노예담론으로 만들어야만 존재할 수 있었다. 그러나 히스테리의 이야기는 자궁이 유동하듯 고정되지 않는다. 그들의 이야기는 자신을 제한하는 타자와의 관계에서 변화하기 때문에 진실과 먼 거짓말이고 위장이다. 분석자는 그들의 이야기를 재해석하고 외상의 핵에 도달하려고 하지만 늘 실패한다. 프로이트는 대부분 히스테리 환자들을 치료하지 못하고 종료하는데, 그 이유는 그들의 종잡을 수 없는 유동성과 이야기 때문이다. 히스테리는 정착하지 못하고 움직이는 이야기, 곧 거짓말이다.

3. 스토리와 거짓말

히스테리는 재현의 문제이다. 히스테리는 무엇보다 재현하는 대상과 표현이 일치하지 않는다. 다시 말해서 히스테리가 흔히 신체적인 마비, 기침, 환각, 혹은 실어증 등의 다양한 육체적 증상을 띠지만, 병인은 육체적인 징후와 관계없는 심리적인 상처에서 비롯된다. 증상과 원인의 모순 때문에, 히스테리는 종종 정반대의 양상으로 표출되기도 한다. 가령 히스테리 환자들은 성적인 불감증을 겪고 있지만 모든 현상을 성적인 요소와 연결시켜 과잉적으로 반응하기도 한다. 이런 모순 때문에 분석가는 히스테리 증상들을 일종의 가짜 기호들로 여기고 그 기호들을 재해석해서 숨겨진 진실을 찾아내려고 한다. 예를 들어 프로이트는 환자 도라의 기침이 실제 기관지의 질병에서 발생한 것이 아니라 사실 아버지를 흉내 내고 있다는 사실을 밝혀낸다. 히스테리가 종종 꾀병이나 거짓말로 오인될 수 있는 이유도 여기에 있다.

히스테리의 거짓말이나 흉내는 샤르코의 환자들이 가장 극적으로 재현하였다. 샤르코는 병원에서 자신의 제자들을 포함한 관객들에게 히스테리 환자들의 발작을 보여주었다. 환자들은 샤르코의 설명대로 가장 화려한 몸짓의 발작을 재현하였는데, 이들의 발작은 관객들의 상상을 충분히 충족시켜줄 정도로 요란하였다. 샤르코는 발작이 세 단계로 진행된다고 설명한다. 첫 단계는 간질과 유사한 근육경련이 일어나고, 다음 단계에서는 소위 "광대짓"으로 불리는 큰 몸동작으로 이어지는데, 이때 환자는 활모양으로 몸이 젖혀지고 괴상한 소리나 욕을 퍼붓고 팔을 휘젓는다. 마지막 단계에서 환자는 황홀경이나 환각 증세와 유사한 색정적인 모습을 보인다. 세 단계의 증상은 19세기의 전형적인 히스테리의 모습으로 알려져 있다.[11] 그런데 문제는 이

11) 크리스티나 폰 브라운, 『히스테리』, 64쪽.

런 히스테리가 다른 병원에서는 동일하게 재현되지 않는다는 사실이다. 그 이유는 샤르코가 사용한 암시에 있다. 샤르코는 히스테리 발작을 보여주기 위해 환자들에게 암시를 걸었고, 환자들은 샤르코의 암시에 따라 히스테리를 재현한 것이다. 이런 점에서 히스테리는 의사 혹은 분석가의 '연출'에 따라 발작을 연기하는 배우처럼 보이기도 한다. 히스테리는 본질이 없는 흉내나 거짓말이라고 할 수 있다.

그렇다면 히스테리는 자아가 부재하거나 유약한 결과인가? 다시 말해서 히스테리는 자아의 빈곤으로 인해서 타인의 정체성을 흉내 내는 것인가? 프로이트의 히스테리 환자들의 경우, 그들은 당시 여성들의 사회활동이나 교육이 제한되던 시대에도 불구하고 대개 매우 지적이고 자의식적인 여성들이었다. 가령 안나 O는 여러 언어를 자유롭게 구사할 수 있고, 지능도 높았으며, 사물을 이해하는 능력도 뛰어났을 뿐만 아니라 시적 재능이나 상상력이 풍부했다. 그녀는 샤르코의 환자처럼 소위 암시나 최면에 걸리는 성격이 아니었다.[12] 하지만 그녀는 뛰어난 재능에도 불구하고 집안에서 아버지의 병간호로 소일하다가 점차 습관적인 백일몽에 빠지게 된다. 브로이어가 이를 "개인 극장(Private Theatre)"이라고 불렀는데, 그녀는 개인 극장에 몰입함으로써 자아의 분리를 드러냈다. 그녀는 의식을 지닌 정상적인 상태와 "부재(Absence)"라고 부른 환각상태로 점차 분열되는 것이다. 예를 들어 그녀는 평상시에는 우울하고 불안하기는 했지만 의사소통이 가능했는데, 부재상태에서는 환각 상태에 빠지거나 욕을 퍼붓고 베개나 방석을 던지기도 하며 잠옷이나 천을 손가락으로 뜯어내기도 하였다. 또한 그녀는 간혹 하나의 문장을 말하면서 잠시 멈춘 후 대화를 계속하거나 문장 사이에 자신의 마지막 말을 반복하기도 하였다.[13] 그 결과 그녀가 현실과 상상의 자아로 분열되어, 상상의 자아는 현실의 자아를 압도하고 오랜 기간 스스로 창조한 "동화"속에서 살아가게 된다. 이런 점에서 히스테리 환자는 현실에서 도피하고 내면으로 후퇴하는 수동적인 존재라고 할 수 있다.

12) Josef Breuer and Sigmund Freud, *Sigmund Freud*, trans. James Strachey(London: The Hogarth Press, 1955), p.21.

13) Josef Breuer and Sigmund Freud, *Sigmund Freud*, p.24.

그러나 상상의 이야기는 히스테리 환자들과 분석가의 관계를 전도시킨다. 그들의 이야기는 대화 상대자인 분석가를 당혹스럽게 만들뿐 아니라 치료를 실패하게 만드는 요인이 된다. 분석가는 히스테리 환자들의 위장된 이야기를 재해석하여 히스테리의 원인을 밝히려고 한다. 즉 분석가는 환자들의 표면적인 이야기를 그대로 수용하지 않고 언제나 거짓으로 이해하고 이면의 숨겨진 진실에 도달하려고 한다. 분석가에게 히스테리 환자는 믿을 수 없는 화자이다. 히스테리 환자는 문학에서 신뢰할 수 없는 화자에 비유될 수 있다. 독자는 화자의 진술에 따라 이야기를 따라가고 사건을 파악하지만, 결국 그 진술은 믿을 수 없는 거짓말로 판명되거나, 진실과 거짓을 구분할 수 없는 모호한 상태가 된다. 화자의 거짓말은 이야기의 내용 전체를 믿을 수 없게 만든다. 마찬가지로 히스테리 환자는 독자인 의사에게 자신의 증상과 병인이 될 만한 이야기들을 들려주지만, 그의 고백은 사실과 무관하다. 의사는 독자처럼 환자가 들려주는 이야기들을 파편적으로 받아들여 일종의 몽타주처럼 재구성해야 된다. 하지만 거짓 이야기가 때로는 분석가에게 진실이나 사실을 담은 이야기처럼 영향을 미칠 수 있다. 예를 들어 브로이어는 안나 O를 치료하던 도중에 그녀가 자신의 아이를 임신했다는 거짓말에 놀라 치료를 중단한다. 히스테리 환자들은 이런 이야기를 만들어 내는데 있어서 특별한 재능을 지닌 것처럼 보인다. 프로이트가 대부분의 히스테리 환자들의 치료를 완성하지 못한 이유도 여기에 있다. 안나 O나 도라는 프로이트의 치료를 중단시켰을 뿐 아니라 그가 내린 진단을 끝까지 인정하지 않는다. 그들은 소설가들 못지않게 자신의 과거의 기억들을 날조하고 자신들에 대한 이야기들을 창조한다. 이런 점에서 "19세기를 대표하는 문학 장르인 소설을 남성이 창작했다면, 다른 한편에서는 히스테리 환자가 거짓말을 하기 시작한 것"[14]이라고 할 수 있다.

히스테리의 거짓말은 서사가 지닌 "거짓의 역량(The powers of the false)"을 보여준다. 들뢰즈(Gilles Deleuze)에 따르면 거짓의 역량이란 서사의 본질이 진리를 재현하는 것이 아니라 거짓을 만들어 내는데 있다고 보는 것이다.

14) 크리스티나 폰 브라운, 『히스테리』, 56쪽.

유일한 진리가 유일한 거짓말이 되듯, 진리는 시간 속에서 변이된다. 마찬가지로 진리를 재현하는 서사는 항상 변화 속에 존재하기 때문에 유일한 진술이 될 수 없다. 이런 점에서 들뢰즈는 서사의 본질이 거짓을 만들어 내는 것일 뿐 아니라 역량이라고 간주한다. 무엇보다 그것은 서사가 시간의 속성을 가지고 있기 때문이다. 들뢰즈에게 시간은 서사가 하나의 진리를 주장할 수 없는 복수적인 성격을 띤다. 구체적으로 그는 베르그송의 이론에 근거해서 현재 중심적이고 직선적으로 운동하는 근대의 시간론에 이의를 제기한다. 우리는 항상 시간을 현재가 단일한 방향으로 진행되어 과거가 되고 또한 미래로 나아간다고 생각한다. 하지만 들뢰즈와 베르그송은 시간을 복수적인 '지속'으로 간주한다. 지속이란 현실화된 현재가 잠재적인 과거와 연속되고 있으며, 더 나아가 다양하고 복수적인 과거들에 의해서 끊임없이 생성되고 있다는 의미이다. 또한 지속에 따라 현재는 늘 비가시적이고 잠재적으로 존재하는 다양한 과거와 미래의 시간들과 공존하고 있다. 현재가 단일하고 고정된 '지금'이 아니듯, 서사의 시간은 단일하지 않다. 이야기가 과거에서 현재로 연대기적으로 진행할 때 그리고 현재에서 과거로 되돌아갈 때 그 사이에는 설명할 수 없는 차이들의 시간들과 진위를 가릴 수 없는 선택의 시간들이 존재한다.15) 따라서 거짓은 서사에서 생략되었지만 가능한 잠재적 시간들의 가능성을 보여주며 진실한 서사라고 여겨지는 이야기들의 위상을 의심하게 만든다.

히스테리의 거짓말은 현재의 시점에서 과거의 사건을 기억하고 서술하는 데서 발생한다. 히스테리 환자들에게 과거는 다양한 형태의 거짓말과 위장으로 재현된다. 왜냐하면 그들은 과거를 기억하는 것을 고통스러워하기 때문에 과거를 다채롭게 조작한다. 그들의 이야기는 양립할 수 없는 현재와 과거들의 시간들이라고 할 수 있다. 즉 현재와 과거는 단 하나의 시점이나 사건으로 존재해야 되는데, 그들이 펼쳐놓는 과거의 이야기들은 다양한 '과거-현재'들을 공존하게 만드는 것이다. 들뢰즈의 말대로, 이야기는 끝없이 갈라지는 선, 보르헤스의 시간의 미로를 보여준다. 보르헤스의 「끝없이 두

15) Gilles Deleuze, *Cimema 2: The Time-Image*, trans. Hugh Tomlinson and Robert Galeta (Minneapolis: University of Minnesota Press, 2003), p.131.

갈래로 갈라지는 정원」에서 현재에서 과거로 가는 시간은 계속 갈라지며, 이는 "양립할 수 없는 현재들(incompossible presents)"을 통과하고 "비-필연적인 진실한 과거들(not-necessarily true pasts)"로 되돌아오는 선들이다.16) 마찬가지로 히스테리 환자의 거짓말은 과거로 갈라지는 복수적인 길, 곧 미로이다. 히스테리의 환자가 분석가에게 기억을 털어 놓을 때 과거의 사건들은 통합적이고 체계적인 이야기로 재현되지 못한다. 이 현재와 과거의 시점을 오고가며 만들어 내는 이야기나 거짓말은 분석가에게 과거의 진실을 재현하는 것이 불가능할 뿐 아니라, 분석가가 생각하는 진실한 이야기의 불가능성을 보여준다. 거짓말은 분석가가 밝히려고 하는 히스테리 환자의 진실 혹은 과거의 사건이 존재하지 않는, 즉 거짓임을 보여준다.

히스테리 환자는 소설이나 영화에서 거짓말하는 화자와 유사하다. 거짓말쟁이는 서사를 믿을 수 없는 것으로 만들뿐 아니라 서사 내에서 불가능성이 생성되도록 만든다. 이는 서사의 본질이 진실이나 사실을 그대로 보여주는 것이 아니라 그것이 불가능하다는 것을 보여주는 것이다. 마찬가지로 히스테리 환자의 이야기는 정신분석이 상정하는 진실이 불가능함을 드러낸다. 더 나아가 그들의 이야기 혹은 거짓말은 정신분석의 판단체계를 와해시킨다. 이것이 프로이트가 히스테리 분석에 실패한 이유다. 이제 히스테리는 이야기의 본성에 가장 가까운 서사라고 할 수 있다.

4. 결론

히스테리는 고대부터 여성의 성적기관이 비정상적으로 활동하는 질병으로 여겨졌다. 그러나 히스테리는 사회의 흐름에 따라 고대에서 현재까지 자궁의 이동, 타락한 마녀, 신경질환 그리고 정신적 질병 등의 다양한 명칭으로 변화되었다는 점에서 어떤 단일한 용어로 정의할 수 없는 존재이다. 뚜렷한 실체가 없고 끊임없이 변화한다는 점에서 히스테리는 고대의 상상의

---

16) *Ibid.*, p.131.

여성 괴물인 메두사나 사이렌과 같은 신화적 존재와 다를 바 없다. 메두사와 사이렌은 그것을 직접 대면하는 경우 죽음에 이르기 때문에 공포를 불러일으킬 뿐 아니라 그들과의 조우를 재현할 수 없기 때문에 표현 불가능한 존재들이다. 히스테리가 상상력을 자극하는 두려운 여성 괴물이 된 이유는 무엇보다 그 모호성에 있다. 히스테리는 원인과 결과의 불일치를 나타내는데, 왜냐하면 마비, 환각, 발작, 실어증 등의 증상에 대한 뚜렷한 원인을 찾을 수 없기 때문이다. 모호성으로 인해서 히스테리는 정신적인 질환이 되었지만, 그것은 여전히 변화무쌍한 실체 없는 존재이다.

그러나 히스테리의 모호성은 그것을 정의한 담론과의 관계 속에서만 존재한다. 즉 히스테리는 사회의 담론에서 정의할 수 없고 부도덕한 대상들에 붙여진 이름에 불과하다. 이런 점에서 히스테리에 붙여진 언어들은 역설적으로 사회의 정상적인 담론을 재현하고 있다. 사회의 지배적인 담론은 히스테리에 비정상성의 명칭들을 투사하고 간접적으로 건강함이라고 간주할 수 있는 가치들을 강조하는 것이다. 이렇듯 라캉의 말대로 히스테리는 주인담론에게 끊임없이 자신의 정체성에 대해 질문할 수밖에 없는 것이다. 하지만 히스테리는 주인담론에 의존해서 자신의 정체성을 추구함에도 불구하고 주인과 노예의 변증법처럼 지배 담론 또한 노예의 노동에 의존한다는 것을 드러낼 수 있다.

히스테리와 지배적인 담론과의 불안한 관계는 이야기와 거짓말에 의해서 드러난다. 히스테리 환자들이 끊임없이 만들어 내는 이야기와 거짓말은 분석가가 히스테리의 진실에 쉽게 접근할 수 없게 만든다. 왜냐하면 분석가는 히스테리 환자들의 거짓말을 늘 해석하고 그들의 숨겨진 비밀, 곧 진실을 찾아야 하기 때문이다. 하지만 히스테리의 거짓말은 분석가가 밝히려는 과거의 사건이 고정된 시점으로 존재할 수 없고, 항상 현재와의 관계 속에서 지속적으로 생성되고 있다는 것을 보여준다. 이야기든 거짓말이든 모든 서사는 현재와 과거의 지속 속에서 복수적으로 존재한다. 히스테리는 현재와 과거가 복수적으로 공존한다는 '거짓'을 지어냄으로써, 정신분석의 '거짓'을 폭로한다. 히스테리를 정의해왔던 담론은 거짓말이 된다.

참고문헌

나지오, 쥬앙 다비드. 『히스테리의 정신분석』. 표원경 역. 백의, 2001.

비트머, 페터. 『욕망의 전복』. 홍준기 · 이승미 역. 한울, 2003.

보로사, 줄리아. 『히스테리』. 홍수현 역. 이제이 북스, 2002.

브라운, 크리스티나 폰. 『히스테리: 논리, 거짓말, 리비도』. 엄양선 · 윤명숙 역. 여이연, 2003.

성 아우구스티누스. 『신국론』. 조호연, 김종흡 역. 현대지성사, 1997.

Deleuze, Gilles. *Cimema 2: The Time-Image*. Trans. Hugh Tomlinso and Robert Galeta. Minneapolis: University of Minnesota Press, 2003.

Foucault, Michel. *The History of Sexuality Vol. 1: An Introduction*. Trans. Robert Hurley. New York: Vintage Books. 1990.

____________. *The History of Sexuality Vol. 2: The Use of Pleasure*. Trans. Robert Hurley. New York: Vintage Books, 1990.

Freud, Gigmund and Josef Breuer. *The Standard Edition of the Complete Psychological Works of Sigmund Freud, Vol. II*. Trans. James Strachey. London: The Hogarth Press, 1955.

Lacan, Jacques. *Encore 1972-1973, Book XX*. Trans. Bruce Fink. New York: Norton & Company, 1975.

Plato. "Timaeus", *Plato: Complete Works*. Ed. John M. Cooper. Cambridge: Hackett Publishing Company, 1997. 91c-d.

Salecl, Renata. *(Per)versions of Love and Hate*. New York: Verso, 1998.

주이상스와 안티고네

-라캉, 셰퍼드슨, 지젝을 중심으로-

조 현 준*

1. 주이상스, 쾌락 원칙을 너머

주이상스란 무엇인가? 주이상스(jouissance)는 쾌락(pleasure)과 유사하지만, 엄밀히 말해 정신분석학에서 이 둘은 구분된다. 정신분석학의 아버지 프로이트는 인간 행동의 선택기준이 궁극적으로는 쾌락원칙에 의거한다고 설명했다. 유아는 현실감 없이 쾌락원칙으로 행동하는 반면, 현실적인 성인은 현실원칙을 행동기준으로 삼는다. 이 때 현실적 조정능력을 발휘라는 에고는 불쾌를 최소화고, 쾌락을 극대화하는 방식으로 작동하기 때문에 현실원칙도 쾌락원칙의 일부이다. 그런데 이 쾌락원칙을 넘어서는 것이 있다. 쾌락원칙의 설명기준을 넘어서버린 과도한 쾌락, 역설적 고통의 쾌락, 그것이 바로 '주이상스'다. 주이상스는 욕망의 극한추구를 통한 잉여 쾌락을 가져오며, 그래서 안정된 체계를 넘는 혁명성과 전복성을 가진다. 안티고네는 바로 이런 주이상스를 구현하는 여성인물이다.

「쾌락원칙을 넘어서」에서 프로이트는 쾌락원칙에 위배되는데도 인간이 반복적으로 행하는 행동을 '반복충동'으로 설명한다. 이런 반복충동은 익숙

* 경희대학교 영어학부 강사

함 속에서 느끼는 낯선 효과인 '기괴함(unheimlich)', 경외의 아름다움과 실존적 공포가 공존하는 '숭엄함(Sublime)'과 연관된다. 이미 쾌락 속에 고통이, 아름다움 속에 공포가 있기 때문이다. 자크 라캉에게 주이상스는 주체가 상징적 베일을 가로질러 자신의 순수한 욕망에 닿을 가능성, 즉 윤리적 주체의 탄생 가능성으로 제시된다. 안티고네는 국가에 칙령에 대항하다 죽음을 맞이했지만, 고귀한 영웅미와 숭고한 아름다움으로 빛난다. 그래서 이 글은 라캉의 정신분석학에서 말하는 주이상스의 의미를 검토하고, 그것을 구현한 인물로서 안티고네를 조망하고자 한다.

정신분석학에서 주이상스는 '극단적 쾌락'을 의미하는 불어 단어로 영어에는 꼭 맞는 동의어가 없다. 사전적 의미로 주이상스는 어떤 대상이나 속성의 용익권이나 잉여가치를 의미하기도 하고, 성적 절정감의 환희를 의미하기도 한다.[1] 그런데 오이디푸스적 타자의 욕망은 주이상스가 어떤 경계를 넘어서는데 대한 방어이자 금지라면, 주이상스는 이런 남성적 욕망을 넘어서는 타자나 여성과 관련된다. 뤼스 이리가레(Luce Irigaray)는 '히스테리적' 주이상스가 '재현불가능'하긴 해도 그 특징상 '부권적'이지는 않다고 규정하려 하고, 엘렌 식수(Hélène Cixous)는 물질적인 것에서 이상적인 것에 이르기까지 모든 층위에서 여성적인 주이상스의 생생한 이미지를 창조하려는 대안적 전략을 세운다. 크리스테바는 여성적 주이상스를 '모성적인' 것으로 특화된 것으로 암시한다. 라캉에게 '여성'은 남성 집합에 포함되지 않으며, 전체화를 지향하는 남성적, 혹은 남근적 세계 너머에 존재한다. 여성의 주이상스는 남근적 전체화의 환상을 초월하는 것이다.[2]

딜란 에반스는 성적 의미를 부각한다. 불어 '주이상스'가 '향유(enjoyment)'를 의미한다면, 영어에는 없는 성적 의미가 함축되어 있다는 것이다. 제인 갤롭(Jane Gallop)은 오르가즘과 주이상스를 구분하면서, 오르가즘이 가산명사인 반면, 라캉의 주이상스는 불가산 명사, 즉 항상 정관사가 붙는 단수 형태라고 말한다. 라캉에게 주이상스라는 용어는 1953년 이후의 저작에서 특

1) Feminism and Psychoanalysis: A Critical Dictionary. ed. Elizabeth Wright(Oxford: Blackwell, 1992), 185.
2) *Ibid.*, 187.

히 주로 나타나며, 1957년을 기점으로 의미가 다소 변한다. 1957년 이전에는 배고픔과 같은 생물학적 욕구의 만족에 따라오는 쾌감을 의미했다면, 그 이후에는 성적 대상의 향유나 자위의 쾌락을 지칭하는 말로 썼고, 1958년에는 오르가즘의 의미로 쓰인다.

라캉이 주이상스와 쾌락을 구분되기 시작한 것은 1960년대에 와서이다. 법은 주체에게 가능한 한 조금만 즐기라고 명령하면서도, 동시에 향유에 부과된 금지의 위반을 모색하고, '쾌락원칙을 넘어설' 길을 찾는다. 그러나 이런 위반의 결과는 더 많은 쾌락인 동시에 고통이기도 하다. 왜냐하면 주체가 견딜 수 있는 쾌락은 일정량에 불과하기 때문이다. 이 한계를 넘어서면 쾌락은 고통이 되고, 이 '고통스러운 쾌락'을 라캉은 주이상스라고 부른다.[3] 그래서 "주이상스는 고통스럽다."[4]

주이상스는 주체가 자신의 증상에서 가져오는 역설적인 만족을, 또한 자신의 만족에서 오는 고통을 잘 표현하는 용어이다. 그리고 이런 주이상스는 여성의 위치에 있는 것으로 설명된다. 남성은 상징적인 의미를 위해 자신의 몸을 희생해서라도 '영웅'적 '의미'를 추구하지만, 여성은 그런 영웅조차도 실은 불가능한 이상임을 알고 있는 '성자'나 '무의미'에 가깝다. 1973년 라캉은 특별히 '여성적인 주이상스'를 '보충적 주이상스(supplementary jouissance)'라고 부른다.[5] 이 주이상스는 '남근 너머에(beyond the phallus)'[6] 있으며, 타자의 주이상스이다. 여성은 이런 주이상스를 경험하지만 그것을 모르기 때문에 이 여성적 주이상스는 형용불가능하다.[7] 정리하면 주이상스는 남근적 주이상스와 여성적 주이상스로 분류되는데, 전자는 백치의 주이상스, 병리적 주이상스인 반면, 후자는 진정한 주이상스, 보충적 주이상스로 불린다. 라캉에게 기표는 남성적이고, 주체는 여성적이기 때문이다.

라캉에게 남녀의 성차는 남근을 가지고 있는가(to have phallus), 아니면 남

3) Dylan Evans, *An Introductory Dictionary of Lacanian Psychoanalysis*(London: Routledge, 1996), 91-2.
4) Jacques Lacan, *Seminar VII*, 184.
5) Jacques Lacan, *Seminar XX*, 58.
6) Jacques Lacan, *Seminar XX*, 69.
7) Jacques Lacan, *Seminar XX*, 71.

근인가(to be phallus)의 문제와 관련이 있다. 즉 여성은 남근이 없기 때문에 가면이나 베일을 써서 자신이 남근인척 하고, 남성은 그런 여성을 욕망의 대상으로 추구하면서 남근을 소유하려한다는 것이다. 남근이 없는 여성은 남근인 척하고, 남근이 있어서 거세불안에 시달리는 남성은 속임수로 불안을 달랜다. 바꿔 말하면 남성은 자신의 실존적 페니스 때문에 끊임없이 거세불안에 시달리고, 그 불안을 잠재울 방법을 여성에게 찾는 반면, 이미 거세된 여성은 가면이나 베일로 거세 사실을 숨겨서 남근인척하거나, 아예 남근경제를 가로지른다. 이런 거짓 위안과 속임수로 인해 "성적 관계는 불가능하다."

남녀의 성차를 분석하는데 있어서 라캉에게 중요한 것은 생물학적인 기관이 아닌 상징적 위치다. 프로이트의 페니스가 생물학적 남성의 특권적 기관이라면,[8] 라캉의 팰러스는 특권적 기표, 주인 기표이다. 라캉의 '성차 도식(sexuation diagram)'은 생물학적 페니스보다는 상징적 팰러스에 역점을 둔다. 그리고 모든 아이는 어머니의 팰러스가 될 가능성을 포기해야하기 한다는 의미에서 거세를 전제로 한다. 이 때 팰러스는 해부학적 성차와는 무관하지만,[9] 남아는 팰러스를 가지는 반면(he is not without having it), 여성은 그렇지 못하다. 그런데 남자는 자신의 거세를 전제로 한다는 조건에서만 상징적 팰러스를 주장할 수 있고, 팰러스를 결여한 여자는 남자의 욕망대상이 된다는 부분에 이르면 문제가 좀 복잡해진다. 좀 더 면밀히 따져보면 팰러스의 위상만 해도 상상적, 상징적, 그리고 실재적 팰러스로 나뉜다.[10] 그 중 성차나 주이상스와 연관되는 것은 주로 상징적 팰러스이다.

---

8) 프로이트에게 페니스는 남녀가 오이디푸스 콤플렉스를 다르게 통과하게 만드는 핵심적 기관이다. 즉 남자아이는 자신의 페니스/여아의 결여를 시각적으로 인지한 뒤, 자신도 거세될지 모른다는 거세불안에 시달리게 되는데, 이 거세위협 때문에 오이디푸스 콤플렉스를 극복하고 아버지의 법과 질서를 수용하여 문명에 적합한 인물이 되는 것이다. 반면, 여자아이는 처음부터 시각적으로 거세된 자신을 결여나 결핍으로 인지하기 때문에, 오이디푸스 콤플렉스가 와도 극복할 대안이 없다, 그래서 객관세계를 거부하고 자신만의 세계에 빠지거나(나르시시즘), 페니스를 가진 남자를 두고 다른 여자와 경쟁하거나(질투), 자기를 열등하다고 느끼거나(매저키즘), 남편이나 아이라는 다른 대리물을 통해서 페니스를 보완하고자 한다(수동성).

9) Jacques Lacan, *Ecrits*, 282.

10) Dylan Evans, *An Introductory Dictionary of Lacanian Psychoanalysis*(London: Routledge, 1996), 141-2.

상징적 대상으로서의 팰러스는 기표를 의미하는 것이며, 팰러스가 기표라는 것은 '대타자의 욕망의 기표(the signifier of the desire of the Other)'[11]이자, 주이상스의 기표[12]라는 의미다. 팰러스는 환상도, 대상도 아니다. 그것은 기의의 모든 효과를 지칭하고자하는 기표이다.[13] 팰러스는 여성적 기표와 상응하는 것이 아니라, '어떤 상응물도, 등가물도 없는 상징'[14]이다. 라캉은 이런 팰러스의 상징 기능을 성차의 공식과 결합시킨다. 그 결과 두 개의 남성적 위치와 두 개의 여성적 위치가 발생한다.

라캉의 성차 도식에는 4개의 성적 위치가 제시된다. 이 위치는 팰러스의 기능을 따라 회전하는데, 이 때 팰러스의 기능이란 거세 기능을 의미한다. 엘리자베스 라이트의 해석이 따라 성 공식을 아주 단순화해 해석하자면, 남자는 거세되지 않았기 때문에 언제나 거세위협에 시달리며, 여성은 거세되었기 때문에 거세위협으로부터 자유로울 가능성이 있다. 첫 번째 위치는 실존 층위의 남성으로 '거세기능에 종속되지 않은 사람이 있다($\exists x \overline{\Phi x}$)'이다. 그러나 두 번째로 상징 층위의 남성은 '모두가 다 거세기능에 종속되어 있다($\forall x \Phi x$).' 세 번째, 실존층위의 여성은 '거세 기능에 종속되지 않은 사람이 없다($\overline{\exists x}\, \overline{\Phi x}$).' 마지막으로 상징 층위의 여성은 '모두가 다 거세기능에 종속된 것은 아니다($\overline{\forall x} \Phi x$).' 다시 말해, 남성은 실존적 페니스 때문에 언제나 거세위협에 시달리는 남성은 욕망의 대상, 완전한 대상을 여성에게서 구한다. 반면, 실존적 페니스 결여상태인 여성은 상징 층위에 이르면, 남근기능에 종속될 수도 있지만 아예 남근경제를 가로지를 수도 있다.[15] 바로 이 가능성이 '주이상스의 가능성'이다.

---

11) Jacques Lacan, *Ecrits*, 290.
12) Jacques Lacan, *Ecrits*, 320.
13) "The phallus is not a fantasy, if by that we mean an imaginary effect. Nor is it as such an object(part-, internal, good, bad). It is even less the organ, penis or clitoris, that it symbolizes.... The phallus is a signifier.... It is the signifier intended to designate as a whole the effects of the signified." Jacques Lacan, *Ecrits*, 285.
14) Jacques Lacan, *Seminar III*, 176.
15) Elizabeth Wright, *Lacan and Post Feminism*(Cambridge: Icon Books, 2000), 23-31.

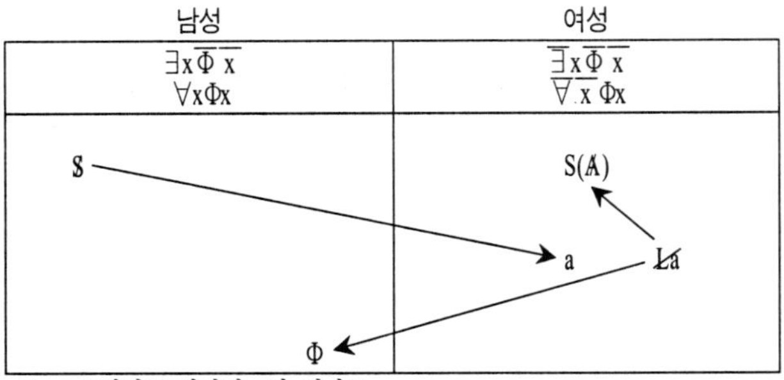

$\exists x$: "적어도 하나의 x가 있다."
$\overline{\exists x}$: "이러저러한 단 하나의 x도 없다."
Φx : "x는 남근 기능에 복종한다."
$\overline{\Phi x}$: "x는 남근 기능에 복종하지 않는다."
$\forall x$: "모든 x들"
$\overline{\forall x}$: "모든 x들이 ~아니다."
a : 대상 a.
Φ : 남근기능.
S(Ⱥ) : 빗금 친 대타자(Autre)를 나타내는 기표
La̸ : 남근 기능에 의해 완전히 정의되지 않아서 집합에 들어가지 않는 '빗금친 대문자 여자'(~~The~~ Woman)를 가리킨다.
$\$$: 빗금 친 대문자 주체.

성차나 성적 위치에 핵심적인 라캉의 팰러스 개념은 상징적 위치라고 주장되기는 해도 어느 정도 생물학적 기관을 개념적 기반으로 한다는 혐의에서 페미니즘의 비판 대상이 되기도 한다. 줄리엣 미첼과 재클린 로즈는 팰러스와 페니스는 다른 것이라며 라캉을 옹호하지만, 제인 갤롭은 라캉이 팰러스에 특권적 위상을 부여한다고 보며, 사실 프로이트의 가부장적 제스처를 반복한다고 비판한다. 한편, 데리다는 라캉의 팰러스로고스중심주의(phallogocentrism)를 비판한다. 라캉이 반-초절주의(anti-transcendentalism)를 주장한다해도 여전히 팰러스를 이상적인 의미의 보증물, 초월적 요소로 삼는다는 비판이다.

이처럼 라캉의 주이상스는 정신분석학적 주체가 탄생하는 순간의 고통을 수반하는 극한쾌락이며, 여성의 위치에 있는 것으로 설명된다. 주이상스는 남성보다는 여성의 위치이며, 대타자의 욕망의 기표로서의 팰러스의 기표이기도 하다. 상징적인 팰러스는 생물학적 페니스와는 달리 여성의 영역에 있으며, 여성은 남근의 거세기능을 벗어나 주이상스에 도달할 가능성을 준다. 이런 논의는 단순히 팰러스를 이상화하는데 국한되지 않는 어떤 가능성을

보여준다. 쾌락을 넘어설 주이상스의 가능성은 기표를 넘어설 윤리적 주체의 가능성이기도 하기 때문이다. 이 주체는 대타자가 완전하다는 환상을 가로지를 주이상스의 가능성이기도 하다. 안티고네는 이런 주이상스의 모범적 예가 될 수 있다.

2. 안티고네, 두 죽음 사이의 주체

안티고네는 기원전 5세기 중반 그리스의 비극작가 소포클레스의 『안티고네』에 등장하는 여성 인물이다. 오이디푸스는 저주받은 신탁 때문에 자신의 아버지를 죽이고 어머니와 결혼해 네 명의 자식 에테오클레스, 폴뤼네이케스, 안티고네, 이스메네를 낳는다. 오이디푸스가 유랑을 떠난 사이 에테오클레스와 폴뤼네이케스는 왕권을 두고 대립하고, 둘 다 전사한다. 그런데 크레온은 에테오클레스는 국장으로 화려하게 장례를 치르고, 테베를 공격한 폴뤼네이케스의 시신은 산새와 들짐승의 밥이 되도록 유기한다. 오이디푸스의 딸 안티고네는 칙령으로 금지된 오빠의 시신을 매장한다. 그리고 생중사의 형벌을 받고 석실에 감금되며, 그 안에서 스스로 자살한다. 하이몬의 약혼녀, 미래의 왕비가 '왜' 여자로서, 왕족으로서 누릴 모든 세속적 안녕과 부귀영화를 박차고 스스로 죽음을 향해 돌진했을까?

라캉의 안티고네는 죽을 운명을 알고도 당당하게 그 운명을 체현하고 구현한 비극적 영웅이다. 라캉은 안티고네의 빛나는 이미지를 주체의 순수한 욕망을 끝까지 추구할 때 도달할 수 있는 '숭고한 아름다움'이자, 차마 눈뜨고 볼 수 없는 '견딜 수 없는 광채'로 설명한다. 안티고네는 주체가 상징적 욕망을 가로질러 극단까지 그 욕망을 밀고 나갈 때 도달하는 실재계의 윤리적 가능성을 안고 있다. 금지된 매장을 하는 순간 안티고네는 이미 죽은 것이고, 살아도 살지 못하는 삶, 이미 죽음을 사는 삶을 산다. 그녀는 상징적 죽음과 실제의 죽음 사이에 있는 '호모 사케르'와도 같다.

라캉에게 이런 안티고네는 바라보는 순간 눈을 감게 만드는, 말로 표현할 수 없는 신비함을 가진 '이미지'다. 비극의 중심에 있는 이 이미지는 빛나는 광채를 발휘하는 아름다움과 매혹을 주는 것이자, 스스로 죽음을 자초한 끔찍한 희생물이기 때문에 위협과 공포를 주는 것이기도 하다.[16] 죽음을 향한 당당한 행위가 빛나는 것은 안티고네의 아름다움과 관련되며, 또한 안티고네의 아름다움은 상징적으로 다른 두 영역간의 매개물로 위치하는 장소와 관련된다. 이것을 라캉은 '두 번째 죽음'이라고 부르며, 자연의 변화가 완전히 무화되는 지점, 산 채로 무덤에 생매장되는 처벌이라고 말한다. 그것은 삶의 영역으로 가로질러 간 죽음이기도 하고, 죽음의 영역으로 옮겨간 삶이기도 하다. 이 두 번째 죽음이야말로 '무로부터의 창조(creatio ex nihilo)'를 말해주고, 의미화 연쇄를 넘어서는 '욕망'의 순수한 주체를 제시한다. 안티고네가 처한 운명, 그것은 죽음으로 향할 인생의 운명이고, 죽음이 예기된 채 삶을 사는 것이다. 안티고네의 영웅적 비장미는 이 '두 번째 죽음'과의 관계에서 발산된다.

라캉에게 상징적 욕망과 고유한 욕망, 혹은 순수한 욕망은 구분된다. 그리고 죽음 충동, 혹은 두 번째 죽음과 관련되는 것은 전자가 아니라 후자이다. 그는 욕망과 충동은 모두 대타자의 영역에 있는 것인데, 욕망은 하나인 반면, 충동은 여러 개이며, 충동 속에서 구현되지 않는 욕망도 있겠으나, 충동은 욕망이라 불리는 단일한 힘의 특정한 구현물이라고 설명한다. 즉 욕망의 대상은 단 하나, '오브제 쁘띠 아(objet petit a)'이며 이것은 서로 다른 부분충동 속의 다양한 부분대상으로 재현된다. 오브제 쁘띠 아는 욕망이 다가가고자하는 대상만이 아니라, 욕망의 원인이다. '진정한 욕망'이나 '순수 욕망'은 상징계에서 환유적으로 미끄러지면서 일시적인 만족을 주는 욕망이 아니다, 그보다는 충동, 혹은 궁극적으로는 죽음충동에 가깝다.

진정한 욕망은 타자적 주이상스와 연관이 있다. 브루스 핑크에 의하면 타자적 주이상스는 사랑의 주이상스이고, 종교적 열락과 관련되며, 남근적 주이상스와는 달리 성기에만 국한되지 않는 몸의 주이상스, 육체의 주이상스를 의미한다. 남근적 주이상스는 성적이지만, 타자적 주이상스는 무성적이다.[17] 타자의 주이상스는 몸의 향유이자 몸에서의 향유(jouissance du corps)[18]

16) Jacques Lacan, *The Seminar of Jacques Lacan, Book VII: The Ethics of Psychoanalysis.* 1959~60. tran. Dennis Porter(New York: Norton, 1992), 247.

이다. '두 죽음 사이의' 안티고네 역시 '비극이 상연되는 공간(the zone in which tragedy is played out)'[19]에 있는 여성 주체를 의미하며, 실제로 아직 죽지 않았으나 이미 죽음을 선고 받고 산 채로 죽음을 살아가는 '생중사', 혹은 '사중생'의 상황을 나타낸다.

라캉은 안티고네의 숭고한 이미지 논의를 아리스토텔레스의 비극론으로부터 시작한다. 비극은 공포와 연민의 정화인 카타르시스를 목표로 한다. 무대에서의 비극적 사랑과 그것이 관객에게 주는 미적 감동의 문제는 다음에 이어질 셰퍼드슨의 해석에서 더욱 부각된다. 라캉이 역점을 두는 것은 안티고네의 이미지가 숭고한 아름다움, 영웅적 비장미 자체가 아니라, 죽음을 무릅쓰고 자신의 욕망을 끝까지 추구해서, 욕망의 불가능성을 발견하는 주체에게서 발견되는 윤리적 가능성이다. 이 지점이 미학적 이미지가 윤리적 가능성으로 접경되는 부분이다. 안티고네가 매력적인 것은 그녀가 순수하게 죽음을 욕망했으며, 공포나 연민을 넘어서는 비인간적인 욕망의 모습을 구현했기 때문이다. 안티고네는 '순수한 것', '순수한 죽음의 욕망'을 끝까지 밀고 갔기 때문에 그녀 자체가 '욕망'의 화신이다.

라캉이 중시한 것은 안티고네의 숭고미가 미학을 가로질러 윤리학의 영역에 닿을 가능성이다. 이런 라캉의 입장이 헤겔과 근본적으로 달라지는 점은, 종국에 윤리적으로 정당한 사람은 크레온이 아니라 안티고네라고 주장한다는 점이다. 라캉이 보기에 크레온은 보편적이고 공적인 선과 이익을 대표하기 때문에 '공공의 선'을 대표하고, 안티고네는 개별적이고 사사로운 아름다움과 매혹을 의미하기 때문에 '개개의 미'를 구현한다. 그런데 선과 그것을 넘어서는 것과의 변증법에서 미가 선의 원칙을 넘어서는 것처럼[20] 선을 대표하는 크레온은 미를 대표하는 안티고네에게로 지양된다. 그것은 두 가지 이유 때문이다. 하나는 크레온이 공공의 선과 개별적 권력지향을 혼동

---

17) Bruce Fink, "There is No Such a Thing as a Sexual Relationship", *The Lacanian Subject: Between Language and Jouissance*(1995, Prinston University Press, 1995).

18) Jaeques Lacan, *Seminar XX*, 26.

19) Jaeques Lacan, *Seminar VIII*, 120.

20) Jacques Lacan, *The Seminar of Jacques Lacan, Book VII: The Ethics of Psychoanlaysis.* 1959~60. tran. Dennis Porter(New York: Norton, 1992), 237.

하는 '판단착오(hamartia)' 혹은 '판단의 오류'라는 죄를 범한다는 점이다. 그는 자신이 정한 칙령을 공공법, 혹은 모두의 법(the good of all)으로 인식했고, 이 법은 한계가 없는 법, 절대적인 법, 한계를 넘어서는 법이라고 오해했다. 두 번째로, 죽을 때까지 공포나 연민을 느끼지 않는 안티고네와 달리, 크레온은 마지막에 가서 절대권력과 기득권을 박탈 가능성, 여성화의 가능성에 대한 공포를 느낀다. 이 공포는 크레온 자신의 파멸을 예기하는 것이기도 하다.

우선 크레온은 보편적 선의 공공성을 주장하지만, 사실 그 선의 보편적 절대성이란 입증될 수 없다. 크레온이 내세우는 공공선이란 '그것(es)'에 이르지 못하게 선의 장막 속에 자신을 은폐한 일종의 방해물이다. 크레온이 땅의 법칙과 신의 명령을 혼동하고 판단착오와 판단의 오류를 저지르는 이유는 자신의 욕망 때문이다. 그것은 자신이 정한 칙령, 즉 국가법에 신의 법령과도 같은 초월적 위치를 부여하고 싶다는 욕망이다. 반면, 친족에 대한 합당한 매장은 지하의 신이 공표한 모든 인간의 권리이고, 자신은 오빠가 오빠이기 때문에 목숨을 걸고 그의 매장 행위를 한다고 주장하는 안티고네는 개별적 욕망의 세계에 있어서 너무나 취약하고 유약하다 못해 심지어 무모해 보이기까지 하지만, 사실 자신의 욕망인 '그것'과 두려움 없이 직접 대면하면서 오히려 윤리성까지 획득하고 있다.[21] 안티고네는 최상의 선, 지고의 선인 '물 자체'에 도달하기 위해 생명까지 포함해서 모든 것을 희생한다. 그러나 공공 법을 지향하는 크레온은 사실 자신의 욕망을 대면할 용기가 없어 선이라는 방어기제를 형성한 것에 불과하다. 따라서 공공법을 주장하는 크레온은 개인의 명령을 국가법으로 승격하려는 욕망을 감추고 있는 반면, 사적 감정이나 개별 정서를 강조하는 안티고네는 오히려 욕망의 본령을 마주하게 됨으로써 물 자체인 '선'에 도달한다는 역설이 가능해진다. 안티고네의 욕망이 꺾일 수 없는 불굴의 것이며, 문명화되지 않은 것, 또한 타협 없

---

21) 조나단 스코트 리는 크레온과 안티고네의 차이가 자신의 욕망을 알고 있는지 아닌지에서 비롯된다고 보았다. 크레온은 사실 자신이 원하는 것이 무엇인지를 알지 못하는 반면, 안티고네는 자신의 무엇을 원하는지 알고 있는 인물이라고 본 것이다(Creon really doesn't know what he wants.... Antigone knows what she wants). Jonathan Scott Lee, *Lacan*(Amherst: The University of Massachusetts Press, 1990), 124-5.

는 지독한 '날것(raw)'인 이유도 바로 이 때문이다. 단단한 법의 세계를 주장하는 크레온은 깨지기 쉬운 사랑을 추구하는 안티고네에게 전복된다.

안티고네가 보여주는 지독한 욕망, 불굴의 사랑의 특징은 대상의 유일성이다. 안티고네가 주장하는 것은, 부모도 자식도 남편도 다른 어떤 오빠도 대신할 수 없는, 폴뤼네이케스라는 단 하나의 오빠만이 차지할 수 있는 오빠의 '특이성(singularity)'이다. 크레온에 대항해서 국가에 모반하는 어떤 대역죄를 지었다 해도 오빠는 오빠이다(my brother is my brother... he is what he is). 이 오빠의 유일성만이 국가의 칙령에 대항하게 하는 유일한 동기인 것이다. 즉 크레온은 국가의 공공선을 빌미로 개인의 권력욕을 표출하는데 반해, 안티고네는 개인의 사적인 가치를 강조하지만 그 개별성, 특이성은 그 개인의 입장에서는 보편적 상황이다. 안티고네는 말 그대로 '무로부터 나오는' 유일성의 가치를 강조하기 때문이다.[22] 안티고네는 크레온이 대표하는 어떤 공적인 선의 부당함이나 불의를 주장하고 그것에 맞서려는 의도된 행동을 하는 것이 아니다. 오빠가 선한 오빠이거나 군인이거나 친구여서가 아니라, 오빠는 오빠이기 때문에 '유일한' 오빠의 '특이성'을 향한 저지할 수 없는 욕망의 발산 때문에 치명적 한계를 향해 나아가는 것이다. 그것은 기표가 '그것'을 고정된 대상으로 응결시켜버리는 순간, 바로 존재(what is)의 소멸 불가능한 권리가 나타나는 순간이다. 오빠라는 존재는 다른 많은 변형이 가능할 텐데도 안티고네에게는 단단하고, 확고하고, 요지부동인 위치에 고정되어 있다. 오빠의 유일성과 특이성에 대한 안티고네의 불굴의 고집은 '인생의 끝자락에 와 있는 자', '이미 죽음을 살고 있는 자', '두 번째 죽음을 살고 있는 자'의 입장을 잘 드러내 보여준다.

두 번째로 국가의 지배자인 크레온은 안티고네와 달리, 오류나 착오의 대가로 죽음을 감수하는 법은 모르는 사람이다. 그는 기교적인 사람이고 요령을 잘 알지만, 죽음에 대면하는 법만은 모른다. 그가 타협하거나 감수하지 못하는 것이 단 한 가지 있다면 그것은 바로 죽음이며, 그래서 그는 대단히 놀라운 '불가능한 병으로의 도피(gimmich)'를 생각해내게 되었다고 코러스는

22) Jonathan Scott Lee, *Jacques Lacan*(Amherst: The University of Massachusetts Press, 1990), 128.

전한다.[23] 죽음과 타협할 수 없자 스스로 만든 병의 형식으로 탈출하고자 했다는 것이다. 반면, 안티고네는 자신의 맹목적이면서도 꺾일 줄 모르는 욕망을 인정하고 죽음까지 수용하는 욕망의 무한성을 보여준다. 욕망의 맹목적인 추구를 통해 죽음도 두려워하지 않는 다른 쾌락을 향해 나아간다. 그리고 이 쾌락은 현실적인 쾌락원칙을 넘어서는 고통의 '주이상스'이다. 안티고네의 무분별한 반항행위는 크레온의 세계에 복종하고 그와 타협하려는 현실적 이스메네와 달리, '광기'어린 도전의 행위이고, 불가능하거나 부조리한 '아포리아'의 국면을 보여준다.

안티고네의 욕망이 지독한 '날 것'이라는 점은, 자신의 욕망을 절제하고 금지한 것이 아니라 지독할 만큼 끝까지 추구하는 모습에서 잘 나타난다. 안티고네의 끊임없는 한탄과 욕망의 발산은 그녀의 비인간적 성격에 반대되는 것이 아니라 오히려 그칠 줄 모르는 '욕망을 인정'하고 그것을 극단적으로 추구하는 특성을 잘 보여주는 대목이다. 스스로 자초한 안티고네가 받은 처벌은 그녀가 생중사의 석굴에 갇혀서 삶과 죽음 사이에 매달리는 것이다. 두 죽음 사이, 즉 아직 실제로 죽은 것이 아니지만 상징적으로는 이미 삶의 세계에서 제외된 상태를 사는 것 말이다. 그녀는 이런 생중사의 신세를 한탄하며 슬픔을 토로한다.

> 내가 어머니여서 내 아이들이 있었거나, 아니면 내 남편이 죽어서 썩어갔다면 나는 결코 시민들에 대항하면서 이런 고역을 스스로 짊어지지는 않았을 거예요. 어떤 법을 위해서 내가 이런 말을 하느냐고요? 남편이 죽었다면 내게 다른 남편이 생길수가 있고, 첫 아이를 잃었다면 다른 남자에게서 또 아이가 생길수도 있을 거예요. 그러나 어머니도 아버지도 두 분 다 저 아래 하데스에 계시니, 내게는 절대로 또 다른 오빠가 생겨나지는 않을 거예요. 법이 그러하므로 그러한 법을 위해 내가 누구보다도 오라버니 당신에게 각별한 존경을 보냈건만, 크레온에게는 내가 그른 행동을 한 것으로 보였고, 지독히도 무모하게 보였던 거예요. 오, 나의 오라버니! 그래서 이제 그 분께서 내 손을 붙잡아 이끌어가고 계신 거예요. 결혼도 못하고, 혼례식도 없이, 혼인의 생활을 나눠보지도 못하고, 아이들도 길러보지 못한 채 말이죠.[24]

---

23) Jacques Lacan, The Seminar of Jacques Lacan, Book Ⅶ: The Ethics of Psychoanlaysis. 1959~60. tran. Dennis Porter(New York: Norton, 1992), 275.

라캉은 이런 안티고네의 한탄과 오빠의 시신을 매장할 때의 단호하고 비정한 성격이 서로 모순된다는 해석은 어리석은 오독이라고 지적한다. 안티고네의 초연한 영웅적 이미지는 안티고네가 자신이 상실한 것에 대해서 탄식하기 시작할 때 오히려 배가되는 효과를 낳는다. 라캉은 안티고네의 관점에서만 삶에 접근할 수 있는 것이고, 삶을 살거나 삶에 대해 생각할 수 있는 것이기 때문이라고 설명한다. 그것은 그녀의 삶이 이미 상실되어 있는 경계선의 장소이고, 이미 그녀가 다른 쪽에 가 있는 장소이다. 그러나 그 장소에서만 안티고네는 삶을 볼 수 있고, 무엇인가 이미 상실된 형태로 삶을 살아가는 것이다. 그리고 이때 이 놀라운 소녀의 눈꺼풀에서 발산되는 욕망보다 더 감동적인 것은 없다.[25]

안티고네는 욕망의 극단적 추구를 통해서 모든 상징적 의미망과 '단절'한다. 죽음이 삶을 침범해 들어오는 곳, 두 번째 죽음이 자신을 위협해오는 곳에서 아테에 굴하지 않고 운명, 한계, 욕망의 지독함을 보여주는 사람, 모든 공동체의 상징적 의미망과 결연히 '분리'하는 비타협성과 완고함이 그녀에게 공동체와 구분되는 고독한 영웅의 자질을 보여준다. 안티고네는 아테를 가로질러가며 아테를 영속화한다. 아테는 불운, 고뇌, 죄, 역병, 혐오, 무분별, 매혹, 무모함이다. 유일성에 대한 안티고네의 사랑은 상징적 법, 쾌락 원칙 너머에 있기 때문에 비인간적이다 못해 악마적이고, 기괴하며, 괴물적인 반-여신의 모습까지도 구현한다. 그녀의 두려움 없는 지독한 욕망의 추구는 본질적 맹목이자 순수성이다. 이 순수성이야말로 크레온과는 달리 역사적인 드라마의 특성에서 분리를 선언하면서 안티고네가 속해있는 경계, 무로부터의 것이다. 그것은 인간의 독특하고도 유일한 가치인 언어의 존재가 인간의 삶에 가져오는 '단절'이나 '분리'와도 같다.

안티고네의 아름다움의 효과는 욕망의 '맹목' 효과이다. 처음부터 안티고네는 "나는 죽었고 죽음을 원한다"고 선언한다. 안티고네가 자신을 석화된

---

24) Sophocles, *Antigone*(Cambridge: Harvard UP, 1994), 900-920. 앞으로 이 책에서의 인용은 본문 중 괄호안에 드라마 행수만 표기하기로 한다. 번역은 주디스 버틀러, 『안티고네의 주장: 삶과 죽음, 그 사이에 있는 친족 관계』(서울: 동문선, 2005), 27-28에서 재인용.

25) Jacques Lacan, *The Seminar of Jacques Lacan, Book VII: The Ethics of Psychoanlaysis.* 1959~60. tras. Dennis Porter(New York: Norton, 1992), 280-1.

니오베로 묘사하는 것도 프로이트가 말하는 죽음충동을 구현하는 형식이다. 안티고네의 숭고한 아름다움은 자신의 욕망을 극한까지 주저함 없이 밀고 나갔을 때 마주치는 죽음 충동에서 오는 윤리성으로 해석된다. 안티고네는 순수하고도 단순한 죽음의 욕망이다. 그녀가 바로 그런 진정한 욕망을 구현하는 화신이며, 욕망의 화신으로서 매혹적이고 숭고한 광채, 순수한 광휘를 발현하는 것이다.

빛나는 광채와 매혹적 광휘를 발휘하는 안티고네는 욕망을 극단까지 몰고 가서 윤리성과 만난다. 안티고네의 욕망은 오빠에 대한 상징적으로 합당한 매장에 국한된 것이 아니다. 그 욕망을 끝까지 밀고 나가 '아무것도 없는 것', '무로부터의 것', '물 자체(das Ding)'와 마주치게 되는 순수한 '죽음 충동'이다. 이 때 진정한 욕망은 상징적 의미화의 연쇄를 꿰뚫고 가로지르는 실재계적인 주이상스의 횡단선이다. 욕망이 가정하는 그 어떤 상징적 방어기제도 관통해서 '그것', 혹은 '물 자체'를 대면하는 지점에서 미학은 윤리학과 조우하고 욕망은 충동의 영역으로 가로지른다.

3. 셰퍼드슨의 안티고네: 사랑과 미의 여신

찰스 셰퍼드슨이 바라보는 안티고네는 무대 위에서 관객에게 아름다움을 일으키는 사랑의 주체이다. 그는 '사랑'과 '미'에 초점을 맞추어 무대 위의 비극적 등장인물의 감정과, 그 비극 작품을 감상하는 관객의 정서적 효과에 초점을 맞춘다. 안티고네는 오빠에 대해 '사랑'을 보이지만, 그런 안티고네를 바라보는 관객은 '미'를 느낀다는 것이다. 셰퍼드슨의 안티고네도 아름답고 숭고한 이미지라는 점에서는 라캉의 안티고네 해석과 맥락을 함께한다. 다만 그것을 무대 위의 공연과 그 공연을 관람하는 관객의 관점에서 조망한다는 점이 라캉과의 차이가 될 것이다.

안티고네는 '아테(Até)'를 불멸의 것으로 만든 숭고한 미 이미지다. 권력과 범죄를 대표하는 것 중에서, 안티고네는 순수하고도 단호히 범죄가 되는 것을 수호하기로 하고 그 아테에 충실했기 때문이다. 아테는 불행한 미래가

예시된 운명과도 같다. 아테에서 '욕망의 지독함(atrocity)'이 나오며, 이때 아테는 맹목, 매혹, 기만, 무분별을 의미하는 동시에, 운명, 불운, 고뇌, 죄의식, 역병, 혐오를 뜻한다.[26] 그러나 이 고뇌나 격통, 씻을 수 없는 죄 아테에는 저항할 수 없는 맹목적이고 무분별한 매혹도 존재한다. 안티고네의 욕망의 특징은 고집스러움과 초연함이고, 이 고집스러움과 초연함이 그녀에게 매혹적인 영웅의 위상을 부여하는 것이다.

셰퍼드슨은 라캉의 안티고네에 대한 해석에서 두 가지 요소, 즉 두 관계로 나타나는 두 가지 특성을 구분해내려 한다. 하나는 무대 위에서 연극의 행위 중에 발생하는 것이고, 다른 하나는 그 행위의 전개를 보려온 관객과 그 행위 간에 발생하는 것이다. 우선 문학적인 드라마 안에는 안티고네가 오빠와 맺는 관계, 그 이상한 욕망 및 운명과 맺는 관계가 나타난다. 그것은 그녀와 그녀의 오빠를 묶는 구속과 책임이며, 그 오빠란 더 정확하게는 죽었으나 묻히지 못한 오빠의 시신이다. 라캉의 안티고네가 매장 행위라는 애도 작업을 향한 불굴의 의지와 지치지 않는 욕망을 보여주는 인물이라면, '이 특이하고, 승리에 찬, 대재앙의 집착'은 오빠에 대한 사랑 때문이다.("그녀는 신의 길을 보여주는 사람입니다. 바로…… 미워하기보다는 사랑하기 위해 태어난 사람이죠."(523행)[27])

신의 길은 사랑의 길이고 안티고네는 불문법에 따라 움직인다. 안티고네는 극 초반부에서 필리아(philia)란 말로 사랑을 말하며, 산 채로 무덤에 갇힐 때에는 얼굴에서 빛나는 광채를 발하는 여신 혹은 전사처럼 나아가 에로스의 사랑(eros, Aphrodita)을 보여준다. 필리아에서 에로스로 사랑이 변화하는 것은 오빠에 대한 사랑이 마지막에는 욕망으로 드러남을 보여준다. 그 욕망은 결정의 순간이고 어떤 행위를 할 힘의 순간이다. 이런 안티고네는 완전히 '상징적인' 현상으로는 환원되지 않는 '행위와 시간'의 관점에서 이해할 수 있다. 안티고네는 이스메네와는 달리 상징적 위치를 거부하고 죽음으로 곤두박질치며, 국가가 만든 '여성'의 이름을 거부하는데, 이런 안티고네의

26) Charles Shepherdson, "Of Love and Beauty in Lacan's *Antigone*", *Umbr(a)*, 1999:71.

27) Sophocles, Sophocles: Oedipus the King, Oedipus at Colonus, Antigone, trans. F. Storr (Cambridge: Harvard UP [Loeb Edition], 1962).

욕망은 상징적인 모든 대체를 거부하는 어떤 결정을 내리기 때문이다.[28] 따라서 그녀의 욕망은 특정한 '시간성'과 자신만이 가진 '죽음'에 대한 특별한 관계를 드러낸다. 안티고네에게 그녀의 얼굴을 아름답게 만드는 전복적이고 매혹적인 힘을 주는 것은 바로 이 욕망이다.

두 번째로 관객은 그런 안티고네를 보며 카타르시스, 즉 감정의 소산과 아름다움을 느낀다. 관객이 느끼는 연민과 공포의 감정은 미학적 현상이라고 간주되는 비극의 특징적 요소이다. 미학적 경험을 만드는 것, 예술작품을 다른 일상경험이나 과학, 도덕 현상과 구분하는 것이 바로 이런 쾌락과 고통의 차원이라고 논의한 칸트가 안티고네의 아름다움을 논의하는데 동원된다. 관객을 그녀에게 빠져들게 하는 것은 바로 소위 '참을 수 없는 광채(unbearable splendor)'로 나타나는 기괴한(uncanny) 이미지가 갖는 힘이다. 맹목적이고 무모한 사랑을 표현하는 안티고네를 보며 관객은 숭엄한 아름다움과 카타르시스를 느끼는 것이다.

셰퍼드슨은 일견 대립되어 보이는 안티고네의 (상상적) 아름다움과 (상징적) 욕망의 관계를 이미지와 법 간의 역설적 관계로 연결한다. 아름다움이 즉각 욕망을 발생시키는 것이 아니다. 상상적 등록소에 있던 아름다움은 금지와 억제라는 베일의 작용을 통해서 '아름다움이 욕망에 미친 결과',[29] 혹은 끔찍한 아름다움(terrible beauty)이 된다. 여기서 안티고네와 오빠의 관계, 그리고 관객이 안티고네와 맺는 관계라는 두 가지 관점이 생겨나며, 전자는 사랑으로, 후자는 아름다움으로 정의되는 것이다.

세 번째로 셰퍼드슨이 주목한 부분은 사랑에서 아름다움으로 전환될 때의 효과이다. 사랑과 아름다움의 관계를 이미지의 관점에서 자세히 보면, "이 경탄할만한 소녀의 두 눈꺼풀에서 눈에 보이게 발산되는 욕망(himeros)보다 감동적인 것은 없다."(796) 이 때 히메로스는 욕망이나 사랑을 뜻하기도 하지만, 슬픔의 갈망, 한탄의 갈구라서 욕망과 슬픔의 관련성을 뜻하기도 한다.[30] 오빠의 시신을 애도하는 순간이 필로스에서 에로스로의 변화하는

28) Charles Shepherdson, "Of Love and Beauty in Lacan's *Antigone*", *Umbr(a)*, 1999: 65.

29) Jacques Lacan, acques Lacan, *The Seminar of Jacques Lacan, Book VII: The Ethics of Psychoanlaysis*. 1959-60. tran. Dennis Porter(New York: Norton, 1992), 248.

순간이라면, 그것은 안티고네 이미지에 특정한 신성성을 부여하는 순간이기도 하다. 그 순간은 숭고하고 강력한 구속력을 가진 광채인 동시에, 안티고네를 폴리스나 코러스와 분리하여 후자의 세계를 붕괴하는 순간이다. 그녀는 이런 단독적 행위의 독특한 전달을 통해 자신을 초월하는 순간을 보여준다. 필로스에서 에로스로의 전환만큼 중요한 것이 행위와 발화의 관계이다. 안티고네는 오빠를 매장하고 그 매장을 증언하는데, 이것이 안티고네의 행위를 그 행위에 대한 증언과 연결하는 특별한 논법이 된다. 안티고네의 자기한탄 역시 단순 발화가 아니라, 필로스가 에로스로 변하는 시점에서 안티고네의 사랑에 신성성을 허락하는 '행위의 완성'인 것이다. 행위의 완성지점에는 욕망에 대한 지독한 천착, 즉 아테가 있다.

네 번째로 세퍼드슨은 정신분석학적인 논리를 유지한 채 라캉의 논의를 아리스토텔레스, 칸트, 그리고 헤겔 등의 철학적 전통을 연결해보려고 한다. 두 개의 대립적 이론을 결합시키는 라캉의 안티고네 논의는 아리스토텔레스와 칸트까지도 연결하게 된다. 관객이 느끼는 카타르시스, 영혼의 열정이 가동되는 적극적 정서의 '감정'이론은 아리스토텔레스의 비극론과 연결되고, '이미지의 순수한 형상'이 갖는 미학적 효과는 칸트와 연결된다. 우리가 안티고네와 맺는 관계도 감정의 소산을 가져오는 동시에 사심 없는 순수한 것이다.

최종적 단계에 이르러 세퍼드슨은 칸트와 아리스토텔레스의 연결이라는 역설과 모순을 프로이트의 승화(sublimation) 이론으로 해결하려고 한다. 승화작용은 아름다움 속에 발현되며, 카타르시스 형식속에서 경험되는 것이다. 프로이트는 아름다운 창조적 예술작품 속에서 예술을 넘어선 정신분석학적 '카타르시스'의 잔여물을 발견한다. 정신분석학에서처럼 예술작품에서도 욕망과 주이상스의 관계를 변화시키고 있는, '실제' 경험과는 다른, 독특한 경험의 영역이 발견되는 것이다. 이 두 경험의 형식은 승화의 작업을 증언한다. 이제 비극작품과의 확장된 만남은 미학적인 정서의 차원과 상상계적 아름다움에 대해 새롭게 사고하여, 욕망과 주이상스의 관계를 통해 정신분석학적 관점에서의 정서의 문제를 발전시킬 수단을 제공하게 된다. 마지막 단

---

30) Charles Shepherdson, "Of Love and Beauty in Lacan's *Antigone*", *Umbr(a)*, 1999:69.

계의 종합적 논의를 도표로 그리면 아래와 같다.[31]

아리스토텔레스 — 비극적 영웅
카타르시스 — 욕망
정동(파테마타) — 정동(주이상스)

관객 ———————— 안티고네 ———————— 오빠

아름다움 — 사랑
칸트 — 헤겔
정동(미학적 쾌락)
응시

정리하면 관객은 안티고네에게 비극적 영웅에 대한 카타르시스를, 안티고네는 오빠에게 헤겔식의 사랑을 느낀다. 이것이 바로 미학과 정신분석학이 아름다움과 카타르시스의 개념 주위에서 결합되는 방식이다. 사랑은 분석적 이유(욕망 이론의 보충물, 리비도적 '대상'의 매개물, 안티고네를 죽음으로 이끄는 폴뤼네이케스의 시신)에서 오지만, 아름다움은 프로이트와 라캉의 상상계 개념뿐 아니라 고전적인 미학 이론의 함의도 안고 있다. 따라서 사랑과 아름다움은 두 가지 형식의 승화, 충동의 두 가지 변천, 즉 폴뤼네이케스의 시신이라는 대상이 있는 충동과, 안티고네의 이미지를 안고 있는 것이다. 그리고 셰퍼드슨에게는 두 번째 것, 즉 안티고네의 이미지만이 합당한 의미에서 미학적이다.

반면 이런 논의는 셰퍼드슨 자신도 인정하듯 도식적인 면이 있다. 오빠에 대한 안티고네의 사랑은, 바로 관객에게 미치는 안티고네의 영향력임을 이미 분명히 전제하고 있기 때문이다. 관객이 안티고와 맺는 관계는 안티고네의 오빠와의 비-미학적 관계(전달, 번역, 잉여적 예술)에 달려있지만, 엄밀히 말하면 그 관계의 미학적 성격에 달려있기도 하다. 게다가 안티고네가 오빠와 맺는 비-미학적 관계는 미학을 대표하는 것이며, 실제 행동이 아니라 극장에서 어떤 행위의 모방이므로 극장이라는 재현환경이 없이는 불가능하다.

---

31) Charles Shepherdson, "Of Love and Beauty in Lacan's *Antigone*", *Umbr(a)*, 1999:75.

배우의 사랑에서 관객의 미의식으로 나아가는 이 두 승화 양식간의 관계는 사실 대단히 복잡하다. 이 두 가지 승화의 양식은 응시와 사랑, 즉 눈멀게 하는 안티고네의 이미지라는 시각장의 결핍과, 폴뤼네이케스의 시신, 즉 사랑의 이름으로 법을 넘어 되돌아오기 위해 나르시시즘을 제거한 상상적 대상으로 분류할 수 있다. 이제 안티고네의 행위는 상징경제에 대한 절대적 균열이자, 쾌락원칙과의 단절이며, 법전에 쓰일 수 있는 것을 넘어선 대상이다. 그것은 법의 한계 '바깥'에 있는 '무한한' 사랑이다.

4. 지젝의 안티고네: 상징계로부터 급진적 분리, 여성적 특이성

안티고네에 대한 지젝의 논의는 여러 저작에서 조금씩 파편적으로 드러난다. 『당신의 징후를 즐겨라』에서 지젝은 '남성의 증상'으로서의 여성 안티고네와, '반복'된 안티고네의 매장행위에 주목한다.

우선 크레온의 칙령을 거부하는 안티고네의 행위는 국가권력을 부정하는 '여성적'인 것이다. 안티고네의 행위는 말 그대로 자살 행위이며 자신을 공동체에서 배척할 뿐, 뭔가 확실한 계획이 없는 행위를 한다. 자신의 무의식적 요구를 주장하는 것이다. 지젝은 이것을 남성적 수행문과 대비되는, 실제의 여성적 행위라고 설명한다.[32] 이런 관점에서 남성적인 것/여성적인 것은 능동/수동, 정신적/감상적, 문화/자연으로 이분화 될 수 없다. 남성적인 행동(activity)은 이미 여성적인 행위(act)의 심연에서 탈출한 것이므로 오히려 자연과의 단절은 여성 측에 있고, 남성의 강박적 행동은 궁극적으로 이런 균열의 외상적 상처를 치유하려는 처절한 시도에 불과하다. 안티고네는 남성적 보편성의 질서를 흔드는 여성적 힘, 여성의 파괴적 힘으로 설명된다. 남성적 보편성과 총체적 질서의 균열로 되돌아오는 남성의 증상인 것이다.

두 번째로 안티고네는 오빠의 시신을 두 번 매장한다. 첫 번째 선택이 나

32) Slavoj. Zizek, "Why is Woman a Symptom of Man?", *Enjoy Your Symptom!: Jacques Lacan in Hollywood and Out*(New York: Routeldge, 1992), 46.

뻔 것이었다면, 그것의 반복은 구조상 더 나쁜 것이다. 그것은 바로 상징적 공동체로부터의 분리(separation)행위이기 때문이다. 크레온의 권력을 안티고네가 전면 거부하는 것은 진정한 윤리적 행위(authentic ethical act)로 해석된다. 그 행위는 근본적으로 강요된 선택의 끝에 와 있으며 반대의미로 그 선택을 반복한다. 안티고네는 공동체에서 추방된 후 '자유롭다.' 안티고네의 자유는 키에르케고르(Kierkegaard)의 종교적 몸짓과도 같다. 케에르케고르는 윤리적인 몸짓과 종교적 몸짓을 구분하는데 전자는 상징적 계약의 우주에서 주체를 소외시키는 것인 반면, 후자는 윤리적인 것의 중지, 즉 '상징적인 나' 대신 예외적이고 특수한 대상 a를 선택하는 '미친' 순간이다. 종교적인 것으로의 도약은 윤리적으로 강요된 선택을 반복해서, 그에 따라 그 선택에 들어있던 죄의식에서 우리를 해방시켜준다.

「성차의 실제계」에 이르면 지젝은 후기 라캉의 논의를 중심으로 정신분석학이 무역사적이라는 비판으로부터 정신분석학을 구원하려는 노력의 일환으로서 주이상스의 주체 안티고네를 논의한다. 우선 지젝은 초기 라캉에서 후기 라캉으로의 이행이 조건적 보편성에서 보편적 특이성으로의 이행, 남성적 위치에서 여성적 위치로의 이행이라고 해석한다. 그리고 그것을 종교적으로는 유대교에서 기독교로의 이행, 정치적으로는 보수 우익에서 진보 좌익으로의 이행이며, 혹은 전체주의에서 (그 도래가 영원히 연기되는) 민주주의로의 이행과도 같다고 설명한다. 그것은 미완의 기획 계몽주의의 완성을 신봉하는 '하버마스'에서, 자신의 특수하고도 확고한 결정을 타자의 명령, 사물의 부름과 직접적으로 동일시하는 '안티고네'로의 이행이기도 하다.

지젝은 초점은 사실 안티고네라는 인물이라기보다는, 헤겔의 재해석을 기반으로 해서 라캉의 정신분석학이 가지는 '급진적 윤리성'을 재조명하는 일이다. 그리고 역사주의 비평에서 제기되는, 정신분석학은 무역사적이라는 비판으로부터 라캉을 구해내는 작업이다. 안티고네는 지젝의 여러 글에서 여성적 주이상스의 가능성으로서 예화되는 여러 인물의 하나이다. 지젝은 안티고네를 합리주의의 신봉자 하버마스의 대척점에 두고, 그녀를 안티-하버마스(Anti-Harbermas)라고 부른다.[33]

지젝에게 안티고네는 단순히 타자-사물과 관련만 되는 것이 아니라, 결정의 짧은 순간 그녀 자신이 바로 '사물'이다. 그런데 또한 안티고네는 상징적 규율의 매개적 작인이기도 해서 '내안의 타자의 결정'이라는 라캉의 명제를 예증하는 중요한 인물이 된다. 라캉적인 의미에서 '내 안의 타자의 결정'이란 나를 통해 말하고, 그 말로 인해 내가 말해지는 것이 바로 타자, 즉 상징 질서 자체라는 말이 아니다. 그보다도 말하는 자가 내가 '아닐' 가능성, 나를 타자의 명령, 사물의 부름과 동일시하는 것이다. 타자나 물(the Thing)과의 이러한 동일시야말로 안티고네의 '괴물성'이고, 키에르케고르적인 '광기'이다. 이 안티고네는 타자-주체가 되고, 이 타자라는 주체는 그 타자의 상상계적, 상징계적, 실재계적 국면을 볼 수 있게 하는 일종의 유령과도 같다. 안티고네는 이제 공동체에서 배척된 '괴물', 혹은 '유령'이다.

반면, 알렌카 주판치츠가 해석하는 안티고네는 괴물이나 유령보다는 여성적 영웅의 면모를 여전히 보유하고 있어서 미학과 윤리학의 경계에 있는 인물로 제시된다. 주판치츠는 두 죽음 사이에 있는 안티고네의 숭엄한 이미지가 욕망을 끝까지 밀고나가도록 매혹하는 면도 있지만, 더 이상 욕망을 추구하지 못하도록 위협하는 이중적인 면이 있다고 지적한다. 죽지 않고 추방된 오이디푸스가 더럽고 두려운 '비극의 사물'이 되는 반면, 당당히 죽음을 맞이하는 안티고네의 숭고한 이미지는 우리의 욕망을 자극하기도 하지만 동시에 그 욕망을 저지하는 효과도 가져온다는 것이다. 우리는 그 이미지에 매혹당한 채 망설이면서 "더 이상 가지 않을 거야" 혹은 "이미 충분히 알게 되었어"라고 한다.[34] 그러나 안티고네가 영웅적인 것은 자신이 반대하는 법과 권력을 '알면서' 어떤 행위를 한다는 점이고, 안티고네를 안티고네로 만드는 것은 그녀가 자신의 욕망을 끝까지 실현한다는 것이다. 한탄을 쏟아내는 안티고네의 눈꺼풀에서 발산되는 것은 그녀의 끊임없는 욕망이다. 이 욕망은 상징적 환상을 걷어내어 대면하기조차 어려운 끔찍한 것이기 때문에 보통사람은 이런 욕망을 깨닫느니 차라리 죽는 게 낫다고 생각한다.

이런 주판치츠보다 안티고네에게 윤리성을 더 많이 부여하는 지젝에게

---

33) Slavoj. Zizek, "The Real of Sexual Difference", *Reading Seminar XX*(New York: State University of New York, 2002), 57-76.

34) Alenka Zupančič, *Ethics of the Real: Kant, Lacan*(London: Verso, 2000), 179-80.

안티고네는 라캉의 성차 도식에서 여성 주이상스, 즉 실재계적 윤리의 위치를 보여준 모범적인 예가 된다. 지젝은 사실 라캉에게 가장 많이 제기되는 문제, 즉 '정신분석학은 무역사적'이라는 비난에 대해 라캉을 옹호한다. 특히 '주이상스'나 실재계의 윤리성을 논의할 때 안티고네는 그 모범적인 예가 된다.

라캉 정신분석의 무역사성을 비판하는 대표적인 이론가는 주디스 버틀러이다. 버틀러는 『권력의 심리작용』에서 라캉 비판에 한 장을 할애하여 '상상계적인 저항은 언제나 실패할 운명에 놓여있다'라고 주장한다. 라캉의 정신분석학이 말하는 저항성은 언제나 상징적 언어나 질서의 영역 바깥에 있기 때문에 실효성을 가지기 어려우며, 저항이 이루어진다고 해도 현실적으로는 실패할 수밖에 없다는 비판이다. 이에 대해서 지젝은, 버틀러가 '근본적인 환상'과 '상징적 동일시'를 구분하지 못해서 라캉을 잘못 이해한 것이라고 맞대응한다. 버틀러의 라캉비판은 언제나 라캉을 상징적 동일시의 차원에서만 다루고 있기 때문에, 상징계 안에 근본적인 환상의 양식으로 나타나는 실재계적인 차원을 인식하지 못한데서 온 오독이라는 비난이다.

라캉의 정신분석학은 무역사적이라는 버틀러의 비판에 반대해 라캉을 강력히 옹호하는 근거가 되는 것은 바로 '실재' 혹은 '실재계'이다. 지젝에 따르면 라캉의 실재계는 역사성과 대립하는 것이 아니라, 실재계 자체가 역사성의 '무역사적 토대', 선험적 역사성 자체라는 것이다. 이런 실재계는 역사화, 상징화의 불가능성의 근거가 되며, 성적 차이 자체가 이런 불가능한 실재의 위치를 가진다는 것이다. 지젝은 성차를 이분법적 대립물로 간주해서 거부하는 현대의 해체론은 정치학과 윤리학, 다문화주의와 젠더 정치학이 강조하는 무한한 차이와 다양성을 강조하면서, 실은 자본주의에 내재한 고유한 '차이'와 '적대'를 마주하지 않으려는 시도라면서 오히려 버틀러를 비판한다.

지젝이 해석하기에, 라캉이 말하는 삶은 전혀 삶의 본질적 장면처럼 보이지 않는 '큰 타자'의 존재를 통해 작동한다. 그리고 이 큰 타자는 가짜 기표, 즉 기의 없는 텅 빈 기표이거나, 전부는 아님(Not-all), 전체는 아님(Not-whole)의 논리, 즉 보편자를 구성하는 예외의 논리를 통해 작동한다. '징후'

역시 초기의 라캉에게는 해결되어야 할 병리적 형성물이거나 상징적 법으로 통합되지 않는 예외, 방해물, 부작용이었지만 후기의 라캉에 이르면, 징후 역시 남성적인 법의 예외에 해당하는 여성적인 논리를 나타내는 것이 된다. 오직 징후만이 있고, 상징적 법 역시 하나의 징후에 불과하다는 입장으로 선회하는 것이다. 지젝은 이 후기 라캉에 초점을 두면서 대립물을 연결하는 어떤 선험적인 법도 없는 근본적인 분열의 세계, 일관성이 보장되지 않는 우연적이고 일시적인 미약한 누빔점을 여성적인 원칙, 주이상스와 연결해서 설명하고자 한다.35)

지젝에게 조건적 보편성에서 보편적 특이성으로의 이행은 남성적 위치에서 여성적 위치로의 이행과 같다. 단순화를 무릅쓰고 좀더 구체화한다면 하버마스에서 안티고네로의 이행과도 같다. 하버마스는 미완의 기획 계몽주의가 아직 완성전이라서 그렇지, 완성만 되면 이상사회가 도래할 것이라고 믿는다. 안티고네는 자신만의 특별하고도 확고한 결정을 타자의 명령이나 사물의 부름과 직접 동일시하기 때문에 스스로 비극의 사물이 된다. 안티고네는 단순히 타자-사물과 관련되는 정도가 아니라 그녀 스스로가 바로 사물이다. 그녀야말로 스스로를 상징적 규율의 매개적 작인으로 규제되는 공동체에서 배제되는 괴물이자 유령이고 모든 자기동일성의 불가능성이다.

윤리학과 정치학의 대립이라는 견지에서 본다면, 문제는 둘 간의 대립이 아니라 둘 간의 간극 혹은 그 사이공간이다. 윤리학은 무조건적인 환대에 대한 무한한 책임감이고, 정치학은 규정적이거나 초월적인 보증에 기대지 않는 결정을 받아들이는 것이라면, 윤리학은 결정불가능성의 (뒷)토대이며, 정치적인 것은 결정의 영역이 된다. 고유한 윤리적 영역, 조건 없는 유령의 영역은 정치적 결정의 선험적인 토대나 틀이 아니라 어떤 분명한 결정도 과녁에 중앙에 적중할 수 없음을 보여주는 내부적인 불명확한 차이인 것이다.

35) 지젝은 라스 폰 트리에의 『브레이킹 더 웨이브』를 들어 얀이 남성적 향유를 보이는 반면, 베스는 여성적 향유의 양상을 보인다고 설명한다. 이 영화는 순진한 처녀 베스와 유정 노동자 얀의 사랑의 이야기인데, 결혼 후 얀은 사고로 전신마비 성불구가 되고, 베스에게 다른 사람과 즐기라고 명하고 그 이야기를 해줘야만 자신이 소생한다고 말한다. 얀은 사실 이 이야기를 들으며 무척 고통스러워했는데, 베스는 한점 의심 없이 믿고 명령을 이행하다가 결국 거친 뱃사람들에게 걸려들어 만신창이가 된다.

따라서 안티고네는 라캉의 명제 '내안의 타자의 결정'을 예화하는 중요한 인물이다. 그것은 말하는 자가 내가 아닐 수 있다는 것이며, 나를 타자의 명령, (사)물의 부름과 동일시하는 것이다. 이것이 안티고네의 괴물성이고, 키에르케고르적인 광기이다.

이 안티고네는 타자-주체가 되고, 이 타자라는 주체는 그 타자의 상상계적, 상징계적, 실재계적 국면을 볼 수 있게 하는 일종의 유령적 분석에 속해 있다. 첫째, 상상계적 타자는 나와 같은 사람, 경쟁과 상호인정의 거울관계에 있는 동료이고, 둘째 상징계적 대타자는 인간의 공존을 조정하는 비인격화된 일련의 규칙으로 나타나며, 마지막으로 실재계적인 타자는 불가능한 사물, 비인간적 파트너, 상징적인 질서로 매개되는 대칭적 대화가 불가능한 타자이다. 물과의 공존을 최소한이나마 견딜 수 있는 것으로 만들기 위해서는 제 3자로서의 상징적 질서, '평화를 주는 매개자(pacifying mediator)'가 개입해야 한다. 이것이 대립물 양측이 모두 복종하는 제3의 작인이며, 두 항 사이에 어떤 축도 이것 없이는 존속될 수 없는 어떤 것이다. 대타자의 작동이 정지되면 친밀한 이웃은 괴물과 같은 사물로 변한다. 안티고네야 말로 이 괴물과 같은 물 자체인 것이다.

5. 안티고네와 주이상스

라캉이 안티고네에게서 발견하는 카타르시스는 연민과 공포에 의한 것이 아니라 순수하고도 숭고한 아름다움의 효과이다.[36] 그 아름다움은 아테와의 관계에서 파생된 숭엄미이고 이 숭엄미는 비인간적이고 초인간적인 순수한 충동의 주체에게서 발산된다. 상징적인 욕망은 그 욕망을 끝까지 추구할 때

36) 라캉은 아리스토텔레스의 『시학』에서 말하는 비극의 효과가 카타르시스라는 논의를 들어 카타르시스의 어원은 카타스(Cathars)라는 이름에서 오고 카타스는 순수한 사람이라는 뜻이라고 말한다. 단순한 소산(abreaction), 방출, 소진이 아니라 정화이자 제의적 순수화(ritual purification)의 의미와 관련된다고 본다. Jacques Lacan, *The Seminar of Jacques Lacan, Book VII: The Ethics of Psychoanlaysis*. 1959-60. tras. Dennis Porter(New York: Norton, 1992), 244-5.

마주할 끔찍한 죽음충동을 피하기 위한 방어물이자 은폐막일 뿐이다. 죽음이 삶에 침범해 들어오는 곳, 두 번째 죽음과의 관계 속에서 삶과 죽음의 관계를 관조하는 곳, 그래서 연민과 공포가 아닌 숭엄미의 효과로서 카타르시스를 경험하는 곳에 안티고네라는 순수한 욕망의 주체가 있다.

셰퍼드슨은 무대위의 오빠에 대한 욕망을 발산하는 주체가 무대 밖에서는 관객에게 아름다움을 가져다주는 인물이 된다는 것을 '사랑'과 '아름다움'의 역설적 관계로 해석한다. 특히 고전적인 미학 이론을 종합적으로 수용하여 프로이트의 '승화' 개념으로 숭고한 미와 사랑의 여신 안티고네를 탄생시킨다.

반면, 지젝이 바라보는 안티고네는 숭고한 아름다움이기보다는 괴물이나 유령과 같은 존재이다. 지젝은 라캉의 윤리적인 행위는 순간적인 '큰 타자의 중지'나, 주체의 정체성을 보장하는 사회-상징적 연결망의 중지를 각오할 때에만 오는 것이라고 주장한다. 그런 큰 타자나 사회-상징적 연결망의 중지 없이는 그 어떤 윤리적인 행위도 없다는 것이다.[37] 상징적 운명이 중지된 '생사를 넘어선' 영역 속에 있는 것이 윤리적 주체의 특징이다. 죽음을 무릅쓴 안티고네의 매장행위는 '물 자체'에 대한 순수한 욕망이며 상징적 질서를 위반하는 동시에 그 질서로부터의 분리를 이루어내는 급진적인 윤리성이다.

주이상스를 구현한 인물로서의 안티고네는 라캉, 셰퍼드슨, 지젝에게 이처럼 미적인 것과 윤리적인 것의 접경에 있는 주체로서, 또 사랑이 아름다움으로 변하면서 법을 넘어설 수 있는 가능성으로, '내 안의 타자의 결정'을 말하는 유령이나 괴물성으로 해석되었다. 이는 안티고네라는 숭엄한 비극적 영웅이 아름다운 이미지로만 끝나는 것이 아니라, 그 아름다움이 법을 넘어서서 기존의 체계를 교란하고 새로운 의미의 장을 열수 있는 가능성으로서 제기되었다. 그리고 이런 안티고네의 이미지는 정신분석학적인 윤리의 주체

37) 지젝은 이것은 본래적 행위를 의미하며, 그 행위는 주체가 큰 타자에 의해 더 이상 은폐되지 않는 어떤 제스처를 무릅쓸 때에만 발생한다고 본다. 이 '두 죽음 사이의' 영역에 있는 사람은 안티고네 외에도 콜로누스의 오이디푸스, 그리고 리어왕 등을 꼽을 수 있다. Slavoj Žižek, *Ticklish Subject*(London: Verso, 1999) 참고.

를 말할 때의 주이상스와 상당부분 맞닿아있다.

성적 절정감의 순수하고 잉여적이며, 따라서 혁명적인 쾌락을 의미하는, 번역불가능한 용어 '주이상스',[38] 혹은 '위반적인 욕망'의 작인으로서의 주이상스[39]는 상징계적인 법의 바깥에서 작동하기 때문에 팰러스를 넘어서 있는 보충적인 것, 그래서 자기동일성을 전복하는 타자성으로 논해진다. 여성적인 주이상스도 생물학적인 여성을 말하는 것이 아니라, 인간이 알 수 없는 지식의 관점에서 논의되는 것이며, 주이상스의 위반을 통해서만 도달할 수 있는 타자의 영역에 근간하고 있는 지식과 관련된 것이다. 이 지식은 만족을 구하는 조건과 우리의 욕망이 상호작용을 일으켜 만든 생산물이다.[40]

주이상스의 주체 안티고네는 상징적 욕망의 만족에서 끝나는 나르시시즘적인 주체가 아니라, 욕망을 끝까지 추구했을 때 그 욕망의 불가능성을 깨닫고 환상을 가로지르는 주체이다. 그리고 이것은 자기동일성 남성논리의 틈과 잉여분을 보여주는 여성적 몸짓이자 여성적 행위이기도 하다. 그러나 주체가 이 주이상스를 인식하면서 행할 수 없다면 그런 틈과 잉여, 전복과 위반은 어느 만큼 실효성이 있을까? 주이상스는 '남근 너머(beyond the phallus)'[41]에 있는 타자의 주이상스이고, 여성의 주이상스이다. 그러나 자신이 주이상스를 경험한다는 그 사실을 모르면서 경험하기 때문에 여성적 주이상스가 형용될 수 없는 것이라면[42] 주이상스가 혁명성과 위반성의 기반은 의심스러워지는 것은 아닐까? 안티고네는 분명 오빠에 대한 거침없는 사랑으로 숭고한 아름다움을 가져다주었고, 동일자적 경제에 '외부의 핵', 또는 '구성적 외부'가 이미 이질적으로 들어와 있음을 보여주었다. 그러나 여전히 주이상스가 갖는 전복성과 혁명성은 모호하다. 거칠 것 없이 당당한 안티고네는 무덤의 석실에서 자살했지만, 크레온은 자식과 아내를 잃었으되 여전히 테베의 통치자로 남아있기 때문이다.

---

38) Patrick Fuery, *Theories of Desire*(Carlton: Melbourne University Press, 1995), 30.
39) *Ibids.*, 36.
40) Robyn Ferrell, *Passion in Theory: Conceptions of Freud and Lacan*(London: Routledge, 1996), 54.
41) Jacques Lacan, *Seminar XX*, 69.
42) Jacques Lacan, *Seminar XX*, 71.

참고문헌

주디스 버틀러, 『안티고네의 주장: 삶과 죽음, 그 사이에 있는 친족 관계』, 서울: 동문선, 2005.

Alenka. Zupančič, *Ethics of the Real: Kant, Lacan.* London: Verso, 2000.

Evans, Dylan. *An Introductory Dictionary of Lacanian Psychoanalysis.* London: Routledge, 1996.

Fink, Bruce "There is No Such a Thing as a Sexual Relationship," *The Lacanian Subject: Between Language and Jouissance.* Prinston University Press, 1995.

Lacan, Jacques. *The Seminar of Jacques Lacan, Book VII: The Ethics of Psychoanlaysis* 1959-60. Tran. Dennis Porter. New York: Norton, 1992.

____________. *The Seminar of Jacques Lacan, Book XXVII.* Tran. Dennis Porter. New York: Norton, 1992.

Lee, Jonathan Scott. *Jacques Lacan. Amherst:* The University of Massachusetts Press, 1990.

Shepherdson, Charles. "Of Love and Beauty in Lacan's *Antigone*," *Umbr(a)*, 1999.

Sophocles. *Antigone.* Cambridge: Harvard UP, 1994.

________. *Sophocles: Oedipus the King, Oedipus at Colonus, Antigone*, Trans. F. Storr. Cambridge: Harvard UP [Loeb Edition], 1962.

Wright, Elizabeth. Ed. *Feminism and Psychoanalysis: A Critical Dictionary.* Oxford: Blackwell, 1992).

Wright, Elizabeth. *Lacan and Postfeminism.* Cambridge: Icon Books, 2000.

Žižek, Slavoj. *Enjoy Your Symptom!: Jacques Lacan in Hollywood and Out.* New York: Routeldge, 1992.

__________. "The Real of Sexual Difference." *Reading Seminar XX.* New York: State University of New York, 2002.

__________. *Ticklish Subject.* London: Verso, 1999.

『프랑스 중위의 여자 *The French lieutenant's Woman*』
-라캉(Jacques Lacan)의 이론 중심으로-

양 윤 희*

현대 소설에서 '저자는 죽었다'라는 논의는 이미 식상한 주제가 되었다. 롤랑 바르트(Roland Barth)는 「저자의 죽음 *The Death of Author*」을 통해 작품의 절대적 의미를 쥐고 있는 전지전능한 작가의 개념을 부정한다. 이제 작품해석은 텍스트와 독자의 협의에 의해 이루어진다. 마치 프로이트(Freud)의 도라 분석이[1] 말해진 사실을 근거로 하기보다는 그녀의 무의식이 무엇을 감추고 있는가에 초점을 맞추었던 것처럼 문학 작품의 분석은 등장인물을 통한 내면세계의 의미보다는 저자가 그런 플롯을 짜게 된 동기를 파악하는 것에 더 중점을 두게 되었다. 피터 브룩스(Peter Brooks)는 『플롯을 따라 읽기 *Reading for the Plot*』에서 서사의 진행을 촉발 시키는 것은 작가의 서사 욕망 때문이라고 설명한다. 글쓰기란 작가의 내면에 응축되어있던 강렬한 서사욕망이 기폭제 역할을 하면서 의미의 탈선과 회기, 교차 반복을 통해 최종 의미로 수렴된다는 것이다. 이런 의도로 보자면 『프랑스 중위의 여자 *French Lieutenant's Woman*』는 소설 구조상 서사욕망의 추이를 너무나 투명하게 볼

---

* 경희대학교 강사

1) 프로이트 세미나 제7권에 「히스테리의 병상 일지」(A Case of Hysteria)라고 소개된 사례분석이다. 과학적 사실을 근거로 하여 기록된 것이지만 실제로는 분석가의 욕망이 개입된 서사 과정임을 알 수 있다.

수 있는 구조를 가지고 있다.

『프랑스 중위의 여자』는 플롯의 반복, 현실과 모방(mimesis)에 있어서의 반복, 시간상의 반복 등 여러 중첩되는 구조를 통하여 서사의 최종 의미를 끝없이 열어놓음으로써 의미의 역동성과 재현의 경계를 보여주고 있다. 이 소설은 귀족인 찰스 스미스선(Charles Smithson)이 창녀로 낙인찍힌 사라 우드러프(Sarah Woodruff)를 사랑하지만 끝내 거절당하는 상실의 주제를 다룬다. 소설의 배경은 빅토리아 시대지만 파울즈는 서술자를 앞세워 자신은 알랭 로브그리에(Alain Robbe-Grillet)와 롤랑 바르트(Roland Barthes)의 시대에 살고 있다고 서술한다. 재현하는 세계와 서술자를 시간상 분리해 놓은 것은 빅토리아 시대의 인식론적 한계를 명확히 보여주기 위한 작가의 서사욕망이라고 할 수 있다. 19세기와 20세기가 혼합되어 있는 작품 구조를 통해서 독자들은 한 시대적 지적 가치관의 자의성과 사회통념의 표리부동함을 알게 된다. 동시에 소설을 창작하고 재현하는 소설가의 작업 또한 확고한 신념을 바탕으로 한 것이 아니라 사고의 추이에 따라 얼마든지 변할 수 있으며 그 결말 또한 수많은 가능성 중 하나라는 것을 알게 된다. 이는 힐리스 밀러(Hillis Miller)의 「비평에 있어서의 구조」(The Construction of Criticism)에 논의된 미로 이야기와 연관된다. 밀러는 텍스트를 미로에 비유한다. 텍스트를 읽는 것이 아리아드네의 실을 가지고 미궁으로 들어가 또 하나의 다른 미로를 만드는 반복 행위라고 하였다(Miller 62). 즉 독자나 비평가는 객관적인 해석을 내리려 하지만 미로 안에서 아리아드네의 실이 걸쳐짐에 따라 수많은 통로가 가능하듯 텍스트 또한 주관적 의미의 여러 갈래 중 하나에 지나지 않는다는 것이다. 텍스트의 미로에서 빠져 나오는 것은 완벽한 의미나 진리에 이른 것이 아니라 또 하나의 텍스트인 다른 미로를 만드는 것 뿐 이라는 것이 밀러의 생각이었다. 『프랑스 중위의 여자』는 이러한 텍스트의 열린 해석의 가능성을 서술 현장에서 가시적으로 보여주려 한 작품이다. 이 논문에서는 자끄 라캉의 반복이론을 적용하여 작가인 존 파울즈(John Fawls)의 서사욕망을 분석해 보려한다. 작품의 반복 구조를 유도하는 사라(Sarah)의 자리바꿈을 살펴봄으로써 이 작품이 어떤 식으로 열린 구조를 지향하고 있는지 밝혀보겠다.

Ⅰ. 라캉(Jacques Lacan)의 욕망 이론과 반복

자크 라캉(Jacques Lacan)은 프로이트의 정신분석학을 구조주의적으로 재구성하였다. 그는 언어와 무의식의 관계로 인간의 모든 의식체계를 유추해 보려고 시도한다. 프로이트가 자아, 이드, 초자아라는 정신분석학적 구도를 세운 대신에 라캉은 상상계(the Imaginary), 상징계(the Symbolic), 실재계(the Real)라는 체계를 세운다. 인간은 언어의 상징적 세계로 들어오면서 실재계와 결별하였기 때문에 실재계를 언어를 통해 파악하는 것은 불가능하다. 이에 반해 상상계는 오이디프스 콤플렉스가 시작되기 전 이미지 단계로 이 안에서 우리는 자신과 이미지를 동일시한다.[2)]라캉은 언어를 기표들의 상징질서로 파악했기에 『에크리 *Écrits*』에서 기표는 무의식적 욕망을 수반하고 있다고 설명한다(147). 왜냐하면 모든 기표는 상징체계인 언어로 들어오면서 의사소통에 위배되는 다른 부분이 억압되어 무의식 속에 침잠했기 때문이다. 이로 인해 언어를 통해서 표현되는 우리의 욕망은 완전한 충족이 불가능하며 늘 그 불가능을 메우기 위해 다른 장소로 이동한다(154).

프로이트는 고고학자처럼 심층에 숨어있는 뜻을 찾으려 하지만 라캉은 텍스트 속에서 수사학적이나 언어학적인 균열과 비일치를 찾음으로써 의미의 도식보다는 기표들의 무의식적 적용에 더 관심을 기울인다. 라캉은 언어를 기표와 기의로 이루어진 체계라고 인정하기는 했지만 소쉬르의 기호학을 변형시켜 기의보다 기표를 우위에 놓는다. 그의 의도는 정신분석을 응용하여 문학을 해석하는 것이 아니라 정신분석이론과 문학텍스트가 상호 공존하는 모습을 살펴보는 것이다. 즉 그가 관심을 갖는 부분은 무의식과 언어의 관계였다. 정신분석과 문학은 궁극적으로는 언어를 도구로 삼는 분야이다. 라캉은 언어의 주체인 인간이 언어 안에서 의미화 되면서 동시에 언어로부터 소외되는 점에 관심을 가졌다. 그는 자신이 욕망하는 대상을 정확히 지칭할 수 없는 언어 속에서 반복하여 자신의 욕구를 표현하려는 인간의 노력

2) 프로이트에게 오이디프스 단계는 유아가 행복한 남근기를 지나 거세 위협에 의해 사회 속으로 들어서는 순간이다. 그러므로 오이디프스 전단계란 현실원칙에 의해 억압되는 쾌락원칙의 단계이며 의식에 의해 억압되는 무의식의 단계이다.

을 상징적인 거세나 미끄러지는 기표화의 연쇄고리라고 표현한다. 기표와 기의는 일대 일로 대응하지 못하기 때문에 이들 사이에 안정적 결합은 불가능하고 계속 다른 기의로 대체되는 반복이 일어나면서 하나의 기표 밑으로 수많은 기의가 끝없이 미끄러진다는 것이다("the notion of an incessant sliding of the signified under the signifier." *Écrits* 154).

라캉에게 있어 서술이란 은유적이면서 환유적인 작동들로 이해될 수 있는 기표의 작업이며 무의식적 담론 속에 억압되어 있는 그 자신의 기원과 관련된 기표의 운명, 기표의 역사이다. 서술은 무의식이 인식될 수 있는 유일한 방법으로 무의식적 담론을 반복하고 표현한다는 것이다. 라캉은 『에크리』에서 서술에 관한 세 개의 근본적인 전제들을 가정하고 있다(85). 즉 서술은 언어처럼 구조화된다는 것과 서술에 표현된 내용은 서술의 전제조건이자 무의식적 담론의 산물이라는 점, 그리고 언어의 무의식적 담론과 과정들은 서사 텍스트 속에 빈틈, 실수, 특히 비일관성이나 의미화의 실패에서 모습을 드러낸다는 점이다. 라캉의 텍스트는 신비평의 텍스트처럼 분석을 통해서 분명하게 이해될 수 있는 것이 아니다. 텍스트는 분명히 존재하지만 정확한 의미 전달을 위한 것이 아니라 텍스트적 산물로서의 텍스트일 뿐이다. 서사적 텍스트는 야콥슨의 수신자/발화자(화자/수화자)라는 의사소통 모델이 분열된 주체와 서술 안에 존재하는 일련의 "입장들"에 대한 공식으로 흡수된다. 엘리자베드 라이트(Elizabeth Wright)는 이 입장들이 구조주의와 후기구조주의의 사고의 전환을 일으킨다고 말한다. 구조화를 통한 입장 설정은 서술과 서사적 해석의 문제에 커다란 유동성을 제시하는 것이다(Wright 1982, 35).

구조를 통한 입장 설정으로 서사적 해석을 시도한 예로 라캉의 「도둑맞은 편지에 대한 세미나」("Seminar on 'The Purloined Letter'")가 있다. 이 글에서 라캉은 텍스트를 고정된 실체로 보지 않고 서술의 불합리성과 무의식적 반복충동에 의해 또 다른 해석이 가능함을 역설하여 상호 주관적인 입장 설정을 강조한다. 이 글에 라캉의 이론이 잘 적용되는 것은 여러 비평가들의 꼬리에 꼬리를 문 다른 해석에서도 증명된다. 라캉이 이런 비평의 글을 쓰자 자크 데리다가 그것을 다시 쓰고, 데리다의 글은 바바라 존슨에 의해 또다시 분석된다. 이는 텍스트의 의미가 끊임없이 재해석되는 상황을 잘 보여주는 예이다.[3] 라캉이 이 구도에서 끌어낸 것은 상상계와 상징계의 반복이었다. 왕과 경감은 귀중한 것은 깊숙한 곳에 숨겨있다고 생각하는 사실주의자들이기에 자신들의 생각에 갇혀 그 이외의 상황을 보려하지 않는 상상계에 속한 사람들이다. 이에 비해 여왕과 장관은 드러나 있음은 알지만 자신들도 언젠가는 보여 질 수 있는 상황이 될 수 있음을 모른다. 이들은 왕이나 경감과 비교했을 땐 상징계의 위치에 있으나 마치 모래 속에 머리를 파묻은 타조가 뒤에서 깃털이 뽑혀 알몸이 될 때조차 자신이 안전하다고 생각하는 것과 마찬가지로 자신의 등 뒤에 존재하는 바라봄을 알지 못한다(Lacan 1988, 44). 이렇듯 텍스트의 의미가 보는 사람의 입장에 따라 해석, 재해석 되는 상황은 『프랑스 중위의 여자』에 그대로 적용된다. 그러면 라캉의 반복 구도가 이 소설에서 어떻게 적용되었는지 살펴보자.

II. 『프랑스 중위의 여자 *The French Lieutenant's Woman*』

이 소설은 1867년 봄 영국의 남서쪽 라임만의 부두를 산책하던 아름다운 한 쌍의 연인 앞에 마치 오점을 찍듯 까만 옷을 입은 여인이 나타나는 것으로 시작된다. 그녀가 바다 끝을 응시하고 있는 모습은 사소하고 속 좁은 시골의 여자들에게는 볼 수 없는 이지적이고 신비한 모습이었다. 방파제 끝에

---

3) 에드가 알렌 포우의 단편 「도둑 맞은 편지」는 불어판 『에크리』 첫 장에 다루어지는 논의이다. 여기서 라캉은 정신분석에서 주체의 자리를 바꾸고 무의식적인 반복충동을 실현하는 예를 보여준다. 소설의 내용은 이러하다. 여왕은 왕이 알아서는 안 될 비밀이 씌어있는 편지를 가지고 있다. 어느 날 왕이 왕비의 방에 들어왔고 편지를 감출 시간이 없었던 왕비는 탁자 위에 그냥 드러내놓음으로써 그것을 중요하지 않은 물건으로 가장한다. 그러나 왕과 같이 들어온 장관은 왕비의 비밀을 눈치 채고 편지를 자신의 것과 바꿔치기 한다. 장관이 눈앞에서 편지를 바꾸는 것을 보고도 왕비는 왕의 질시가 두려워 모르는 척 한다. 왕비는 경감에게 편지를 다시 찾아줄 것을 부탁한다. 그러나 경감이 아무리 장관의 집을 샅샅이 뒤져도 편지는 나오지 않는다. 경감은 탐정인 듀팽에게 사건을 의뢰하고 듀팽은 탐정가다운 면모로 편지가 깊숙한 곳이 아닌 여왕과 같은 방식으로 숨겨져 있을 것이라 확신한다. 그의 생각대로 편지는 벽난로 위에 아무렇게나 놓여 있었다. 듀팽은 장관에게서 편지를 훔쳐내고 그 자리에 자신이 언젠가 장관에게 당한 모욕을 되갚는 글귀를 써 놓는다.

서 마치 자신이 사는 19세기의 관념 체계를 벗어나 다른 세상을 관망하듯 부동의 자세로 수평선을 바라보는 여인과의 첫 대면에서 찰스(Charles)는 반항적인 눈빛과 신비감에 매료된다. 그녀는 빅토리아조의 전형적인 창녀로 낙인찍혀 비난과 질시를 받는 입장에 서 있지만 항상 꿋꿋한 태도로 이런 질시를 이겨내며 자신만의 묘한 이미지를 지키고 있었다. 그녀는 현실과 융화될 수 없는 저주스러운 통찰력으로 빅토리아조의 전형적인 허식, 생색내는 모습을 확연히 꿰뚫어 보는 듯 했고 바로 이 점이 다윈의 이론을 옹호하는 진보주의자 찰스의 내면에 선망과 매력을 느끼게 한다. 그녀의 지성은 너무나 신비스러워서 두렵기조차 했던 것이다(*FLW*, 47).[4)]

찰스는 자신이 왜 부유하고 아름다운 약혼녀인 어니스티나를 뒤로하고 수수께끼 같은 사라에게 마음이 가는지 잘 이해하지 못한다. 이상하게도 이유 없이 마음이 끌리고 이러한 감정은 강박적이기까지 하다. 찰스의 이런 감정은 프로이트(Sigmund Freud)의 이론으로 설명되어 질 수 있다. 그는 인간의 무의식 속에 쾌락 원칙을 초월한 강한 감정이 내재해 있음을 증명했고 이런 심리의 기저에는 반복 강박이라는 기이한 악마적 성향이 존재한다고 하였다. 이런 심리는 '죽음 본능'이라 정의되는데 프로이트에게 죽음 본능이란 반복 그 자체이며 쾌락 원칙을 압도하는 더 큰 통합체계였다(Freud 1959, 17:236-37). 그는 반복 강박에서 비롯되는 '불안감'을 문학 작품을 통해 증명한다. 캐니는 "낯익은", "친숙한", "집과 같은"의 의미이고 언캐니는 캐니와 반대인 "낯설은", "기괴한", "놀라운", "불안한", 혹은 "섬뜩한"이라는 의미이다. 그런데 이 두 단어의 독일어 기원을 자세히 연구해 보면 언하임니히(unheimlich)라고 표현되는 언캐니는 하임니히(heimlich)에서 파생되었다는 것을 알 수 있다. 여기서 특이한 점은 이 두 단어는 어떤 때에 혼용되어 사용되기도 했다는 점이다. <We call it "unheimlich" ; you call it "heimlich".(Freud 1959, 17:224)> "우리는 그것을 섬뜩하다고 하는데 당신은 그것을 친근하다고 하는군요"라는 표현은 한 때 고향처럼 친숙하게 여겨졌던 것이 억압되었다가 반복되어 돌아올 때 느끼는 감정이 "낯설음", 혹은 "기괴함"이라는 설

4) Fowles, John. *The French Lieutenant's Woman*. New York: Signet Book, 1969. 이후로는 약자로 표시함.

명을 잘 표현해 주는 예이다. 찰스가 사라에게 반복적으로 끌리는 것은 그의 내면에 있던 자유의 갈망이 그녀를 통해 현실로의 귀환을 꿈꾸었기 때문이다. 마치 유아기에 원초적 나르시즘으로 인해 자아와 대상을 일치시킴으로써 생겼던 더블 의식처럼 사라에게서 자신의 욕망을 본 것이다.[5] 빅토리아시대의 이데올로기로 보자면 찰스가 사라 우드러프를 선택하는 것은 일종의 죽음 충동이다. 현실의 쾌락 원칙을 압도하는 강박적인 욕구인 것이다.

사라는 탤보트(Talbot)대령의 집에서 가정교사로 일하던 중 배의 난파로 그 집에 머무르게 된 프랑스 중위 바르귀엔(Varguennes)과 사랑에 빠진다. 그러나 그 사랑은 바르귀엔의 불성실로 끝이 난다. 그녀는 버림받은 것을 손가락질하는 이웃의 비웃음에 아랑곳하지 않고 바닷가 주변을 당당하게 서성이며 마치 시대의 압력에 전혀 굴복하지 않는다는 것을 과시하듯 자율적 독립체로 존재한다. 여성을 남성의 소유물로 생각하던 그 시대의 이념에 비추어보면 사라의 행위는 일종의 오점이었다. 지젝(Žižek)은 『네 징후를 즐겨라! *Enjoy Your Symptom!*』(1992)에서 상징계적 체계로는 설명이 불가능한 존재를 얼룩(stain)이라고 표현한다(15-9). 사라는 빅토리아 시대의 얼룩과 같은 존재이다. 라캉에게 상징적 현실은 하나의 허구이다. 그것은 비일관적인 균열과 틈새로 점철되어 있으며 환타지는 바로 이러한 사실을 은폐하는 기능을 한다. 이 작품은 라캉이 초기에 강조했던 상상계/상징계의 관계나, 기표들의 의미화 과정 같은 상징적 현실에 초점을 맞추는 것보다는 상징계/실재계의 단락적 관계, 항상 귀환하는 상징계 속의 구멍으로서의 실재계를 강조하는 이론에 더 들어맞는다. 상징적 현실은 항상 결핍으로서의 실재계의 구멍을 포함하고 있으며 오히려 이 실재계의 구멍을 둘러싸고 상징적 질서가 구조화된다. 지젝은 라캉이 참조한 장자와 나비의 비유로 실재계를 설명한다(Žižek 1991, 38). 장자는 자신이 나비의 꿈을 꾸고 있는 것인지 아니면 장자

5) 더블 의식은 타자의식이 없는 원초적 나르시시즘에 근거하는데 이는 성장하여도 없어지지 않고 남아 있다가 그것과 비슷한 상황이 되면 나타난다. 외관상 살아있는 듯 보이는 자동인형이나 납 인형의 인상을 볼 때, 혹은 같은 번호의 숫자가 호텔 방이나 열차의 번호와 우연하게 계속 반복될 때 나타나는 섬뜩한 감정은 더블의식에서 생긴다고 볼 수 있다. 이러한 감정은 호프만(Hoffmann)의 『모래 인간』(The Sand-Man)에 잘 표현되어 있다. 이 소설에서 야릇한 상황이 어떻게 전개되는지 살펴보자.

의 꿈을 꾸고 있는 나비인지 모르겠다고 말했는데 이 비유의 진짜의미는 나비냐, 장자냐의 정체성에 관한 것이 아니라 이러한 사유를 일으킨 실재적인 의식이다. 무의식 속에서 욕망은 실재와는 전혀 다른 세계를 꿈꾼다. 실제 사건들을 허구로 전치시키는 이런 종류의 역행적 치환(displacement)은 이데올로기에 대한 순응적 행위로 나타난다. 만약 우리의 욕망이 꿈속에서만 실재한다면 전체적인 상황은 바뀌게 된다. 오히려 우리가 살아가는 평범한 일상적 현실과 사회적 현실이 어떤 특정한 억압에 의존하는, 다시 말해 우리의 욕망의 실재를 간과하는 환영으로 판명되는 것이다. 그렇다면 이 사회적 현실은 실재의 침입으로 언제든지 찢어질 수 있는 취약한 상징적 그물망에 지나지 않는다. 지젝의 이러한 설명은 자신의 실존적 존재 의미를 사라(Sarah)를 통해 되찾아 가는 찰스(Charles)의 의식적 변화에 적용될 수 있다. 사라는 찰스에게 상징계의 균열을 보여주는 존재이다. 그녀는 빅토리아시대의 허영과 가식의 판타지에 균열을 냄과 동시에 버림받은 여자라면 수치스러워하며 은신해야 하는 상징계적 규율을 깨고 바닷가를 서슴없이 배회하며 뭇 사람들의 차가운 시선에 자신을 노출시킨다. 찰스는 사라를 보면서 그녀의 시선을 창에 비유한다. 먼 수평선 너머 공간을 투시하는 찌르는 듯한 날카로운 시선에서 강렬한 통찰력을 본 것이다. 이 작품에서 판타지의 역할을 하는 것은 찰스의 약혼녀인 어니스티나 프리만(Ernestine Freeman)이다.[6)]

어니스티나는 사라와는 극명하게 대조된다. 제비꽃처럼 청아한 얼굴과 다소곳한 태도, 거기에 덧붙여 상당한 유산이 보장되어 있어 외적으로는 빅토리아 시대의 전형적인 신붓감이다. 그녀는 완벽한 결혼 조건을 갖춘 훌륭한 규수감에 어긋나는 어떠한 결핍도 가지고 있지 않다. 그러나 이 모든 조건에도 불구하고 찰스의 사라에 대한 열정은 식지 않는다. 그것은 어니스티나에게 찰스의 열정을 자극할 욕망의 미끼가 없기 때문이다. 정신분석학적으로 본다면 이 결핍이 없다는 사실이 오히려 찰스에게 아무 욕망도 일으키지

---

6) 지젝에 따르면 판타지는 큰 타자의 욕망을 위한 스크린이다. 상호 주관적 관계들의 그물망 속에서 우리 모두는 타자의 상징적 장소(Fantasy place)와 동일시되고 그것에 못 박힌다. 상징적인 판타지 공간 속의 특정한 장소에 살과 피를 가진 실제의 사람들을 연결시킬 수 있는 한에서만 이들과 연관된다는 뜻이다(Žižek 1992.5).

않게 만든 것인지도 모른다. 피터 브룩스는 발작(Balzac)의 단편 「질 나쁜 가죽 *La Peau de chagrin*」에서 주인공 라파엘의 실연담을 얘기하면서 라파엘을 받아들일 수 없는 페도라의 몸을 메두사에 비유한다. 어니스티나는 바로 페도라에 비유된다. 그녀에겐 찰스의 욕망이 끼어 들어갈 틈새(gap)가 없는 것이다. 즉 욕망의 발현을 위해선 쁘띠 오브제a가 필요한데 어니스티나에겐 찰스를 자극하는 미끼가 없다. 파울즈가 어니스티나의 모습이나 조건을 평범한 빅토리아시대 사람이라면 도저히 거부할 수 없는 전형적인 아름다운 모습으로 묘사한 이유는 찰스가 사라에게 느끼는 충동이 상징계적 기준으로는 설명되지 않음을 보여주기 위함이다. 왜 찰스는 아름다운 어니스티나를 버리고 사라를 선택하려 하는가! 이 이유를 독자가 납득해 가는 과정이 바로 이 소설의 플롯이다.

찰스는 '프랑스 중위의 여자'로 낙인 찍혀 질시를 받는 사라에게 마음이 끌린다. 외모가 어니스티나처럼 아름답지도 않고 가난한 소작인의 딸임에도 불구하고 그녀의 반항적인 눈빛에 압도당한다. 어느 날 두 사람은 그 마을의 타락의 장소로 알려져 아무도 들어가려 하지 않는 웨어 코먼즈(Ware Commons) 숲에서 우연히 만나게 된다. 고생물학에 관심이 많은 찰스는 화석을 찾으러 나온 것이고 사라는 풀트니 부인(Mrs. Poulteney)의 괴롭힘을 피해 혼자만의 시간을 갖기 위해 이곳으로 온 것이다. 웨어 코먼즈는 금기된 장소이다. 마을 사람이라면 누구도 그 곳에 접근해서는 안 된다는 암묵적인 동의가 이루어져 있는 곳이다. 그러나 바로 금기된 장소에서의 만남 때문에 찰스는 더욱 사라와의 관계에 의미를 부여한다. 상징체계에 종속되는 것에 가치를 두지 않는 두 사람의 일치된 마음이 증명된 것이다. 그들은 마치 비밀스러운 대화를 나누고 무언가 다른 사람과는 차원이 다른 둘 만의 공감을 가진 것과 같은 일체감을 느낀다. 찰스는 사라가 고운 노래 소리로 뱃사람을 유혹하는 바다의 요정 사이렌처럼 느껴진다(*FLW*, 117). 숲에서 돌아온 사라는 풀트니 부인의 추궁에 웨어 코먼즈에 다녀온 것을 고백한다. 타락한 여인을 자비심으로 전향시키려는 의도를 가졌던 풀트니 부인은 사라가 또다시 금기를 어기자 노여움이 극에 달한다. 마침내 사라는 부인의 집에서 나와서 찰스에게 도움을 청한다. 찰스는 사라를 도와 런던으로 가게 해주는데 때맞추어 백부의 유산과 작위를 받을 수 없는 난처한 입장에 처한다. 이는 어니스티나와의 결혼 조건에 이상을 초래하는 상황이었다. 어네스티나의 아버지는 이제 유산을 물려받을 수 없으니 장사를 하라고 권유한다. 귀족의 가풍을 소유한 찰스는 마음 깊숙한 곳에 혐오와 모멸의 감정을 느낀다. 그는 돈에 팔린 남편이나 장인의 꼭두각시가 되는 것을 거부한다(*FLW*, 232). 장인의 상업적인 계산을 용납할 수 없는 찰스는 어니스티나와의 관계 때문에 고심한다. 이러한 상황에서 그는 사라의 엽서를 받는다. 그녀가 머무는 호텔이름이 적혀있는 카드였다.

소설은 이 부분에서 단일한 흐름을 끝내고 두 가지 가능한 결말을 차례로 나열한다. 첫 번째는 찰스가 사라의 초청을 무시한 채 아무런 갈등 없이 어니스티나에게 돌아가는 것이다. 그는 어니스티나에게 사라와의 일을 사과하고 그녀와 결혼하여 훌륭한 사업가로 변신한다. 이는 19세기의 빅토리아 소설의 전형적인 예로서 아름다움과 재산을 갖춘 여인과 결혼하여 미래의 안락함을 소유하는 가장 통상적인 결말이다(Chapter 44).

45장에서 두 번째 결말을 시작하면서 파울즈는 첫 번 결말이 런던에서 엑스터역까지 오는 도중 찰스가 상상한 것이라고 말한다. 찰스는 비가 올 것 같은 찌푸린 날씨를 피하기 위해 엑스터역에서 내린 후 사라와 만나기로 결정한다. 엽서에 적혀있던 엔디코트 페밀리 호텔에서 사라와 만난 그는 그녀의 눈빛에 매료된다. 그들은 서로 하나가 된다. 사라와 육체적 관계를 가진 후 그녀가 처녀였다는 것을 알게 된 그는 자신이 사라를 완벽하게 소유했다는 기쁨에 결혼을 결심한다. 그러나 구혼을 하러 달려간 그를 기다리는 건 그녀의 부재였다. 찰스는 끊임없이 그녀를 추적한다. 사라는 프리 라파엘파(Pre-Raphaelite)라는 예술가 모임에서 자유분방한 모습으로 비서 겸 모델로 일하고 있었다. 그녀의 세련된 모습을 보고 찰스는 다시 구혼을 하지만 오히려 그녀는 자신이 왜 그를 떠날 수밖에 없었는지 설명한다. 그리고 60장에서 아직도 그를 사랑하며 딸 랠러쥐(Lalage)를 낳아 기르고 있었음을 고백한다.

파울즈는 랠러쥐의 출현 부분에서 또 다시 끝을 열어 놓는다. 하나는 랠러쥐의 존재로 두 사람이 다시 연결되는 것이고 다른 하나는 두 연인의 영원한 이별이다. 작가는 두 사람의 이별이야말로 자신이 가장 원하는 결말이라고 말한다. 찰스가 사라의 붙잡은 손을 뿌리치고 밖으로 나왔을 때 비록 먼 길을 구불구불 돌아오긴 했지만 자신(John Fowles)의 서사욕망을 이룬 것이며 삶에는 간섭하는 신이 존재하는 것이 아니라 우리 스스로 만들어낸 인생 즉 목적을 추구하는 인간의 행위로서의 인생이 있을 뿐이라고 논평까지 덧붙인다. 소설은 어떤 결말도 더 합당하거나 덜 합당한 것이 없이 모두 가능하다는 얘기이다. 사라는 프리 라파엘(Pre-Raphaelite)파가 모여 사는 곳에서 예술을 추구하는 그들에게 동화되어 고독하지만 자유로운 삶을 누리고 있었다. 그녀는 찰스에게 자신은 고독을 사랑하며 예술가들과 생활하며 결혼의 굴레에 갇히지 않고 열정적인 일에 몰두하고 싶다고 말한다(*FLW*, 361).

이 작품엔 두 번째 결말과 세 번째 결말에 모두 네 번에 걸쳐 서술자가 등장한다. 13장에서 서술자는 독자들에게 자신은 사라의 의중에 대해 아무것도 알지 못하며 그녀는 작가의 통제를 벗어나 독립적으로 존재한다고 밝힌다.

> Who is Sarah?
>
> Out of what shadows does she come? I do not know. The story I am telling is all imagination. These characters I have created never existed outside my own mind. If I have pretended until now to know my characters' minds and innermost thought, it is because I am writing (just as I have assumed some of the vocabulary and 'voice' of) a convention universally accepted at the time of my story: that the novelist stands next to God. (*FLW*, 80)

작가는 45장의 시작 부분에서는 앞의 두 장(Chapter)의 결말은 실제로 일어난 일이 아니라 찰스가 잠시 상상한 것이라고 말한다. 세 번째 결말 부분에서 서술자의 등장은 앞장에서보다 더 구체적이고 파격적이다. 그는 40세 가량의 수염을 길게 기른 남자로 변장하여 찰스와 함께 기차에 올라탄다(318). 그는 찰스의 처우에 관해 고심하면서 동전을 던져 마지막 장을 어떻게 끝낼지 결정하려한다. 그는 어떤 하나의 결말은 편파적이고 자율성이 부족한 것이라고 설명하면서 두 가지 결말을 다 제시하겠다고 말한다. 그는 61

장의 시작 부분에 다시 등장하는데 여기에선 극단의 흥행주 같은 정장 차림에 하인과 마차까지 동반한다. 그리고 마지막 결말을 위해 시계를 15분전으로 돌린다.

시몬 러브데이(Simon Loveday)는 『존 파울즈의 로망스 *The Romance of John Fowles*』(1985)에서 파울즈가 서술자를 작품 속에 등장시키고 소설의 결말을 반복하여 나열한 것은 현실을 허구로 재현하는 과정을 독자에게 직접 보여주려는 의도에서 비롯된다고 말한다. 13장의 야심 있는 틀깨기를 시작하면서 그는 모순되는 설명으로 독자를 혼란하게 만든다(57). 처음엔 '모든 것이 상상이다. 소설 속의 인물들은 내가 창조한 것이며 내 밖에 존재하는 것이 아니라 내 안에 존재 한다' 라고 말한다. 그런 후에 다시 '나는 이 인물들을 완벽하게 조종할 수 없다. 그들은 내 통제를 벗어나 있다' 라고 변복하는 것이다(85). 모순되는 개념을 하나로 묶어 작가는 여전히 신이지만 권위가 아닌 자유를 가진 신이라고 정의한다. 로버트 휴페이커(Robert Huffaker)는 『존 파울즈 *John Fowles*』(1980)에서 파울즈의 서술기법에 대해 빅토리아 시대의 소설가는 동전을 던져가며 소설을 쓰지만 현대 소설가는 시간을 다스려가며 소설을 쓴다고 말한다(68). 파울즈는 작가의 권위를 버리는 척 하면서 더 많은 재현과 더 많은 서사적 진실이 가능함을 보여주고 있는 것이다. 작가는 그가 재현하는 세계의 허상을 드러내면서 동시에 자신이 살고 있는 누보로망 시대도 한 편의 소설로 전락할 가능성을 열어놓고 있다. 소설가가 재현하는 현실이 실재냐 아니냐는 중요하지 않다. 모든 소설은 스펜스(Donald Spence)가 주장했듯 서사적 진리를 가지고 있으며 파울즈가 이 소설에서 주장하는 것도 바로 이 점이다. 인간은 자신의 과거를 정확하게 재현할 수 없다. 과거는 현재의 의식으로 걸러지고 허구화되기 때문이다. 이런 면으로 보면 현실을 재현한 소설 속의 현실이 더 실제적이고 견고하며 정확할 수 있다. 파울즈의 소설은 브룩스의 플롯 이론에 걸맞게 일탈과 회귀를 반복하며 서술자가 반복적으로 등장하고 소설의 현실이 세 가지로 나열된다. 파울즈는 독자에게 창작 과정 자체를 보여주면서 리얼리즘 소설처럼 완벽한 현실은 존재할 수 없으며 저자도 모든 서술을 통괄하는 권위적 서술자가 아니라 수많은 가능성을 가진 허구의 세상에서 선택하여 서술을 하는 평범한 재현가에 불과하다고 밝힌다. 비록 허구를 통해서 현실에 접근해 나가지만 서사적 진실로도 충분히 독자에게 삶에 관한 저자의 예술관을 드러낼 수 있음을 보여준다. 린다 허천은 「소설의 실제 세상」("The Real World of Fiction")에서 이 소설이 한 세계 안에 수많은 세계가 존재하는 겹구조로 되어있음을 지적한다.

> Here we are dealing with a number of worlds within worlds. The central or more traditional novel world is that of the characters themselves. Outside and including this world is one in which exist the man in the train, the impresario-in other words, the narrator's various personae who enter that central world at times.(119)

파울즈는 반복되는 구조를 통해 문학적 재현 자체를 패러디하고 작중 인물이 되어 소설의 현실을 깨면서 결말을 열어놓는다. 이 열린 결말을 보여주면서 저자가 서술자로 전락하는 것은 이 소설의 특이한 플롯이다.

이 소설의 플롯은 찰스가 사라를 통하여 존재론적 자유를 획득하는 과정이다. 작가는 사라에 대한 정확한 묘사나 그녀의 내면세계를 언급하지 않는다. 이 소설에서 유일하게 일관된 자세로 태도가 변하지 않는 인물은 바로 사라이다. 그녀는 모호하고 수수께끼에 싸여있지만 이 소설의 플롯을 진행하게 하는 중심인물로 설정되어 있다. 라임만의 방파제에서 바다 쪽을 바라보는 그녀의 모습을 사람들은 프랑스 중위를 그리워하는 거라고 단정한다. 사람들은 그녀를 비웃고 멸시하지만 사라는 그런 따가운 시선을 전혀 의식하지 않는 듯 자신의 의지에 당당하다. 그녀가 수평선 너머로 바라보는 곳은 빅토리아 시대 사람들은 상상할 수 없는 철학적이고 관념적인 자유의 세계이다. 그녀는 이 세계를 선택하기 위해 바르귀엔의 정부로 자신을 허구화시킨다. 사라는 자신의 존재론적 자유와 이상을 위하여 찰스의 구혼을 끝까지 물리친다. 비록 그녀가 수수께끼처럼 행동하면서 자신만의 실존적 자각을 위하여 찰스의 구혼을 끝까지 거부하지만 이 소설의 플롯이 찰스가 자유와 참된 자아를 발견해 가는 과정이라면 그녀의 반복되는 거절과 여러 개의 플롯 나열은 파울즈의 서사 욕망을 나타내는 하나의 전략이었다고 할 수 있다. 러브데이는 『존 파울즈의 로망스』에서 사라는 자신이 얻을 수 없는 대상만 사랑한다고 지적한다(74). 바르귀엔이라는 허구적 인물을 창조한 것은 자신을 버림받은 여자라는 치욕 속에 조용히 안주시키고 싶어서이고 찰스를 사랑한 것은 그가 약혼한 남자였기 때문이다. 찰스가 약혼을 파기하고 그녀를 받아들이려 하자 사라는 예술로 도피한다. 어쨌든 그녀는 얻을 수 없는 대상만 추구하면서 동시에 자신도 획득될 수 없는 대상으로 존재한다. 그리고 그녀의 이런 모호성이 찰스를 자유인으로 변모시킨다. 소설의 마지막 부분에서 찰스는 사라의 거절에 심한 상처를 받지만 미안해하는 사라의 손길을 냉혹하게 뿌리치고 자유를 향해 나아간다. 찰스가 사라에게 더 이상 구애하지 않고 그녀를 물리칠 수 있었던 것은 실존적 인간이라면 꼭 간직해야 할 고독감과 자유를 전이 받았기 때문이다. 사라는 파울즈를 대신하여 찰스에게 시대를 초월한 존재론적 자유를 인식시켜 준다. 그녀는 파울즈가 서문에서 밝힌 것처럼 자기가 살고 있는 시대의 잘못됨과 허구를 파악하고 있다. 모든 소설가가 재현하고자 하는 것은 현실에서 채워지지 않는 상실감이다. 포크너(H. W. Fawkner)는 『존 파울즈의 시간 풍경 *The Timescapes of John Fowles*』(1984)에서 파울즈가 시간의 금기를 깨면서 표현하려는 것은 영원성이라고 말한다.

찰스가 사라에게 끌리는 것은 그녀의 야릇함(uncanny) 때문이다. 프로이트는 언캐니가 한 때 고향처럼 친숙하게 여겨졌던 것이 억압되었다가 반복해서 돌아올 때 느끼는 감정이라고 정의한다(Freud 1959, 17:224). 찰스가 사라를 처음 보았을 때 느끼는 감정은 바로 그러한 감정이다. 찰스는 다윈의 진화론을 숭배하고 실존주의적 사고에 그리움을 가진 자신의 열망을 그녀의 눈에서 본다. 비록 외모는 약혼녀인 어네스티나와 비교할 수 없을 만큼 뒤지지만 그녀는 어네스티나처럼 편협하거나 속좁은 여인이 아니라 찰스가 동경하는 자유 의지와 용기를 갖고 있었고 이 점이 그에게 친근한 동질적 요소로 작용한다. 거기에 덧붙여 사라에게는 그리이스 신화의 사이렌과 같은 신비함과 현실을 넘어선 이지적 자신감이 있었다. 이러한 동질적 요소와 이질적 요소가 찰스를 사라에게 끌리게 한 것이다. 이 소설은 스토리 자체의 반복되는 구조와 함께 사라의 정체성에 대한 비결정성으로 더욱 모호하게 느껴진다. 사라는 소설의 처음부터 어떤 의식의 소유자인지 정확한 묘사가 없다. 그녀는 바르귀엔과의 부적절한 연애로 창녀로까지 실추되었음에도 불구하고 찰스와의 육체관계에서 처녀로 판명된다. 사라는 그 시대 사람들의 위선에서 벗어나기 위하여 그녀 스스로 소외의 세계에 은거한 것이다. 그녀는 자신의 삶을 허구화시키면서 한 세계를 창조하는 작가처럼 자유 자체를 소유하려는 모습을 보인다. 예술가들에게 자신을 의탁하면서 찰스의 구혼을 거절하는 것은 그녀의 오브제 a가 예술의 세계임을 드러낸 것이다.

III. 결론

『프랑스 중위의 여자』에서는 서술자로 변한 저자가 독자에게 서술의 선택권을 준다. 찰스는 정체를 알 수 없는 사라를 통해 19세기의 빅토리아식의 의식에서 20세기의 실존적 의식을 지닌 시민으로 성장한다. 파울즈의 소설은 4분의 3까지는 단일한 흐름이나 그 뒤에 세 가지의 복수 결말로 제시되는 열린 구조이다. 이런 방법으로 한 세계를 재현하는 작가의 편견을 찰스의 정신적 성장과 일치시키며 반복적으로 보여준다. 파울즈가 이 작품의 현실을 깨고 서술자를 작품 안으로 등장시키거나 재현의 문제에 대해 논평까지 덧붙이는 플롯을 선택한 것은 현실(Reality)이란 무수한 반복으로 재현될 수 있다는 것을 보여주려는 서사욕망에서 비롯된 것이다. 사라는 빅토리아 시대의 상징질서에서는 이해될 수 없는 실재계적 대상이다. 그녀는 찰스에게 욕망의 미끼로 작용하면서 그에게 실존적 자유와 그에 상응하는 고독을 전이한다. 그녀가 찰스의 어린 딸을 홀로 기르면서도 자기 존재의 고유성을 예술가들과의 삶에서 찾으려는 것은 라캉의 이론처럼 그녀 자신이 대상으로 환원되는 것을 거부하는 데서 비롯된다. 사라는 지평선 너머에 그 시대의 상징계를 초월한 또 다른 세계가 있음을 알고 있다. 이는 파울즈가 반복되는 플롯으로 복수 결말을 보여주면서 현실의 틀을 깨는 이유와 같은 것이다. 파울즈와 사라는 상상계와 상징계의 경계, 이념과 허구의 경계를 보는 예술가이다. 그리고 이 경계를 인식시키는 것은 욕망의 미끼인 쁘띠 오브제a인 것이다. 이 소설에서 사라는 획득될 수 없는 오브제 a이다. 그녀는 세 번의 허구로 자신을 위장하며 찰스를 유혹하고 도망친다. 첫 째는 바르귀엔의 정부로 위장하여 찰스의 호기심을 자극했고 두 번째는 엔티코트 페밀리 호텔로 초청하여 그를 유혹하고 도망친다. 세 번째는 자신을 찾아온 찰스를 딸의 존재까지 간과하며 거절한다. 만약 사라와 찰스가 합일된다면 이 소설은 거기서 막을 내리게 될 것이다. 이런 결론은 빅토리아식 결론이고 파울즈가 보여주려 한 것이 아니다. 파울즈는 사라를 잃어버린 가능성, 사라진 자유, 다시는 떠나지 못할 여행을 모두 합쳐서 그 상실감을 더욱 부풀려주는 하나의 상징이라고 표현한다(*FLW*, 262). 그녀는 찰스에게 현실의 굴레를 넘어서는 자유 의식을 느끼게 해준다. 찰스는 그녀가 일깨우는 이 경계의식에 매료되기에 사라를 추구하는 것이다. 그런데 사라의 욕망은 무엇인가! 사라에게는 라임만의 방파제 끝에서 수평선 너머로 바라보던 세계가 오브제a의 유혹이 내재한 곳이다. 그녀는 현실을 넘어선 자유의 세계를 열망한다. 이로 인해 바르귀엔과의 추문에 자신을 가두고 약혼자가 있는 찰스를 유혹한 후 버림으로써 자신의 존재론적 자유를 입증한다. 그녀는 자신이 대상으로 환원되는 것을 거부하기 때문에 구혼하는 찰스에게 자신은 고독에 길들여졌으며 예술가들과 함께 하는 새로운 삶에서 기쁨을 얻는다고 말한다. 사라는 찰스를 사랑하지만 그에게는 사라의 오브제a가 존재하지 않는 것이다. 사라가 소설의 마지막 부분에서 예술가로 변모한 것은 실존주의적 태도로 삶을 바라보았을 때 현실을 포착할 수 있는 유일한 방법은 예술의 세계뿐이라는 작가의 의도를 드러낸 것이라 하겠다. 소설의 결론에 이르러 이 태도는 찰스에게 그대로 전이된다. 파울즈가 반복되는 틀깨기와 사라의 선택을 통해 보여주려 한 것도 '자기 존재를 세울 수 있는 진정한 자유로의 나아감' 이었다.

참고문헌

Barthes, Roland. "The death of the author." *Image-Music-Text*. trans. Stephen Heath. New York: hilland Wang, 1968. pp.142-148.

Brooks, Peter. *Psychoanalysis and Storytelling*. Oxford: Basil Blackwell, 1994.

______. "Narrative Desire." *Reading for the Plot: Design and Intention in Narrative.* Cambridge and Massachusetts: Harvard University Press, 1984. pp.37-61.

______. "Freud's Masterplot: A Model for narrative." *Reading for the Plot: Design and Intention in Narrative.* Cambridge and Massachusetts: Harvard University Press, 1984. pp.90-112.

Fawkner, H. W. *The Timescape of John Fowles.* London and Toronto: Associated University Press, 1984.

Fowles, John. *The French Lieutenant's Woman.* New York: Signet Book, 1969.

Freud, Sigmund. *The Interpretation of dreams. The Standard Edition of the Complete Psychological Works of Sigmund Freud 4-5.* trans. James Strachey. London: Hogarth Press, 1959.

______. "Introduction to Psychoanalysis and the War Neuroses." *The Standard Edition of the Complete Psychological Works of Sigmund Freud 17.* trans. James Strachey. London: Hogarth Press, 1959.

Huffaker, Robert. *John Fowles.* Boston: A Division of G.K. Hall & CO., 1980.

Hutcheon, Linda. "The "Real World(s)" of Fiction: *The French Lieutenant's Woman,*" *Critical Essays on John Fowles.* Ed. Ellen Pifer. Boston: G. K. Hall, 1986. pp. 118-132.

Johnson, Barbara. "The Frame of Reference: Poe, Lacan, Derrida," *The Critical Difference: Essays in the Contemporary Rhetoric of Reading.* London: The Johns Hopkins University Press, 1980. pp.457-505.

Lacan, Jacques. *Écrits.* Paris: Editions du Seuil, 1966.

______. *Écrits: A Selection.* trans. Alan Sheridan. London: Tavistock, 1977.

______. "Seminar on 'the Purloined Letter'." trans. Jeffery Mehlman, *The Purloined Poe.* eds. John P. Muller and William J. Richardson. Baltimore and London: The Johns Hopkins University Press, 1988. pp.28-54.

Loveday, Simon. *The romance of John Fowles.* New York: St. Martin's Press, 1985.

Miller, J. Hillis. *Fiction and Repeatition.* Cambrige: Harvard University Press, 1982.

______. "Ariadne's Thread: Repetition and the Narrative Line", *Critical Inquiry.* Autumn, 1976. pp.62-73.

______. "Construction in Criticism," *Boundary 2, Spring/Fall,* 1984. pp.157-172.

Onega, Susana. *From and Meaning in the Novels of John Fowles.* London: U.M.I Reserch Press, 1989.

Olshen, Barry N. *John Fowles.* New York: Frederick Ungar Publishing Co., 1978.

Palmer, William. *The Fiction of John Fowles: Tradition, Art, and The Loneless of*

Selfhood. Columbia: University of Missouri Press, 1974.

Spence, Donald. *Narrative Truth and Historical Truth: Meaning and Interpretation in Psychoanalysis.* New York: W.W Norton, 1982.

Tarbox, Katherine. *The Art of John Fowles.* Athens and London: The University of Georgia Press, 1988.

Woodcock, Bruce. *Male Mythologies: John Fowles and Masculinity.* New Jersey: The Harvester Press, 1984.

Wright, Elizabeth. "Modern Psychoanalytic Criticism," *Modern Literary Theory.* eds. Ann Jefferson and David Robey. Totowa, New Jersey: Barnes & Noble Books, 1982. pp.113-133.

Žižek, Slavoj. *Enjoy Your Symptom: Jacques Lacan in Hollywood and Out.* New York: Routledge, 1992.

권택영. 『영화와 소설 속에 나타난 욕망이론』. 서울: 민음사, 1997.

______. 『프로이트의 성과 권력』. 서울: 문예출판사, 1998.

제2부

현대 여성작가와 작품형상

사랑, 그 원환(圓環)의 시간을 찾아서

-성지혜의 <은가락지를 찾아서>-

최 혜 실*

1. 사랑, 가족, 국가 개념의 해체와 탈근대

"한 남자와 여자가 만나서 사랑을 느껴 결혼을 하고 아이를 낳았다." 아주 본질적이고 개인적으로 보이는 이 감정과 그 결과로서의 행위에는, 그러나 아주 많은 사회적이고 문화적이며 제도적인 제한이 가해진다. 먼저 국가는 한 시대에 한 공동체가 집단을 이루어 살아가는데 대표적인 단위이며 그것을 이루는 기본이 가족이란 집단이다. 그런데 가족은 남녀의 사랑(진정한 것이든 외형적인 것이든 상관없이)을 전제로 성립된다. 때문에 사랑, 가족, 국가는 결합의 방식에 있어 서로 긴밀한 연관을 지닌다. 바꾸어 말하면 남녀가 서로 느끼는 사랑은 그 사회가 용인하는 가족의 조건에 맞아야 성립되며 그 다시 그 가족 개념은 국가의 이데올로기와 일치하는 것이어야 한다.

한국에서 근대 국가는 단일민족주의를 기반으로 이루어진다. 개화기 이후 단군신화가 부각되면서 단군 이래 수 천 년의 단일민족 공동체임이 강조되었고 자국어에 대한 사랑이 강조되었다. 국문이 사용되고 자국어에 대한 사랑이 강조되기 시작한 것도 이때부터였다. 이후 맞춤법 통일안이 마련되면

* 경희대학교 국어국문학과 교수, 문학평론가

서 한국 '국민'은 통일된 언어로 의사소통하는 과정에서 같은 언어를 쓴다는 연대의식을 민족이라는 동질감으로 구체화할 수 있었다. 그렇다. 민족은 애초부터 원초적 공동체가 아니라 근대 자본주의 발전 과정에서 탄생한 역사적 구성물인 것이다.

이처럼 한 핏줄, 한 겨레임을 강조하는 민족 국가 개념은 근대 이전의 유교적인 '가(家)'의 부계 중심의 혈연 개념과 맞물리면서 가부장적인 면모를 띄게 된다. 장자 중심으로 계승되는 가문의 방식은 자연스럽게 여성의 순결과 정절을 요구하게 된다. 집안에 들어온 여자가 낳은 자식이 그 집안 남자의 핏줄이라는 것처럼 중요한 일은 없다. 그리고 그것에 대한 명확한 증명은 여성의 정숙한 태도와 희생적인 모성애로 형식화된다.

그러나 우리가 한 핏줄이며 심지어 수 천 년 동안이나 단일 민족으로 내려왔다는 자부심은 다른 핏줄에 대한 배타성과 남성에 대한 여성의 타자성을 그림자로 드리운다. 같은 핏줄이란 자부심은 손쉽게 다른 핏줄에 대한 경멸과 공격으로 변모하며 그들이 소수일 때, 철저한 무관심으로 화한다. 그간 혼혈인과 외국 노동자들에 대해 한국인들이 보였던 냉혹한 태도가 이를 반증한다.

그런데 국가 단위로 사유하고 생산, 교환하는 근대의 방식이 최근 정보통신의 발달과 생산 방식의 변화로 초국가적 면모를 띄기 시작했다. 민족의 경계가 약해지고 미디어를 통한 문화 혼종 현상이 나타나면서 지구화(globalization)의 속도가 빨라지고 있다.

최근 하인스 워드를 둘러싼 담론들은 한국에서도 이 과정이이 진행 중임을 보여준다. 한국인 어머니와 미국 흑인 아버지 사이에서 태어난 워드가 어머니의 헌신적인 사랑에 힘입어 혼혈의 차별을 딛고 미식축구 선수 최고의 영예인 슈퍼스타의 꿈을 이룬다는 이야기는 한국인들을 부끄럽게 하고 감동시켰다. 워드가 한국에 있었다면 불가능했을 것이라는 자성론(自省論)이 일면서 그동안 차별받았던 혼혈인에 대한 처우 개선 문제가 공론화되기도 하고, 한국의 경직된 민족주의에 대한 성찰과 반성의 범위가 확대되었다.

평소 외국인 노동자의 비참한 생활상에 꿈쩍도 하지 않던 한국인들이 이제 그 백의민족주의, 단일민족주의 등의 피억압자로서의 단결된 민족주의가 얼마나 끔찍한 폭력으로 '타자(他者)'를 칠 수 있는가를 비로소 곰곰이 생각하기 시작했나보다.

2. 서양과 동양, 남성과 여성, 그리고 근대

표면적으로는 영남 양반집의 맛깔스럽고 구수한 사투리와 민속품을 배경으로 초월적인 사랑을 그린 것처럼 보이는 이 소설은 그러나 그 배면에 한국의 근대 국가관, 부계 중심의 혈통주의에 대한 만만치 않는 비판을 깔고 있다.

소설의 서두는 주인공이 이태원의 외국인들과 대화하는 데서 시작된다. 마이클 오닐이란 남자를 찾던 주인공은 한 흑인 손님을 보면서 뉴욕에서 레베카와 했던 대화를 떠올린다.

> 뉴욕에서 근무할 당시 나는 백인 여자 레베카에게 물었다. 세계 여러 인종이 모인 자리에서 흑인이 먼저 눈에 들어오는 건 무슨 이유일까? 세상이 어둡잖아. 금발을 쓸어 올리며 레베카가 목 쉰 소리를 내었다. 밝은 세상이라면 백인이 먼저 눈에 들어오겠군. 내가 다시 물었다. 물론. 빛은 어둠을 몰아내기 위해서 필요한 거잖아. 가령 흑인들에게 둘러싸인 백인은 빛나 보여도, 백인들에게 둘러싸인 흑인은 벼이삭을 좀먹는 깜부기처럼 쏙 뽑아버리고 싶다고. (3면)

그리고 곧이어 차 주인인 백인에게 아부하는 한국 기사의 대화가 묘사된다. 백인과 흑인, 한국인과의 차별의 양상이 몇 가지 에피소드를 통하여 작품 맨 앞면에 배치되었다는 사실은 작가의 소설에 대한 문제의식을 말해주는 것이라고 볼 수 있다.

한국인인 주인공의 백인에 대한 열등감은 백인 여인에 대한 감정에서 내밀하게 드러난다. 그가 미국 문화원에 근무하는 제인 와이즈와 만났을 때 그녀의 큰 키에 압도되면서도 그녀의 몸에서 나는 암내를 맡았을 때 견딜 수 없는 욕정을 느낀다. 주인공은 그 이유를 키가 컸던 어머니에 대한 그리움과 키가 작은 자신에 대한 열등감 때문이라고 해석했는데, 그러나 한편으로 이런 감정은 서양과 동양, 남성과 여성이라는 두 이분법이 서양 여성, 동양 남성으로 혼종(混種)되면서 나타나는 복합적인 화학 반응이기도 하다.

그것은 사물을 반대항을 구축함으로써 이해하는 이분법적 사고가 항시 어느 한쪽을 타자로 삼았던 서구적 근대성에 대한 비판이기도 하다. 얼핏 명징해 보이는 이분법적 사고는 하늘에 땅을, 남자에 여자를, 서양에 동양을 위치지어 후자를 차별했던 서구적 사유구조가 지니는 모순이다. 이런 근대성에 대한 극복의 방식으로 작가가 놓은 것이 초월적인 것, 원점회귀적인 것으로서의 골동(骨董)이며 '사랑'이다.

3. 초월적 시간과 근대의 시간의 대비, 전자의 승리로서의 골동(骨董)

주인공은 인사동 골동품상을 방문하는 중이었다. 그가 찾는 물건은 은가락지였는데 그 과정에서 은가락지를 둘러싸고 예전 부녀자들이 썼던 일상용품들이 보석같은 언어로 흩뿌려져 있다. 백동 바늘집, 나비, 호리병, 호랑이 발톱 모양의 바늘집이 그 속에 누벼져 있는 머리카락만큼이나 섬세한 표현으로 눈에 잡힐 듯이 그려진다. 칠보쌍지환은 어떤가? 백동반지, 민짜 은지환, 국화문합지환, 박쥐문은쌍지환, 옥.비취.산호 쌍지환 같은 예쁜 이름들이 거론되면서 영원히 반복되는 시간의 순환을 기원한다며 가락지의 의미를 되새긴다.

박쥐 문양의 은가락지는 이야기의 발단이며 소설의 주제이기도 하다. 부녀자들의 손때와 애환이 묻어있는 일상용품들을 중심으로 시간이 지나도 변하지 않고 남아있는 골동품은 근대의 직선적 시간과 교묘히 병치된다. 그리고 그것은 변하는 직선적 시간에 대해 변하지 않고 남아있는 원형, 원점회귀로서의 은가락지에 대한 대비이기도 하다. 궁극적으로 그것은 변하는 제도에 대해, 변하지 않고 지금까지 지속되어 온, 남녀간의 사랑에 대한 대비인 것이다.

주인공의 어머니는 경남 진양군 대곡면 단목 마을의 관동 기정댁에 시집

온다. 훤칠한 키와 빼어난 미모를 갖추었으나 암내 때문에 남편의 구박을 받는다. 어머니 수연은 서당에서 천자문은 물론이고 선교사에게서 영어까지 배운 재원이다. 주인공인 우제가 태어난 지 몇 년 후 남편은 결핵으로 죽고 시어머니와 아이를 키우며 수절하던 중 6.25 전쟁이 발발한다. 이때 미군 장교 마이클 오닐이 부상을 치료하러 우제의 집에 머물게 되고 영어 통역을 하던 수연과 눈이 맞아 사랑하게 된다. 오닐의 아이를 낳은 수연은 산후 여독으로 죽고 할머니는 그 아이에게 자신의 쌍가락지 중 하나를 준다. 세월이 흐른 후 할머니는 우제에게 은가락지의 짝을 찾으라는 유언을 남기고 눈을 감는다. 주인공은 수소문 끝에 자신이 찾는 은가락지를 자신의 동생도 찾고 있음을 알게 된다.

수연은 첩출이란 약점과 빈한한 가정 사정 때문에 남편의 병에 대한 소문을 들었으면서도 목단 마을로 시집을 오게 된다. 그녀는 결국 병구완으로 몇 년을 고생하다 달랑 우제 하나만 남은 채 청상의 세월을 보낸다. 그런 수연에게 미군 장교의 진실한 사랑은 그녀로서는 첫사랑이었고 몇 달 간의 행복한 시간 후에 그녀가 숨을 거둠으로써 영원한 사랑으로 남는다. 오닐 또한 평생 독신으로 지내면서 그녀와의 사이에 탄생한 아들을 잘 키운다. 그 또한 운명하면서 은가락지 한 짝을 찾을 것을 아들에게 당부한다.

열 돈은 족히 될 듯한 은가락지에는 박쥐 문양이 새겨져 있다. 당시 정표로 쓰였던 은가락지는 쌍으로 만들어져 멀리 떠나는 정인에게 하나를 지니고 하나는 본인이 지녔다가 후일 상봉했을 때 꺼내보고 감동했던 물건이었다. '최씨 가문 기정댁'이란 낙관이 찍혀 있는 이 은가락지는 세월이 지나도 변함없는 순은의 빛을 내뿜는다. 둥근 원환이 지니는 영원성, 원점회귀 때문에 예로부터 변치 않는 사랑을 의미했던 은가락지의 모습에서 우리는 근대의 진보적 시간 개념의 비판 개념으로 놓인 초월적 시간의 비유를 읽을 수 있다.

이런 수연과 오닐의 국경을 초월한 사랑은 그녀가 남겨놓은 목단 베개로 대변된다. 우제가 어머니가 수놓은 베개를 상면하기까지 참으로 많은 골동품들이 나온다. 등잔, 백자, 목기러기, 표주박, 떡살, 바늘집, 반짇고리, 조각보, 수저집, 실패, 빗치개, 선추, 연적 등이 세월의 때가 곱게 묻은 모습으로 주인공 앞에 펼쳐진다. 물레방아, 맷돌, 절구, 망태, 다듬돌, 방망이, 돈궤, 반닫이, 여물통, 토기, 가마솥, 옹기는 또 어떤가? 반세기의 세월이 흘러도 변함없이 옛 자태를 간직하고 있는 그 보물들은 변하지 않는 그 시절 사랑의 빛남을 말해주고 있다.

한땀 한땀 정성을 수놓는 행위처럼 마음을 담는 일이 도 있을까? 옥색 명주로 장식한 기러기보, 소나무 아래 학이 놓이는 예단보, 가족의 발치수가 든 버선본집, 수부다남 한자가 쓰여진 쌍수저집, 쌍학 흉배, 아기 돌 때 쓰는 굴레, 아기 조끼인 쪽배자 등이 펼쳐진다. 그러나 그중 규방 여인의 내밀한 마음을 담는 자수야 말로 침구일 것이다. 베개를 보여 달라는 일행의 말에 골동품상은 장롱문을 연다. 펼쳐지는 침구를 작가는 이렇게 표현하고 있다.

> 화라락 꽃송이가 뭉게구름처럼 떠오르고 있었다. 장롱 속에는 옷과 이불이 들어있는 게 아니라 꽃들이 활짝 웃으며 잔치를 벌리고 있었다. 벽장문을 열자, 거기에도 꽃들이 뭉턱뭉턱 쏟아지고 있었다.
>
> "이 신계침은 조선 말기 건데, 닭의 볏은 벼슬을 갈망하는 사대부 집안의 염원을 담은 거라 할까. 이건 봉황침, 저건 원앙침, 학과 송도 있구, 매화 · 복숭아 · 살구 · 동백 · 진달래 · 연꽃 · 백합 · 도라지 · 패랭이 · 장미 · 딸기 · 포도 · 무궁화에 이르기까지 다양하지만 역시 자수 베갯모는 목단이 으뜸이라 많기도 하지요." (68면)

옷을 자로 재며 인두질하고 골무를 끼고 바늘을 머리카락에 비비다가 콧김을 쐬기도 하며 만들고 수놓는 그 마음은 보석이기도 하지만 또한 꽃이기도 하다. 사랑하는 사람과 사용하는 베개에 유독 목단을 놓는 심정이야 활활 타오르는 마음의 표현일 것이다. 그렇게 땀땀이 수놓인 어머니의 마음을 주인공은 그 신계침에서 발견한다. 어머니가 직접 수놓은 손때 묻은 베개에 주인공은 바늘로 심장이 찔리는 듯한 아픔을 느끼게 된다.

최씨 가문의 장손을 낳은 며느리가 그것도 미군 장교와 눈이 맞아 아이를 낳는다는 것이 가당키나 한 일인가? 수연의 행위는 가문에 대한 배반이며 특히 한국적 정서에서는 국가에 대한 배반이기도 하다. 정복되기 전 식민지는 흔히 '처녀지(處女地)'란 말로 비유된다. 남녀의 차별적 코드가 식민자와 피식민자의 관계에 그대로 대응되는 문화권에서 우방이라고는 하나 일종의 정복자였던 미군과의 야합이 당시 한국인에게 주는 의미는 분명한 것이었다. 한국여성과 미국남성과의 결합은 단순히 '양공주' 문화 때문이 아니라 한국인들의 눈에는 굴복이며 굴욕의 구체화로 보일 법한 일이었다.

그러나 시어머니인 기정댁은 그렇게 낳아온 '트기'를 기어이 부둥켜안고 만다. 물론 처음에는 기가 막혔다. 그러나 '며느리가 백인과 배맞아 태어난 핏덩이랑 눈맞춤하는 치욕'을 감수한 것은 단순히 오닐에 대한 두려움 때문만은 아니었다. 그 증거는 마지막 할머니가 숨을 거두었을 때 드러난다. 할머니는 우제에게 자신의 택호가 새겨진 은가락지를 찾으라는 유언을 남긴다. 오닐의 아들에게 준 은가락지였다. 할머니는 우제에게 자신의 동생을 찾으라고 말한 것이다.

한국의 가족중심주의, 핏줄의 사상은 기실 부계로의 가문계승에 근거를 둔 혈족주의이지 진정한 부모 자식 간의 사랑을 소중하게 생각하는 것이 아니다. 그러기에 수연의 친정어머니는 수연에게 자결하라고 은장도를 내밀었고 기정댁 또한 수연을 눈보라치는 달음산으로 내친 것이다. 그러나 마이클 오닐 2세는 엄연히 수연의 핏줄이며 우제의 친동생이다. 오닐과 수연의 사랑의 결실은 반세기가 지난 지금에 와서야 가족으로서 우제와 합쳐지게 된 것이다.

4. 맛깔스런 언어와 풍속

소설의 배경이 되는 단목 마을에 대한 묘사는 옛스럽다. 터를 너무 깊게 파서 쌍학이 날아갔다거나 그 때문에 혼례식날 신랑신부가 쌍학곡 봉우리에 올라가 절을 올린다거나 하는 풍수설은 진주라는 지역성을 기반으로 한 것이다. 소설은 진양군 향반의 대소사가 진주 방언을 중심으로 맛깔스럽게 묘사되고 있다. 주인공 우제 아내의 음식을 맛본 삼종숙은 이렇게 칭찬한다.

> "요리 솜씨도 보통이 아닌가베. 역시 기정댁의 그늘이 오데 가겄노. 그 조모에 그 자부에 그 손부지." (25면)

계절에 따른 여인들의 풍속과 음식 솜씨는 우제의 유년에 대한 그리움이 더해져 소설을 풍요롭게 하고 있다. 예를 들어, 수연이 임신 직후인 오 월, 부녀자들의 봄나들이 장면이 있다. 사촌 동서 영희네의 헤픈 웃음과 남희네의 장고 소리, 기정댁의 단속이 봄날의 소풍놀이에 더해져 탕약을 짓고 만불 선녀에게 치성을 드리는 풍속이 곁들여진다.

형련이 가득 핀 연못에서 연잎을 따 요리 준비를 한다. 홍련 잎으로 닭을 싸서 그 위에 황토를 발라 타는 장작 속에 구워 친척과 나눠 먹는 게 기정댁의 가풍이란 것이다. 연향이 밴 통닭의 맛이 인상적으로 묘사된다. 아들 낳은 후의 금줄 치는 행사도 미역국 끓이는 과정도 손에 잡힐 듯이 실감나게 묘사된다.

> 새끼를 꼬는 동수의 손이 유연하게 움직이고 있었다. 볏단 중에서 제일 실하고 싱싱한 걸 골라 보관해 둔 건 이 때를 위함이 아니었던가. 새벽 우물에서 갓 길은 청수를 적시고 금세 꺾은 푸른 청솔 가지를 넣고 볕바른 곳에서 말린 태양초를 섞여 가며 금줄을 만들었다. 그러고는 상구의 도움을 받아 대문 사이에 걸었다. (42-43면)

기정댁은 여유만만한 표정으로 지시를 한다. 미역은 대각 그대로 물에 담그고, 참조기는 비늘만 치고 통째로, 마른 홍합은 참기름에 볶고, 쇠고기도 잘게 썰어 물이 끓을 때 넣는다. 치성도 안 드릴 수 없다. 무지개떡을 담고 머루주와 매실주를 걸러 백자병에 담아 마루에 올리게 한다. 그곳 풍속을 오래 겪어보지 않은 사람은 도저히 쓸 수 없는 섬세한 디테일이 돋보이는 장면이다.

여기에 하모, 안 캅디껴, 기라예, 잘 묵었십니더, 하니께 등의 진주 특유의 방언 또한 소설의 감칠맛을 더한다. 이런 다양한 사투리로 묘사된 대화들은 "했어요?" 정도의 밋밋한 표준어로는 도저히 따라갈 수 없는 정감을 자아내는 것이다.

5. 영원히 계속되는 것

근대의 시간 의식은 시계의 발명으로 대변된다. 시계는 스스로 움직이며 자체 내의 규칙에 의해 움직인다. 이런 자동성 때문에 순환되는 자연의 시간은 무너지고 직선적인 미래로의 시간관이 탄생한다. 계절의 흐름과 자연환경에 좌우되는 농경사회에 반복으로서의 시간이 존재한다면 상인의 시간은 물건을 팔아서 이윤을 내는 불확정적인 미래에 대한 계산이다. 이윤의 선취의식이란 시간 개념은 당연히 직선적이며 미래지향적이다.

그런데 그런 시간 의식이 우리에게 준 것은 무엇이었는가? 우리는 그 직선적 시간 속에서 소중한 너무 많은 것을 잃어버리고 있었던 것은 아닐까? 우제는 변함없이 짝을 기다리고 있는 은가락지를 찾으면서 애써 버렸던 과거의 시간을 찾게 된다.

수연의 머리카락과 은비녀는 대모갓끈, 녹용 등의 귀한 약재와 함께 궤 속에 넣어져 보관되다가 다시 아들의 손에 들어온다. 미국에 있는 또 다른 아들과의 상봉도 가능해진다. 마치 헤어진 쌍가락지가 언젠가 다시 만나게 되는 것처럼, 그리고 가락지의 둥근 원환이 시작과 끝이 없는 것처럼.

난파선을 수리해 섬을 떠나기

-김이정론-

김 수 이*

1.

김이정의 소설은 비정상적이거나 파탄 직전의 위태로운 가족 관계에서 출발한다. 뿌리부터 뒤틀린 가족에 속한, 혹은 속하지도 못한 주인공들은 고통과 불행을 자신의 운명으로 수락하며 고단한 삶을 영위한다. 출생부터 상처로 얼룩진 이들에게 삶은 정체성의 오점과 세상에 대한 환멸을 재확인하는 고통스러운 여정이 된다. 김이정의 소설은 이 여정을 삶의 내용이자 과정으로 삼을 수밖에 없는 '선천적 표류자들'의 사례보고서이자 고백록의 성격을 지닌다. 그녀의 첫 소설집에 실린 8편의 단편이 예외 없이 그러한데, 태생적으로 불행을 내면화한 이들이 택하는 삶의 방식은 둘 중 하나다. 하나는 가족과 일상의 무사(無事)한 외형을 유지한 채 도피와 고립에 침잠하는 것. 다른 하나는 현실제도가 용인한 가족과 일상의 틀을 거부하고 그 밖으로 일탈하는 것. 전자의 인물들은 자아의 축소와 분열 속으로 침잠하며, 후자의 인물들은 자아의 팽창과 과잉으로 스스로를 내몬다. 어느 쪽이든 건강한 자기정체성과 적극적이고 긍정적인 삶의 방식과는 거리가 멀다. 이러

* 경희대학교 교양학부 전임강사, 문학평론가

한 방식은 김이정의 인물들에게 출생의 트라우마가 끊임없이 현재형으로 되살아나는 원인이 된다. 주체가 관여할 수 없는 출생의 트라우마와 주체가 (비)자발적으로 관여하는 삶의 방식은 서로 상승효과를 일으키며 인물의 내면과 삶을 지배한다. 김이정의 소설이 '선천적 표류자들'의 사례보고서이자 고백록의 성격을 넘어 때로 치유의 언술이 되는 이유도 여기에 있다. 그녀의 인물들이 택한 상반되는 두 가지 삶의 방식은 동일한 기원에서 비롯된 이형동종의 (병리적) 증상인 것이다.

김이정의 인물들이 새로운 가족을 만들거나 타자와 관계 맺는 방식은 훼손된 가족 관계의 구도를 그대로 반영한다. 그 구도의 중심에 있는 존재는 '아버지'다. 가령, 「아버지의 이름으로」에서 '나'는 외도가 발각되어 별거를 하면서도 아내의 집요한 이혼 요구를 완강히 거절한다. 이유는 한 가지다. 갓난아기 때 자신을 버린 아버지의 반인륜적 행위를 자신의 아들에게 똑같이 되풀이하지 않기 위해서다. "내 아이에게서 떠나지 않는 것, 그것만으로도 내 존재 의미는 충분하"다고 믿는 '나'는 아버지를 반면교사로 하여 가족 관계를 유지한다. 아이러니컬하게도 '나'의 가족은 아버지가 붕괴시킨 아버지의 가족과 반대의 형상으로 왜곡되어 있다. 김이정의 소설에서 '아버지'는 아내와 자식에 대한 태도뿐만 아니라, 애인과 배우자, 가치관과 삶의 길을 선택하는 기준으로도 작용한다. 「물 묻은 저녁 세상에 낮게 엎드려」의 주인공 '나(윤경)'는 대학시절 노동운동을 하다 수배자가 된 '성호'를 헌신적으로 사랑하지만, 그가 잡혀가자 지금의 남편과 느닷없는 결혼을 한다. 남동생 윤호의 말대로, '나'는 성호를 사상범으로 수배 중이다 한국전쟁 때 월북한 아버지와 동일시했으며, 투옥된 성호(=아버지)의 부재를 감당할 수 없었기(/감당하기 싫었기) 때문이다. 사랑 없는 결혼 생활을 자해하듯 지속하는 '나'는 중년이 된 지금도 성호와 성호의 원형인 아버지에게서 벗어나지 못한 상태에 있다. '나'에게 아버지에게서 벗어나라고 소리치던 남동생 윤호가 노동운동을 하다 체포돼 3년의 형기를 산 후 폭음을 일삼다 이민을 결심하는 것도 같은 차원에 있다.

김이정의 소설에서 타자와의 관계를 원천적으로 지배하는 가족의 트라우마는 한 가지 공통점을 지닌다. 부재하거나 제 역할을 하지 못하는/않는 아버지의 존재가 그것이다. 김이정이 포착하는 아버지와 그로 인해 헝클어진 가족관계는 아버지의 특성에 따라 세 유형으로 나뉜다. 첫째, 한국전쟁을 전후해 좌익 이념에 연루되어 월북한 경력이 있는 아버지와 나머지 가족 간의 단절과 갈등. 「아버지의 이름으로」, 「물 묻은 저녁 세상에 낮게 엎드려」가 여기에 속한다. 둘째, 젊은 나이에 죽은 아버지와 그를 대신해 생계를 책임지는 쪽과 부양받는 쪽으로 나뉜 가족의 균열, 혹은 어머니마저 재혼해 고아처럼 살아가는 독거 가족의 암울함. 「근속」, 「개미의 집」, 「오디오」가 여기에 속한다. 셋째, 가정을 갖기에는 역부족이거나 이미 가정이 있는 아버지와 그에게서 버림받은 모자/모녀들이 겪는 상처와 콤플렉스 「태내여행」, 「수의」, 「도둑게」가 여기에 속한다. 이처럼 비교적 균일한 주제의식을 바탕에 둔 김이정의 단편소설들은 대부분 1인칭 '나'를 화자이자 주인공으로 채택한다. 소설의 상황이 그만큼 작가 자신 및 독자와 밀착되어 전개되는 셈인데, 이는 김이정의 자전적 체험의 여부에 앞서 그녀의 소설쓰기의 지점과 소설가로서의 생리를 보여주는 것이라고 할 수 있다. 단적으로 말하면, 김이정은 사건과 인물을 자신의 내부로 깊숙이 끌어당긴 상태에서 쓰고자 하고, 또 섬세하게 잘 쓸 수 있다. 김이정의 소설이 사회와 개인의 문제를 가족의 테두리에 농축한 가족 소설의 형태를 띠는 것도 이 점과 무관하지 않다.

「아버지의 이름으로」와 「물 묻은 저녁 세상에 낮게 엎드려」는 김이정의 가족 소설들 중 가장 치명적인 상처와 첨예한 갈등 구조를 드러낸다. 두 소설의 '아버지'는 모두 이념이라는 한국 현대사의 혹독한 멍에를 짊어진 인물들이다. 이들은 사상범과 월북의 전력을 지닌 분단역사의 희생양으로, 자신의 불행을 본의 아니게 자식에게 대물림한다. 역사의 횡포에 휩쓸린 아버지와 아들/딸들은 두 소설에서 각기 '난파선'과, '섬' · '알콜에 잠긴 유리병 속의 새우'로 이미지화된다. 「아버지의 이름으로」의 주인공 '나'는 간첩사건에 연루돼 월북했다가 40년 만에 돌아온 아버지와, 그를 증오한 자신이 모두 '난파선'임을 깨달으면서 오랜 비극을 허문다. 다리를 저는 노인이 되어 아들을 찾아온 아버지와, 그처럼 아들을 버리지 않기 위해 허울뿐인 결혼을 유지하는 '나'는 둘 다 "부서진 곳 투성이"의 '난파선'인 것이다. 그것도 "너무 오랫동안 억지로 조각들을 이어 붙이느라 자신이 난파선인 줄도 모른

채" 살아온 가련한 존재들이다. 소설의 마지막 장면은 차마 만날 수 없어 아들을 미행해 아들이 혼자 사는 오피스텔의 창문을 하염없이 올려다보는 아버지와, 그를 몰래 내려다보는 아들 사이의 무언의 소통(의 가능성)을 쓸쓸하고도 따스하게 그려 보인다.

> (…) 비석처럼 서 있던 그의 몸이 흐려지기 시작했다. 주홍색 가로등불이 흔들렸다. 그가 서 있는 편의점 기둥도 흔들렸다. 걷잡을 수 없이 흔들리는 풍경들. 그제야 나는 불빛 환한 유리창에 비친 내 모습을 보았다. 섬 하나 보이지 않는 망망대해에 떠 있는, 부서진 곳 투성이인 또 한 척의 난파선을. 너무 오랫동안 억지로 조각들을 이어 붙이느라 자신이 난파선인 줄도 모른 채 지내온 한 사내를. 트럼펫소리가 다시 들려왔다. 끊어질 듯 끊어질 듯 하면서도 힘겹게 이어지는 익숙한 한 소절의 멜로디, 앞 동의 남자가 노래 한 곡을 완벽히 이어서 불 날이 멀지 않은 듯했다.

"어떤 이데올로기나 휴머니즘도 아들을 버린 아비 앞에서는 모두 위선"이라고 믿었던 '나'는 '난파선'이라는 존재적 동질감을 통해 아버지와의 최초의 동일시에 이른다. 이 동일시는 '내'가 첫사랑 미현을 20년 만에 만나 하룻밤을 보낸 후 그녀가 떠오를 때마다 '1000조각짜리 퍼즐'을 맞춘 것과 본질적으로 다르지 않다. 아버지와의 재회를 통해 조각난 자신의 존재와 삶을 이어붙이는 일은 미현과의 재회를 통해 부서진 첫사랑을 복원하는 일과 '정체성의 회복'이라는 존재론적 과업에서 동일하다. 노년의 어머니가 40년 만에 남편과 재결합해 '화사한 꽃무늬 원피스'로 여성성과 일상의 행복을 구가하는 것도 마찬가지다. 북한의 원예원에서 일했던 아버지가 죽어가는 화분도 살리는 능력을 지닌 것 역시 동일한 맥락에 있다. 소설 「아버지의 이름으로」가 궁극적으로 역설(力說)하는 것은, 역사에 난파된 가족이 서로 화해하는 과정은 구성원들이 각기 진정한 자기 정체성을 회복하는 과정과 분리될 수 없다는 사실이다. 김이정에 의하면, 이 점을 분명히 자각하는 한 40년을 각기 표류한 가족이 '난파선'을 수리해 함께 출항할 날은 그리 멀리 있지 않다. 이를테면, 그 날은 얼굴도 모르는 앞동의 남자가 '출범'의 상징인 트럼펫으로 "노래 한 곡을 완벽히 이어서 불" 가까운 미래 속에 예비되어 있는 것이다.

「물 묻은 저녁 세상에 낮게 엎드려」에서 중년의 여성인 '나(윤경)'는 「아버지의 이름으로」의 '나'의 분신에 해당하는 인물이다. 사상범이었던 아버지의 월북과 투옥 전력, 아버지에게 의식/무의식적으로 고착되어 이루어지는 타자들과의 관계, 어디에도 안착하지 못하고 떠도는 '섬'의 존재방식 등에서 그러하다. '나'는 첫사랑 성호와 사랑 없이 결혼한 남편에게 모두 "너는 꼭 섬 같아. 혼자 이리저리 흘러다니는 섬."이라거나, "당신은 꼭 이곳에 살고 있는 사람 같지가 않아."라는 말을 듣는다. '내'가 지닌 '섬'의 존재방식은 「아버지의 이름으로」의 '난파선'처럼 아버지에게서 물려받은 것이다. 원래 기혼자였던 아버지는 전쟁 때 월북을 하다가 부인과 두 아들은 북한에, 자신은 남한에 남는 불행을 겪는다. 그 후 '나'의 어머니와 재혼해 서적 외판원, 조랑말 농장과 새우 양식장의 소장 등을 전전하던 아버지는 평생 북한의 두 아들을 기다리다 한스러운 생을 마감한다. 이런 아버지에게 연민을 가졌던 '나'는 평생 아버지를 증오한 「아버지의 이름으로」의 '나'와는 차이를 보인다. 초등학교 3학년 때 아버지의 노트를 본 후 서서히 아버지를 이해해온 '나'는 대학시절의 첫사랑도 아버지에 대한 동일시에 기반해 선택한다. 이런 '내'가 삶의 새로운 국면으로 나아가는 것은 「아버지의 이름으로」의 '나'처럼 아버지와의 동일시가 아닌 분리를 통해서이다. 구체적으로 그것은 평생 무언가를 열렬히 기다린 아버지와는 반대로, 아무것도 기다리지 않으면서 희망 없이 사는 것이다. 그러나 역설적이게도 기다림과 희망이 없는 '나'의 삶은 미래를 놓고 볼 때는 후퇴이지만, 과거를 놓고 볼 때는 전진이 된다. 세계로부터의 후퇴와 존재론적 전진의 충돌 혹은 결합! 이 아이러니한 지점에서 '나'는 "감당하기엔 너무나 벅찬 무게의 삶들" 앞에 황폐하지만 의연하게 하나의 단독자로 서 있는 것이다. 다르게 말하면, 소설의 결말에서 이제 막 성장을 시작한 「아버지의 이름으로」의 '나'와는 달리, '나'는 이제 막 성장을 완료한 시점에 있다.

> 나는 무엇을 기다리고 있을까. 아니다, 나는 아무것도 기다리지 않는다. 기다림이란 무언가 희망이 있다는 증거이다. 꿈꾸는 것이 있다는 것이다. 내겐 꿈이 없다. 다만 감당하기엔 너무나 벅찬 무게의 삶들이 나를 짓누르고 있을 뿐이다.

2.

김이정의 두 번째 유형의 가족 소설들은 이 "너무나 벅찬 무게의 삶들"의 압력을 견디는 일에 몰두한다. 「근속」, 「개미의 집」, 「오디오」에는 너무 빨리 성장을 완료한, 혹은 성장을 건너뛴 인물들이 주인공으로 등장한다. 「근속」에서 '나(황수연)'의 '오빠'는 아버지의 부재를 대신하는 어린 가장과, 산업화시대에 생계를 도맡으며 동생들을 공부시킨 희생적인 장녀의 성격이 혼재된 인물이다. 「개미의 집」의 '오빠'도 이와 유사한데, 김이정의 소설에서 '오빠'는 기존의 소설들에 등장하는 아버지의 권위를 계승한 남성적인 대리가장들과는 성격을 달리한다. 김이정 소설의 '오빠'는 희생하되 권위를 내세우지 않는 여성적인 성향의 대리가장이다. "나는 이제부터 오빠가 아니라 아버지다". 「근속」에서 아버지가 돌아가셨을 때 열아홉 살의 오빠는 "누런 상장(喪章)을 가슴에 단 채 열여섯, 열세 살의 두 여동생을 앉혀놓고 독립선언서라도 읽듯이 비장하게 선언하"거니와, 이 선언은 이후 오빠의 삶을 통째로 규정하는 것이 된다. 그러나 오빠는 가부장적 권위와 명령이 아닌 모성적인 포용과 희생으로 가족을 돌본다. 프랑스 남자와 결혼해 떠난 막내를 제외하면, 어머니와 여동생인 '나', 오빠의 처자식은 모두 오빠의 희생을 발판으로 살아가는 존재들이다. 그 중에서도 '나'는 오빠 덕에 대학원까지 다니고 '이혼자금' 명목으로 목돈을 받으면서도, 보답을 하기는커녕 결혼과 이혼과 불륜, 취직과 실직을 자유롭게 하며 분방하게 살아간다. 자신의 생에 대해 "이만하면 결코 나쁘지 않은 생"이라고 생각하는 '나'는 오빠와는 대조적으로 자기중심적인 삶을 산다. 따라서 '내'가 오랜 친구이자 섹스 파트너인 진수에게 "남을 위해서는 단 한 발자국도 움직여 본 적이 없는 너 같은 자식"이라고 비난할 때, 이 말은 진수에 앞서 정확히 '나' 자신을 겨냥한 말이 된다. 소설 「근속」은 이 아이러니를 좀 더 발전시켜, '내'가 입사 30년 만에 팀장으로 승진한 오빠에게 "이제부터라도 오빠 자신을 위해 살"라고 외치는 결말에서 그 정점을 연출한다.

"미안해. 정말 미안해. 그리고 이제부터라도 오빠 자신을 위해 살아. 그 어느 누구도 아닌 오빠 자신으로…… 꼭 그렇게 살아. 누구의 아들도 오빠도 아빠도 남편도 아닌 오직 황수혁으로 살아보란 말이야."

그는 아무 말이 없었다.

(…)

나는 그가 30년 동안이나 근속한 도시를 향해 소리를 질러댔다.

표면적으로 이 소설은 '나'의 시점에서 자유롭고 쿨한 섹스와 삶의 문제를 서술하지만, 내적인 초점은 오빠의 삶에 있다. 엄밀히 말해, '나'의 자유의 원천은 오빠의 경제적 뒷바라지와 관용인 것이다. 때문에 내'가 중년의 오빠에게 "누구의 아들도 오빠도 아빠도 남편도 아닌 오직 황수혁으로 살아보라"고 외칠 때, 이 외침은 이중적으로 아이러니하며 공허한 울림이 된다. 첫째, 내가 바로 오빠를 옭아맨 사슬의 하나라는 점. 둘째, "누구의 아들도 오빠도 아빠도 남편도 아닌" 존재로 사는 것이 과연 근본적으로 가능하며 (특히 오빠와 같은 심성의 소유자에게), 그것이 정녕 '나 자신'으로 사는 방법인가 하는 점. 단적인 증거로, 스물일곱에 만난 첫사랑이 가난한 집을 나올 것을 요구하자, 오빠는 "내가 집이야. 집을 떠난 나는 이미 내가 아니야"라고 단호히 거절한다. '나 자신으로 사는 것'의 아이러니는 이기적이고 분방한 '나'도 자신이 원하는 자유가 무엇인지 정확히 모르며, 자기 자신으로 사는 데 성공하고 있는 것은 아니라는 점에서도 잘 드러난다.

「근속」의 '나'가 희생적 가장인 오빠를 자유분방한 삶 쪽으로 끌어당기는 일의 아이러니를 반증한다면, 「개미의 집」의 '미숙'은 가혹한 현실 속에서 가족에 의해 부양받는 자의 고뇌를 대변한다. 「개미의 집」에도 아버지가 돌아가신 후 열아홉 살부터 직장을 다니며 네 식구를 부양한 '오빠'가 나온다. 군대에 가 있는 오빠는 식구들 걱정으로 매일같이 편지를 보내고, 오빠 대신 '엄마'가 전자회사 구내식당에서 일하면서 생계를 책임진다. 엄마는 퇴근길에 인스턴트 수프, 쌀, 고기, 김치 등을 훔쳐와 살림에 보태고, 딸인 미숙에게는 공단 근처에 얼씬도 못하게 한다. 인문계 고등학교를 졸업하고 타자학원을 다니며 취직을 준비 중인 미숙은 엄마의 음식 빼돌리기 수법이 과감해지는 것과 비례해, 문학과 지식에 대한 갈증과 현실에 대한 고민에 깊이 빠져든다. 미숙의 가족이 살고 있는, 지은 지 1년밖에 안 된 열네 평의 아파트를 점령한 '불개미떼'는 이들이 처한 현실의 폭력성과 미숙의 고뇌를 생생히 표상한다.

> 개미의 기승은 날이 갈수록 심해지고 있다. 갈라진 벽지 틈으로 어김없이 개미들이 줄을 지어 기어 들어간다. 더 이상 눈에 보이지 않는 벽지 너머는 상상만으로도 진저리가 쳐진다. 누워서 개미들의 행렬을 보고 있노라면 어쩌면 저 개미떼들이 이 집의 모든 틈을 파고들어 치명적인 균열을 내고 있는지도 모른다는 공포가 몰려오곤 한다. (…) 미숙의 살기도 점점 더 날카로워지고 있다.

미숙은 개미를 생포해 온갖 방법으로 죽이지만, 개미를 완전히 없앨 길은 없다. "집의 모든 틈을 파고들어 피명적인 균열을 내"는 개미들과 "상상만으로도 진저리가 쳐지"는 '벽지 너머'는 가난한 이들에게 계속 가난을 주입하는 자본주의 사회의 구조를 상징한다. "적어도 너희를 공장에 안 보내는 게 엄마의 유일한 목표다", "이건 내 몫이야. 너는 네 길을 가면 돼"라는 엄마의 말이 미숙에게 절실하면서도 허황되게 들리는 것은 이런 이유에서다. 「개미의 집」이 「근속」에 비해 깊은 울림을 자아내는 것도 이러한 현실인식의 핍진성에 근거하고 있다. 엄마가 자신의 길을 먼저 차지해 버려 길이 막힌 미숙에게 "문밖으로 난 검푸른 길"은, 그것이 어떤 형태의 것이든 자본주의의 폭력적인 구조에서 자유로울 수 없는 길의 하나임에 분명하다.

> 미숙은 엄마가 걸어간 길을 두 눈을 부릅뜬 채 쳐다본다. 좁고 남루한 그 길로 검푸른 이내가 포충망처럼 드리워지고 있다. 미숙은 엄마가 미웠다. 엄마가 먼저 차지해 버린 길 때문에 미숙이 갈 수 있는 길들이 모두 막혀버린 것 같다. 아니 엄마가 미숙의 길을 모두 막고 서 있는 것만 같다. 어디로 가야 하나. 어디로 갈 수 있을까. 미숙은 문밖으로 난 검푸른 길을 뚫어지게 바라보았다.

「오디오」는 김이정의 가족소설의 두 번째 유형과 세 번째 유형을 연결하는 작품이다. '나'(미스 정)는 어릴 때 아버지가 돌아가신 후 큰아버지가 보내주는 돈으로 고등학교를 겨우 졸업하고, 청계천의 보일러 제조회사의 서울총판에서 보조경리로 일한다. 이십 대 초반의 '나'는 「근속」과 「개미의 집」

의 여주인공들과 달리 스스로를 부양해야 하는 1인 가족이다. 그러나 '나'의 문제는 경제적인 것에 있지 않다. '나'는 지난 봄 대학생 남자친구 민규에게 버림받은 후 일주일 두 번씩 레코드를 사러 간다. 실연의 깊은 상처로 "더 이상 책 속에 있는 글자나 입에서 나오는 말들을 믿지 않"게 되었기 때문이다. "네 곁에 있으면 내 속이 훤히 비치도록 투명해지는 기분이야. 정말이야, 맑은 물에 피까지 모두 씻기는 것 같아"라고 말하던 민규가 '나'의 임신을 받아들일 수 없다며 떠난 후, '나'는 언어에 대한 극단적인 불신에 젖게 된다. 민규와 결별한 후 거의 말을 하지 않게 된 '나'는 책 대신 레코드를 사벽면을 채운다. 그러나 소설의 마지막 구절에서 밝혀지듯이 '나'에게는 레코드를 들을 수 있는 오디오, 즉 언어의 차원을 초월한 언어인 음악마저 흡수할 수 있는 내면이 없다. 「오디오」는 아버지가 일찍 돌아가시고 어머니마저 재혼한 스무 살의 여주인공이 사랑의 실패로 정상적인 가족 제도에서 또 한 번 밀려나는 비극을 우울하게 묘사한다. 훼손된 가족의 트라우마는 주인공의 윤리적 선택이나 진정성과는 관계없이 현실 속에서 이처럼 비극적으로 반복되는 것이다.

3.

김이정의 가족소설의 세 번째 유형은 제도권 밖의 가족 관계를 모태로 한다. 「도둑게」, 「수의」, 「태내여행」의 주인공들은 모두 혼외정사로 태어난 인물들이다. 출생과 사랑의 조건을 제외하면, 「도둑게」는 「오디오」와 동일한 주제를 변주한다. 복지회 신문을 만드는 '나'는 복지사업부 예산을 담당하는 유부남인 '그'를 사랑한다. 미혼모의 딸인 '나'는 "절대로 금 밖으로 나가는 짓은 하지 말"라는 가르침을 받으며 자라지만, "널랑은 이 에미처럼 살지 말아. 이렇게 따순 햇빛 맘껏 쬐면서 살아."라는 어머니의 유언을 거스르고 유부남을 사랑하고 만다. "그의 정수리에서 반짝이는 한 올의 흰 머리카락"이 "햇빛 잘 드는 어머니의 무덤"을 떠올리게 하고, 그의 안타까운 눈빛이 아버지를 닮았기 때문이었다. "늘 세상 밖으로 한 발짝 물러나 있"던 '나'는 그에게 처음으로 "마음의 둑을 터뜨"리지만, 그는 은밀한 관계를 지속할 뿐 어떤 미래도 약속하지 않는다. "당신을 가질 수 없다면 아이라도 갖고 싶어요"라는 '나'의 소망도 간단히 묵살한다. 직장을 그만두고 방황하던 '나'는 임신 사실을 알게 되고, 낙태수술을 하러 가지만 "한꺼번에 빛을 뿜어내"는 '수술용 조명'을 노려보다 병원을 뛰쳐나온다. 그 후 혼자 석모도에 온 '나'는 뻘밭에서 붉은 게를 보며, 산부인과 대기실에서 본 그림책 「도둑게 이야기」를 떠올린다. "보름달이 환히 비치는 밤이면 알을 낳기 위해 바다로 들어간다는, 수평선이 부풀어 오르면 바다에 뛰어들어 달빛에 익은 빨간 알을 해산한다는 도둑게"처럼, '나'는 '햇빛' 대신 '보름달'을 택해 제도권 밖에서 사랑과 생명을 이어나간다. 어머니가 그랬던 것처럼.

김이정의 소설에서 가족의 상처를 지닌 여성들이 타인에게 쏟는 사랑은 이상하게도 거절당하고 실패한다. 그녀들이 한 인간-남성을 통해 자신의 상처를 모두 보상받으려 했기 때문일 수 있다. 실제로, 그녀들의 사랑을 받은 남성들은 하나같이 그 사랑에 부응할 수 없다는 이유로 그녀들을 떠난다. 「오디오」의 '민규'와 「도둑게」의 '그'가 그랬고, 「수의(壽衣)」의 '경수'도 그렇다. 「도둑게」가 실패한 사랑을 몰래 아이를 낳는 일로 상쇄하려 하는 데 반해(얼마나 상쇄할 수 있을지는 의문이다), 「수의」는 실패한 사랑의 기원인 비정상적인 가족의 중심부로 진입한다. '나(해연)'는 이복자매 '서연'에게 아버지의 부음을 듣고, 초등학교 4학년 때 잠깐 가본 적이 있는 아버지의 집으로 간다. 아버지의 부음은 '나'에게 다른 여자를 사랑하게 되었다는 경수의 말처럼 '해독불능의 언어'로 다가온다. 처녀 교사였던 어머니와 가정이 있던 아버지의 혼외 자식인 '나'는 아버지와 같이 산 기억이 없기 때문이다. 어머니마저 내가 대학 4학년이던 봄에 갑자기 세상을 떠난 후, "처음부터 부재했던 아버지와 어느 날 갑자기 사라져 버린 어머니" 대신 "내 주변의 빈 공간들을 모두 메"운 사람은 경수였다. 하지만 4년 동안 오직 경수 앞에서만 살아 있던 내게, "나는 다른 많은 사람들처럼 네 인생의 곁을 지나가는 사람이야. 아무도 네 자신을 대신할 수는 없어."라고 경계하던 경수는 결국 '나'를 떠나 버린다. 이 소설은 '내'가 아버지의 장례식에 참석해 그 집 식구들과 화해하는 과정을, 사랑했던 경수를 마음속에서 떠나보내는 과정과 오버랩하며 전개한다. 오버랩의 과정을 중재하는 이는 '나'의 어머니에게 남편의 사랑을 빼앗기고 외롭게 산, 아버지의 조강지처이다. 큰어머니는 몇 십 년 동안 남편의 수의를 만들며, '상실의 시간'을 견디고 마침내 그것을 넘어선다. '나'는 큰어머니를 통해 내게 필요한 것이 바로 견딤의 자세임을 배운다.

「태내여행」의 주인공인 대학교수 '남수'의 출생과 가족관계는 보다 비루하고 비극적이다. 성장기의 남수는 술주정뱅이 아버지와 천박한 어머니 때문에 "자신의 몸속을 흐르는 피를 모두 빼내 버리고 새로운 피를 채워 넣고 싶다는 간절한 열망에 사로잡혀" 오직 자신의 힘으로 살기 위해 무섭게 공부를 한다. 그러나 남수가 극복해야 할 수난은 이것이 다가 아니다. 남수의 생부는 근거 없는 '떠돌이 남자'였으며, 처녀인 어머니가 그와 몰래 정을 통해 남수를 낳았던 것이다. 내가 대학 1학년 때 양부가 죽자, 보험회사에 다니던 어머니는 사채놀이를 하다 돈을 날리고 도망가고, 남수와 동생은 빚쟁이들에게 쫓기는 신세가 된다. 전임이 되어 받은 첫 월급부터 차압당하며 사는 남수는 어느 날 도망간 어머니에게서 일본에 살고 있으며 곧 일본 남자와 결혼할 예정이라는 연락을 받는다. 학술방문차 일본에 간 남수는 우연히 들른 청수사에서 '태내여행'을 경험하고, 어머니에 대한 오랜 증오를 "누군가의 커다란 품안에 포근히 안겨있"던 '태초의 기억'과 맞바꾸게 된다.

> (…) 남수의 차례였다. 마치 만삭의 산모를 눕혀 놓은 듯한 타원형의 그것은 반질반질한 대리석으로 만든 것이었다. 돌에는 낯선 상형문자가 새겨져 있었다. 남수는 가만히 그곳에 손을 대보았다. 이상하게도 매끈매끈한 돌의 감촉은 따뜻했다. 온몸으로 따뜻한 물이 차오르는 듯한 나른함. 방금 전까지 공포에 휩싸여 있었다는 사실이 믿기지 않을 만큼 편안했다. 사막의 모래바람 속을 헤매다 우연히 찾아든 움막에라도 든 듯 몸이 절로 눕혀지는, 누군가의 커다란 품안에 포근히 안겨있는…… 태초의 어떤 기억이 몸속을 관통하는 기분이었다. 그때였다. 남수의 몸에서 갑자기 무언가가 터져 버린 것은. 팽팽히 조여 있던 실핏줄들이 단숨에 툭 끊어져 버린 기분이었다. 탱탱하게 부푼 풍선이 터져 버리듯, 온몸으로 버티던 수문이 부서져버리듯, 갑자기 속에서 치솟아 오른 어떤 것이 용암처럼 얼굴로 흘러내리기 시작했다.

어머니의 자궁을 재현한 구조물을 통과하며, 남수는 거대한 분노의 휘발과 존재의 카타르시스를 맛본다. 비록 순간적인 것일지라도, 현실의 논리를 초월한 이 시원의 상태로의 회귀는 김이정의 소설의 뿌리인 '출생과 가족의 트라우마'가 치유되는 한 장면으로서 각별한 의미를 지닌다. 남수가 어머니에게 전화해 "길 좀 알려 주세요. 어머니한테 가는 길 좀 알려주세요."라고 청하다가, "그냥 제가 알아서 찾아갈게요."라고 고쳐 말하는 것은 그의 내적인 변화를 분명히 암시한다. 물론, 남수가 어머니로 인해 겪었던 모든 현실적인 고난이 모성에 대한 충만한 카타르시스로 일시에 해소될 수 있는 것인가의 문제는 남는다. 그러나 남수가 '태내여행'을 통해 느낀, "태초의 어떤 기억이 몸속을 관통하는 기분"이 그의 내면에서 소리없이 들끓던 어머니와의 화해의 열망의 산물일 가능성도 부정할 수는 없다.

이 지점에서 '난파선'으로 가라앉거나, 홀로 고립된 '섬'에서 '섬' 자체가 되어 있던 김이정의 표류기는 새로운 항해의 가능성을 획득한다. 소설이 '난파선'과 '섬'의 운명을 일정 부분 감당해야 하는 시대에 김이정의 고독한 표류와 항해는 소설과 소설쓰기의 진정성을 내파하는 소중한 예의 하나로 부족함이 없다. 김이정과 같은 적막한 표류자 혹은 항해자들이 있어 우리 소설은 저 멀리 명멸하는 불빛이 우리의 출발점이었음을 기억하고, 혼신의 힘을 다해 되돌아갈 수 있는 것이기 때문이다.

근대적 일상과 공명(共鳴)하는 가족의 음영(陰影)
-장정희론-

고 인 환*

1. 근대적 일상과 가족

'현실 속에서 현실 너머'를 꿈꾸는 소설은, '타락한 시대 타락한 방식으로 진정성을 추구'(루카치)하는, 근대 서사의 모순된 운명을 체현한다. 장정희의 소설은 이러한 근대 소설의 모험에 기꺼이 동참한다. 오늘날 근대 소설의 모험을 이야기하는 것은 시대착오적인 발상이라 여겨질 수도 있겠다. 하지만 과연 그런가? 돈이 지배하는 세상에 진절머리가 나기도 하지만, 그렇다고 돈의 위력을 전면적으로 거부하기도 힘든 딜레마. 근대를 살아가는 개인이라면 이러한 근대 사회(서사)의 모순된 운명에서 자유로울 수 없다는 것이 필자의 생각이다. 전통적 서사 기법에 충실한 장정희의 소설이 내심 반가웠던 이유도 이와 무관하지 않다. 기본기가 탄탄한 묘사, 현재와 과거가 교차되는 꽉 짜여진 구성, 인물의 내면을 섬세하게 포착하는 감수성 등은 근대 소설의 문법을 일탈하지 않는다.

문학적 '진정성'에 대한 추구가 낯설음으로 다가오는 포스트 담론의 시대, 장정희의 소설은 우리 사회의 '맨 얼굴'을 응시하고 있다는 점에서 역설적

* 경희대학교 교양학부 전임강사, 문학평론가

으로 새롭다. 이 새로움의 이면을 들여다보면, 거기에는 꿈(환상)과 현실, 자아와 세계의 양극에 거미줄처럼 얽혀 있는 삶과 문학에 대한 근원적 화두가 꿈틀거린다. 현실의 행복한 삶을 위협하는 근원적 요소를 탐색하고, 고통스럽지만 그 조건들을 끊임없이 환기하는 작업은, 변하지 않는 문학의 본질적 기능이다. 이러한 기능이 은폐된 자본의 논리에 의해 침윤당하고 있는 현실에서, 다시 문학은 사회 현실에 대한 응전과 더불어 스스로에 대한 비판의 시선을 날카롭게 벼려야 한다.

장정희의 소설 대부분이 직·간접적으로 가족의 테두리 안에서 전개되고 있다는 점은 주목을 요한다. 소외된 가족 구성원들과 부부 관계 그리고 가족의 해체와 재구성에 관한 이야기가 주류를 형성하고 있는 셈이다. 가족의 붕괴와 재결합 문제는 '자아'의 정체성, 나아가 우리 사회의 정체성에 대한 근원적 성찰을 요구한다. 가족을 매개로 흔들리는 자아의 정체성을 탐문하는 작품들은 이런 점에서 근대 서사의 운명을 소환한다. 이러한 '되돌아봄'은 앞만 보고 달려온 우리의 현실에 대한 반성임과 동시에 물질문명에 쫓기는 현대인의 초상을 되새김질하는 행위이다.

2. 일그러진 가족의 풍경

장정희의 소설은 일그러진 가족의 현주소를 절제된 시선으로 응시하면서도 끝내 가족에 대한 희망의 끈을 놓아버리지 않는다는 점에서 문제적이다. 그럼 그의 작품 속으로 자맥질 해 보자.

「봄비」는 삶과 죽음의 공명(共鳴)을 통해, 가족 이데올로기의 안과 밖을 탐색하고 있는 작품이다. 사업이 망해 '피신을 명목'으로 집을 떠난 남편을, 아이와 함께 기다리는 여자가 있다. 여자는 남자에 끌린 것이 아니라, 그를 둘러싼 환경, 즉 전통적 공동체에 기반한 가족 이데올로기를 뿌리치지 못했다. 남자가 고향의 어머니를 떠올리며 처음으로 울었던 날, 여자는 남자의 등을 쓰다듬으며 술에 취한 남자가 잠들기를 기다린다. 여자는 남자를 자신의 품 안에 끌어안고, 천천히 자궁 안으로 밀어 넣는다. 이렇게 여자의 뱃속에 둥지를 틀어버린 한 생명 때문에 남자를 더 이상 물리치지 못한 것이다.

이렇듯, 여자의 인생을 붙잡아버린 것은 남자가 아니라, '생명'과 '노인의 세심한 손길'로 대변되는 '고향'의 이미지였다. 특히, 아이가 기르다 죽은 메추리를 통해 삶의 희망을 길어 올리고 있는 모습은, 파편화된 근대 사회의 가정을 공동체적 유대에 기초한 가족 이념으로 봉합하려는 의지를 반영한다.

> 죽은 메추리는 더욱더 소담스러운 목련 꽃봉오리를 아이에게 선사해 줄 것이다. 목련의 꽃봉오리가 커질수록 아이의 키도 높아갈 것이다. 날개를 가지고도 날지 못했던 메추리 대신 아이는 비상과 자유의 꿈을 실현시키게 될지도 모른다. (「봄비」)

'죽은 메추리 → 목련 꽃봉오리 → 아이의 비상과 자유의 꿈'으로 이어지는 연쇄는, 죽음이 새로운 생명을 잉태하는 순환적 세계관을 함축한다. 이러한 순환적 세계관은 붕괴된 근대적 가정의 버팀목으로 기능한다.

한편, '느티나무'의 상징 또한 근대적 가족의 신화와 대비되는 공동체적 삶의 방식을 환기한다. 남편이 태어난 것을 기념하여 심은 고향의 느티나무가 말라가고 있다. 더불어 '노인(남편의 어머니)'의 얼굴 또한 느티나무처럼 피폐해져 간다.

> 오래 전부터 앉아 있었다는 듯 노인의 몸이 형체를 잃어가고 있는 중이다. 촛농이 녹아내리듯 윤곽을 잃어버린 노인의 몸이 땅속으로 깊이 스며들고 있다.
>
> 나무가 되어버린 노인의 겨드랑이에서는 느티나무 새순이 한 잎 두 잎 돋아나오고 있다. 지난 밤 내린 밤비에 구령이라도 맞춘 듯 느티나무 가지마다 새순이 일제히 얼굴을 내밀기 시작한다.
>
> 어머니……!
>
> 여자가 노인의 어깨를 부여잡는다. 등걸처럼 딱딱해진 노인의 어깨는 움직이지 않는다. 여자의 눈물이 느티나무 뿌리 위로 뚝 떨어진다. 눈물은 마르지 않을 봄비가 되어 느티나무 발부리를 적시고 땅 속 깊이깊이 스며든다. (「봄비」)

'노인 → 느티나무 새순 → 여자의 눈물'로 이어지는 이미지의 변주 또한 삶과 죽음의 경계가 무화되는 지점을 향해 나아간다. 죽음이 새로운 생명과 몸을 섞는 순간이다. 이를 따스한 시선으로 지켜보는 화자의 '눈물'이, '봄비'가 되어 또 다른 생명의 탄생을 예고하는, 눈물겹도록 아름다운 장면이다.

> 봄도 가고, 메추리도 가고, 목련꽃도 떨어지는, 꽃 지는 봄날 아침이다. 세상의 아름다움이 한꺼번에 피어오르다 화르륵 스러져가는 봄날 아침은 슬프다. 희망이 있다면 그건 기다림 뿐이라는 것을, 이제 꽃진 자리마다 새 이파리들이 청신하게 돋아나는 그 날을 기다리는 일 뿐이다. 여자는 아이를 바라보며 혼잣말을 하듯 가만가만 중얼거린다.
>
> 그래, 기다리는 거야. (「봄비」)

이러한 희망이 있기에 화자는 남편을, 봄을, 생명의 잉태를, 나아가 가정의 회복을 염원하며 기다릴 수 있는 것이다.

「꽃불」은 자살 욕망이 삶의 의지와 포개지는 장면을 섬세하게 직조한 작품이다. 냉혹한 자본의 논리에 함몰된 화자의 삶이, '아들 하나를 안고 졸지에 청상(靑裳)이 되어버린' '뼈만 남은 어머니', '출산의 위협을 견뎌내지 못하고 해고'된 아내, '차가운 바람 속에 몸을 움츠리며 아빠를 기다리고 있을 딸아이'의 '맑은 목소리'와 겹쳐지며, 보기 드문 진경을 연출하고 있다.

독자들은 작품에 전경화된 이국적 풍경에 매혹될 겨를이 없다. 이국적 풍경이 들뜨지 않고 화자의 내면에 차분하게 음각되어 있기 때문이다. 오히려 이국적 풍경은 한국의 구체적 현실과 길항(拮抗)하며, 삶과 죽음이 공명(共鳴)하는 신화적 공간을 열어젖히는 데 기여하고 있다. '삶과 죽음이 공존하는' '바라니시'의 낯선 풍경은, 한국에서의 '내리막길'을 소환하고, 화자의 내면에서 삶과 죽음을 마주보게 한다. 작가는 조용히 생의 의지 쪽에 손을 들어준다. 이 생의 의지는 공동체적 유대에 바탕한 원형적·신화적 상상력(지상을 떠난 영혼들이 머물러 있는 중음의 공간)에서 샘솟고 있는데, 붕괴된 가족의 재구성을 재촉하는 기능을 한다.

「봄비」와 「꽃불」은 현대의 물질적 풍요와 견고한 제도를 반성적으로 성찰하며 문명의 '저편'으로 비상하기를 꿈꾼다. 다소 진부하고 익숙한 주제의식을 담고 있기는 하지만, '문명과 인간'에 대한 근원적 성찰을 통해 '지금 여기' 그리고 '미래의 삶'과의 접속 의지를 놓치지 않는 한, 이러한 작품들이 지닌 생명력은 앞으로도 지속될 것이다. 특히, 장정희의 소설에 나타난 가족의 붕괴는 'IMF 구제 금융'으로 대변되는 우리의 구체적 현실과 매개되어 있다는 점에서 더 큰 울림을 발산한다.

3. 소외된 개인들의 따스한 교감

「마이 트윈스(my twins)」에는 가족으로부터 소외된 자들끼리의 따스한 교감이 주조(鑄造)되어 있다. 아내에게 버림받은 한 남자가 있다. 그는 '무정자증'이라서 아이를 가질 수 없는 상황인데, 아내는 보란 듯이 임신 사실을 통보한다.

그리고 '남장이 잘 어울리는 여자'를 사랑한 여자가 등장한다. 가족의 반대로 이들의 사랑은 좌절된다. 그녀는 '남장이 잘 어울리는 여자'를 닮은 화자를 통해 '그/그녀'와의 사랑을 완성시키고자 한다. 화자의 '성기'까지 본을 뜬다. 이는 '남장이 잘 어울리는 여자'를 '남자'로 사랑했다는 사실을 암시한다. 그의 아기를 갖고 싶어 한 점은 이를 뒷받침한다.

이들의 만남은 가족의 해체 · 재구성에 관한 문제와, 근대 사회에서는 불가능한 합일의 욕망을 제기한다. 이들의 교감이 매개화(간접화)된 방식으로 존재한다는 사실은 근대 서사의 모순된 운명을 시사하는 한 예이다.

무정자증의 화자는 어린 아이의 형상에, '남장이 잘 어울리는 여자'를 사랑한 여자는 화자에게 자신의 욕망을 투사한다. 이렇게 투사된 욕망은 다시 섹스를 통해 교차된다. 하지만 섹스는 완전한 합일의 욕망을 끊임없이 연기하며 순간적인 하나됨에 머물게 할 뿐이다.

이렇듯, 「마이 트윈스(my twins)」는 '옹이가 없어 무늬가 없는 사람들이 난무하는 세상'에서 '세월의 야문 추위 속에 서성거려본 적이 있는 사람들'이 '그 속에서 입'은 서로의 상처를 따스하게 보듬어주는 작품이다. 이들에게 중요한 것은 '과거로의 회귀'가 아니라 '따뜻하게 주어진 현재'이다. '주름은 과거의 아픈 흔적임에 틀림없지만, 더 이상 미래의 음울한 예언이 되어서는 안' 되기 때문이다.

> 나는 가면 같은 얼굴 모형을 몸통에 갖다 붙인다. 조그만 몸체의 아이가 나와 똑같은 얼굴로 나를 올려다본다. 나는 양 손바닥으로 얼굴 모형을 감싸쥔다. 고개를 디민다. 똑같은 형상을 한 얼굴 두 개가 맞닿은 눈언저리에서 습습한 습기가 배어나고 있다. (「마이 트윈스(my twins)」)

'남장이 잘 어울리는 여자'를 사랑한 그녀는 화자의 '성기' 모형을 통해, 무정자증의 화자는 '어린 아이의 몸체'에 자신의 얼굴 모형을 붙이는 행위를 통해, '튼튼하게 발아될 굵은 씨알'을 품게 될지도 모를 일이다.

「봄날」 또한 가족으로부터 소외당한 개인들의 소통 욕망을 다룬 작품이다. 한 여자가 있다. 그녀는 곱추이다. 알코올 중독에 폭력을 일삼다 죽은 아버지, 부도난 회사 때문에 가족을 팽개치고 캐나다로 떠나는 오빠, 치매에 시달리다 급기야 암 덩어리에 몸을 내준 어머니. 그녀에게 가족은 한 마디로 족쇄다. 화자는 어머니가 죽자 홀가분한 마음으로 아파트를 처분하고 지하의 단칸방에 정착한다.

가족의 족쇄로부터 해방되었지만, 여자는 여전히 '자신의 뒷덜미를 당기고 있는 뭔가에 사로잡'힌다. 여자의 의식이 자꾸만 예전에 살던 집을 향해 뒷걸음질치고 있다. 이 뒷걸음질은 해체된 가족을 재구성하려는 무의식적 욕망, 즉 붕괴되기 이전의 가족에 대한 그리움을 표상한다.

한편, 지금까지 자신의 자식이라 믿어왔던 아이가, 아내가 바람을 피워 낳은 아들이라는 사실을 알고 별거 중인 한 남자가 있다. 이 남자는 여자의 아파트를 산다. 여자는 매매 계약을 하면서 남자의 '낮게 가라앉은 눈동자 속에는 누구도 짐작하지 못할 삶의 비의가 숨겨져 있을 것' 같은 느낌을 받는다. 여자는 남자가 왠지 마음에 든다.

여자는 '뒷덜미를 당기고 있는 뭔가'에 이끌려 자신이 살았던 집으로 간다. 밀폐된 통조림처럼 집안에 틀어박혀 살았던 여자의 흔적은 씻은 듯 사라지고 없다. 죽은 줄만 알았던 히아신스가 어느덧 따뜻한 봄 햇살 아래 부푼 꽃망울을 쳐들고 있었다. 여자는 날마다 그 집으로 간다. 메마른 화분처럼 푸석했던 여자의 일상에 꽃대 하나가 쑥 밀고 올라온 느낌이다.

드디어 여자와 남자는 마주친다. '누구야?' 혀 풀린 남자의 목소리가 몽롱하다.

> 남자의 몸이 여자의 몸 위로 덮치듯 쓰러진다. 남자의 뜨거운 입술이 여자의 목덜미를 파고든다. 지독한 술 냄새에 정신이 아뜩할 지경이다. 남자가 우악스럽게 여자의 가슴을 잡아챈다. 우두둑 소리를 내며 기모노의 솔기가 뜯겨져 나간다. 버둥거리던 여자의 손이 남자의 등허리에 놓이는 순간, 여자는 자신도 모르게 손아귀에 힘을 준다. 어쩌면 아주 오래 전부터 이 순간을 기다려왔는지도 모른다는 생각이 든다. 술에 젖은 남자의 몸이 불에 달아오른 램프처럼 뜨겁다. 남자가 헉헉거리며 여자의 가슴 안으로 파고든다. 여자는 힘껏 남자의 허리를 끌어당긴다. (「봄날」)

인용문은 왜곡되고 일방적인 상상적 소통의 파국을 잘 보여준다. 여자에게 아파트는 새로운 가족을 꿈꾸는 공간일 테지만, 남자에겐 가족으로부터 추방되어 격리된 해체의 공간일 뿐이다.

어긋난 마주침(섹스) 이후 여자는 다시 아파트를 찾는다. 열쇠를 구멍에 들이민다. 들어가지 않는다. 예전의 열쇠 구멍이 뜯겨지고 새로 갈아낸 흔적이 완연하다. 여자의 몸속에서 무언가가 뭉텅 쏟아져 내린다. 산산조각난 가족의 봉합이 얼마나 지난한 여정을 예비하는지 시사하는 대목이다.

「주유소」에는 혼자 있는 일에 익숙하고, 날마다 하루가 똑같다고 생각하는 고독한 화자가 등장한다. 그녀에게 삶은 그저 견디는 것이다.

> 앞산 너머에 엎드려 있을 단칸방의 식구들은 사장이 건네는 일주일 분의 지폐로 일주일 단위의 삶을 살아가고 있을 것이다. 내 손에 들어와 본 적이 없는, 내 노동의 대가로.
>
> 가족이란 어차피 그런 것이다. 애정을 담보로 하여 밑동이 닳아 없어질 때까지 서로를 쇠사슬처럼 옭아매는 관계, 질척거리며 끌려가더라도 가족은 가족인 것이다. (「주유소」)

여자는 '떠날 수만 있다면……. 이곳에서 벗어날 수만 있다면, 자동차의 꽁무니에 매달려서라도 저 산을 넘어갈 수만 있다면, 밤새워 걸어도 좋을 것'이라 생각한다. 그녀는 '질척거리는 가족으로부터, 숨 막히는 기름 냄새로부터, 아무런 일상의 변화가 없는 단조로움'으로부터 탈주하여 도시 사람이 되기를 꿈꾼다.

이러던 화자의 일상에 한 남자가 끼어든다. 낮에 기름을 넣고 떠난 그는, 산더미 같은 눈을 머리에 이고 문을 두드린다. 20년 만의 폭설 때문에 눈 덮인 산을 넘지 못했기 때문이다.

잠들어 있는 남자의 와이셔츠와 넥타이 그리고 넥타이핀에는 화자가 꿈꾸던 도시의 공기가 스며 있다. 하지만 도시 생활에 찌든 남자에게 그것은 그의 목을 사슬처럼 옥죄었을 족쇄였을 수도 있다.

도시 생활에 찌든 남자와 도시를 동경하는 여자가 몸으로 서로의 상처를 보듬는다. 화자는 지금의 그녀가 아닐 수만 있다면, 누군가의 몸속에 스며서라도 흔적 없이 사라져 버릴 수만 있다면 좋겠다고 꿈꾼다. 기억조차 나지 않는 까마득한 시원으로 되돌아간 것 같은 착각에 빠진다.

이들의 교감에 조금 더 귀를 기울여 보자. 화자는 삶이란 그저 견디는 것이라고 생각하고, 남자는 삶이란 허우적거릴수록 더 깊이 빠지는 수렁이라고 말한다. 화자는 방기할 수 없는 가족에 대해 말하고, 남자는 잃어버린 가족에 대해 이야기한다.

자고 일어나니 남자가 없다.

> 그는 어디만큼 가고 있을 것인가. 그의 모습은 눈물에 가려 보이질 않는다.
>
> 나는 기어이 울음을 터트리고 만다. 가슴 속 깊은 곳에서 뜨겁게 솟구쳐 오르는 울음소리는 희디흰 들판을 가로지르며 퍼져 나간다. 울음소리는 맞은 편 언덕 위에서 들려오는 제설차의 달달거리는 소리에 흔적 없이 빠져든다. 나는 눈물어린 눈으로 모자이크처럼 일그러져 있는 풍경들을 향해 손을 흔들어준다. (「주유소」)

화자는 '삶은 그저 견디는 것'이라는 말을 곱씹으며, '누군가 내게 손을 건네준다면 그의 손을 있는 힘껏 부여잡으리라 마음먹지만 그렇다고 해서 달라지는 것은 무엇인가' 반문해본다. 사정이 이렇다면 남자와의 이별을 수용하지 않을 도리가 없다. '눈물어린 눈으로 모자이크처럼 일그러져 있는 풍경들을 향해 손을 흔들어' 줄 수밖에. 삶이란 그런 것이 아니겠는가.

4. 일상의 덫에 갇힌 주부의 내면

「푸르른 기억-앵무새」는 일상의 덫에 갇힌 한 주부의 내면을 포착한 작품이다. 마치 이상의 「날개」(박제가 되어버린 천재/새)를 연상시키는 소설이다. 이 작품에 드러나는 풍란은 화자의 뿌리 뽑힌 일상적 삶을 상징한다.

> 풍란은 남편의 제자가 가져다 준 학위 심사 답례품이었다. 남편이 풍란을 집으로 가져왔을 때, 여자는 비명을 지를 뻔 했다. 손바닥만한 바위 위에 심겨진 풍란은 맨 뿌리 세 개로 죽을 힘을 다해 들러붙어 있었다. 민둥한 돌에는 물이 고일 곳이 없었다. 여자가 풍란 주변을 돌며 물뿌리개로 정성껏 물을 주었지만, 물은 금세 흘러내리곤 했다. 그런 물줄기를 잡느라 안간힘을 쓰고 있는 메마른 뿌리를 볼 때마다 여자는 숨이 찼다.
> 남편은 여자의 질린 얼굴을 넌지시 바라보며 말했다.
> 인생에서 적당한 긴장은 소금이야……. (「푸르른 기억-앵무새」)

남편과의 섹스는 일상의 감옥에 갇힌(물줄기를 잡느라 안간힘을 쓰고 있는) '풍란'의 노예적 삶을 잘 보여준다.

> 조루 증세를 보이는 남편과의 섹스 때마다 여자는 최선을 다했다. 입가에 새어나가는 가벼운 탄성까지 노력해서 만들어 놓은 여자는 그것이야말로 남편에 대한 최대한의 예의라고 생각했다. 남편의 남성성을 북돋아 주는 일이야말로 아내로서의 당연한 의무로 여겼다. 그렇게 함으로써 남성성의 복원을 가져올지도 모른다고 기대하기도 했다.
> 자신의 몸 위에서 헉헉거리다 떨어져 나가 쉽게 잠들어 버리는 남편의 등 위에서 여자는 조심스럽게 자위를 했다. 절정으로 치솟아 오르는 순간, 여자는 스스로에게 되뇌었다. 우리에겐 채우지 못할 욕망 따위는 없는 것이라고. 나는 행복하다, 고 스스로 '행복'하다고 믿는 자신의 결혼 생활에 '그늘'은 여자 스스로에게도 용납될 수 없는 것이었다. 수시로 여자는 자신에게 다짐을 주었다. 행복이란 별거냐고, 누구에게나 삶의 어려움은 존재하는 거라고, 자신이 느끼는 약간의 어려움 따위는 앞으로 충분히 해결해 갈만한 것이라고 믿었다. (「푸르른 기억-앵무새」)

아이가 학원에서 가져온 음악책의 '도돌이표'는 산기슭으로 굴러 떨어지는 두 개의 커다란 바위 덩어리처럼 보인다. 온 힘을 다하여 올려놓았음에도 또 다시 흘러내리기를 반복하는 바위 덩어리. 여자의 하루는 두 개의 바위 덩어리를 힘들여 올려놓는 일에 온 힘을 쏟아 붓는 일로 채워진다.

작가는 여자를 앵무새에 비유한다. 그녀에게 앵무새의 푸르른 기억은 아득히도 멀다. 인조 잔디 위에서만 뒤뚱뒤뚱 걸어야 했던 앵무새는 이미 나는 법을 잊어 버렸는지도 모른다. '광활한 벌판을 잊어버린 개가 주인의 손바닥을 달콤하게 핥아대며 옆구리 속으로 파고드는 것처럼', '퇴화되어 버린 날개'.

그렇지만 이 기억의 흔적은 불현듯 일상의 두꺼운 껍질을 비집고 나오게 마련이다.

> 안개를 머금은 바람이 호수의 저편 어둠 속에서 불어 왔다. 길게 늘어뜨려진 여자의 머리칼이 바람결에 맞추어 가닥가닥 춤을 추었다. 바람은 뜨거운 입김을 불어넣듯 여자를 향해 달려왔고, 그 바람에 여자는 교태를 떨 듯 이리저리 몸을 뒤척이기도 했다.
>
> 여자는 부드러운 바람의 손길에 온 몸을 내맡긴 채 눈을 감았다. 애무하듯 여자의 얼굴을 어루만지던 바람이 여자의 귓불에 대고 간질이듯 속삭였다. 우리는 과거에 서로 무엇이었지? 서로를 스쳐가야만 했던 사랑이었나. 순간, 바람이 여자의 치맛자락을 나붓이 들어 올렸다. 훗, 미처 가릴 틈도 주지 않는 성급한 연인처럼 바람은 여자의 허벅지 깊숙한 곳까지 손을 밀어 넣었다. 저릿해진 여자의 몸이 한 마리의 짐승처럼 버둥거렸다. 여자의 얼굴은 금세 달아올랐고, 숨이 가빠졌다.
>
> 여자는 신발을 벗었다. 편편한 자갈 위에 앉아 물속에 발을 밀어 넣었다. 호수의 물은 옭죄어진 여자의 발을 씻겨 주는 자상한 연인 같았다. 여자는 자상한 손길에 그대로 발을 내맡긴 채 몸을 누였다. 축축한 습기가 등마루 쪽에서 느껴졌다. 발끝에서 찰랑찰랑하게 어루만지던 호수의 물결이 여자의 발목까지 와 닿았다가 밀려갔다. 발바닥을 간질이는 부드러운 물결을 받으며 여자는 하늘을 바라보았다. 잘게 부수어진 유리 조각들이 햇볕을 받아 반짝이듯 별들이 지천으로 깔려 있었다.
>
> 언제였던가. 여자는 이와 똑같은 느낌을 주던 때가 있었던 것 같았다. 마치 전생처럼, 지금 이 순간과 너무나 흡사한, 그래서 바로 어제쯤으로 여겨지던 때가 분명히 있었다고 느꼈다. 그때와 지금이 만나고 있는 아주 익숙한 풍경 속에 자신이 놓여 있다는 생각을 하면서, 여자는 가슴에 따뜻하게 퍼져 나가는 물살을 느꼈다. (「푸르른 기억-앵무새」)

이러한 앵무새의 '푸르른 기억'은 '고양이 울음소리'에 의해 무참하게 파괴된다. 고양이 울음소리는 바람과 안개와 물결 찰랑이는 소리에 어우러진 여자의 내면을 물그림자처럼 흔들어 놓는다.

작가는 이 '푸르른 기억'의 파괴를 살짝 비틀어 제시했다. 실제로 일어난 일인지 아니면 상상 속의 사건인지 모호하게 처리되어 있다. 결코 놓쳐버리고 싶지 않지만, 그렇다고 현실에서 실현하기도 여의치 않은 앵무새의 푸르른 기억은, 현실과 현실너머의 경계에 보금자리를 트고 있기 때문이리라. 이 기억의 흔적을 좇는 행위야말로 근대 서사의 모순된 운명을 체현하고 있는 것은 아닐까.

> 여자는 베란다에 나와 어둠을 응시하고 서 있었다. 뒤축을 꾹꾹 눌러 딛는 남편의 구두소리와, 샤워하는 남편의 물소리와, 헉헉대던 남편의 신음 소리가 순간처럼 짧았다. 여자의 가슴 안에 퀭하게 뚫려버린 구멍 속으로 아무런 흔적도 없이 스러졌을 뿐이다. 주차장의 가로등 하나가 눈동자처럼 명명하게 여자의 가슴을 밝히고 있었을 뿐. (「푸르른 기억-앵무새」)

푸르른 기억이 여자의 가슴에 뚫은 구멍 속으로, '뒤축을 꾹꾹 눌러 딛는 남편의 구두소리와, 샤워하는 남편의 물소리와, 헉헉대던 남편의 신음 소리'가 '순간처럼 짧'게 '스러'진다. 이렇듯 앵무새의 기억은 비록 '주차장의 가로등 하나' 정도의 희미한 빛으로 여자의 가슴을 밝히고 있지만, '눈동자처럼 명명'하다. 이 '명명'한 '눈동자'야말로 장정희의 소설이 뿜어내는, 근대적 일상을 밝히는 소중한 '빛'이다.

근대 여성의 글쓰기와 여성작가의 탄생

-1920~30년대 여기자(女記者)집단을 중심으로-

김 연 숙*

1. 1920~30년대 저널리즘과 여성

1936년 삼천리사 주최로 열린 「여류 작가 좌담회」에서 사회자 김동환은 참석자들에게 이런 질문을 던진다. "여류문단의 진흥을 위하야, 신문잡지사와 이전(梨專)문과와 남성사회에 보내고 십흔 말슴"을 각자 해보시라고.[1] 박화성, 장덕조, 모윤숙, 최정희, 노천명, 백신애, 이선희가 참가했던 이 좌담회에서 '여류문단의 진흥'을 위해서 유독 이화여전 문과와 신문잡지사가 거론되었다는 사실은 자못 의미심장하다. 나혜석, 김명순, 김원주(元周) 등 근대문학 초창기의 여성작가가 개별적인 존재라 여겨지는, 극소수의 신여성이었다면, 이른바 제 2세대 혹은 제 2기 여성작가들의 경우 좀더 체계적이고 지속적인 여성교육과 공적영역에 진입한 경험을 가진 집단적 존재로서 문단에 등장한다. 삼천리사의 좌담회에 참가한 여성작가들은 후자의 경우에 속하는

---

* 경희대학교 강사

1) 박화성 외, 「여류작가 좌담회」(『삼천리』, 1936.2), p.220 ; 이외 다른 질문은 "최근 해내(海內) 해외(海外) 제작가(諸作家)의 작품의 인상, 구상(構想), 집필할 때의 고심담, 여류작가가 본 남성작가의 인상, 어느 작가를 사숙(私淑)하는가, 독서는 엇던 경향의 것을 하는가, 여류작가로써 직업을 가지는 것이 고통이 아닌가, 한 달에 얼마나한 원고료를 받는가" 등이다.

이들이다.

여기에서 이화여전은 식민지에서는 최고의 여성교육기관이라는 사실 때문에 언급되었고 실제로 모윤숙, 노천명을 비롯한 많은 여성작가들이 수학한 곳이기도 하다.[2] 이에 비해 신문잡지사가 여성작가와 관계맺는 방식은 좀더 복잡해 보인다. 근대 이후 저널리즘은 여성 계몽과 교육의 장(場), 여성의 글읽기 공간이자 한편으로는 여성의 글쓰기가 현실화되는 곳이었다. 『여자계』(1918)를 시작으로 1920~30년대의 많은 여성잡지, 신문(특히 가정란)을 중심으로 여성 담론이 비로소 공공영역에서 발화되었고, 그것은 신문잡지라는 근대적 매체를 통해 생산·유통·소비되었기 때문이다. 또 중등 정도 이상의 교육을 받은 여성의 수가 늘어나면서, 학교 작문 시간에 재능을 보인 여학생들은 자기를 표현하는 글을 쓰며 문단에 나와 기자가 되고, 작가가 되었으며, 나머지 많은 여학생들은 '모던 걸'로서 '문화생활'을 꿈꾸며 '신가정'의 현모양처가 되어 그 잡지와 작품들을 읽었다.[3] 근대 이후 글을 쓰는 여성과 글을 읽는 여성이라는 구도가 만들어지기 시작한 것이다. 학교가 여성에게 글쓰기와 글읽기를 습득·훈련시키는 근대적 제도라면, 글쓰기와 글읽기가 근대적으로 유통되는 장이 저널리즘이다. 또 한편으로 저널리즘은 여성작가가 생성되는 존재기반이었는 점에서 주목할 만하다. 앞에서 언급했던 삼천리사의 좌담회에서도 박화성을 제외하고는 모두 기자 생활을 경험한 이들이다. 예외인 박화성도 교직에 있었던 사실을 떠올린다면, 이 좌담회의 구성원들이야말로 학교와 저널리즘이라는 근대적 제도와 여성작가가 관계하는 친연성을 고스란히 실증하고 있는 셈이다.

이에 본고에서는 저널리즘과 여성작가의 관계에 주목하고자 한다.[4] 이를

---

2) 실제로 이화 여전 혹은 이화 여고보에 다녔던 여성작가들은 다음과 같다.
김원주(元周)-이화학당(이화전문) 중학과 졸업(1918)
노천명-이화여전 문과(영문과) 졸업(1934)
모윤숙-이화여전 문과(영문과) 졸업(1931)
이선희-이화여전 문과 수료(1928)
임순득-이화여고보에서 학생시위로 퇴학(1931), 동덕여고보로 편입
장덕조-이화여전 영문과 중퇴
장정심-이화유치사범학교 졸업(1921)
전숙희-이화여전 문과 졸업(1938)

3) 이상경, 「1930년대의 신여성과 여성작가의 계보 연구」, 『여성문학연구』 12, 2004, p.252.

위해서는 첫 번째 저널리즘의 당대적 성격(여성과 관련하여), 두 번째 신문잡지의 여성독자층, 세 번째 저널리즘에 관련한 여성작가층, 네 번째 여기자-작가들의 기사문과 작품의 성격 등이 규명되어야 할 것이다. 이 글에서는 첫 번째와 세 번째 문제를 중심으로 기술하면서 1920~30년대 여기자-작가들의 실상을 파악하고, 이를 바라보는 남성작가들과 당대의 언설을 고려, 그들이 저널리즘 공간에서 위치하고 있는 지점을 살펴보고자 한다. 사실상 지금까지의 논의에서 근대 여기자-작가 집단의 실태도 제대로 밝혀져 있지 않기 때문에 이 글은 여기자-작가에 대한 기본 사실 확인에서부터 시작할 수밖에 없었다. 이를 바탕으로 이후 연구에서는 두 번째, 네 번째 문제까지 아울러 논의하면서 저널리즘과 여성작가의 상관성을 보다 상세하게 다룰 수 있기를 기대한다.

2. 새로운 직업부인, 화초(花草)기자 · 화형(花形)기자

식민지근대 이후 등장한 신여성의 새로운 직업은 대체로 교사(유치원 보모, 중등교원), 여기자, 여점원(또는 백화점 숍 걸), 여의사, 산파, 간호부, 은행원, 전화 교환수, 타이피스트, 여직공, 여급(카페 걸), 엘리베이터 걸, 버스걸, 기생 등이 있다. 이중 기생을 제외하고는 사실상 근대에 이르러 출현한 직업군에 속한다. 더 엄밀히 말하자면 여성에게 '직업'이란 말을 거론하게 된 것 자체가 이미 근대적인 변화이기도 하다. 직업이란 여성이 공적 영역과 관계맺는 가장 대표적인 방식이니 말이다.

우리나라 최초의 여기자는 <매일신보>의 이각경이다. 그녀는 1920년 공채로 매일신보에 입사해 9월부터 12월까지 유명인사 인터뷰와 가정방문기 등 직접 취재한 기사를 작성했다.[5] 그러나 언제 퇴사했는지 어떤 활동을 벌

4) 그동안의 연구는 남성 문인기자를 대상으로 해서 신문학예면 분석, 구인회, 염상섭 · 김기림 등의 작가론에 치중되어 있었고, 여성작가의 경우 개별 작가 논의에서 단편적으로 언급되는 데 그쳐왔다. 이에 비해 심진경은 「문단의 여류와 여류문단」(민족문학사연구소 기초학문연구단, 『한국근대문학의 형성과 문학장의 재발견』, 소명출판, 2004)에서 여성작가의 생성기반이 기자출신이라는 것과 이화여전 문과출신이라는 특징이 있다는 점을 지적하고 있다.

였는지 제대로 알려지지 않고 있으며, <매일신보>가 총독부 기관지라는 점 때문에 그동안 최초의 여기자란 점이 제대로 인정되지 않았던 듯하다.[6] 그럼에도 불구하고 이각경이 기자로서 활동한 흔적은 분명하다. 그녀는 채용된 지 열흘 뒤인 9월 14일부터 기사를 쓰기 시작했고, 「부인기자의 활동」이라는 제목으로 창덕궁 지밀여관을 방문한 기사에 이어서 9월 15일자부터는 고정제목으로 「부인기자의 가정방문기」를 게재한다. 그의 가정방문기는 9월 15일자부터 9월 21일자, 9월 29일자에 실렸다. 또 그 해 말인 12월 5일자에는 「이백작저 방문기」를 썼고 이각경 여사라고 이름까지 밝혔다. 이각경은 이때 <매일신보>의 자매지였던 일어신문 <경성일보>의 여기자 가마다와 동행하여 일본어 통역도 해줬다는 것으로 보아 <경성일보>에도 이미 일본인 여기자가 있었음을 알 수 있다.[7]

이후 1922년 개벽사에서 부인잡지 기자로 김경숙을 채용하고, 1924년 민간지 최초로 조선일보사가 여기자 최은희를 채용하면서부터 각 신문잡지사에서 여기자 채용이 성행하기 시작한다. 이처럼 여기자를 채용하게 된 것은 <매일신보>가 "시대에 요구에 응하야 시(是)에 부인기자를 채용"[8]했다고 스스로 공표한 것처럼 달라진 시대 상황 때문이다.

> 그러나 그도 지금와서는 필연덕으로 부인긔자의 수완을 빌게 된 것이 신문잡지게 현상인것 갓습니다. …(중략)… 아즉도 녀학교가튼데서까지 산해긔자의 면회를 싹

---

5) <매일신보> 1920년 9월 5일자에는 「금회에 본사 입사한 부인기자 이각경 여사, 오늘의 부인사회를 위하야 건전한 붓을 휘두를 그 목적」이라는 제목으로 이각경의 입사를 알리는 기사가 실려 있다.

6) 이 때문에 논자에 따라서는 최초의 여기자를 개벽사의 김경숙으로 손꼽고 있거나, 민간지의 경우를 따져야한다는 이유로 조선일보 최초의 여기자였던 최은희를 거론하기도 한다.

7) 물론 신여성 중 나혜석이 1918년 『여자계』의 주간 겸 기자노릇을 했다거나 그후 1919년에 김원주가 『신여자』의 주관, 주필, 기자를 겸했다는 기록도 있어 이들을 최초의 여기자라고 봐야 한다는 주장도 있다(김경희, 「여성언론인의 역사」, 『또하나의문화』 제2호, 1986). 그러나 나혜석이 『여자계』 발행에서 어떤 역할을 했는지는 명확히 드러나 있지 않다. 나혜석은 1918년 총무를 했고 1918년 『여자계』 2월호에 정월이라는 필명으로 소설을 썼지만 여자계의 편집 겸 발행인은 김덕성으로 되어 있고 나혜석이 주간을 맡았다는 기록은 없다. 또 김원주도 1920년 3월에 창간된 『신여자』의 주간을 맡았으나 혼자서 거의 모든 일을 맡았던 이 잡지는 3호 발행으로 그쳤다. 이런 사실들로 미루어 볼 때, 이들의 경우는 여기자로서의 활동이라기보다는 문학운동의 성격이 강하다고 보아야 할 것이다.

8) 「시대의 요구에 응하야 부인기자 채용」, <매일신보> 1920.7.1.

거절하는 희귀한 교육식이 잇고 가뎡방문 개인교제에도 남자로서는 됴뎌히 원만하게 하기가 어려운 즉 말하자면 소위 남녀유별의 무근 도덕이 아라도 고처지지 안코 그대로 켜켜히 남어잇는 요현상의 사회에서 아모려나 여자사회의 발뎐이나 진보를 도모하랴면 적어도 녀긔자 그분들의 분투와 노력을 기다려야만 할 것을 필자는 깁히깁히 깨다럿습니다.9)

위 인용문에 따르자면 시대상황이 변했다는 것은 여학교나 가정방문, 개인교제에 대한 기사가 필요해졌다는 것을 의미한다. 이는 결국 근대 교육을 받은 여성이 점차 늘어나고 이들의 사회진출 영역이 확대되면서 신여성이란 자체가 기사대상이 되었다는 사실과 또 한편으로는 그녀들이 여성 독자를 형성, 집단적인 세력을 형성하기 시작했다는 사실을 알려주는 것이다. 이 과정에서 위 인용문의 필자는 "여자사회의 발뎐이나 진보를 도모하"려는 "녀긔자 그분들의 분투와 노력"이 스며드는, 말하자면 여기자들에 의한 여성해방 또는 여성계몽적 언론활동도 전망해내고 있다. 그러나 실제 여기자들의 활동양상을 보자면 이런 적극적인 부분을 기대하기는 다소 어렵다. 우선 여기자의 채용과정이나 활동 상황을 살펴보면 무엇보다도 여성독자를 끌어들이려는 상업적 의도가 분명하게 드러난다.

긋대에 그의 마튼 일은 지금의 다른 여기자들과 마찬가지로 가정방문의 기사가 제일 만헛섯고 또 한가지는 그때만하야도 일반가정에서 잡지가 엇더한 것을 잘 이해하지 못하는 까닭에 <u>기사보다도 여러 가정을 방문하며 그 잡지의 선전을 하는 것이 큰 임무</u>엿다. 해가 벌서 오랜 까닭으로 그의 기사쓴 것은 잘 기억이 나지 안치만은 가정으로 다니며 선전하는데는 상당한 성적이 잇섯던 것이 기억된다.10) (강조-인용자)

이 인용문은 1920~30년대 대표적인 여성잡지 『신여성』에서 모회사(母會社)인 개벽사 최초의 여기자였던 김경숙의 채용경위나 활동내용을 설명하는 글이다. 이에 따르면 김경숙은 개벽사가 부인잡지를 발행하게 되면서 채용

9) 「우리직업부인계의 총평」, 『신여성』 3권 4호, 1925.4, p.32.
10) 취운생, 「조선신문잡지의 부인기자열전」(『신여성』 6권 3호, 1932.3), p.50.

되었는데, 사실상 기자라기보다는 가정방문 영업사원의 역할을 했다. 이 역할의 주된 내용은 각 가정을 돌아다니며 부인잡지를 선전하고 판매해야하는 일이다. 이 선전과 판매가 가정부인이나 여학생을 대상으로 하기 때문에 여기자라는 존재가 필요해진 것이다. 그래서 취운생이라는 필자는 김경숙의 "전(傳)"을 서술하면서도 "기사보다도" 가정 방문과 잡지 선전을 했던 활동에 중점을 두며, 그 일화를 소개하기도 한다. 김경숙이 어느 가정집을 방문했을 때 일반 외판원인 줄 알고 문전박대를 당하자, 신문사로 돌아와서 그 집 아들이 다니는 유치원의 보모를 사칭, 가정방문을 한다는 구실로 다시 방문하는 기지를 발휘했다는 것이다. 이처럼 그녀는 "교제에 능하고 말솜씨가 대단"했다는 점이 기자로서 가장 큰 장점이었다고 평가받는다.

민간지(조선일보) 최초의 여기자였고, 본격적인 기자활동을 했기 때문에 종종 최초의 여기자라고 평가되는 최은희의 경우도 채용된 경위를 살펴보자면 김경숙과 별반 다르지 않다.[11] 허영숙이 그녀를 조선일보 부인기자로 추천하기도 했지만 정작 여기자로 채용된 가장 큰 이유는 그녀의 "수완과 영악함"을 인정받았던 사건때문이었다. 어느날 최은희가 허영숙의 집에 갔을 때 조선일보 편집국장인 민태원도 와서 이런저런 이야기를 나눈다. 허영숙이 자신이 의사로 있을 때 황금정의 부자(富者)가 치료를 받고도 치료비 80여원을 계속 미루면서 깎아달라는 염치없는 요구를 하고 있다는 말을 하자, 그자가 너무 괘씸하다고 생각한 최은희는 자청해서 그 돈을 받으러 간다. "그 집에 가서 엇지나 조르고 다구어 댓든지 그 쇠귀신가튼 부호도 돈을 내고야" 말고 "그 소문이 엇지하야 조선일보 당국자의 귀에 드러갓든지 나를 여기자의 적임자로 생각하고 허씨의 천(薦)대로 채용이" 되었다는 것이다. 이후 최은희는 1924년 조선일보에 입사한 이래 가정란, 학예부뿐만 아니라 정치, 사회부까지 두루 거치며 방문기사, 사회문제 취재기사 등을 능숙하게 써내 부장까지도 역임하는 능력을 보여준다. 그러나 그녀가 여기자가 된 것은 기자로서의 능력보다는 악착같이 돈을 받아내는 끈질긴 수완이 있다는, 영업사원으로서의 자질을 인정받았기 때문이었다는 사실은 당대의 여기자

11) 이하 최은희의 이야기는 「최은희씨와의 회견기」(청오생, 『별건곤』, 1927.8, pp.80~84)를 요약한 것임.

가 어떤 입지점에 서있었는지를 가늠하게 해준다.[12] 그래서인지 각 신문잡지사가 내걸은 여기자 채용조건을 보면, 학력은 중등 이상 혹은 고등보통학교 졸업 정도의 사람을 택하는 데 "무엇보다 회화에 서투르지 안코"[13]라든가 "인내심과 활동력"[14]이 있는 사람을 요구하고 있다.

이러한 여기자들은 사내(社內)에서는 화초(花草) · 화형(花形)과 같은 존재였으며[15] 한편으로는 각종 여성인물 소식란이나 가쉽거리에 단골로 등장, 사생활이나 용모, 성격 등이 시시콜콜 거론되기도 했다. 이처럼 초창기 여기자들이 기자라기보다는 방문직 영업사원의 역할을 했고 이후 실질적인 기자활동을 했던 여기자들도 가정란이나 학예면에 국한되어 있었다는 사실은, 여기자가 등장함으로써 저널리즘에서 여성적 공간이 넓어진 측면도 있지만 결국 성별에 따라 분리된 공간만이 허용되고 있었음을 의미한다. 앞서 살펴보았던 것처럼 여기자의 등장은 여성독자의 등장과 궤를 같이하고 있었고, 이들 여기자 · 여성독자의 공간은 가정란이나 학예란으로 제한되어 있었던 것이다.

일본의 경우도 마찬가지다. 물론 최초의 여기자를 채용한 <매일신보>나

---

12) 영업사원이라는 측면에서 여기자가 채용된 경우외에는 혈연 · 지연관계에 있는 여성이 신문잡지사에 입사하는 경우도 많았다. 허헌이 동아일보에 있으면서 딸 허정숙이 여기자로 채용되었다든가, 이광수가 동아일보사에 있을 때 부인 허영숙이 동아일보에 입사한다든지, 차묘석, 황신덕, 이현경 등도 남편에 의해 여기자가 되었다고 알려져 있다.

13) 물망초, 「문화전선의 기수-부인긔자의 생활」, 『신여성』 7권 12호, 1933.12.

14) 「홍미잇는 부인기자」, 『별건곤』, 1927.3, p.101.

15) 1929년 『별건곤』에서 마련한 「동아 조선 중외 삼신문사 여기자 평판」에서는 "세 신문사 부인긔자에게는 대개 남자긔자가 한 분식 딸아잇다. 남긔자에게 녀긔자가 딸녀잇는지 녀긔자가 남긔자에게 딸려잇는지 여긔서 그것을 명언하고는 십지안으나 그러나 엇쨋든지 만세이전에 헌병에게 보조원이 따르듯이 학예부주무자인 남긔자에게 한분식의 부인긔자가 딸녀잇는 것은 보와서 아는 바이다."(외돗生, 『별건곤』, 1929.12, p.20)라 하고, 1935년 『개벽』의 <신문특집호>에서는 "녯날 신문은 그만두고 기미 이후 새로 생긴 민간 3신문만 하야도 연령이 벌서 14,5세가 되였으니 그 안에 들 낙날낙한 기자 수도 무려 수 백명은 되였을 것이다. 그러나 남성 본위로 조직된 이 사회는 신문사도 역시 남성 본위로 되엿기 때문에 기자도 태(殆)히 전부가 남자요 혹 여기자가 잇다고 해도 그야말로 만록총중일점홍(萬綠叢中一點紅) 격으로 한 사(社)에서 화초기자(花草記者)로 한 사람 박게 더 두지 안코 또 여기자 자신도 환경관계로 1년 이상을 속근(續勤)한 사람이 별로 없으며 따러서 그 활동 성적도 이렇다할 사람이 또한 별로 없다.(「여기자 군상」, 『개벽』 신간 4호, 1935.3.1, p.70)라면서 여기자의 희소성과 여성이 배제된 신문사 상황을 서술하고 있다.
한편 화형기자(花形記者)라는 말은 여기자를 여배우처럼 취급, "조선일보사의 화형여기자 최은희"(삼산인, 「취직성공 · 실패담」, 『신여성』 7권 4호, 1933.4)라는 식으로 서술하고 있다.

대부분의 근대 신문잡지계가 일본을 모델로 한 것이기도 하다. 일본 최초의 여기자는 <東京朝日>의 사회부 竹中繁(당시 26세)로 알려져 있다(1911년).16) 1900년 전후 여성독자의 의식이 발달함에 따라 신문에서는 요리, 재봉 등 실용기사를 중심으로 한 가정란이 설치된다. 이를 담당할 여성기자가 필요해졌고, 이로 인해 최초의 여기자 竹中繁가 채용되었다. 기자로서 여성의 역사는 가정란이 여성기자를 필요로 한다는 도식에서 시작되었다는 이러한 사실은 현재까지도 비교적 유효한 것이다.17)

한편 김동인의 「딸의 업(業)을 이으려-어떤 부인기자의 수기」(『조선문단』, 1927.3)나 이태준의 「애욕의 금렵구」(『중앙』, 1935.3), 「행복에의 흰 손들」(『조광』, 1942.1~1943.6) 등은 당대 여기자의 상황을 여실히 드러내고 있는 소설이다. 특히 김동인, 이태준은 그들 자신이 1930년대 조선일보에 근부하고 있었고, 이태준은 1935년 무렵에 조선중앙일보 학예부장을 맡기도 했다는 사실도 감안한다면, 남성작가의 눈에 비친 여기자의 모습을 재구성해낼 수 있을 것이다.

김동인의 소설에서 ○○사의 탐방기자인 '나'는 "어떤 귀족 집안의 분규"라는 불륜의 치정사건을 취재하러 갔더니 그 비극의 주인공이 학창시절 동창생이고 사실 그 사건은 방탕한 남편과 시어머니에 의해 꾸며진 것임을 알게 된다. 그러나 최화순(사건의 주인공이자 부인기자의 동창생)을 취재하기도 전에 이미 "'귀족가내(貴族家內)의 추문(醜聞)', '미인(美人)의 말로(末路)', '세 겹 대문 안의 비밀' / 이러한 엉뚱한 제목 아래 그의 사건은 소설화하여 다치키리(タチキリ-갈라붙인 기사)로 세 회를 연하여 게재"18)된 상태이다.

16) 이하 일본 여기자에 관한 내용은, 『젠더로 본 신문의 앞면과 뒷면』(田中和子 外, 『ジェンターからみた新聞のうら・おもて』, 現代書館, 1996)의 「가정면의 역사와 여성기자」(pp.245~263)을 참조.

17) 1994년 한국언론연구원의 조사에서 전체 기자 가운데 여기자가 차지하는 비율을 14%에 불과했고, 2003년 여기자 클럽(현 한국여기자협회)이 여기자 현황을 조사한 결과 전체 기자 4990명 가운데 여기자는 625명으로 12.5%를 차지하는데 불과했다. 또 90년대 후반부터 기자 시험에서 여성 합격자 수가 절반에 달하면서 양적으로는 급격히 늘어나는 추세이지만 간부급으로 올라갈수록 급격히 감소하는 '유리천장' 현상은 지속되고 있다. 또 여기자에 대한 부서배치, 업무분담 등에 대한 차별도 존재하고 있음을 부인할 수는 없다(박금옥, 「일간신문 여성가정난과 게이트키퍼 연구」, 이화여대 석사학위논문, 1987 참조).

18) 김동인, 「딸의 업(業)을 이으려-어떤 부인기자의 수기」(『조선문단』, 1927.3), p.23.

사건의 진실을 알게 된 '나'는 예전 기사를 떠올리며 무안해하고 최화순은 결국 자살을 택하고 만다. 소설의 전체 내용은 신여성의 불행한 결혼이나, 구식 가정의 불합리함 등에 초점을 맞추고 있지만 부인기자인 '나'가 최화순의 기사를 쓰는 방식, 이후 그녀를 방문하는 과정 등을 본다면 신문이 여성을 대상으로 무엇을 기사화하고 의도하는지를 엿볼 수 있다. 사실 여부와는 별 관계없이 선정적인 제목으로 독자의 주목을 받고, 판매부수를 높이는 것이 가장 큰 목적이고 이 과정에서 여성은 그 대상일 뿐이다. 사건 자체도 서술이 아니라 "소설화"되는 것이며, 최화순이 미인인지 아닌지 아무도 알지 못하면서도 "미인의 말로"라는 제목이 붙고, 그것도 연재기사 방식을 취해 판매고를 높이는 데에만 관심이 있다. 이 과정에서 기사의 대상이 되는 것도 여성이며, 기사를 쓰는 것도 여성이다. 이들은 결국 저널리즘의 공간 속에서 젠더화된 질서에 포획되는 여성들일 뿐이다.

사실상 여성과 관련된 대부분의 사건 보도에서는 "미인"이라는 수사어가 붙는 게 당대의 유행이기도 했다. 1928년 이서구는 이런 풍조를 독자의 이목을 끌기위해 벌이는 행태라고 소리높여 비판하기도 한다. 그에 따르면 신문기자들은 "자살미인 외에 또 품행을 올케 갖지 못하는 여자, 대개는 연애지칭관계에 걸려드는 여자는 닥치는 대로 미인을 맨드러" 버리고, 그래서 적어도 삼십만 명은 신문을 통하여 그 미인을 보게 된다고 비꼰다.[19] 이서구의 지적처럼 김동인의 소설에서처럼 불륜이나 치정, 자살·정사에 관련된 여성들은 모두 '미인'으로 지칭된다는 사실은 상업적인 의도가 분명한 것이다. 하지만 이러한 미인만들기의 과정은 궁극적으로는 부정적인 사건의 원인을 여성의 아름다움으로 돌리게 만드는 효과도 낳고 있다. 즉 팜므 파탈처럼 여성의 미(美)는 매혹적이기도 하지만 남성을 파멸로 이끄는 위험한 것이다. 이 위험은 여성의 미(美)가 남성의 영향력을 벗어날 때 다시 말해 가부장제의 질서를 이탈하는 것이기 때문에 그러하다. 불륜이나 정사 등이 바로 가부장에 의해 관리되지 않는 사건들이다. 이에 대한 경계의 시선이 번뜩이는 곳이 또한 저널리즘 공간이라 할 수 있겠다.

19) 이서구, 「엉터리업시 만드러내는 신문기자의 미인제조 비술」(『별건곤』, 1928.8), p.152.

기사문에서 여성, 여성의 미가 문제시되는 것처럼 여기자 또한 그러하다. 이태준의 「애욕의 금렵구」에서 잡지사 여기자인 채남순은 그녀의 미모때문에 잡지사 사장으로부터 농락당할 위험을 겪는다. 그러나 그녀의 미모는 파렴치한 사장뿐만 아니라 건실한 동료 기자 심완호도 마찬가지로 사로잡는 것이다.

> "달기유변에 고을 주 했습니다"
> "달기유요?"
> 남순은 달기 유가 또 얼른 생각나지 않는 듯, 뺨에 오목스럼하게 부끄러운 웃음을 파면서 완호의 책상으로 왔다.
> "이렇게 썼죠 아마."
> 하고 완호는 귀 가까이 남순의 숨소리와 간엷은 코티-의 향기를 느끼면서 자기가 쓰던 원고지 여백에다 달기유를 쓰고 고을주까지 쓰려는 그 순간이었다. …(중략)…
> "아이 팔야 선생님두 좀 쉐 쓰세요."
> 하고 곳잘 펜을 놓고 뒤로 의자에 기대이는데 그럴 때 보면 그의 눈엔 복습하다 물러앉는 소학생과 같이 졸렴조차 가물가물 물결치는 것이었다. 곳 끄러안아다가 무릎에 누이고 또닥또닥 재워주고 싶은 그런 남순이다.[20]

어엿한 기자임에도 불구하고 남순은 '보수(報酬)'의 '수'자를 한자로 쓰지 못해 완호에게 도움을 청한다. "달기 유변에 고을 주"라고 가르쳐주지만 이번엔 '달기 유(酉)'자를 몰라서 남순은 쩔쩔 맨다. 그러나 완호는 어이없어하거나 비꼬아 주기는커녕 그녀의 가냘픈 코티 분 냄새에 매혹되고, 그녀는 "복습하다 물러앉은 소학생"처럼 순수하고 천진한 아이로 보여질 뿐이다. 이른바 화초 기자의 진가가 유감없이 발휘되는 순간이다. 한발 더 나아가 이런 여성적인 매력의 중요성을 깨닫는 것은 오히려 여기자 자신에게도 도움이 될 것이라고 여겨진다. 「행복에의 흰 손들」에서 신문사 전무에게 신문 개선을 건의해 효과를 보았다고 자랑하는 순남에게 친구 소춘은 "그래두 네가 만일 남자사원 같어 봐라. 그렇게 전무와 단두리 앉을 기회두 없겠지만, 그런 진정설 내두 그렇게 쉽게 용인되긴 어려울 거다!"라고 말한다.[21] 그러

---

20) 이태준, 「애욕의 금렵구」(『중앙』 1935.3 ; 『이태준문학전집』 4, 서음출판사, 1988), pp.18~21.

나 여기자 순남은 오히려 "나두 건 어느 정도루 인정해. 그러니까 우리 여잔 남자들 사회에서 남자들보단 도리혀 비약하기 쉬운 핸디캡이 있는 걸 이용허는 게 수라구 본다."고 반박한다.[22] 남성 작가 이태준이 보기에는 여성성의 강조가 여기자에게도 여전히 중요한 문제이고 실제로 이런 여기자가 하는 일은 그다지 중요하지 않다고 여겨진 듯하다.

> 소춘이가 처음 맡은 일은 '어찌하리까?'의 정리였다. 고민 있는 여성을 위해 친절한 조언을 준비하는 상담란이었다. 고민은 남성보다도 여성에게 더 있는 듯하였다. 엽서로, 봉서로 하로에 삼사십 통씩 들어왔다. 대개 바침 하나 제대로 못 붙인 서툴은 문장들이나 사정만은 심각한 것들이었다. 사정이 비슷한 것끼리 모아가지고 그 중에서 가장 일반적일 수 있는 것으로 뽑으면 으레 칠팔 가지씩은 되었다. 이것을 원고지에 문장을 고쳐 정서해가지고 이 대답을 쓰는 이에게 보내는 것이다.
>
> 이 대답을 쓰는 사람은 소춘도 잘 알 뿐 아니라 학생시대부터 그를 사숙하여 가끔 찾어가 창작에 관한 것을 듣던 바로 박성원이란 소설가였다.[23]

결혼 파탄을 겪은 소춘이 친구 순남의 소개로 기자가 된 후, 맡은 일은 신문의 가정 상담란의 독자 편지를 정리하는 일이다. 여성독자들은 너무나 "교양이 유치들"해서 "바침 하나 제대로 못 붙인 서툴은 문장"으로 편지를 보낸다. 그래서 상담해줄 남성지식인이 도저히 읽을 만한 수준이 못된다. 아울러 소춘은 여성독자의 상담에 답할 능력이 없는 여기자이다. 그래서 소춘은 여성 독자의 편지를 새로 구성해서 남성 소설가에게 답을 받아 편집, 신문에 내보내는 일종의 중개역할을 한다. 이후 소춘은 여성 독자와 남성 소설가 사이를 오가는 과정에서 남성 소설가의 은근한 지도편달로 자신의 글을 쓰기 시작하고, 결국 신문사 현상모집에 소설이 수석당선되면서 '여류 작가'로 다시 태어난다.

---

21) 이태준, 「행복에의 흰 손들」(『조광』, 1942.1∼1943.6), 『이태준문학전집』 11, 서음출판사, 1988, p.51.

22) 이태준, 위의 글.

23) 이태준, 위의 글, p.132.

3. 여기자-작가 집단의 출현

이태준의 소설 「행복에의 흰 손들」에서 소춘이라는 신여성이 기자생활을 하다가 작가로 등단하게 된 것처럼 실제 현실에서도 그런 일들은 드물지 않았다. 기자생활을 하다가 작가로 등단하기도 했고, 작가가 되기 위해 기자를 선택하기도 했고, 별다른 문학작품을 창작하지는 않았지만 기자라는 이유로 '여류작가'라고 지칭되는 경우도 있었다.

우선 1920~30년대에 여기자로 활동했던 사람들을 살펴보면 다음과 같다.

* 1920~30년대 여기자 현황[24)]

이름	학력	기자활동	비고
강향란	동경·상해 유학	모신문사 부산지국	기생 출신
권O순		부인공론기자(1932)	<신동아> 1932년 5월호 좌담회에서
김경숙	춘천공립보통학교	개벽사	교사로도 활동
김말봉	정신여고	중외일보(1929)	소설가
김명순	진명여학교, 일본 시부야국정 여학교	매일신보(1925)	소설가, 시인
김오남	일본 니혼대학 영문과	조선일보	시조시인
김원주(元周)	이화학당(이화전문) 중학과 졸업, 동경영화학교 중퇴	『불교』지 기자(1927~1932까지 문예란담당)	일엽, 소설가 / <신여자> 창간
김원주(源珠)	동경고등 잠사학교	개벽, 매일신보	성혜림(김정일(北)의 아들 김정남의 생모)의 어머니
김자혜		신동아기자	소설가, 남편 주요섭
노천명	이화여전 영문과	조선중앙일보(1934)	시인
모윤숙	이화여전 영문과	삼천리(1931)	시인
박경식	경성여고보, 동경·상해 유학	개벽사	
박은혜		아이생활사	<신동아> 1932년 5월호 좌담회에서
백시라		별건곤	
백신애	대구 도립 사범학교, 일본유학	기자 활동	소설가, 교사로도 활동
성선희		별건곤	

24) 위 표는 『개벽』, 『신여성』, 『별건곤』, 『여성』, 『신가정』, 『신동아』, 『삼천리』, <매일신보>, <조선일보>, <동아일보> 등 당대의 신문 잡지와 「한국여성사정립을 위한 여성인물유형연구 Ⅲ」」(최숙경·이배용·신명숙·안연선(1993)) 등을 참고해서 재구성한 것이다. 이때 『여자계』를 창간했던 나혜석은 앞에서 언급했던 것처럼 동인활동의 성격이라고 판단, 제외했으나 김원주(元周)의 경우는 『신여자』 때문이 아니라 <불교잡지사>에서 기자생활을 했다는 언급(『신동아』 1932.5)때문에 여기자 명단에 포함했다.

송계월	경성여상	개벽사(1931)	소설가
윤성상		조선일보, 중앙일보	
이각경	한성고등여학교	매일신보	최초의 여기자
이선희	이화여전 문과 수료	개벽(1934)	소설가
이옥경	한성고등녀학교	매일신보	
이현경	경성여고보, 동경 木白여대	동아일보	남편 안광천
장덕조	이화여전 영문과 중퇴	개벽(1932)	소설가
조현경		여론사(女論社)	<신동아> 1932년 5월호 좌담회에서
차묘석	숙명여고보	조선주보사	시인, 남편 김경재
최은희	경성여고보, 동경 일본 여대	조선일보	교사로도 활동
최의순	동경여자 고등사범	동아일보, 개벽사	남편 진장섭
최정희	중앙보육학교, 숙명여고보	삼천리사(1931)	소설가, 남편 김유영, 김동환
허영숙	진명여학교, 경성여고보, 동경여의전	동아일보	의사, 남편 이광수
허정숙	배화, 고베신학교, 미국 유학	동아일보, 개벽사	임원근, 송봉우 / 신일룡, 최창익
황신덕	숭의여학교, 津田英學塾	신가정, 중앙일보사	남편 임봉순

이들 중 작가로 분류되는 사람은 김말봉, 김명순, 김오남, 김원주(元周), 김자혜, 노천명, 모윤숙, 백신애, 송계월, 이선희, 장덕조, 차묘석,[25] 최정희 정도이다. 여기자 31명 중 13명이 작가였던 셈이다. 그 외 최의순, 김원주(源珠), 허영숙도 당대에 '여류문사' 혹은 '여류평론가'라고 불렸던 것을 감안한다면 여기자의 절반 이상이 여성작가라 해도 큰 무리는 없을 듯하다. 그 당시에는 여기자의 역할에 따라 방문기자, 다리기자, 번역기자, 창작기자, 탁상기자라는 별칭이 있었고[26] 사무실 근무를 주로 하던 탁상기자 중에 창작기자 역할을 했던 이들이 종종 수필도 썼다. 동아일보의 최의순이나 허영숙, 매일신보의 김원주(源珠)는 이러한 이유에서 '여류문사'라 불리웠다. 그렇다면 여기자–작가였던 이들은 당대의 저널리즘 공간에서 어떻게 활동하고 있었을까. 이들 중 우선 최정희 · 송계월의 경우를 예로 들어 살펴보자. 최정희 · 송계월은 둘 다 기자활동을 하다가 작가로 등단했다는 공통점이 있는 반면, 최정희는 저널리즘의 권력과 결합, 여성문학계에서 중심을 차지하며

25) 1932년 『신여성』에서는 차묘석을 숙명여자고보를 졸업한 "반도 규수 시인"이라고 소개하고 있다(「각 여학교 졸업생 언파레-드」(『신여성』 6권 3호, 1932.3), p.46).

26) 「여기자 군상」(『개벽』, 신간 4호, 1935.3.1) 참조.

해방이후까지 여성문단의 헤게모니를 장악한 경우라 할 수 있다. 이에 비해 송계월은 기자였으면서도 그자신이 온갖 소문이 난무하는 기사거리가 된 즉 황색저널리즘의 대상이 된 경우이다. 권력의 중심이 된 여성과 권력에 의해 희생되는 여성. 이 극명한 대조를 보여주는 두 작가를 통해 저널리즘 공간에서 당대의 '여기자-작가'들이 자리잡고 있는 지점을 가늠해볼 수 있을 것이다.

1932년 『신동아』에서 열린 "여기자 좌담회"에는 9명의 여기자가 참가한다. 기자를 하게 된 동기가 무엇이냐고 묻는 설의식의 질문에 "그저 기자도 여자가 할 수 잇는 직업이니까" 선택했다는 윤성상같은 이도 있었지만, 최정희와 허영숙은 문학을 그 이유로 든다.

> 허영숙 : 나는 공부는 의학공부를 햇으나 처음부터 의학은 실혓고 문학에 취미가 만헛엇습니다. 그래서 기자가 되면 문학공부에 도움이 될가하고 생각해서 기자가 되엿엇습니다.
>
> 최정희 : 저는 중앙보육학교를 마친 후 기자가 되엿는데 사실인즉 나도 어렷슬때부터 문학에 취미가 만하서 창작장난도 만히 해보앗지오. 그러나 집안 형편이 허락지 안나서 문학을 전공 못하고 잇엇습니다. …(중략)…
>
> 허영숙 : 내가 쓴 글을 수만흔 사람이 읽는다는 자부심과 호기심이 나서 기자가 되고 십엇지오. …(중략)…
>
> 최정희 : 내가 글을 써서 남에게 읽히겟다는 생각보다도 문인을 만히 사괴는 가운데 배우는 것이 잇을까 하고 생각햇지오. 전부터 신문잡지에 투고를 만히 햇는데 도모지 내주지를 아너요(笑聲) 그래서 그 분푸리로 잡지 기자가 되엿서오.[27] (강조-인용자)

위 인용문에서 기자가 된 동기는 두 가지로 나누어 볼 수 있다. 그 하나는 "내가 쓴 글을 수많은 사람이 읽는다는 자부심"이다. 이는 매체에 글을 쓰는 행위를 통해 자신의 사회적 존재가치를 드러내는 일이며, 식민지 조선에서 지식인의 글쓰기 즉 신문잡지기사나 문학작품을 비롯한 모든 글쓰기행위가 갖는 의미라고도 할 수 있다. 두 번째는 기자활동이 작가가 되는 일에 도움

27) 「여기자좌담회」, 『신동아』 1932.5, p.88.

이 되리라는 기대이다. 취재를 하고 기사를 쓰는 등의 일이 문학작품에 훌륭한 밑바탕이 될 수 있음은 당연한 일이다. 그런데 "문인을 만히 사괴는 가운데 배우는 것"이 있을 것이라 기대하는 최정희의 말은 다소 의미심장하다. 이는 직접적으로 문학적인 가르침을 받고자 하는 것이기도 하지만, 그녀가 신문잡지사를 중심으로 문인들이 관계 맺는 방식에 대해 인지하고 있었다는 의미이기도 하다. 즉 작가와 기자 · 편집 기획자 · 출판자의 관계 속에서 이른바 문단이라는 집단이 작동하는 방식을 알았다는 것이다. 최정희는 그래서 신문잡지에 투고한 작품이 계속 거부되자, 차라리 투고작을 선택할 수 있는 위치 즉 근대적 매체와 문단의 권력 속에 편입되고자 한다.[28] 근대적 매체와 문단의 권력구도를 명민하게 알아챈 최정희는 이 때문에, 익히 알려져 있는 바대로 『삼천리』지의 기자로서 1930년대 이후 여성 문단의 중심에 설 수 있었다고 판단된다. '여성적'인 작가의 등장을 기대하는 당대의 문단 분위기에 부응하여 그러한 소재들을 최정희 스스로 발굴해나가고, 기자로서 여성 문인들을 계속 지면에 등장시키면서 최정희 스스로 일종의 여성문단의 권력이 되었던 것이다.[29] 실례로 1930년대에는 유독 삼천리사가 주최한 문인 좌담회 특히 여류좌담회가 자주 열렸는데, 이때 최정희는 좌담회를 주도하면서 친분관계에 따라 여성작가들을 좌담회에 참석시키고 그들과 함께 꾸준히 문학적 발언을 공론화하면서 주도권을 획득해나간다.[30]

이에 비해 송계월은 여학생 시절, 사회주의여성운동단체였던 <근우회>의 조직적인 여학생 운동에 깊이 관여한 이력이 있으며 1931년 개벽사의 기자로 근무하면서 작가로도 등단한 경우이다.[31] 그러나 당대 커다란 화제였던

28) 최정희가 기자가 된 직접적인 동기는 생활고때문이라고 알려져 있다. 김유영과의 가난한 결혼 생활을 견디다 못해 스승인 박희도를 찾아가자 그가 삼천리사 주간인 김동환을 소개시켜 주었다고 한다. 그러나 본고에서 주목한 것은 이런 표면적인 이유 외에 최정희가 여기자를 통해 의도한 바가 무엇이냐는 것이다. 최정희가 삼천리사의 기자가 된 이후 스스로는 습작이라고밖에 여기지 않지만 하여튼 첫 작품인 「정당한 스파이」를 『삼천리』(1931.10)를 통해 발표했다는 사실도 그녀가 '여기자'에 대해 기대했던 의미를 추측할 수 있게 해준다.

29) 이상경, 「식민지에서의 여성과 민족의 문제」(『실천문학』 2003, 봄), pp.60~61 ; 또한 이 글은 어떻게 최정희가 1930년대 후반부터 여성문학의 중심에 위치하게 되었는지 또 그 이후 친일로 변모하는 경로를 자세하게 논의하고 있다.

30) 심진경, 앞의 글, pp.329~330 참조.

31) 송계월의 생애와 작품세계에 대해서는 「여성작가가 된다는 것, 그를 둘러싼 소문과의 쟁투」

'처녀 출산' 소문이라든가, <맑스 걸-미모의 여기자-결핵-요절(23세)>로 이어지는 전기적 사실때문에 그녀는 드라마틱한 이야깃거리로서만 다루어졌다.[32] 또 2년 남짓한 짧은 작가생활과 몇 편 안되는 작품 양 때문에 1930년대 문단에서 송계월은 "문사자격"이 없다는 시비, 더나아가 여성작가의 자질론을 문제삼는 데에 대표적인 경우로 거론되기도 한다. 송계월이 개벽사 기자였기 때문에 '여류문사' 대접을 받았으며, 미모의 신여성인 그녀가 '처녀출산'의 소문으로 일종의 스포트라이트를 받았기 때문에 자주 거론되었을 뿐이라는 것이 비판의 주된 요지이다. 그러나 이 비판에는 왜 작가로서 함량미달인지에 대해서 작품의 양과 질을 따지기보다 소문에 편승해서 인신공격하는 면모까지 드러내고 있다.

> 송계월씨는 아직 작가라 불으기가 앗갑다. 그리고 너무나 귀여웁다. 그러나 작가이다. 씨의 작 「가두연락에 첫날」이 취재에 잇서 퍽으나 새로운 맛을 주엇스며 열븐 충동까지 주엇스나 아무리 그 취재가 좃코 새롭다 하드라도 그 테-마를 충분히 충실히 구상화식히며 표현식히지 못하면 오히려 그대로 구수한 평범한 취재만도 못할 것이다. 이 작품은 ××적이면서도 아필(어필-인용자)할 가능성이 잇섯스나 씨의 수완으로 도저히 엇지도 못할 것 당연이상의 당연일 것이다.(중략) 요컨대 씨는 예술에 잇서서 기술적으로 보잘 것이 업는 것이다. 여기에 씨는 적지 안은 자기자신에 대한 환멸을 가젓슬 것이다. **만약에 이 작품을 가지고 훌륭한 작품이라고 잘된 한 예술품이라고 할 것 갓흐면 이갑기씨가 누구에게 말하드시 정말 그 사람이야말노- 한 걸 읽을 필요가 잇다.**[33] (강조-인용자)

위 인용문에 따르면 송계월은 작가라 부르기에는 지극히 미숙한 문학소

(졸고, 도정일 외 편, 『여성문화의 새로운 시각』 3, 월인, 2004)에서 자세히 다루었다.

32) 한편 흥미로운 점은 송계월이 '처녀출산'을 했다는 소문의 진원지가 최××여사로 알려져 있는데 여기서 최××여사는 최정희로 추측된다는 것이다. 처녀출산이라는 헛소문을 제일 먼저 말한 사람이 송계월의 친한 친구이자 같은 함남출신이라고 지적하는 글이 있고(최정희는 함북 성진에서 태어났을 뿐 함남 단천에서 자라났다.), 또 송계월의 사후(死後) 최정희는 자신과 송계월 사이에 오해가 있어 사이가 멀어졌는데, 오해를 풀 길도 없이 그녀가 죽어버렸다고 애도하는 글을 쓰기도 한다. 이런 모든 정황으로 보아 최정희가 소문의 최초 발설자라 여겨지지만, 명확하게 입증하기는 어렵다.

33) 홍구, 「여류작가 군상」(『삼천리』, 1933.3), p.73.

녀일 뿐이지만 「가두연락의 첫날」은 참신한 소재를 사용했기 때문에 주목받을 수 있었다는 것이다. 더구나 그녀의 능력이 부족하여 좋은 소재를 제대로 살리지도 못했으니, "이 작품은 하나도 된 대는 업다"고 평가한다. 당대에 비교적 호평을 받았던 「가두연락의 첫날」에 대해 신랄한 평가를 하고 있는 필자는 이것이 송계월의 "수완" 즉 능력문제이므로 어쩔 수 없는 일이라고 말하기까지 한다. 더구나 이갑기의 말을 인용하는 데에 이르면 이 글이 과연 평문인지 의심스러울 지경이다. 필자의 주장은 송계월의 작품을 칭찬하는 사람은 이갑기의 글을 읽을 필요가 있다는 것인데 여기서 이갑기의 글은 바로 송계월의 '처녀출산' 소문에 관한 것이다. 작품의 평가와 소문을 직결시키는 비논리성은 차치하고, 이 글은 결국 송계월의 인간됨됨이가 수준미달이므로 작품은 읽을 가치조차 없다는 저열한 공격까지 은근슬쩍 가하고 있는 셈이다.

처녀출산을 했다는 소문과 그 소문이 화제만발이라는 기사가 당대의 거의 모든 신문잡지를 뒤덮고 있는 가운데 문학작품까지도 소문과 연결되는 지점에 이르면, 그야말로 송계월의 삶 자체가 가쉽거리였음을 실감하게 한다. 이를 예감한 것인지, 자신에 대한 소문이 퍼지기 불과 몇 달 전[34)]송계월은 "남성들이 조직해놓은 사업단체에 소수의 여성이 석기어 일을 한다는 것은 지금 현상에서는 곤난한 점이 만흡니다"[35)]라고 지적하기도 한다. 그 '곤난한 점'이 무엇인지 구체적으로 설명하지는 않았지만 결국 소문으로 인한 엄청난 논란 속으로 자신이 말려들어감으로써 그 자신이 온몸으로 '곤난한 점'을 증명해보인 셈이 되고 말았다. 여성성을 부각시키면서 스스로 중심이 되어가는 여성과 대상화되고 배제되어가는 여성. 다소 거칠게 대별하기는 했지만 최정희와 송계월을 통해 이 두 측면을 포착할 수 있다는 사실은 결국 저널리즘과 문학이라는 공간이 여전히 성차가 분명한 곳이었음을 반증하는 것이라 할 수 있을 것이다.

---

34) 송계월이 결핵 요양차 고향으로 내려간 시기가 1932년 2월이고, 그해 가을 서울로 돌아왔을 때 비로소 처녀출산 소문-요양을 위해 귀향한 게 아니라 아이를 낳기 위해서였다는-이 퍼졌음을 알게 된다.

35) 송계월, 「매일신보」, 1931.11.8.

4. '여류문사' 시시비비

한편 1920~30년대에 여기자라는 사실은 남성문사(작가)들에 의해 '여류문사자질론', '여류문사 시비론'을 제공하는 근거이기도 했다. '여류문사'에 대한 논쟁은 대체로 여성작가들이 남성작가에 비해 작품 수준이 뒤떨어지니까 작가로 인정할 수 없다는 주장에서 촉발된 것이다. 저널리즘과 여성작가의 관련성을 가장 신랄하게 비판하고 있는 안함광의 경우,36) 그는 원래 저널리즘과 문사는 거의 사촌관계이고, 이미 그녀들이 문사 호칭도 받아왔으며, 문사 자격 운운하는데 남성도 반성할 점이 있고, 지나치게 엄격·귀족적인 잣대를 들이댈 수 없다는 등등의 이유로 그녀들의 문사 존재 자체를 부인하지는 않겠다고 말한다. 반면 당시 주목받는 '여류문사'인 김원주(元周), 최정희, 송계월, 김원주(源珠) 등이 "대부분은 저날리즘과 유기적 관계를 매즌 자들이며 그들의 작품이란 아직 문사적 레벨에서 평가하기에는 너무나 미숙하다"37)고 비판한다. 오히려 저널리즘과 관계없는 강경애나 모윤숙이 훨씬 뛰어난 자질을 갖고 있는데도 그들은 좌담회나 비평에서 거의 언급되지 않았다는 것이다.

이 논의에 따르면 여성작가의 경우에 마치 저널리즘에서의 평가와 문학적인 평가가 반비례 관계에 놓여 있는 것처럼 여겨진다. 그러나 모윤숙의 경우 사실상 1930년대 각종 문학좌담회에 고정으로 참석하다시피한 여성작가 중 한 사람이었다.38) 비록 안함광의 글이 발표된 1년 뒤부터이기는 하지만, 모윤숙은 1930년대에 열린 총 22개의 여성작가 관련 좌담회 중 12개에 참가하고 있다. 더구나 삼천리사 기자로 활동한 경력(1931), 해방이후 월간 문예지 『문예』(1948) 발간, 대한여자청년단, 펜클럽, 유네스코, 시인협회, 여류문인협회 등 각종 단체의 회장을 지낸 그녀의 경력을 감안한다면 저널리즘과 문학적인 평가의 관계를 딱히 규정짓기 어렵다는 생각이 든다. 물론

36) 안함광, 「문예시평-두가지 문제를 가지고」(『비판』, 1932.12).
37) 안함광, 위의 글, p.123.
38) 박화성과 백신애는 1936년 <여류작가좌담회>(『삼천리』, 1936.2)에만 참석한 반면, 최정희, 이선희, 모윤숙, 노천명, 장덕조는 여성작가 좌담회에 지속적으로 참여하고, 이들은 1930년대 후반부터 '조선여류문단을 형성하는 핵심 구성원으로 활약한다(심진경, 앞의 글, p.330).

이 모든 활동을 안함광이 예측할 수 있었던 것도 아니지만 말이다. 한편 이무영, 이석훈, 홍구 등은 각각 개별작가를 평하는 데 있어서 작가로서의 자질이 부족함에도 불구하고 여기자란 이유 때문에 작가로 취급받거나 그 때문에 유리한 평가를 받는 경우를 지적, 이를 비판하는 글을 쓰고 있다.[39)]

> 씨가 어느새 오늘과 같은 지위를 문단에 차지하게 되었는가 생각하면 씨의 문단 출세의 빠름에 놀라지 않을 수 없다. 이것은 전혀 씨의 재질의 당연한 결과임에 틀림없겠지만 남달리 유리한 첩경을 밟엇다는 사실도 빗볼 수 없는 것이다. 씨는 교문을 나서자마자 사회입문 겸 문단입문으로 「중앙일보」의 여기자가 되엇다. 여기자가 되는 것은 이미 문단에 올라서는 것을 의미함은 조선문단의 통례요 동시에 상식이다. 남자에 있어서도 그러하다. 누구나 문단에 출세하랴거든 학예부 기자가 될 지어다. 기차를 타거나 그러찬으면 도보로 터벅터벅 걸어가는 대신 비행기로 훌 날어가는 거와 마치 일반이다. 비행기가 떨어지면 생명까지 잃어버리는 경우도 있지만 그렇다고 터벅터벅 걸어가기도 수얼한 노릇은 아니다.그러나 누구나 모두 비행기를 탈 팔자를 가진 것은 아니다. 여기에 도보자의 비애가 있다.[40)]

학예부 기자가 된다는 것을 비행기를 타는 것에 비유한 이석훈의 글은 저널리즘과 문단이라는 권력관계를 여실히 보여주고 있다고 할 것이다. 그러나 비록 "남자에 있어서도 그러하다"고 서술하고 있지만, 남성작가가 저널리즘과 관계를 맺은 경우를 문제삼지는 않는 듯하다. 오히려 "느끼는 대로 읊는" "첫째 과정" 즉 초보적인 단계에 있는 노천명이란 여성이 요행히 저널리즘이라는 비행기를 탔기 때문에 부각이 된 경우임을 주로 논하고 있다.[41)] 이석훈에 따르자면 그녀는 여전히 "시인이기 전에 너무나 얌전하신한 여성"일 뿐이다.[42)]

한편 안함광의 논의에 대해 민병철은 적극 비판하고 나선다.[43)] 그는 문사

---

39) 이무영, 홍구는 앞 장에서 거론한 송계월에 대해 '문사' 자격이 없다고 비판하고 있으며, 이석훈은 노천명이 저널리즘을 이용해 문단에서 유리한 위치를 차지했다고 비판하고 있다(이무영, 「여류작가개평(概評)」(『신가정』, 1934.2) ; 홍구, 「여류작가 군상(속)」(『삼천리』, 1933.3) 이석훈, 「노천명의 재기」(『조광』, 1939.3)).

40) 이석훈, 위의 글, p.146.

41) 이석훈, 위의 글, p.146.

42) 이석훈, 위의 글, p.147.

와 저널리즘의 유착관계에 대한 안함광의 비판은 정당하지만 근본적으로 문사, 문단이란 정의와 구별은 부르조아적인 것이라고 주장한다. 또 성별(性別) 구분으로 여류문사 운운하는 것에 대해서도 문제라고 지적한다. 남성작가의 경우에도 예를 들어 해외문학파의 기관지 『월간문예』의 명록(名錄)을 보거나, 자신들이 발행하는 『시문학』에 시 한 편만 실으면 '문사'라고 칭한 예가 있다는 것이다. 결국 '문사'란 "기성문단이란 쌀으조아내음새나는 기분을 주는 그들의 크룹에서 하는 말"일 뿐인데 "성적 차별까지 하여가지고 「문사」란 내음새나는 명사를 논하"[44]는 안함광의 논의는 계급적 입장을 몰각한 것이고 "「맑키스트」의 비평적 태도가 전혀 아니"[45]라는 것이다. 민병철의 비판이 계급적인 관점에서 이루어진 것이라면, 비슷한 시기에 발표된 안회남의 글은 조선문단 전체에 대한 비판으로부터 여류작가 문제를 바라보고 있어 좀더 주목을 요한다.

안회남은[46] 1932년 당시의 문단 침체와 부진의 원인을 나름대로 진단, 저널리즘의 횡포로 인해 발표기관이 독점 '길드'화되어 있어서 편집자와 관계있는 소수가 전영역을 독점하고 있다는 점을 가장 큰 이유로 들고 있다. 이런 상황에서 "우리 문단에서 소위 여류문사로 지칭되는" "김원주(元周) 김원주(源珠) 최정희 송계월 허영숙 제씨"를 두고 작품의 유무, 문사 호칭의 정당성 등을 따지는 게 사실상 의미가 없다는 것을 역설적으로 서술하고 있다.

> 그리고 또 여류문단을 제쳐 노코 조선문단 전체를 노코 본대도 사이비 문사가 새고 샛스며 시 한 편을 써서도 시인인 척 되다 씨부러진 소설을 한 개 내노앗서도 대중잡지편집자와의 정의(情誼)관계로 인신공격을 일삼어 욕설만 퍼붓고도 일비평가 한 번도 읽어보지 못한 외국 작가가 어써니 최근 파란과 서반아문학이 어써니하고 함부로 씨부렁거리고 자칭 해외문학소개가! 이러한 현상이어늘 가필코 여류문단에서만 이러한 것을 가질 권리가 업느냐? 만일 이것을 시비하고 상기한 바와 가튼 우

---

43) 민병철, 「여류문사에 대하야-동지 안함광군에게 보내는 일편서신」(『비판』, 1933.03).
44) 민병철, 위의 글, p.59.
45) 민병철, 위의 글, p.60.
46) 안회남, 「문단시아비아론-신인이 본 기성문단」(『제1선』, 1932.10).

> 론(愚論)을 토한다면 그것은 편견이다. 남존여비의 봉건적 사상을 악직도 씨서버리지 못한 썩어진 인물이다. 이러한 점으로 보아 터문이 업는 여류평론가와 여류문사를 되는대로 내놋는 잡지 『삼천리』는 남녀평등을 주창하는 훌륭한 짓이라고 수긍할 수 잇슬 것이다.[47)]

표면적으로는 "편견", "남존여비의 봉건적 사상"을 비판하고 있어 마치 여성작가나 '여류문단'을 긍정하는 듯하지만 이 글의 반어적인 어조를 감안한다면 긍정적인 입장이라 하기에는 어렵다. 오히려 안회남에게 몇몇 여성작가보다 더 많은 더 심각한 남성 "사이비 문사가 새고 샛스며" "시인인 척" 하는 남성작가, 작품도 읽어보지 않고 "욕설만 퍼붓"는 남성비평가가 활개치는 현실에서 이런 문제를 도외시하고 '여류문단'을 논하는 것은 우습기 짝이 없는 일이다. 저널리즘과 몇몇 작가가 결탁해서 발표기관을 독점하고 (특히 이광수, 김동인을 집중비판하고 있다.) 그 때문에 작품을 발표하거나 평가받을 기회가 봉쇄당한 "유명무명의 문학가가 쩨를 지어 신음하"[48)]고 있는데 여성작가에게만 그 존재유무를 따지는 일은 아무 의미가 없다는 것이다. 그래서 안회남은 오히려 "터문이 업는 여류평론가와 여류문사를 되는대로 내놋는 잡지 『삼천리』는 남녀평등을 주창하는 훌륭한 짓"을 하고 있다는 냉소적인 결론을 도출해내 버린다.

그러나 저널리즘과 작가의 친연성이 비단 여성에게만 해당되는 것은 아니다. 이미 1940년대에 김남천은[49)] 저널리즘과 아카데미즘을 비교하면서 문학은 그 본질상 발표와 인정에 대한 욕망을 가진 것이어서 저널리즘적 속성을 띠지 않을 수 없음을 인정한다. 즉 표현 현상인 문학행위는 보도현상과 전달이라는 저널리즘의 속성을 거의 동시에 공유할 수밖에 없다는 것이다. 김남천은 특히 새로운 문학의 형성이 저널리즘의 형성과 거의 동시기에 있었고 비교적 질서있는 문단의 분위기가 형성된 것이 민간 신문의 영향때문이었음을 강조하고 있다. 실제로 근대 남성 작가의 경우 횡성신문이나 초기 매일신보에서부터 기자와 작가의 구분은 분명하지 않았고 이후 1930년대에

47) 안회남, 위의 글, p.98.
48) 안회남, 위의 글, p.97.
49) 이하 김남천의 논의는 「신문과 문단」(『조광』, 1940.9) 참조.

이르러서는 문인기자라 칭할 만큼의 집단을 형성하고 있다.50) '구인회' 동인이 그 대표적인 예이며, 신문사만 보아도 동아일보의 현진건, 이익상, 주요섭, 윤백남, 홍효민, 이은상, 변영로, 심훈이나 조선일보의 염상섭, 현진건, 김동인, 김기림, 채만식, 홍기문, 함대훈, 이원조, 출판부의 이은상, 윤석중, 노자영, 노천명, 김래성, 계용묵 등이 그러하다. 또 백철, 조용만, 최학송, 정비석, 이봉구, 조풍연, 이서구, 김서운 등도 1930년대 학예부 기자였으며, 이태준은 1935년 무렵 조선중앙일보 학예부장까지 지냈다.51) 더욱이 신문과 잡지는 책광고를 통해 작가-출판업자-독자를 연결했을 뿐만 아니라 '신간소개'와 문학비평을 고정적으로 게재했고, 단편·장편을 막론하고 식민지 시대 대부분의 소설은 신문에 발표·연재되고 있었다.52) 그럼에도 불구하고 저널리즘과 여성작가의 친연성이 유독 특별하게 부각되고, 더 나아가 기자라는 이유만으로 작가와 동일시할 수 있냐는 이른바 '여류문사 시비론'이 논쟁거리가 되었던 이유는 무엇일까.

이때 중요한 사실은 저널리즘과 문단(작가)의 관계를 문제삼는 것과 여성작가의 경우만을 부각하는 것에는 같은 범주의 문제이면서도 그 이면에는 미묘한 차이가 있다는 것이다. 저널리즘과 문단의 유착, 권력의 횡포 등등은 문제제기되고 비판되어야 마땅하다.53) 그러나 그것이 유독 여기자 = 여성작가라는 것을 문제삼고 있다면 이는 또다른 권력의 작동임을 의심하지 않을 수 없다. 대중작가와 고급작가, 대중문학(통속문학)과 고급문학(순수문학) 등에 대한 논쟁이나 문학에서 정전을 가름하는 논쟁 등이 문학권력의 구도 내

---

50) 박헌호의 경우, 이와같은 기자와 작가의 친연성을 둘 다 글을 쓰는 사람이라는 점, 다양한 독서경험과 어학능력이 요구된다는 점에서 비롯되었고, 1930년대에 이르러서는 연재소설의 정착과 대중문화의 본격화에 따라 작가 섭외를 위해서라도 신문사에서는 작가출신의 기자를 원하는 상황이었다고 설명한다(「식민지 치하에서 작가가 된다는 것」(동아시아학술원 학술 발표회 자료집, 2004.10.16), pp.18~19 참조).

51) 조영복, 「1930년대 신문 학예면과 문인기자 집단」, 한국현대문학회 편, 『한국문학과 풍속 1』, 국학자료원, 2002, pp.167~168 참조.

52) 천정환, 『근대의 책읽기』, 푸른숲, 2003, pp.276~331 참조.

53) 예를 들어 임순득의 경우 문단 저널리즘에 종사하는 남성작가와 비평가들이 "금일의 '여류작가'를 제조한 장본인"이라고 지적하는데, 이는 적절한 비판이라고 할 것이다(임순득, 「불효기에 처한 조선여류작가론」(『여성』, 1940.9), p.52). 임순득의 여성작가 비평에 대해서는 이상경의 「임순득, 혹은 여성문학사의 재구성」(『한국근대여성문학사론』, 소명출판, 2002)을 참조.

에서 이루어지듯이 여성작가 존재론에 대한 시비도 마찬가지이다. 작가에 대한 평가는 결국 개별 작품의 평가에서 작가론으로 수렴되는 것이고 그 당시 시대적 맥락 위에서 규정되는 것이다. 이후 시대변화에 따라 다시 작품과 작가의 평가가 달라질 수밖에 없다. 이른바 문학사에서 작가나 작품의 좌표는 그 시대적 의미로 결정된다고 보아야 할 것이다. 그러나 항상 변화 가능한 좌표적 위치를 인정하는 대신 타자(他者)와 구별·배제함으로써 자신의 순수성, 고급성, 우월성을 확보하는 방식도 우리 문학사에서는 쉽게 찾아볼 수 있다. 후자의 경우 즉 끊임없이 경계짓고 차이를 강조함으로써 문학사적 위치를 만들어 나간 것이다. 이른바 정전이 만들어지는 과정이 그 한 예라 할 수 있다. 결국 1930년대에 유독 저널리즘과 관련된 '여류문사시비론'이 성행했던 것은 권력(헤게모니)이 행사되는 한 방식을 보여주는 것이라 할 수 있다. 특히 차이와 구별의 기준을 성별(性別)에 둠으로써 논쟁은 한결 돋보일 수 있었다. 소수자이면서 문단경험이 짧은, 문학 수련의 기회도 부족했던 여성작가들의 현실적인 상황은 '여류문사시비론'에서 헤게모니장악이라는 음험한 의도를 숨기고 객관적인 평가로 위장할 수 있었기 때문이다.

5. 여기자의 몰락과 여성작가의 출발

1933년 『별건곤』의 한 기사는 「여기자 몰락시기」라는 소제목을 달고 있다. 이에 따르면 중앙일보 윤성상→심훈, 매일신보 김원주(源珠)→조용만, 동아일보 최의순→신남철로 바뀌었고 조선일보는 속간 초부터 정홍교(男)가 여기자 역할을 하더니 퇴사했고, 삼천리는 최정희의 일을 주간 김동환이 대신하고, 개벽사는 송계월의 사후(死後) 새로 들어온 윤봉태(女)가 결혼하고 나서는 거의 나타나지 않는다는 것이다.[54] 다른 잡지나 당대 신문을 살펴봐도 1933년을 전후해서 여기자들이 일거에 사라졌음을 밝히고 있다. 물

54) 「여기자 몰락시기」(『별건곤』, 1933.11), p.39.

론 최의순은 병으로 사표를 냈고, 김원주(源珠)는 출산, 윤봉태는 결혼 등 개인적인 이유가 있는 이들도 있다. 그러나 몇몇 여기자의 사표 이후 다시 여기자가 충원되지 않고 그 자리를 남성이 채움으로써 전체적으로는 1933년을 전후해 여기자들이 거의 모두 사퇴한 형국이 되어버렸다. 여기자를 채용하기 시작했던 초창기, 신문잡지사마다 경쟁적으로 한 명씩의 여기자를 두었던 사실을 떠올린다면 이 시기 여기자의 집단적인 몰락이 우연의 일치라기에는 석연치 않다. 더구나 전체적인 시대상황을 본다면 이는 외견상 모순적인 사실이기도 하다.

남성의 경우, 1920년대 대부분 사회주의자들이었던 언론인들이 1925년 조선 공산당 사건과 1928년 신간회 결성의 여파로 대부분 망명길에 오르거나 퇴사하고, 1933년을 전후해 문인들이 저널리즘의 전면에 등장한다. 한편 이 시기에 상업자본주의의 성장, 카프 해소로 인한 문단 내적인 변화와 구인회의 결성(1933.8.16) 등으로 문단과 저널리즘의 성격은 크게 변화한다. 즉 1930년대 이후에는 부르주아 저널리즘이 심화되면서 '민족정론지'라는 계몽성 대신 상업적인 기사와 지면이 급격히 늘어났으며, 1930년대 후반에 이르러서는 출신의 좌우를 막론한 대부분의 작가들이 신문소설을 매개로 한 전반적인 '통속화' 또는 대중소설로의 수렴현상을 당연하게 받아들이는 정도가 된다. 결국 1933년을 전후한 시기에 저널리즘은 상업적이고 부르주아적인 면모로 귀결되고, 남성작가들은 이러한 저널리즘 공간에서 전문적이고 집단적인 영향력을 행사하게끔 된 것이다.[55] 이런 사실을 고려한다면 영업사원으로 출발해서 각 신문잡지사에 화초·화형의 의미로 존재했던 여기자가 오히려 상업적·대중적 성격이 더욱 강화된 저널리즘 공간에서 밀려나게 되었다는 점을 어떻게 이해해야 할까. 이는 그동안 여기자라는 존재가 유발했던 상업적 효과를 신문잡지의 기사와 지면의 화려한 변모가 충분히 대신하게

---

55) 조영복, 천정환, 김민정 등은 모두 1933년을 전후한 문단과 저널리즘의 변모를 지적하고, 특히 조영복의 경우 이 시기부터 신문 학예면의 중요성을 거론할 수 있다고 지적한다(조영복, 「1930년대 신문 학예면과 문인기자 집단」, 한국현대문학회 편, 『한국문학과 풍속 1』(국학자료원, 2002) ; 조영복, 「1930년대 신문학예면과 모국어 체험」, 『어문연구』 117(한국어문교육연구회, 2003) ; 천정환, 『근대의 책읽기』(푸른숲, 2003) ; 김민정, 「1930년대 문학적 장의 형성에 대한 고찰」, 『한국학보』 Vol 26, No 4(일지사, 2000)).

되었다고 해석할 수 있다. 더욱이 '여성'이라는 존재 자체가 주는 신선함도 이미 상당부분 희석된 시대상황이기도 하다. 이렇게 본다면 여기자는 근대 인쇄 매체라는 사회적 영역으로 진입한 징표이지만 결국 그 영역에서 사실상 생산자라기보다는 상업적인 필요에 의해, 남성권력에 의해 좌우되는 존재였을 따름이라는 냉혹한 결론에 도달하는 듯도 하다.

본고에서 여기자-작가에 대한 기본 사실부터 확인해나가며, 1920~30년대 여기자-작가들의 실상을 파악하고, 이를 바라보는 남성작가들과 당대의 언설을 살펴본 결과, 당대의 저널리즘 공간은 성별이 분명히 구분된, 젠더화된 질서가 작동하는 곳이었음은 분명하다. 그러나 상업적 의도에서 발탁되었던 여기자들 중 일부가 여기자-작가를 형성하고 있었다는 사실은 분명 의미있는 일이다. 비록 그들이 자질론 시비에 시달려야 했고, 남성권력에 결탁하기도 했지만, 그들의 존재는 저널리즘이라는 근대적 메카니즘 속에서 자신을 기입하려 했던 여성의 고투라 할 수 있다. 남성 문인기자의 경우 이미 작가로서의 위치를 인정받은 단계에서 기자로 발탁, 생계문제와 글쓰기의 양심 문제를 고민했고, 전통적인 문사에서 근대적 의미의 작가로 분화되어 나갔다. 이에 비해 여성의 경우 근대 공간에 자신을 사회적 존재로 기입하는 글쓰기를 통해 사회적 주체임을 자각하고, 작가라는 정체성을 형성시켜나가는 것이다. 물론 이는 여기자-작가의 실제 활동, 독자들과의 관계 등을 고려해서 좀더 실증적인 분석이 필요한 대목이기도 하다. 그러나 여기자들이 대거 몰락한 1933년 이후에 오히려 여성작가의 본격적인 업적이 시작되었다는 사실은 의미심장하다. 강경애, 박화성 등은 1933년 이후 대표작이라할 만한 작품들을 신문과 잡지에 연재· 발표하기 시작했고, 백신애, 이선희, 최정희 등 여기자 출신의 작가들은 이때서부터 실질적인 작가활동을 시작했다. 이는 여기자라는 존재가 단순히 근대 여성의 새로운 직업이나, 작가로서 이용했던 영역이 아니라 여성의 글쓰기와 보다 깊이 관련된 것이었음을 시사하는 것이라 하겠다. 이 글에서는 여기자-작가의 실상을 밝히는 단계에 머물렀다면 이를 토대로 밝혀야 할 앞으로의 과제가 바로 이 부분일 것이다.

참고문헌

1. 1차 자료

『개벽』, 『신여성』, 『별건곤』, 『여성』, 『신가정』, 『신동아』, 『삼천리』, <매일신보>, <조선일보>, <동아일보> 등.

김동인, 「딸의 업(業)을 이으려-어떤 부인기자의 수기」(『조선문단』, 1927.3)

이태준, 「애욕의 금렵구」(『중앙』 1935.3 ; 『이태준문학전집』 4, 서음출판사, 1988)

이태준, 「행복에의 흰 손들」(『조광』, 1942.1～1943.6 ; 『이태준문학전집』 11, 서음출판사, 1988).

2. 2차 자료

김남천, 「신문과 문단」(『조광』, 1940.9).

김민정, 「1930년대 문학적 장의 형성에 대한 고찰」, 『한국학보』 Vol 26, No 4(일지사, 2000).

김양선, 「여성 작가를 둘러싼 공적 담론의 두 양식」(민족문학사연구소 기초학문연구단, 『한국근대문학의 형성과 문학장의 재발견』, 소명출판, 2004), pp.337～364.

김연숙, 「여성작가가 된다는 것, 그를 둘러싼 소문과의 쟁투」(도정일 외 편, 『여성문화의 새로운 시각』 3, 월인, 2004).

물망초, 「문화전선의 기수-부인긔자의 생활」(『신여성』 7권 12호, 1933.12).

민병철, 「여류문사에 대하야-동지 안함광군에게 보내는 일편서신」(『비판』, 1933.03).

박금옥, 「일간신문 여성가정난과 게이트키퍼 연구」(이화여대 석사학위논문, 1987).

박헌호, 「식민지 치하에서 작가가 된다는 것」(동아시아학술원 학술 발표회 자료집, 2004.10.16), pp.18～19.

박화성 외, 「여류작가 좌담회」(『삼천리』, 1936.2), p.220.

삼산인, 「취직성공 · 실패담」(『신여성』 7권 4호, 1933.4).

심진경, 「문단의 여류와 여류문단」(민족문학사연구소 기초학문연구단, 『한국근대문학의 형성과 문학장의 재발견』, 소명출판, 2004), pp.299～336.

안함광, 「문예시평-두가지 문제를 가지고」(『비판』, 1932.12).

안회남, 「문단시아비아론-신인이 본 기성문단」(『제1선』, 1932.10).

외돗 생(生), 「동아 조선 중외 삼신문사 여기자 평판」(『별건곤』, 1929.12), p.20.

이무영, 「여류작가개평(概評)」(『신가정』, 1934.2).

이상경, 「식민지에서의 여성과 민족의 문제」(『실천문학』 2003, 봄), pp.60～61.

______, 「임순득, 혹은 여성문학사의 재구성」, 『한국근대여성문학사론』(소명출판,

2002).
이서구, 「엉터리업시 만드러내는 신문기자의 미인제조 비술」(『별건곤』, 1928.8), p.152.
이석훈, 「노천명의 재기」(『조광』, 1939.3).
임순득, 「불효기에 처한 조선여류작가론」(『여성』, 1940.9), p.52.
조영복, 「1930년대 신문 학예면과 문인기자 집단」, 한국현대문학회 편, 『한국문학과 풍속 1』(국학자료원, 2002).
_____, 「1930년대 신문학예면과 모국어 체험」, 『어문연구』 117(한국어문교육연구회, 2003).
천정환, 『근대의 책읽기』(푸른숲, 2003).
청오생, 「최은희씨와의 회견기」(『별건곤』 1927.8), pp.80～84.
최숙경 · 이배용 · 신명숙 · 안연선, 「한국여성사정립을 위한 여성인물유형연구 Ⅲ」, 1993.
취운생, 「조선신문잡지의 부인기자열전」(『신여성』 6권 3호, 1932.3), p.50.
편집부, 「각 여학교 졸업생 언파레-드」(『신여성』 6권 3호, 1932.3), p.46.
편집부, 「여기자 군상」(『개벽』, 신간 4호, 1935.3.1).
편집부, 「여기자좌담회」(『신동아』, 1932.5), p.88.
편집부, 「흥미잇는 부인기자」(『별건곤』, 1927.3), p.101.
홍구, 「여류작가 군상」(『삼천리』, 1933.3), p.73.

竹島保良, 『婦人・家庭欄こと始め』(青蛙房, 1996), pp.56～59.
田中和子 外, 『ジェンターからみた新聞のうら・おもて』(現代書館, 1996), pp.245～263.

리좀의 상상력, 그 순환의 고리

-김선우의 『내 혀가 입 속에 갇혀 있길 거부한다면』과 『도화 아래 잠들다』를 중심으로-

조 영 희*

1.

21세기는 이미지의 시대이다. 문명이 진보하면서 사람들은 수많은 이미지를 교환하며 공유하고 있다. 사람들의 관점에 따라 이미지는 재탄생하기도 하는데, 이것은 뭉치고 흩어지고 다시 뭉치는 순환과정의 반복이다. 미디어 정보화 사회의 현실과 대중화된 매체를 통해서 이미지는 다양하게 형상화되어 전달된다. 마샬 맥루한에 따르면 “모든 미디어는 인간의 감각들의 확장”이며 “미디어는 메시지”다. 다시 말해서 매스미디어가 확장되고 있다는 것은 인간의 감각들의 확장을 가져오며, 그것이 메시지로 사람들에게 전해지게 되는 것이다. 그 표현방법의 하나로 이미지가 동원된다. 이미지는 시를 구성하는 원리의 하나로써 시를 해석하는데 중요한 역할을 한다. 시인은 자신이 전달하고자 하는 생각과 체험을 미학적으로 형상화할 수 있는 수단으로 이미지를 사용한다. 이미지는 의미를 전달하는 기능을 수용하는 것이다.

모든 예술은 이미지로 이루어진다. 문학은 이미지 없이 이루어지지 않으며 특히 시는 불가능하다. 왜냐하면 이미지는 상상력[1])의 발현양태이며 상상

* 경희대학교 대학원 국어국문학과 박사과정

력 그 자체라고 말할 수 있기 때문이다. 따라서 이미지는 시적 사고와 인식의 기본수단이 된다. 실상 모든 시는 그 자체가 하나의 이미지라고 말할 수 있는 것이다. 시어로서의 이미지의 객체성은 그 자체로서 독단적인 교감을 이루어 시인과 독자의 상상력을 연결해 준다. 독자의 문학적 상상력 속에서는 이미지가 스스로 새로운 뉘앙스들을 만들어 내며 상징적 긴장체계를 형성하게 된다. 그러므로 이미지가 표현이나 표상으로 지속적으로 나타나게 되면 이것은 상상력의 체계를 형성하게 되는 것[2]이다.

'상상력을 가지고 있다'는 것은 내적 풍요, 이미지의 자발적인 부단한 흐름을 향유한다는 것이다. 그러나 이 자발성은 임의적인 의도를 말하는 것이 아니다. 어원적으로 보면, 상상력은 이마고(imago), 즉 '표상, 모방'과 이미토르(imitor), 즉 '모방하다, 재생하다'와 깊은 관련을 맺고 있다. 이 경우 어원에는 심리적 현실뿐만 아니라 정신적 진리가 반영되어 있다. 상상력은 규범적 모델-이미지-을 모방하고 재생시키고 재현실화시키며 무한히 반복한다. 상상력을 가진다는 것은 세계를 그 전체성 속에서 바라본다는 뜻이다. 개념에 저항하는 모든 것을 지시해주는 것이 이미지의 힘이자 사명[3]이다.

이런 이미지의 발산과 수렴은 들뢰즈와 가티리가 제시한 '리좀형'(rhizome) 구조와 닮아 있다. 그것은 하나의 뿌리에서 뻗어나와 굵은 줄기를 중심으로 작은 가지들이 생성되는 '수목형'(tree) 구조와 대조를 이룬다. 본래 리좀[4]은 식물학적 용어인데 그것은 '땅속으로 뻗는 줄기'를 뜻하며 '스스로

---

1) 이미지는 신체적 지각이나 기억, 또는 상상(想像)등을 통해 마음속에서 형상화된다. 특히 상상은 이미지를 만들어내고 결합시키는 핵심 개념으로 작용하며, 이때 이미지를 생성시키는 심적 능력이 바로 상상력이다.
Bernis. J., 이재희 역, 『상상력』, 탐구당, 1985, p.8.

2) 김재홍, 『한용운 문학 연구』, 일지사, 1982, pp.151~176 참조.

3) Eliade. M., 이재실 옮김, 『이미지와 상징』, 까치, 1998, p.24.

4) 우노 쿠니이치는 『천 개의 고원』의 「해설: 방법에 대한 주해」에서 다음과 같이 리좀을 설명하고 있다.
"리좀은 계층도 중심도 없고, 초월적인 통일도 또 이항 대립이나 대칭성의 규칙도 없으며, 단지 끝없이 연결되고 도약하여 일탈하는 요소의 연쇄이다. 반대로 나무는 우리가 질서라고 부르는 여러 가시적 특징을 갖고 있다. 토대나 근간이나 중심과, 중심으로부터의 거리에 의해 정해지는 서열과, 중심으로부터 규칙적(대칭적)으로 본떠진 모양의 증식. 리좀을 통해 들뢰즈와 가타리는 질서로는 정의될 수 없는 것들이 결코 단순한 혼돈이나 혼란이 아니라 이질적인 배열이나 연결에 의해 정의되는 다른 질서일 수 있다는 사실을 강렬하게 밝혀냈다."

뿌리이자 줄기를 이루는 식물'을 가리킨다. 들뢰즈와 가타리는 리좀을 통해 중심과 주변의 구분이 없는 서로 다른 선들이 자유롭게 교차하며 다른 방향으로 뻗어나가는 방식을 제시한다.

이와 같은 방식을 김선우 시에 대입해보면 리좀의 상상력의 세계에 닿을 수 있다. 그의 시는 '몸'의 이미지가 확대되어 형상화된다. 작품 속에서 생명력 있는 육체성과 배설하는 몸의 숭고함, 그리고 여성성과 모성성의 조화로움이 다양한 이미지와 순환적인 흐름으로 공존하는 것이다. 이러한 순환적 세계관의 근원에 리좀의 상상력이 자리잡고 있다. '몸'의 이미지가 확장되어 시인의 작품에 녹아들 때, 그것은 순차적이고 직선적인 흐름을 형성하지 않는다. 그렇기에 그의 작품 어느 것을 선택해도 시인이 그리고자한 세계에 닿을 수 있다.

김춘식[5]은 김선우의 시가 지닌 가장 큰 미덕으로 "구체적인 이미지의 육화(肉化)"를 이야기한다. 시인이 "정서적인 묘사와 살아 있는 이미지의 발견에 뛰어난 능력을 지니고 있"고 "모성적인 치유의 상징"을 확인할 수 있다고 분석한다. 김수이[6]는 "야생의 생명력을 지닌 몸의 생즙(피, 눈물, 양수, 똥 등)"을 김선우 시의 가장 중요한 자양분으로 보았다. 시인은 "몸에서 몸으로 순환하는 몸이 그 자체로 여성적이며 모성적인 존재임을 설파"하고, "알몸의 유목이 결국 다시 우주의 순환에 흡수"됨을 이야기한다. 이는 앞서 언급한대로 '몸'의 이미지의 확장이 그의 시의 바탕이 된다는 사실을 뒷받침하는 근거가 되는 주장들이다.

따라서 이 글에서는 김선우의 시에 드러나는 이미지들을 분석하여 주제의식별로 정리하고, 시인의 시쓰기의 근원에 리좀의 상상력이 있음을 밝히고자 한다. 김선우의 시에는 선과 후로 이어지는 직선적 논리가 없고 시와 시 사이의 연속성이 없으며 상상력의 범위와 정도에 있어서의 한계가 없다. 각각의 시들은 그때, 그 자리에서 극도의 독립성과 최대의 에너지를 뿜어내

질 들뢰즈, 펠릭스 가타리, 김재인 옮김, 『천 개의 고원』, 새물결, 2001, p.981.

5) 김춘식, 「날개 상한 벌이 백일홍 꽃잎 속으로 들어가듯이」, 『내 혀가 입 속에 갇혀 있길 거부한다면』, 창작과비평사, 2000, pp.106~123 참조.

6) 김수이, 「알몸의 유목, 자궁의 서사」, 『도화 아래 잠들다』, 창작과비평사, 2003, pp.102~116 참조.

며 형성[7]된다. 그의 시가 간직한 에너지는 '현실과 몽환의 경계'에서 나오는데 그 근원에는 리좀의 상상력이 있다. 그것은 유기체처럼 많은 부분이 일정한 목적아래 통일·조직되어 그 각 부분과 전체가 필연적 관계를 가진 것이 아니라, 스스로 뿌리이자 줄기인 중심과 주변을 가늠할 수 없는 것을 말한다. 동일한 중요도를 획득하는 이미지와 주제의식 사이의 순환 관계를 조망하는 것에 도움을 주는 것이 바로 리좀의 상상력이다. 그 동심원의 고리 어디에서 시작해도 김선우의 시에 총체적으로 접근할 수 있다.

2.

김선우 시에는 경험의 색채가 농후하다. 체험적으로 쓰이는 시인의 언어는 독자에게 한층 진솔하게 다가온다. 그래서 그와 독자사이의 거리는 좀 더 가까워진다. 이는 '몸'이라는 개개인의 전유물이 매개로 작용한다. 그의 시에서는 '몸'의 이미지가 감각기관의 생생함과 신성하고 숭고한 육체성으로 드러난다. 몸의 확장으로 시각, 청각, 촉각, 미각, 후각의 다섯 가지 감각 이미지가 곳곳에서 감지된다. 물론 그것은 오감 자체로 존재하는 것이 아니라 자연이나 여성 혹은 어머니의 이미지와 혼융되어 신비로운 육체성을 드러낸다. 예를 들어 음부와 젖가슴(「엄마의 뼈와 찹쌀 석 되」), 생리통, 앞가슴, 젖, 엉덩이(「포구의 방」), 혀, 입(「만약 내 혀가 입속에 갇혀 있길 거부한다면」), 살, 뼈, 심장(「맑은 날」), 젖꽃판, 빗장뼈, 아랫도리, 살비늘, 알몸(「민둥산」), 용변, 항문(「어느날 석양이」), 오줌, 똥(「나생이」, 「신의 방」), 소리, 귀(「귀」), 월경, 몸냄새(「물로 빚어진 사람」) 등과 같은 시어의 풍부한 사용이 바로 그것이다.

하루가 저물어간다, 참 잘 곰삭은 저 저녁 풍경이 실은 천연스레 뒤를 보이고 앉아 볼일 보는 크낙한 엉덩이라면 저물녘 저 태양이 문이라면

---

7) 송기한, 「이승과 저승의 경계가 빚어내는 시의 힘」, 『현대시』 통권168호(2003.12), pp.218~227 참조.

금빛 항문-어슴푸레 열리는 새벽으로부터 한낮 지나 저물녘에 이른 우리의 하루가 뒤를 보이고 앉아 시름없이 일을 보는 크낙한 엉덩이의 한 오분 시원한 용변과 같다면

-「어느날 석양이」 부분

몸에 의한 감각적인 이미지는 세밀하고 집중화된 관찰력으로 뒷받침된다. 「어느날 석양이」같은 작품은 하루가 저물어 해가 지는 광경을 "참 잘 곰삭은" "저녁 풍경"으로 묘사한다. "저물녘 저 태양이 문"이라면 그것은 곧 "금빛 항문"이고, 하루는 "시름없이 일을 보는 크낙한 엉덩이"의 "시원한 용변"과 같다. 그리고 수성과 목성은 "그녀의 젖가슴쯤", 명왕성과 천왕성은 "쌔근거리는 정수리쯤"과 같이 육체적 이미지로 현현된다. 이러한 몸의 상상력은 다음 시에도 나타난다.

생리통의 밤이면
지글지글 방바닥에 살 붙이고 싶더라
침대에서 내려와 가까이 더,
소라 냄새 나는 베개에 코 박고 있노라면

푸른 연어처럼
나는 어린 새것이 되어
무릎 모으고 어깨 곱송그려
앞가슴으론 말랑말랑한 거북알 하나쯤
더 안을 만하게 둥글어져
파도의 젖을 빨다가 내 젖을 물리다가

포구에 떠오르는 해를 보았으면
이제 막 생겨난 흰 엉덩이를 까부르며
물장우를 쳤으면 모래성을 쌓았으면 싶더라

-「포구의 방」 부분

시의 화자는 "생리통"을 앓는 중이다. 배앓이의 고통이 심해지면 "지글지

글" 끓어오르는 "방바닥에 살 붙이고" 눕고 싶어진다. "침대에서 내려와 가까이 더" 가까이 가고 싶은 곳은 방바닥, 즉 대지이다. 화자에게는 대지의 포용력이 육체의 고통까지 껴안을 수 있는 "어머니"와 같은 존재인 것이다. 그렇게 "소라 냄새 나는 베개"를 베고 누워있노라면 "나"는 어느새 "푸른 연어처럼" "어린 생것이 되어" 있다. 이쯤이 대지의 상상력에서 바다의 상상력으로 전이되는 시점이다. 시적 화자는 "무릎 모으고 어깨 곱송그"리고, "앞가슴으론" 무엇이든 "더 안을 만하게 둥글어져" "파도의 젖"을 빨기도 하고, "내 젖"을 물리기도 한다. 이는 몸의 이미지가 대지와 바다의 상상력과 잘 접목됨을 보여주는 것이다. 나가 푸른 연어의 어린 생것으로 묘사되고, 연어라는 물고기의 몸체가 인간 육체의 부분들로 형상화된다. 뿐만 아니라 파도치는 광경이 마치 "파도의 젖"줄기로 그려지고, 내 젖을 물리는 행위를 함으로써 자연과 몸의 동질화를 추구하는 것이다. "포구에 떠오르는 해" 또한 "이제 막 생겨난 흰 엉덩이를 까부르"는 것으로 연상된다. 이와 같이 그의 시에는 몸의 이미지가 건강하게 노래되고 있다.

소나무 가지에서 꽃숭어리 뭉텅 베어
입 속에 털어넣는다, *火酒* ——

싸아하게 김이 오르고
허파꽈리 익어가는지 숨 멎는다 천천히
뜨거워지는 목구멍 위장 쓸개
십이지장에 고여 있던 눈물이 울컹 올라온다
지도히 뜨거워진다는 건
빙점에 도달하고 있다는 것
붉게 언 산수유 열매 하나
발등에 툭, 떨어진다

때로 환장할 무언가 그리워져
정말 사랑했는지 의심스러워질 적이면

빙화의 대관령 옛길, 아무도
오르려 하지 않는 나의 길을 걷는다

-「대관령 옛길」 부분

「대관령 옛길」은 단순한 비유가 아니라 화자의 체험적 언술이 몸의 이미지와 결합하여 감정이입의 면모를 보여준다. "폭설주의보 내린 정초에" 화자는 "대관령 옛길"을 오르며 지난날의 기억을 떠올린다. "火酒"를 입 속에 털어넣자 숨이 멎을 것처럼 천천히 "목구멍 위장 쓸개 십이지장"이 뜨거워진다. 화자의 심연에 "고여 있던 눈물이 울컹 올라"오는 것, 그것은 "지독히 뜨거워지는 것"이며 "빙점에 도달하고 있"는 것이다. 물이 얼기 시작하거나 녹기 시작하는 온도, 즉 빙점은 '시작'을 의미한다. 과거의 기억을 접어두고 새로운 출발을 다짐하는 것이다. 화자는 "환장할 무언가 그리워져 정말 사랑했는지 의심스러워질 적"이면 "빙화의 대관령 옛길"에 오른다. 아무도 가지 않는 "나의 길을 걷는"다. 이 시에서 시인은 대관령 길을 응시하고 있는 사람이 아니다. 그는 자신이 실제로 화자가 되어 직접 몸으로 체험하는 듯한 묘사와 감정이입의 상황을 몸의 이미지로 육화시켜 표현하고 있는 것이다.

"내 가슴에 떡잎처럼 매달려 우는 어린 애인, 덜 여문 내 꽃자리로 사르륵 통증이 지나갔고 나는 무덤을 열어 젖꼭지를 물려주었지만// 어떻게 울음을 그쳤는지 모른다 그날, 내 애인은// 동구 밖에 비둘기를 묻어주고 내 등에 업혀 돌아오던 다섯 살배기 동생이 되어 내게 말했다 고마워 언젠가 나도 엄마가 되어줄께. 향긋한 냄새가 그애의 정원에서 풍겨나와 핑그르르, 내 무덤에서 정말로 젖이 돈 것만 같았다"(「무덤이 아기들을 기른다」 부분) 시적 화자의 가슴에 안겨서 울고 있는 자는 화자의 애인이다. 화자의 몸은 무덤이며 그곳은 엄마품처럼 따뜻한 곳이다. 화자의 가슴에 안겨 어린아이처럼 울던 남자는 언젠가는 자기도 화자에게 엄마가 되어주겠다고 약속한다. 포근하고 아늑한 집의 역할을 해주겠다는 것이다. 가슴은 몸이고, 몸은 무덤이며, 무덤은 집이고, 엄마이다. 몸의 이미지가 집이 간직한 보호공간으로 전환되며, 어머니의 모성성으로 이어지고 있다.

'몸'의 이미지를 활용하여 다양하게 변형시키고, 다른 이미지와 결합시키는 것은 결코 우연이 아니다. 우리가 잊어 가고 있는 '몸'의 부분들을 시인의 시가 되살려내고 있는 것이다. 그것은 생명의 약동을 느끼게 한다. 몸의 어느 부분에서 시작하든, 그의 시는 몸이 갖고 있는 건강한 생명성을 이야기한다. 여기서 바로 리좀의 사유를 언급할 수 있다. 몸의 어느 부분에서 시작하고, 어느 부분에서 끝나도 시인의 세계관을 짐작할 수 있다. 다시 말해서 몸의 어느 부분을 시적 소재로 선택해도 시인의 세계관을 총체적으로 파악할 수 있다는 것이다. 몸을 중시한 김선우는 잘 다져진 언어감각과 조탁으로 인간과 자연의 어우러짐을 보여준다. 몸이 작품에서 어떻게 활용되든지 간에 그 자체의 독립적 특성과 연상의 끈을 함께 지니고 있다.

3.

무엇보다 김선우의 시에는 쓸모 있는 것들이 많다. '쓸모 있다는 것'은 쓸만한 가치가 있다는 것이고, '쓸모 없다는 것'은 보편적으로 우리에게 더 이상의 사용가치가 없다는 것을 의미한다. 그의 시에서는 시적 자아의 몸에서 배출되는 노폐물과 그것을 배설하는 몸, 그리고 배출하는 행위까지도 모두 중요하다. 사람들이 버려야 할 것이라고 정의내리는 모든 것들이 그에게는 다시 활용하거나, 다시 활용할 수 있는 상태로 재생할 수 있는 것들이다. '오줌, 똥, 월경, 피, 배설물' 등은 배설의 욕구와 배뇨행위의 신성함을 표상하는 말들이다. 배설물은 쓰레기가 아니라 잉여물로 존재하는 것이다. 몸 밖으로 버려진 것들을 몸이 다시 재활용하는 역할을 하고, 재생된 것들은 더 이상 쓰레기가 아니다. 다른 생명체를 잘 자라게 하기 위한 거름이 되는 것이다.

> 음식물 찌꺼기며 설거지 물까지 버릴 것 없이 모아둔 큰 독 속에서 한때 빛나던 것들이 제 힘으로 다시 빛날 때 발효한 이 먹이를 돼지가 먹고 돼지의 배설물은 보리밭 거름으로 이쁜 보리들을 길렀다는데요 그래도 이 짐승의 주식이 사람의 똥이

었던 것은 생명은 생명에게 고양되는 법이라 행여 남아 있을 산 것들의 온기가 더럽고 하찮은 것으로 취급될까 두려운 때문이 아니었는지 몰라
나라의 높은 분이 보기에 미개하여 시멘트 네 포대씩 무상지급한 때가 있었다는데요 문명국의 지표인 변소를 개량하라 다그쳤다는데요 흔적이나마 통시가 아직 남아 내 몸 속의 방을 향해 손 내밀어주는 것은, 똥누고 먹는 일이 한가지로 행해지는 그곳을 신이 거주하는 장소라 여긴 하늘 가까운 섬사람들이 있었기 때문입니다

-「신(神)의 방」 부분

어릴 적 어머니 따라 파밭에 갔다가 모락모락 똥 한무더기 밭둑에 누곤 하였는데 어머니 부드러운 애기호박잎으로 밑끔을 닦아주곤 하셨는데 똥무더기 옆에 엉겅퀴꽃 곱다랗게 흔들릴 때면 나는 좀 부끄러웠을라나 (…) 돌아오는 길 알맞게 마른 내 똥 한무더기 밭고랑에 던지며 늬들 것은 다아 거름이어야 하실 땐 어땠을라나 나는 좀 으쓱하기도 했을라나

양변기 위에 걸터앉아 모락모락 김나던 그 똥 한무더기 생각하는 저녁, 오늘 내가 먹은 건 도대체 거름이 되질 않고

-「양변기 위에서」 부분

「신의 방」에서 시인은 과거 제주도에서 있었던 '돗통시 문화'를 시적 소재로 삼고 있다. 여기서 '돗'은 돼지를 가리키고, '통시'는 똥을 누면 아래서 '통' 소리가 울리고 오줌을 누면 아래서 '시' 소리가 울린다하여 만들어진 뒷간 이름이다. 다시 말해서 '돗통시'는 제주 전통 뒷간을 말한다. 시인은 통시를 "인간의 배변 장소와 돼지우리가 함께 있는 아주 재미난 방"으로 인식하고 있다. 그곳에서는 "음식물 찌꺼기며 설거지 물"을 모아 "발효"시켜 그것을 돼지의 "먹이"로 사용했다. 그리고 또다시 만들어지는 "돼지의 배설물은 보리밭 거름으로" 썼다. 배설의 본능을 갖고 있는 것은 인간만이 아니다. 식물, 동물들은 식욕과 더불어 배설하고자 하는 욕구를 지닌다. 음식을 섭취하고 배설하는 것의 반복이 이 시에서 드러난다. 돼지의 "주식이 사람의 똥이었던 것"을 화자는 "생명이 생명에게 공양되는" 것으로 파악했다. 그리고 "남아 있을 산 것들의 온기가 더럽고 하찮은 것"으로 취급되지 않길 바라는 것으로 여겼다. 이는 몸과 자연의 순환 과정을 일깨워준다. 마치 몸의 배설

물과 생명체의 관계가 생태계의 먹이사슬처럼 보이는 것이다. 배설물이 쓰레기가 아니라 '쓸모 있는' 거름으로 활용됨을 나타낸다. 통시를 "신이 거주하는 장소"로 상징화시킨 것은 배설행위를 신성시하고, 배설물이 쓰레기가 아니라 양분으로 쓰임을 명확히 하는 것이다.

이런 과거의 문화가 현대인의 일상에서 활발히 이루어지지 못함을 안타까이 여기는 시가바로 「양변기 위에서」이다. 이 시에서 화자는 "어릴 적 어머니를 따라 " 파밭에서 누었던 "똥 한무더기"의 소중함을 선명하게 기억하고 있다. 밭에서의 배설행위는 부끄러웠지만 "알맞게 마른 똥 한무더기"를 밭고랑에 던지며 "늬들 것은 다아 거름이어야" 하시는 어머니로 인해 편안함을 느낀다. 몸에서 버려지는 똥이 밭에서는 꼭 필요한 거름으로 쓰이는 것, 화자는 그렇게 자연의 순리를 알게 된다. 그러나 현재 그는 "양변기 위에 걸터앉아"있다. 그가 먹은 것은 더 이상 거름이 되질 못한다. 이제 재래식 변소는 사라졌고, 양변기가 즐비한 화장실이 생겨났다. 그러나 시인은 그런 문명의 발달이 달갑지가 않다. 자연의 균형을 깨는 인간의 행위가 불안하여 마음을 놓지 못한다. 그래서 김선우는 "짭조름하니 곰삭은 목어 소리 속에/ 온갖 허드렛물 이윽히 발효시키는/ 선운사 이 똥낭구"에서 배설의 미덕을 찾고자 한다. "푹 썩어 맑은 물 한국자 우려낼 수" 있는 삶을 소망한다. (「선운사, 그 똥낭구」 부분)

> 마흔 넘은 여자들과 시골 산보를 하다가 오동나무 아래에서 오줌을 누게 된 것이었다 뜨듯한 흙냄새와 시원한 바람 속에 엉덩이 내놓은 여자들 사이, 나도 편안히 바지를 벗어내린 것인데
>
> 소리 한번 좋구나! 그중 맏언니가 운을 뗀 것이었다 젊었을 땐 왜 그 소릴 부끄러워했나 몰라, 나이 드니 졸졸 개울물 소리 되려 창피해지더라고 내 오줌 누는 소리 시원타고 좋아라 하는 것이었다
>
> 그러고 보니 딸애들은 누구 오줌발이 더 힘이 좋은지, 더 넓게, 더 따뜻하게 번지는지 그런 놀이는 왜 못하고 자라는지 몰라, 궁금해하며 여자들 깔깔거리는 사이

> 문 밖까지 땅 끝까지 강물소리 자분자분 번져가고 푸른 잎새 축축 휘늘어지도록 열매 주렁주렁 매단 오동나무가 흐뭇하게 따님들을 굽어보시는 것이었다
>
> -「오동나무의 웃음소리」 부분

서른 살 화자에게 "부끄러웠던 순간은 오줌 눌 때"이다. 즉 배뇨행위를 하는 순간이 부끄럽고, 그 소리조차 화자를 당황스럽게 만드는 요인이 되는 것이다. 그러다 어느 날 "마흔 넘은 여자들과 시골 산보를 하다가" "오줌을 누게" 되었다. "뜨듯한 흙냄새와 시원한 바람 속에 엉덩이"를 내놓은 여자들 사이에서, 화자도 "편안히 바지를 벗어내린 것"이다. 이전의 불안한 오줌 누기와는 사뭇 다른 편안하고 친근한 분위기가 조성된다. "소리 한번 좋구나!"라고 "맏언니가 운을" 떼었다. 젊었을 땐 부끄러웠던 오줌 누는 소리가 나이가 드니 되려 "졸졸 개울물 소리"처럼 흐르는 것이 창피하다는 것이다. 나이 든 맏언니는 화자의 오줌 누는 소리를 부러워한다. "시원타고 좋아라"한다. 그건 그들에게만 해당되는 경우는 아니다. 나이 어린 소녀라면 누구나 오줌 누는 소리가 부끄럽게 들린다. "딸애들" 역시 마찬가지다. "누구 오줌발이 더 힘이 좋은지, 더 넓게, 더 따뜻하게 번지는지" 그런 놀이는 못하고 자라는 것이다. 이제 늙어가는 여자들에게 오줌 누는 소리는 순환의 소리이다. 배출의 욕구를 충실히 이행하는 몸의 순환 논리다. "문 밖까지 땅 끝까지 강물소리"처럼 "자분자분 번져가"면 "휘늘어지도록 열매 주렁주렁 매단 오동나무가 흐뭇하게 따님들을 굽어"보며 웃고 있는 것이다. 그 웃음 소리는 결국 여자들의 오줌 소리이며, 그들의 편안한 내면 심리를 드러내는 표현이다. 역시 이 시에서도 오줌은 배출되면서 버려지는 것이 아니라 오동나무 아래로, "문 밖까지 땅 끝까지" 스며드는 거름이 되는 것이다.

"신랏적 혜공 스님은/ 똥누는 원효를 보고 그랬다 한다/ 니 똥이 내가 잡은 물고기라카이.// 알몸의 아가를 바라보다가/ 알몸의 내가 빙긋 웃는 것도/ 아가의 똥 때문,/ 젖빛 고운 생밤 한알 찰진 살내음 속에서/ 동그랗게 몸을 말고 똥누는 밤벌레들/ 날랜 물고기 몇 마리 지느러미 파닥거리는/ 생밤 한 알 공들여 맛나게 먹는다// 귀하게 똥을 잡순 후에 내가 낳을 물고기!/ 더운 살 속으로 헤엄쳐 온다"(「너의 똥이 내 물고기다」 부분) 이 시는 생명의 순

환 구조를 확연히 드러낸다. 배설물에 지나지 않은 '똥'을 원효대사는 "내가 잡은 물고기"라고 말했다. 한순간 똥이 물고기로 뒤바뀌는 것이다. 삶과 죽음의 과정이 반복되면서, 똥이 물고기로 변환된다. "똥"을 먹고 내가 낳는 것은 "물고기"가 된다. 똥은 더 이상 쓰레기가 아니다. 물고기와 같이 한 생명의 씨앗이다.

'몸'에서 배출된 것은 다시 몸으로 돌아간다. 자연에서 생겨난 것은 다시 자연으로 돌아간다. 중심과 주변을 가늠하기 힘든 몸의 순환에 사로잡혀 있는 것을 알 수 있다. 리좀의 상상력은 오줌이나 똥 등의 배설물과 몸 밖으로 그것들을 배출하는 행위, 그리고 배설하는 몸이 얽혀서 만들어진다. 그 어느 것에도 중심은 없다. 모두 중요하지 않거나, 중요하다. 이 역설의 미학이 리좀적 사유를 가능하게 이끌어준다. 똥, 그 자체와 똥을 누는 행위와, 똥을 만들어낸 몸이 있다. 게다가 그 몸이 살아가는 세계가 있다. 김선우의 시는 그 어디에서 시작해도 그 외의 것들이 연상가능하다. 일직선상이나 하나의 원위에서 흐름대로 사유하는 것이 아니라, 비선형적인 사고로 그의 시가 이루어지고 있는 것이다.

4.

'여성성－어머니(모성성)－자연－생명-죽음'의 의식들이 서로 겹쳐 그려지는 그의 시편들은 지금까지 주된 논의의 대상이었다. '여성의 몸' 이미지를 확대하여 어머니가 지닌 모성성과 자연의 생명성, 좀 더 나아가 우주의 조화를 말하고 있다. 이는 김선우의 시에서 자연과 여성의 관계가 친밀하고 신비하게 연결되는 것을 통해 알 수 있다. 여기서 독자는 생명의 신비와 자연의 균형이 에로틱한 표현들과 공존하고 있음을 기억해야 한다. 그것은 관능적인 것이 아니라 환상적인 체험으로 화자 내면의 자유로움을 상징한다.

「민둥산」에서 시인은 "민둥산에 들어" "윗도리를 벗어"올리고 "알몸의 유목"을 꿈꾸며 마음의 "빗장뼈"를 연다. "아랫도리마저 벗어던진 채" "몸속에서 바람과 관계"할 수 있음에 황홀해한다. 그리고 태초에 세상을 창조한 신도 화자와 관계하는 "햇살처럼 알몸이었"을꺼라 믿는다. "알몸의 그대가 나부껴" 올 때의 그 "몸"은 "신전"이 된다. 시인은 여성과 자연의 에로스적 관계를 초월적이며 신성한 것으로 받아들인다. 물론 그것이 쾌락만을 추구하는 성욕으로 이어지는 것은 아니다. 초월적이고 환상적인만큼 현실에 얽매이거나 구속받고 싶지 않은 개인의 소망을 드러내는 것이다. 즉 자유의 평안함, 그것에서 김선우 시의 매력이 묻어난다.

> 들어왔지만 들어온 게 아닌, 마주보고 있지만 비껴가는 슬픈 체위를 버려…… 탄성을 가장하지 않아도 되는 잘 마른 밀짚 냄새, 허물어진 흙담 냄새, 할머니 수의에서 나던 싸리꽃 향기, 오월의 가두에 흩어지던 침수향을 풍기며 그녀가 뼛속까지 스며들어왔다
>
> 모든 시공이 얽혀 있는, 단 하나의 모서리로 그녀가 돌아간 뒤, 자궁에서 빠져나올 때 맡았던 바닷물 냄새가 난다고 생각하며 나는 천천히 잠에서 깨어났다
>
> -「산청여인숙」 부분

「산청여인숙」의 화자는 "오래된 여관"의 "벽과 벽이 끝나고 만나는 모서리"에서 "기묘한 흥분을" 느낀다. 모서리는 "두 세계의 끝이며 시작인"데 그곳을 통해 "한 여자"가 나왔다. 여기서 '두 세계'는 화자가 존재하기 이전의 과거와 화자가 존재하는 현재를 가리킨다. 또는 "다른 세상의 대기에 접촉한 순간 놀라"는 여자를 기준으로, 그녀가 속한 세계와 화자가 있는 현재를 상징한다. 그녀에게는 "포마이카 옷장의 서랍 냄새"와 "여름 소나기의 먼지 냄새", "엄마의 속곳 냄새"가 난다. "허물어진 흙담 냄새"나 "할머니 수의에서 나던 싸리꽃 향기"가 화자의 "뼛속까지 스며"든다. 그녀에게서 풍기는 냄새는 과거의 기억이며 그리운 추억이다. "모든 시공이 얽혀 있는" 것이며 "자궁에서 빠져나올 때 맡았던 바닷물 냄새"같은 것이다. 이는 모든 생명의 근원을 표상한다. 성스러운 자궁이라는 공간과 자연에 가까웠던 어머니의 오래된 시간이 어우러진다. 현실과 몽환의 경계에서 소통하고 싶어하는 시인의 심리를 엿볼 수 있다.

> 월경 때가 가까워오면

내 몸에서 바다 냄새가 나네

깊은 우물 속에서 계수나무가 흘러나오고
사랑을 나눈 달팽이 한쌍이 흘러나오고
재 될 날개 굽이치며 불새가 흘러나오고
내 속에서 흘러나온 것들의 발등엔
늘 조금씩 바다 비린내가 묻어 있네

(……)

알 것 같네 어머니는 물로 빚어진 사람
가뭄이 심한 해가 오면 흰 무명에 붉은,
월경 자국 선명한 개짐으로 깃발을 만들어
기우제를 올렸다는 옛이야기를 알 것 같네
저의 몸에서 퍼올린 즙으로 비를 만든
어머니의 어머니의 어머니들의 이야기

월경 때가 가까워오면
바다 냄새로 달이 가득해지네

-「물로 빚어진 사람」 부분

어머니와 시적 자아는 "월경"을 매개로 동심원적 구조를 취한다. "월경 때가 가까워오면" 자아의 몸에서 "바다 냄새가" 난다. 자신에게서 "흘러 나온 것들의 발등엔 늘 조금씩 바다 비린내가" 묻어 있다는 것이다. "어머니는 물로 빚어진 사람"이고, 자아의 "몸에서 퍼올린 즙으로 비를 만든"다는 "어머니의 어머니의 어머니들의 이야기"를 떠올린다. "월경 때가 가까워오면 바다 냄새로 달이 가득해"진다. 시인은 '물'의 이미지와 '달'의 이미지가 모성성에 닿아 있음을 파악한다. 관습적으로 여성의 월경은 불경한 것으로 여기고 금기시 되어왔다. 그러나 김선우의 시에서 '피'는 신성하고 생명력 있는 것이다. "폐경이라니, 엄마,/ 완경이야, 완경!"(「완경」 부분) 더 이상 월경을 하지 않는 어머니를 향해 폐경이 아니라 완경이라고 외치는 화자의 태도를 보면 알 수 있다.

필립 휠라이트는 원형 상징으로서의 물이 정화기능과 생명을 지속시키는 기능을 함께 갖는 복합적 속성을 가진다고 말한다. 그래서 물은 순결과 새로운 생명을 상징한다는 것이다. 이 시에서 시인은 여성을 상징하는 '달'과, 정화와 생명이 본질인 '물(바다)'과, 달의 주기를 따르고 순결한 물의 속성을 지닌 '월경'과, '어머니'를 동심원적 순환구조로 제시한다. "라일락이랄지 감꽃이랄지/ 이슥한 것들의 향기 속에 배어 있던 흙내음이/ 어린 어미꽃의 몸 냄새였다는 것을"(「어리고 푸른 어미꽃」 부분) 알아차렸을 때 대지의 생명성과 어머니의 모성성이 동일시되고 있음 보여준다.

> 내가 셈할 수 있는 인간의 시간 아득한 저편으로부터 별의 여자들은 내내 이곳에서 살아왔다 잇꽃빛 번지는 노을 속에 여자가 그늘을 묻는다 여자의 푸른 유방에서 죽은 별들이 흘러나왔다 여자가 텅 빈 우주를 자궁 속에서 꺼낸다 지구 표면으로 통하는 모든 문 위에 붉은 부적을 걸고 싶은 날, 내 몸에 묻어 온 독기에 찔려 여자의 손이 자꾸 허공을 짚는다 둥글고 푸른 별의 생장점이 꼬리를 끊고 흘러갔다 나는 속죄의 말을 찾지 못했다
>
> -「별의 여자들」 부분

화자는 "구불구불 끝없이 이어지는 산길을 걸어" "지구 몸 속의 다른 별에 들어섰다." 자신의 몸 속에 자기도 "모르는 다른 우주가 자전과 공전을 거듭하는 것이 훤히 들여다 보였"다. 몸 안팎으로 우주만물이 가진 상생의 원리가 시작되는 것이다. "인간의 시간 아득한 저편으로부터 별의 여자들"은 이곳에서 살았다. 그 여자의 "푸른 유방에서 죽은 별들이 흘러나왔"다. 그리고 여자가 "자궁 속에서" "텅 빈 우주를" 꺼낸다. "둥글고 푸른 별의 생장점"이 흘러가자 화자는 "속죄의 말"을 찾지 못한다. 이러한 표현들은 지구의 자연 생태계를 엿볼 수 있는 말들이다. "푸른 유방", "자궁", "우주"는 자연의 이치뿐만 아니라 우주의 조화까지도 아우르는 말들이다. 그리고 그것은 여자의 몸에서 비롯된다. "화창한 저물녘에 별의 여자들이 자기 몸을 비우고 또 비운다. 텅 빈 여자의 중심, 지구 몸 속의 또 다른 별에서 지구가 눈물 한방울로 뜨거워져간다" 지구에서도 여자, 여자의 몸, 그 몸의 중심, 그리

고 그 몸 속의 또 다른 별인 지구, 이는 우주적 순환을 이야기한다. 어머니의 모성성을 간직한 여자와 지구, 우주와 우주 속에 있는 별들, 이들은 '비움과 채움'을 반복하면서 새로워진다. 마치 윤회의 한 장면을 떠올리듯 거듭해서 생명의 탄생과 죽음이 반복되는 것이다.

리좀의 상상력을 떠올려보자. 앞서 언급한 '지구, 지구에서도 여자, 여자의 몸, 그 몸의 중심, 그리고 그 몸 속의 또 다른 별인 지구' 그 어느 것을 선택해도 자연 순환의 논리에 도달할 수 있다. 여성을 상징하는 '달'과, 정화와 생명이 본질인 '물(바다)'과, 달의 주기를 따르고 순결한 물의 속성을 지닌 '월경'과, '어머니'를 동심원적 구조에 놓아도 마찬가지다. 달에서 시작해도, 물에서 시작해도 결국엔 생명의 신비로운 조화를 거치게 된다. 이 순환의 고리는 둥근 원이 아니다. 원 속에는 수많은 선들이 있다. 선과 원의 접점, 수없이 많은 그 접점이 리좀적 사유가 시작되는 지점이다. 김선우의 시는 접점들 어디에서 시작해도 시인의 세계관을 파악할 수 있는 리좀의 상상력을 갖고 있다.

5.

김선우의 시에는 '몸'의 이미지가 건강한 육체성과 다양한 감각기관의 형상화로 확장된다. 그리고 시인이 직접 시적자아가 되어, 체험적 관점에서 시적 대상에 감정이입의 태도를 취한다. 뿐만 아니라 그는 배설의 욕구와 배설물의 내재된 가치를 획득한다. 화자의 몸에서 배출되는 노폐물과 그것을 배설하는 몸, 그리고 배뇨행위를 신성한 것으로 받아들인다. 그의 시에서 배설물은 쓰레기가 아니라 잉여물이며 새로운 생명의 탄생에 밑거름이다. 이는 '여성성–어머니(모성성)–자연–생명-죽음'이 서로 어우러지는 조화로운 관계를 묘사하는 것으로 이어진다. 자연과 인간의 조화, 생명의 탄생과 죽음, 에로스와 신성이 공존하는 순환적 세계관을 형상화한다.

그의 작품은 시와 시 사이의 연속성이 없으며 앞뒤로 이어지는 직선적인 논리가 없다. 시 각각의 에너지가 정해진 흐름대로 이어져 있지 않다는 것은 리좀적 사유와 관계된다. 앞서 언급한대로 리좀은 계층도 중심도 없고, 초월적인 통일도 또 이항 대립이나 대칭성의 규칙도 없으며, 단지 끝없이 연결되고 도약하여 일탈하는 요소의 연쇄이다. 따라서 리좀적 사유는 고정된 체계나 구조가 없고 탈중심화되고 비위계적이다. 이 리좀의 상상력이 김선우 시쓰기의 원천이라고 볼 수 있다.

그것은 유기적으로 조직되어 상호간에 필연적 관계를 가진 것이 아니기에, 중심과 주변을 가늠하지 않고 전체에 종속되지도 않는다. 동일한 중요성을 지닌 시편 각각은 들뢰즈의 표현을 빌자면 "유목적이고 특이한 다양체"이며 "생성의 다양체 또는 변형되는 다양체이지, 요소들을 셀 수 있고 관계들이 질서 잡힌 다양체가 아니"[8]다. 이러한 상상력은 하이퍼텍스트[9]의 비선형성과 탈중심화의 특성들과도 맞닿아있다. 그것은 그의 시편들이 보이는 시적 이미지들의 순환 고리 어디에서 시작해도, 그의 시세계를 총체적으로 조망할 수 있다는 말이다. 그의 시는 경계를 없애고 열린 자세를 취한다. 그래서 독자들은 시인의 잠재된 유목적 상상력과 마주하게 된다. 유목이란 한 곳에서 계속 살지 않고, 주기적으로 이동하며 살아가는 생활 방식[10]을 말한다. 따라서 유목적 상상력이란 생각이 한 곳에 머물지 않고 계속 이동하는 특징이 있다. 어디서든지 새로이 시작할 수 있고, 어디서든지 변형시킬 수 있는 것이다. 이러한 세계관이 김선우 시의 숨은 버팀목이며, 앞으로 그의 시를 이끌어가는 힘이 될 것이다.

---

8) 질 들뢰즈, 펠릭스 가타리, 김재인 옮김, 『천 개의 고원』, 새물결, 2001, p.963.

9) 하이퍼텍스트는 문자, 그래픽, 음성 및 영상을 하나의 복잡한 비연속적인 연상의 거미집(web of associations)과 같이 서로 연결시켜서, 제목의 제시 순서에 관계없이 이용자가 어떤 제목과 관련된 정보를 검색할 수 있도록 하는 정보 제공 방법이다.

10) 이에 반해 이주는 주기적인 것이 아니라 거주지를 완전히 바꾸는 것이라는 점에서 유목과 다르다.

제3부

고전문화와 작품세계

박송희 명창의 삶과 소리세계

김 진 영*

1.

판소리 <흥보가>의 보유자인 인간문화재 박송희 명창께서는 금년에 80세가 되셨다. 요즈음도 선생님은 젊은이 못지않은 기력으로 소리 공연과 심사 등 전국을 돌며 바쁜 일정을 소화하고 있고, 미모도 여전하셔서 노당익장(老當益壯)이란 말을 쓰려고 해도, '늙을 노(老)'자가 마음에 걸릴 만큼 정력적으로 활동하고 계시기에 그 연세가 도무지 믿어지지 않는다. 그러나 1927년 생이시니 팔순이 되신 것은 틀림이 없는 사실이다. 선생님의 팔순을 맞이하여 이 짧은 글을 통해 선생님의 삶과 소리세계를 모두 설명한다는 것은 분명 커다란 욕심이겠지만, 한 인간문화재의 삶과 소리세계를 간략하게나마 되돌아보고 평가해본다는 것도 의미있는 일임은 분명해 보인다.

2.

1990년 초이던가 선생께서 문화탐방을 위한 보길도 유람선상에서 고산 윤

* 경희대학교 국어국문학과 교수

선도의 <어부사시가>를 판소리로 작창하여 부르고, 그 자리에 마침 김병국 교수가 동행하여 대화의 인연이 맺어진 것을 계기로 주선한 소리 공부 모임을 통해 나는 선생님을 가까이서 뵙게 되었다. 처음에는 김교수님과 판소리를 전공하고 애호하는 국문학자 너댓이 모여 선생을 모시고 매주 소리 공부를 하게 되었다. 이후 소리 공부 동호인이 몇 사람 더 늘어나 공부는 더욱 활기를 띄게 되었고, 참으로 즐겁고 보람되며 기다려지는 공부 모임이 되었다. 당시 박명창은 국립창극단 원로단원으로 계셔서 우리들은 매주 남산 국립극장에 들러 창극단 연습실에서 소리 공부도 하고, 공부를 마치고는 함께 식사를 하면서 선생님이 들려주시는 소리판의 이면사들을 들으며 시간 가는 줄을 몰랐다. 선생님께서 창극단을 그만두신 뒤에도 우리들은 선생의 자택이나 판소리 전수소로 옮겨가며 10여 년을 매주 뵙게 되면서 소리 실기의 세계를 조금씩 눈뜨게 되었고, 인간적으로도 모두 형제처럼 가까워졌다.

소리 공부를 시작한 처음 2개월 동안은 열심을 내어 단가 <만고강산> 하나에만 매달렸다. 무엇보다 시작을 단단히 해 두어야 한다는 것이 선생의 지도방침이었기 때문이다. <편시춘>, <호남가> 등 단가와 <흥보가>, <춘향가>, <적벽가>의 눈 대목 등을 배우면서 소리 공부 진도도 제법 나갔고, 소리 속도 꽤 알게 된 것은 좋은 스승이신 박선생을 만난 덕이요, 문학과 이론으로만 판소리를 공부해 오던 우리들로서는 참으로 귀중한 산 체험이었다.

3.

박송희 선생을 뵐 때마다 많은 사람들이 '참 조신하고 겸허한 여군자(女君子)이시구나' 하는 생각을 갖곤 한다. 이 점에서는 선생의 스승 박록주 명창이 걸걸하고 기개 있는 여장부의 삶을 보여주었던 점과는 다르다. 그러나 꼿꼿하고 담박한 기상은 사제 두 분 명창이 함께 지녀 상통하는 성품이라 여겨진다.

박송희 선생은 본명 '정자(貞子)'에 들어 있는 곧음과 예명으로 불러온 송이(松伊)나 송희(松熙)에 모두 들어있는 소나무의 만고상청(萬古常靑)의 기상을 삶의 푯대로 삼아 선생의 삶 속에 한결같이 실현해 오신 듯하다.

동편제 판소리 흥보가 박송희 선생 제자 발표회 자리에서 김소희 명창은 선생의 인품에 대하여 다음과 같이 평한 바 있다.

> "나는 박송희 여사를 20대부터 알고 지내왔습니다. 10여 년이나 차이가 있는 후배이지만, 사람됨이 여성으로 나무랄 데 없는 착한 여성이지요 …(중략)… 박송희 여사를 40년간 지켜보아 왔지만 거짓도 없고 요사도 없고 허세도 없으며 남을 헐뜯는 법도 없고 양보할 줄도 알고 우리나라 여성 중의 여성이지요."

한편 이보형 선생은 같은 자리에서 선생의 인품과 소리에 대해 다음과 같이 평한 바 있다.

> "항상 묵묵히 학습에 정진하고 있는 박송희 명창을 대하면 청청한 소나무를 대하는 듯 든든하고 기품이 있어 좋다. 더구나 그가 지닌 동편제 소리는 그의 건실한 성품과 꿋꿋한 성음이 맞아떨어져 가경을 이루지 않는가?"

판소리는 오랜 세월의 적층의 산물일뿐더러 특히 수련 연륜에 따른 내공이 절실히 요구되는 우리의 민족예술 양식이다. 그렇지만 80평생을 오직 소리 공부에 진력해 온 박선생께서 근래의 한 공연 후에 "이제야 겨우 옛 국창의 성음에 근사한 소리를 할 수 있어 흔쾌하였다."고 심경을 토로하심을 들었을 때, 우리들은 판소리의 지난함과 아울러 인간문화재가 되고 나서도 한결 같이 겸허한 선생의 삶의 자세에 자연 머리가 숙여질 수밖에 없다.

박송희 선생을 모시고 소리 공부를 한 인연으로 필자를 비롯한 여러 교수 제자들은 선생의 70수 고희연에서 처음 배운 단가 <만고강산>을 제창하여 축수하기도 하였다. 그 일이 엊그제 같은데, 어느새 선생의 팔순을 맞게 된 것이다. 예나 이제나 한결 같으신 모습에 우리는 세월이 그렇게 유수처럼 흐르는 줄 몰랐고 선생께서도 마음이 젊으시니 몸도 별반 나이가 더 드신 티가 없으신가 보다.

4.

박송희 명창은 1927년 음력 7월 28일 전남 화순군 화순면에서 아버지 박종환과 어머니 선광주 사이의 9남매 중 일곱 번째로 출생하였다. 본명은 박정자(朴貞子)이고 송희(松熙)는 예명이다.

박송희 명창의 소리 공부는 10대에 시작된다. 처음 성차옥으로부터 단가를 배우고 13세 무렵 본격적인 소리 공부를 위해 광주로 나갔다. 그곳에서 박영구 선생을 만나 춤과 전통음악을 사사했고, 박동실, 박기홍, 정응민, 안기선, 김억순 명창들로부터 소리를 익혔다. 동일 창극단에 들어간 후로는 조상선 명창으로부터 창극 토막소리도 배웠다.

20대에는 주로 국극단에서 활동하였다. 동일창극단, 임방울 협률사, 여성국악동호회, 햇님국극단, 새한국극단 등에서 활동한 바, 특히 햇님국극단 시절은 주역으로 가장 화려했던 무대였다.

30대초에 여성국극이 쇠퇴하자 잠깐 고향으로 내려가 살다가, 소리 공부를 위해서 다시 서울로 올라와 판소리 학습에 매진하였다. 이때, 김소희, 박록주, 박봉술 명창 등으로부터 본격적으로 소리를 연마하여, 소리의 초석을 다지고 대명창으로 발돋움할 기틀을 마련하였다.

박송희 명창은 50세 이후 여러 무대에서 <흥보가> 완창 발표회와 <숙영낭자전> 발표회를 가졌고, 제자 발표회도 열었다. 또한 판소리 완창 음반을 비롯한 공연실황 음반 등을 다수 출반 하였다. 박송희 명창은 판소리 국내 공연뿐만 아니라 판소리를 해외에 알리는 데에도 앞장서왔다. 1985년에는 미국 뉴욕주립대학 초청으로 미주 순회공연을 하였고, 세계민속예술제에 참가하였으며 1990년에도 미국 하버드대학을 비롯한 여러 대학의 초청을 받아 판소리 공연을 하여 우리 소리를 세계에 알렸다.

판소리가 2003년에 유네스코로부터 세계구전문화유산 걸작으로 선정되기에 앞서 판소리학회에서는 판소리가 지닌 세계문화유산으로서의 빼어난 의의를 밝힌 신청서와 더불어 대명창들의 공연 실황 영상물도 심사를 위해 유네스코에 제출하게 되었을 때, 박송희 선생은 당신의 주 종목인 <흥보가> 소리로 큰 기여를 하였다.

실제로 박송희 명창의 <흥보가>는 동편제의 본령인 송만갑제 흥보가에 뿌리를 두고 김정문→박록주→박송희 명창으로 전승된 소리 계보를 이은 것으로 동편소리의 근간을 잘 보여주는 작품이다.

그렇다고 박명창의 소리가 동편소리만의 특징을 가지고 있는 편협한 것은 아니다. 판소리 사설이나 소리가 고정불변한 것만은 아니니, 본래 구술문화의 특성상으로서나 연창자들의 기호에 따라서 변개와 첨삭이 가해지는 것이다. 박명창의 <흥보가> 역시 동편소리의 기조 아래 몇 번의 변개과정을 보여주는데, 김병국 교수는 그 과정을 다음과 같이 분석 정리한 바 있다.

> "원래 박록주는 스승 김정문으로부터 배운 흥보가에 김창환 더늠의 '제비 노정기'를 변개시켜 삽입하는 등 새롭게 정비하여 가장 짜임새있는 <흥보가>를 만들었다. 그런데 박록주 바디 <흥보가>는 '놀부 제비 후리는 대목' 이후의 소리가 전승되지 않는다. '놀부 박사설 대목'이 풍자적인 재담 소리가 많이 섞여 있기 때문에 박록주 명창이 일부러 이 대목을 빼버렸기 때문이라고 한다. 그러나 박송희 선생인 이 박록주 바디 <흥보가>에 장판개 더늠의 '놀부 제비노정기'를 빌어오고, 박봉술 바디 <흥보가>에서 '놀부 박타령'을 빌어와 이 대목을 복원하였다."

또한 박송희 선생은 판소리 명창일 뿐만 아니라 판소리 전수 교육에도 각별한 정성을 쏟아온 교육자이기도 하다. 국립국악고등학교와 서울국악예술고등학교, 국립극장 문화학교 등에서 판소리 강사를 담당하였고, 지금도 전남대 한국음악과와 이화여대, 중앙대 대학원 국악과 등에 출강하여 제자들을 양성하고 있다. 일찍이 판소리를 다시 살리고, 스승의 소리를 제대로 보존하고, 후진들에게 전수하기 위하여 <박록주 창본>을 펴내기도 하였다.

5.

일찍이 동리 신재효는 판소리 명창이 갖추어야 할 네 가지 요건으로 인물치레, 사설치레, 득음, 너름새를 꼽았다. 박송희 명창은 어려서부터 빼어난 인물과 재질로 이름이 있었고, 여성국극단이 전성하던 시절에는 단아한 용모와 자태를 갖춘 주연배우로서 큰 사랑을 받아 왔을뿐더러 팔순을 맞은 지금도 천연한 고운 자태는 여전하다.

한편 사설 치레에 있어서 중시되는 것은 사설의 정확한 전달과 음악과 어울려 이루어지는 어단성장(語短聲長)의 묘미이겠다. 박송희 명창의 사설 전달은 분명하고 완연하여 청중들로 하여금 이야기와 소리의 내용을 확실하게 이해할 수 있도록 해줌으로써 소리의 속 깊은 감상에 빠져들게 한다. 또한 박송희 명창은 잘 짜여진 발성법에 의거하기 때문에 소리와의 결합에서도 그 묘미가 잘 살아난다.

한편 박송희 명창의 너름새는 스승 박록주 명창의 너름새를 오롯이 전수한 데다가 그 자신이 여성국극 활동을 통해 연마한 천연한 연기와 어려서부터 다져진 춤사위가 한데 어울려 간결하면서도 상징적인 판소리 너름새의 한 전형을 보여주고 있다.

선생의 득음은 좋은 선생을 다수 만난 복이 크다. 이미 10대에 큰 선생들을 만나 소리를익혔고, 30대 이후 자신의 말대로 대명창들을 사사하면서, 정진하여 소리 재수를 함으로써 소리의 초석을 굳건히 하여 쉰 듯하면서도 맑고, 정대하면서도 맛이 있는 소리를 얻게 된 것이다.

특히 박송희 명창은 해방 후 여성국극단의 전성기에 주역으로 화려한 무대생활을 경험하였지만, 본 뜻을 어디까지나 판소리의 대성에 두어 국극단을 그만둔 이후 김소희, 박록주, 박봉술 명창 등을 사사하고 특히 박록주 명창으로부터는 스승이 별세하실 때까지 옆에 모시고 소리 공부에 매진하여, 스승의 창제와 더늠을 온전히 전수하였으므로 과연 스승의 의발을 오롯이 이은 제자였다. 이 점이 제대로 평가되어 마침내 <흥보가> 보유 인간문화재로 우뚝 서게 된 것이다.

평소 박선생은 본인 스스로 스승 복이 참 많다고 자랑하셨다. 과연 10대에 만난 스승들이나 30대 이후 만난 스승들이 모두가 당대 최고의 국창이요 대명창들이었으니, 큰 스승 한 분도 제대로 만나기가 어려운 인연임을 감안하면 놀라운 스승 복이다. 물론 이는 겁생(劫生)에 지어 놓으신 복을 누림이겠으나 금생에도 선생께서 온갖 어려움을 이겨내고 외곬으로 소리 공부를 해온 집념과 열정이 그 같은 축복을 이끌어 낸 것이리라. 박선생은 좋은 소리를 만나면 그야말로 불치하문의 자세였다. 회갑 해에도 동료이자 연하인 성우향 명창으로부터 <심청가>와 <춘향가>를 배운 것이 한 사례이다. 이만한 원력이 있었기에 오늘날 박명창의 소리는 진중하면서도 격이 높은 대명창의 소리로 우뚝 서게 된 것이다. 이 소리는 요즘 재기있는 젊은 소리꾼들의 소리와는 또 다른 격조를 지니는 적공의 연륜을 담고 있다. 저 깊은 단전으로부터 밀어올려 터져나오는 발성의 그윽한 울림과 기품을 지녔음을 소리를 듣고 음미해 보면 알아차릴 수 있다.

스승 복이 많은 분이 또한 제자 복도 많은 법인가? 박선생의 문하에는 수는 많지 않으나 임향임, 정순임 명창과 채수정, 민혜성 등 발군의 역량을 갖춘 중견 명창들이 배출되어 소리 기량을 발휘하고 있다. 실기면은 아니지만 판소리학회에서 왕성하게 연구활동을 펴나가는 중견 국문학자 다수가 박선생을 찾아 모시고, 소리 공부를 해 온 사람들이라는 점도 다른 명창이 가져보지 못한 제자 복이라 여겨진다. 이 모두가 선생님의 한결같이 고상한 인품과 기품있는 소리에 이끌림이 아니겠는가.

인현왕후전의 희빈 장씨론

이 경 혜*

1. 서언

본고는 고전서사문학 『인현왕후전』의 인물 '희빈 장씨'에 관한 분석이다. 장씨는 누구인가. 조선의 제 17대 숙종 조에 실존한 장씨의 문제가 아니라, 문학 작품에 구현된 장씨의 캐릭터를 도출하여 작가의 서사문학적 작가의식을 조명해 보는 것이 본고의 핵심이다.

『인현왕후전』에서, 처음 장씨는 궁녀로 입궁하였다가 왕의 지극한 총애를 받아 왕자를 생산함으로써 후궁으로서 최고 지위인 正一品[1] 禧嬪이 되었고, 민비가 왕비자리를 폐위 당하자 희빈 장씨가 왕비 자리에 올랐다가, 6년 만에 민비가 복위되는 이 과정에서 장씨는 다시 희빈으로 강등되었다가, 민비를 저주하여 죽게 했다는 죄명으로 죽임을 당한다.

고전 서사문학 『인현왕후전』의 장씨를 이해하기 위해서, 『인현왕후전』과 《숙종실록》에 기록된 장씨와 그와 연계된 인물들과 사건 등을 분석함으로써 『인현왕후전』에 묘사된 장씨를 부각하고자 한다.

---

* 안양대학교 국어국문학과 교수

1) 조선조 궁중의 궁녀와 후궁들의 內命婦의 품계.

『인현왕후전』[2]은 궁중 비화를 소재로 한 서사문학이다. 당대 국가 최고 권력기관인 궁중에서 국왕을 둘러싸고 왕비와 후궁 사이에 일어나는 비극적인 사건을 묘사한 궁중문학이다. 이 작품은 민비의 일대기와 흡사하다. 작품에 등장한 인현왕후 민비는 최상의 도덕적 인물로 묘사되었다. 이 과정에서, 민비를 영웅화하기 위한 장치로써 장씨를 상대적으로 극악하게 묘사함으로써 더욱 효과가 극대화되었다. 민비의 덕행은 후궁 장씨의 악행 앞에서 더욱 빛을 발하였다. 인현왕후전 작가가 의도한 바대로 민비를 영웅화하고 신성시하고자 했을 때, 부정적인 형태의 장씨를 그 대극에 세움으로써 민비는 최선의 인물로 돋보이고, 장씨는 최악의 인물로 부각시키는 이중 장치를 설정하였다. 인현왕후전 작가는 서사문학의 본질인 '흥미' 유발이 어떻게 일어나며, 어떻게 작품을 서술해야 하는지를 이 작품에서 구체적으로 인물을 나열하여 제시해 놓았다는 점에서, 이 작품은 고전서사문학의 백미가 아닐 수 없다.

또한 『인현왕후전』은 조선 제17대 숙종의 계비인 인현왕후 민비를 신성시하며 그의 도덕적 행적을 강조하는 목적으로 만들어진 것으로 보인다. 『인현왕후전』의 각 異本은 생성적, 적층적 성격이 후대에 갈수록 더욱 뚜렷하게 드러나게 되는데, 그것은 바로 주인공 인현왕후 민씨의 캐릭터의 부각 측면에서 그러하다. 즉 새롭게 『인현왕후전』이 개작되어 이본이 출현할 때마다 민씨는 더욱 영웅화 되고 신성시 되어 최고의 도덕적 인물로 재탄생한다.

민비 사망 직후에 형성된 것으로 추정하는 이본, 즉 민비를 곁에 모시던 궁녀가 쓴 <유구상A본>[3] 『인현왕후전』에 등장하는 민비의 덕성에 관한 묘사는 후대에 이를수록 심화되어 후대의 最善本 <가람본> 『인현왕후전』에 이르면 민비는 신성화 영웅화가 극대화 된 것을 쉽게 알 수 있다.

민씨는 남편 숙종이 첫 부인 인경왕후 김씨를 잃고 난 후, 15세의 나이로 왕비에 책봉되어 국모가 되었으나 불행히도 후사를 두지 못하였고, 더구나 그의 연적인 장씨와의 대결에서 숙종의 미움을 사고 결국 폐위된다. 폐서인

2) 본고의 『인현왕후전』 텍스트는 이상보교주 <가람본>임.
3) 유규상 소장본이며, 이 작품은 1975년에 학계에 처음 소개되었다.

이 되어 자처죄인으로 지내다가 6년 만에 다시 왕비 자리에 복위되지만 결국은 신병으로 죽음을 맞게 된다. 이러한 波浪의 과정에서, 민씨는 인간으로서 겪게 되는 최악의 상황을 당할 때마다 최상의 덕성을 발휘하는 최고의 여성으로 부각된다.

그런데 『인현왕후전』의 주인공이 민비라면, 그 민비와 상대하고 있는 반영웅(anti-hero)상이 없다면 작품의 무미건조함을 면할 수 없다.

"소설은 어떤 식으로든 악과의 대결을 다룬다. 인물과 인물의 대결이든 세계의 대결이든 기본적인 구도는 선과 악의 구도라고 할 수 있다. 그 선이 담지하고 있는 윤리가 전체적 중세적 세계관과 관계되는 것인지, 시민의 개인 윤리로 좁혀진 것인지는 당연히 문제 삼아야 하겠지만 속악한 세계와 인물이 만나 엮어내는 이야기가 소설의 기본 구조임에 틀림없다."[4]라고 했듯이, 『인현왕후전』에서 민비와 장씨의 대극적 장치는 소설이 요구하는 갈등 구조의 기본 요건이 아닐 수 없다.

이러한 숙종과 민비, 그리고 장씨의 스토리를 비유적으로 만들어진 『사씨남정기』[5]에서 사씨의 대극적 인물로 부정적인 인물 교씨를 장치한 것과 마찬가지로 『인현왕후전』에서 민비의 덕행과 선행을 드러내는데 불가결하게 상대적으로 악인으로 장치된 인물이 희빈 장씨다.

그러므로 『인현왕후전』을 논의하는데 있어서 희빈 장씨에 대한 논의는 필수적인 요건이 된다.

『인현왕후전』에서 장씨라는 인물을 배제해 버리면 서사문학적 흥미는 사라진다. 단순한 민비의 이야기는 『列女傳』에 열거한 열녀 이야기와 『論語』의 현인들의 이야기와 같이 흥미를 유발시킬 수 없는 것은 명백해진다. 그러므로 민비와 함께 그 대극에 놓여있는 장씨에 대한 세밀한 고찰은 『인현왕후전』을 이해하는데 필수 요건이 된다.

---

4) 김한식, 「1970년대 후반 악한 소설의 성격연구」, 『한국 근대문학양식의 형성과 전개』 상허학회, 깊은샘, 2003, p.203.

5) 작자미상의 고전서사문학이다. 중국을 배경으로 하였으나, 사건의 갈등과 전개, 등장 인물설정 등이 『인현왕후전』과 흡사하다.

2. 장씨 입궁과 승은

『인현왕후전』에 장씨 출현[6]에 대한 기술은, 먼저 민비의 가문과 출생, 그리고 성장 과정에서 보인 덕행의 묘사, 그리고 숙종과의 혼인, 결혼 후의 궁중생활의 원만한 적응이 서술된 다음에 비로소 나타난다. 이때 장씨의 모습을 아래와 같이 기술하고 있다.

> "궁인 장씨(張氏) 시비(侍婢)로 후궁에 참예하여 희빈(禧嬪)을 봉하니 간교하고 민첩혜힐 (敏捷慧黠)하여 상의를 영합하니 상이 극히 총애하시더라." <가람본>, p.26.

라고 하였다, 이 부분에서 장씨의 성격을 극명하게 드러난다. 즉 장씨는 민첩혜힐 하여 왕의 뜻을 잘 헤아리는 간교한 여자임을 강조하고 있다. 장씨의 출현에 관하여 『숙종실록』에는 다음과 같은 기록이 있다.

> "흰 기운이 서쪽으로부터 중천에 뻗쳐서 이로써 하늘의 조짐을 보여주는 것이 우

---

6) 『仁同 張氏 世譜』에 의하면, 장씨는 민비보다 나이가 여덟 살 위고, 숙종보다 두 살 위다. 이 사항은 현재(2004년) 仁同 張氏 종친회의 총무직을 맡고 있는 장명기씨(장희빈의 8대손)가 직접 들려준 것이다. 장씨 종친회 본부는 대구에 있으며, 장군섭씨(22대손)가 회장이다.
『仁同 張氏 世譜』는 1914年 仁同 張氏 譜所에서 『仁同 張氏 世譜總編』 15卷 10冊을 출간하였다. 이에 의하면 희빈 장씨 장옥정은 족보에도 오르지 못했을 뿐만 아니라 삼족을 멸하는 조항에 따라 祖父인 應仁과 부친 烱의 이름도 누락되어 있다. 숙부인 張炫도 역시 누락되었다. 장씨의 조부 應仁은 壽의 아들로서 敬仁, 敬持와 함께 그의 셋째 아들이다. 숙부 炫은 敬仁의 아들이다. 『仁同 張氏 世譜』는 그 후 1980년대에 보완할 때에도 장씨의 가족은 누락되었다가 1998년에 족보를 보완하여 비로소 희빈 장씨 가족이 족보에 등재되었다는 것이다. 그리고 장명기님의 제보에 의하면, 『당곡원류』는 정조 때 사람 이세택의 저서인데, 저자가 참의 벼슬로서 仁同副使를 지낼 때 지은 것이라고 한다. 이 『당곡원류』에 의하여 희빈 장씨의 출생 연대가 1665년 乙巳年(현종 6년)이라는 것을 확인할 수 있었다고 하였다.
『당곡원류』의 기록에 의하면, 장씨의 부친인 張烱(1623년 癸亥 2월 25일생, 현종 10년 1669년 乙酉 졸, 향년 47세)은 두 부인을 두었는데, 첫 번째는 瀛州府夫人 高氏, 둘째가 坡山府夫人 尹氏이다. 尹氏는 丙寅 6월 20일생이며, 戊寅 5월 9일 卒하였고, 墓三雙封 有一男二女라고 하였는데, 子는 栻載와 希載이며, 希載의 配는 貞夫人 慶州金氏이다. 윤씨에게 一男이 있다고 기록하면서 바로 뒤에 두 아들 식재와 희재를 게재하였는데, 식재의 生沒 연대나 그 외의 사항은 없고, 단지 이름만 게재된 점으로 미루어 보아 요절한 것으로 보인다. 두 딸은 一女가 金志重(觀察監 直長)에게 출가하여 三男一女를 두었고, 二女가 장씨 즉 肅宗大王 嬪이며, 아들은 景宗이다. 숙종 27년에 졸하고, 향년은 43세이다. 墓는 西五陵이며, 景宗 二年 壬寅 十月 禧嬪에서 大嬪으로 追尊했다고 기록되어 있다.

연이 아님을 알겠다." 『숙종실록』, 숙종 6년, 11월 1일.

『인현왕후전』 작자는 중세적 세계관을 보이고 있는데, 『숙종실록』 편수자도 이러한 세계관을 견지하고 있다는 것을 위의 예문에서 확인할 수 있다. 즉 '11월 1일 하늘에서 흰 기운이 뻗쳐 혜성[7] 같은 것이 여러 날 동안 사라지지 않고, 그 후 혜성이 출몰하여 두 달 동안이나 나타났다가 사라졌다.'는 실록의 기사는 장씨가 숙종의 총애를 받기 시작한 것이 바로 그 무렵으로 하늘이 그 조짐을 이미 나타냈다는 말이다. 장씨가 출현하여 숙종의 총애를 입는 사건이 당시인들에게는 운명적이라는, 하늘이 이미 정해놓은 것이라는 인생관 세계관의 발현이다. 이러한 사상은 이미 중국 商代부터 행해졌던 일이다. 『唐書』에 보이는 여걸 '武媚'의 출현[8]을 예언했는데, 당태종이 예언에 따라 武씨를 모두 살해하였으나, 당태종 사후에 결국 무씨가 천자를 차지했다는 고사는 조선 왕조 숙종 때에 장씨가 출현함으로써 장씨의 출현과 더불어 나타난 혜성의 조짐을 예측한 것이 들어맞았다는 것과 다를 것이 없다.

역시 『숙종실록』에는 장씨에 대한 다음과 같은 기록을 찾을 수 있다.

"장씨를 책봉하여 淑媛으로 삼았다. 전에 譯官 張炫은 國中의 巨富로서 福昌君 李楨과 福善君 李柟의 심복이 되었다가, 庚申년의 獄事에 형을 받고 멀리 유배되었는데, 장씨는 곧 張炫의 從姪女이다. 內人으로 뽑혀 궁중에 들어 왔는데 자못 얼굴이 아름다웠다. 경신년 仁敬王后가 승하한 후 비로소 은총을 받았다." 『숙종실록』 숙종 12년, 12월 12일.

『인현왕후전』에서 "숙종이 장씨를 극히 총애하시더라."라고 했는데, 『숙종실록』 11월 1일조에는 '임금의 총애를 받았다'고 하였고, 위의 인용문에서는 더 구체적으로 묘사하여 "나인으로 뽑혀 궁중에 들어왔는데 얼굴이 자못

---

7) 혜성(彗星, comet) 일명 꼬리별. 태양을 초점으로, 긴 꼬리를 끌고 타원이나 포물선 또는 쌍곡선의 궤도를 그리며 운동하는 별. 동양의 중세적 세계관에서 보는 혜성의 의미는 중국에서 일상적으로 쓰이는 관용구에 "破败星下凡(혜성이 땅으로 내려오다. 즉 집안을 망친 사람이 나왔음을 비유한다.)라고 하듯이, 혜성은 불길한 조짐의 의미로 쓰였다.

8) 成元慶 編著, 『中國歷代后宮秘話』 中卷, 明文堂, 1991, p.142.

아름다워 은총을 받았다."라고 서술하였다. 이러한 장씨의 특징은 민비가 애초에 가문이 뛰어나고 덕성이 뛰어나 여러 후보자들과 겨누어 간택하는 절차를 무시하고 특선되었다는 민비의 경우와는 극히 대조적인 인물이다.

> "이날 왕비를 책봉하여 곤위에 오르시니 비빈공주와 삼백궁녀의 조하를 받으시니 일기 화창하여 혜풍(惠風)이 습습(習習)하고 상운이 애애(靄靄)하여 봉궐(鳳闕)을 진짓 태평국모 즉위하시는 날인 줄 알레라." <가람본>, p.22.

민비가 입궁할 당시 민비는 "삼백 궁녀의 조하를 받았다."[9]라고 하였는데, 장씨는 그 많은 삼백 궁녀 중 한 사람에 불과한 존재였다는 것이며, 그런데 자못 얼굴이 아름답고 성격이 민첩혜힐 하여 숙종의 눈에 들었다는 것이다. 이러한 점은 당시대의 궁중의 풍습이나 관습제도를 다시 한 번 돌아볼 필요를 느끼게 한다. 왜냐하면 한 남자인 왕에게 삼백 여 명의 여자, 때로는 그보다 더 많은 여인들이 왕의 총애를 기다리고 있는 형편이 당시 궁중생활에서 당연시 되는 시대였고, 이러한 체제적 모순과 불합리한 구조를 전제로 하여 작품 『인현왕후전』이 성립되었다는 점을 간과할 수 없다.

궁중에서 궁녀들이 삼백 명의 경쟁자를 물리치고 왕의 승은을 입는다는 것은 여간 어려운 일이 아니었을 것이다. 역대의 많은 궁녀들이 왕의 총애를 얻고 잃음에 따라 그들의 운명이 좌우되었다는 예는 일반적으로 널리 알려져 있다.

궁중에서 왕의 지속적인 총애를 받기가 얼마나 어려운 것인가는 잘 알려진 사실이다. 무수한 경쟁자를 물리쳐야 하는 상황에 처한 사람들이 바로 궁녀들의 경우였다는 것, 이 점이 『인현왕후전』의 장씨를 이해하는데 우선되어야 할 요점이다.

『숙종실록』에 명기된 바와 같이, 일개 역관인 장현[10]의 종질녀로서 어렸

---

9) 가람본, p.20. "국모는 만민의 복이라 당금 병판 민모의 여아가 숙덕이 쌍전함을 신이 익히 아오니 복망 전하는 번거이 간택을 말으시고 대혼을 완정하소서. 대비 대열하사 비망기를 내리와 전교하사 지실하라 하오시니……"

10) 譯官 張炫은 역적 枏의 射伴 즉 활쏘기의 동반자로서 귀양갔다가 사면되었으니……"라고 하였고, 역관 장현은 국중의 거부로서 복창군 정과 복선군 남의 심복이 되었다가 경신년의 옥

을 때 궁중에 들어가 비천한 나인의 신분에서 왕의 눈에 들어 총애를 받는다는 것은 그야말로 어려운 일이 아닐 수 없는데, 미모의 장씨가 자기 나름의 전략과 담력이 없이는 가능할 수 없었을 것이라는 점은 쉽게 짐작할 수 있고, 결국 왕비 민씨가 장씨로 인하여 폐출되기까지 했다는 것은 당시 장씨의 위력이 얼마나 대단한 것이었나를 한마디로 말해주는 것이라고 하겠다.[11]

작품 『인현왕후전』에서는 덕을 행하는 민비와 대척한 지점에 장씨를 설치하여, 장씨를 최상의 악녀, 최상의 악역을 감행한 '요악천인',[12] '대역간인'[13]의 존재로 부각해 놓았다. 이것은 일부다처의 제도적 모순을 따르고 유교적 왕권사회를 무조건 긍정하는 무비판적 시각에 근거를 두고, 장씨를 이렇게 극단적인 폄하, 비하의 눈으로 보았다는 것을 부정할 수 없다.

그러므로 작품 『인현왕후전』에서는 악역을 자행한 장씨의 경우는 미개한 사회의 제도적 불합리 속에 탄생한 인물이며, 이에 대하여 보다 객관적인 이해와 분석이 요구된다.

3. 放黜

작품 『인현왕후전』에는 숙종이 장씨를 언제 총애한 것인지를 밝혀놓지

사(1680, 숙종 6년)에 형을 받고 멀리 유배되었는데 장씨는 곧 장현의 종질녀이다(『숙종실록』, 보궐 정오 제 17권, 숙종 12년 6월 13일).

11) 『숙종실록』, 보궐 정오 17권, 숙종 12년 윤4월조,
"이때 임금이 숙의 김씨를 새로 간선하였고, 또 총애하는 장씨가 있었기 때문에 연신이 이로 인해 색을 경계하라고 풍간한 것이다." ……또한, 동년 7월 6일조에, "숙의 간선에 이르러서는 부득이한 성상의 뜻에서 나온 것임을 누가 알지 못하겠습니까. 그러나 궁내에 들어온 지 반년이 채 못되어 벌써 과람한 조짐이 많이 보이고 있으니 이는 작은 걱정이 아닙니다. 또 외간에 전해진 말을 들으니, 궁인으로서 은총을 받고 있는 자가 많은데 그 중의 한사람이 역관 장현의 근족이라고 합니다." ……김창국의 딸이 뽑혀 궁으로 들어왔으나 또한 총애를 받지 못하였다. 얼마 있지 않아서 마침내 장씨를 책봉하여 숙원으로 삼았다."

12) 가람본, p.104.

13) 가람본, p.96.

않았다. 『숙종실록』에 숙종과 장씨의 만남은 숙종 6년 11월, 바로 숙종의 첫째 비 仁敬王后가 사망한 무렵이었고, 민비는 이듬해 5월 2일에 왕비로 책봉되어 입궁하였다는 기사가 있다. 그런데 민비는 중전 자리에 오른 이후에도 일정 기간 동안은 장씨에 대해서 전혀 모르고 있었다는 것을 시사하고 있다. 그러므로 작품에서 작자는 이러한 사실은 언급하지 않았고, 단지 작자는 장씨에 관한 이야기는 숙종의 생모인 명성왕후(1642～1683년)가 사망한 직후에 잠시 거론하였다. 이점은 작자가 상당히 신중한 배려를 하고 있다는 생각이 들게 한다. 즉 장씨는 민비가 궁중에 들어오기 이전에 이미 숙종과 관계를 맺었던 인물이지만, 민비가 왕후로 책봉된 이후까지 얼마 기간 동안 장씨의 존재를 전혀 모르고 지냈기 때문이다. 장씨는 나인의 신분으로 숙종과 가까워졌는데 용의주도한 명성왕후가 이 사실을 알고 먼저 장씨를 궁궐에서 추방한 다음에 민비를 왕후로 책봉하여 맞아들인 것을 알 수 있다.

『숙종실록』에 다음과 같은 기록이 있다.

> "명성왕후가 명을 내려 그 집으로 몰아내었는데, 崇善君 李徵의 아내 申씨가 奇貨로 여겨 자주 그 집에 불러들여 보살펴 주었다." ……
>
> "처음에 나인으로 뽑혀서 궁중에 들어왔을 때는 자못 容色이 있었다. 庚申년에 仁敬왕후가 승하한 후 비로소 승은을 입었다. 명성왕후는 즉시 그의 집으로 보낼 것을 명령하였다. ……辛酉년에 내전이 왕비에 오르자 그 일을 듣고 일찍이 명성왕후에게 조용히 품하기를, "승은을 입은 궁녀가 오랫동안 여염집에 있는 것은 사체가 극히 미안한 일이니 마땅히 불러 들이라"고 하였다. 명성왕후가 말하기를, "내전은 그 사람을 못 보았다. 그 사람은 심히 奸毒하다. 주상은 평일에 희로의 감정이 매우 급하거늘 만일 총애(장희빈)를 받게 되면 국가의 화가 될 것이므로 말하는 것이다. ……" 명성왕후는 끝내 허락하지 않았다. 명성왕후가 승하한 후에 내전이 상에게 말하고 자의전도 힘써 권하니 상이 명령을 내려 들어오게 하니 장씨의 교만하고 방자함이 더욱 심했다." 『숙종실록』, 숙종 12년, 12월 12일.

위의 기록으로 미루어 보면, 장씨는 숙종 6년 11월 1일 이후 숙종과 가까워졌다가 이듬해 5월 2일에 민비가 왕비에 책봉되기 이전에 명성왕후에 의해 추방되었고, 그 후 숙종 9년 겨울, 명성왕후 사망 이후 민비와 慈懿大妃

趙氏[14]의 주선으로 왕의 명령에 의거하여 다시 입궁하게 되었다고 했으므로, 최소한 장씨는 숙종의 사랑을 받은 이후 2년 6개월 이상을 궐 밖으로 쫓겨나 있었다.

명성왕후가 장씨를 궁중에서 추방한 이유는 장씨가 간사하고 악독하다는 점, 그리고 숙종의 감정변화가 무상한 점, 두 가지를 들어서 나타내고 있다.

위의 예문에서 먼저 염두에 둘 것은, 어떻게 일국의 국왕이 사랑하는 여자를 국왕의 감정변화(主上平日喜怒暴急)와 여자의 성품의 특성을 문제 삼아 그 생모가 일방적으로 두 사람 사이를 떼어놓을 수 있었던가 하는 점이다. 명성왕후 김씨는 숙종의 아버지 현종 妃로서, 소생으로 맏이면서 외아들인 숙종과 명선, 명안, 명혜, 삼공주를 낳았다.[15]

현종이 숙종 이외에 다른 소생의 왕자가 없고, 명성왕후 소생에 공주가 많은 것 등 이러한 정황으로 미루어 보아 명성왕후는 사실 현종의 사랑을 독차지 한 여성으로서 현종 생전에 현종의 비호 아래 막강한 여권을 행사했던 인물이었을 것으로 짐작할 수 있다. 현종이 명성왕후 외에 다른 후궁을 두지 않았고, 이복의 소생이 없다는 사실로 미루어 보면 이러한 점은 충분히 이해가 되는 사항이다.

숙종이 처음 장씨와 만날 때는 숙종의 나이는 20세, 장씨는 23세였다. 이때 숙종이 왕좌에 오른 지 6년이 되었는데, 어머니 명성왕후의 엄격한 영향 아래에서 자신이 사랑하는 나인 장씨가 궐 밖으로 쫓겨나도 아무런 항변조차 하지 못했던 상황은, 평소에 아들 숙종이 어머니 명성왕후 앞에서 어떤 자세로 임했는지 짐작하게 한다.

실록에 장씨의 재입궁에 관한 기록이 보인다.

> "명성왕후가 승하한 후에 내전이 다시 임금을 위해 그 일을 말하였고, 慈懿殿도 또한 힘써 그 일을 권하니, 임금이 곧 불러들이라고 명하여 총애하였다." 『숙종실록』, 숙종 12년, 12월 10일.

---

14) 慈懿大妃. 인종의 계비(1624~1688) 후사가 없었다.
15) 李弘稙, 『國史大辭典』, 한국출판사, 1982, p.472.

라고 기록하고 있는데, 그 후 장씨는 교만하고 방자하여 민비에게 불손하고, 족친들과 결탁하여 민비를 해할 모의를 했다는 것이다.

> "장씨의 교만하고 방자함은 더욱 심해져서 어느 날 임금이 그녀를 희롱하려고 하자 장씨가 피해 달아나 내전의 앞에 뛰어 들어와, "제발 나를 살려주십시오."라고 하였으니, 대개 내전의 기색을 살피고자 함이었다. 내전이 낯빛을 가다듬고 조용히, "너는 마땅히 전교를 잘 받들어야 하는데, 어찌 감히 이와 같이 할 수가 있는가?" 하였다. 이후로 내전이 시키는 모든 일에 대해 교만한 태도를 지으며 공손하지 않았으며, 심지어는 불러도 순응하지 않는 일까지 있었다. 어느 날 내전이 명하여 종아리를 때리게 하니 더욱 원한과 독을 품었다. 내전이 다스리기 어려운 것을 근심하여, 임금에게 권하여 따로 후궁을 선발하게 하니, 金昌國의 딸이 뽑혀 궁으로 들어왔으나 또한 총애를 받지 못하였다. 얼마 있지 않아서 마침내 장씨를 책봉하여 淑媛으로 삼았다. 이때 徵의 아내는 상시 慈懿殿으로부터 칭찬을 듣고 있었는데, 자의전은 나이가 많은데다 또한 징의 아내를 믿고 있었으므로, 장씨를 치우치게 사랑하고 내전과는 소원하였다. 이때 징의 아내는 안으로는 날로 임금과 자의전에게 차츰차츰 참소하고, 밖으로는 그 아들 杭으로 하여금 장씨의 형 張希載와 모의하여 楨, 柟의 여당과 결탁해서 밤중에 모여 중전을 위태롭게 할 것을 모의하였다." 『숙종실록』, 숙종 12년, 12월 10일.

당시 이십 삼세의 궁중 나인의 신분이었던 장씨는 실로 일개 서민의 신분으로 국왕과 사귄 셈이니, 이는 실로 하늘과 땅의 신분 차이라고 할 수 있다.

국왕과 장씨의 경우처럼 국왕과 서민의 여자가 가까워진 사례를 살펴보면 『三國遺事』 <桃花女와 鼻荊郎> 조의 '사륜왕과 도화녀'의 이야기와 『三國史記』 <山上王 本紀> '山上王과 酒桶村' 여자의 만남이 있다. 신라의 도화녀와 고구려의 주통촌 여자가 극단적인 신분의 격차를 뛰어 넘어 아들(비형랑, 동천왕)을 낳을 수 있었던 것은 그녀들이 지니고 있는 독특한 매력과 인연에 의한 것이라고 할 수 있지만, 인간의 본성적 관점에서는 이들의 만남이 불법적이거나 그럴 수 없다는 논리는 처음부터 성립될 수 없다. 인간의 애정문제는 제약과 제도를 뛰어넘는다. 왜냐하면 신분의 격차, 성격, 사회적 지위 등의 외적 조건은 인간의 본성 앞에서 무의미한 것에 불과하다는 논리가 가능하고 자연스러운 현상이기 때문이다.

그러므로 숙종과 장씨의 만남은 인간본연의 감정에 따른 결과인데, 사실 당시의 왕권상황에서 며느리 민비가 명성왕후에게 장씨를 궐밖에 두는 것은 사체에 미안한 것이라고 했다는 말, "아직 일어나지 않은 일을 미리 헤아려 국가의 체면을 돌아보지 않는다."는 말이 적절한 지적이 아닐 수 없다. 그렇지 않으면 아들을 지나치게 사랑하는 어머니의 마음으로 새로 등장한 장씨에게 자식을 빼앗기고 싶지 않다는 시어머니의 일반적인 성향으로 해석할 수 있을 것이다. 즉 당시 명성왕후가 숙종을 비판했던 말, "숙종은 보통 때도 희로의 감정이 느닷없이 일어난다."는 말은 장씨와의 사랑을 부정적인 행각으로 보고 이를 비판한 말일 것이다. 숙종은 공식적으로 첫 번째 왕비 인경왕후와 지낸 지 6년의 세월이 있었고, 그 외 삼백의 궁인이 궁중에 거주하고 있었다. 그런데 명성왕후가 유독 장씨를 지목하여 '간사하고 악독하다.' 또 숙종이 '희로의 감정이 느닷없이 일어난다.'라고 두 사람을 싸잡아 비판한 것은 숙종이 장씨에게 기울어져 있는 상태가 주변의 이목을 무시한 채, 그리고 궁중의 법도를 고려하지 않은 채 전개되었기 때문이었을 것이다. 평소 궁중의 법도가 몸에 밴 명성왕후는 두 사람의 애정행각이 눈에 어긋나게 비쳐 비위를 건드렸을 것이다. 실지로 이러한 상황에 있었다면 장씨는 숙종에게는 처음부터 매우 중요한 의미를 띈 존재이며, 그럴수록 명성왕후가 장씨에게 향하는 견제 욕망은 더욱 강렬하게 발동할 수밖에 없었을 것이다. 결국 장씨는 숙종의 사랑을 받았음에도 불구하고 2년 6개월 동안 궐 밖으로 쫓겨나서 숙종과 떨어져 있어야 할 운명에 처하였는데, 이것이 어떤 이유에서 그렇게 되었든지 장씨와 숙종의 차후의 행동을 이해하는데 간과할 수 없는 사항이다.

명성왕후처럼 시어머니의 역할로 그 며느리가 고초를 겪는 신화적 예는 고대 희랍의 신화 <에로스와 프쉬케>16)에서 살펴볼 수 있다.

아프로디테와 그녀의 추종자인 에로스, 그리고 여신 아프로디테와 미를 다툴 만한 인간 처녀 프쉬케는 신과 인간이라는 극단적 신분의 격차를 뛰어넘어 사랑을 나눈 것인데, 이것은 명성왕후와 숙종을 중심으로 이루어진 왕

16) 벌빈치, 강봉식 편역, 『그리샤 로마신화』 세계문학전집 36, 을유문화사, 1968, pp.124~130.

가와 일개의 서민의 신분에 지나지 않는 나인 장씨의 사랑과 갈등의 문제와 적절하게 비교할 수 있다.

신이라는 인간 초월의 신분, 또는 계급을 토대로 아프로디테는 장차 며느리가 될 프쉬케에게 온갖 시련과 고통을 준다. 첫째 여러가지를 섞어놓은 곡식을 가려놓기, 둘째 금빛 양털을 구해오기, 셋째 지하의 명부세계를 다스리는 페르세포네에게 가서 심부름하기 등을 강요하였다. 그리고 에로스도 '나의 얼굴을 보지 말라.'라는 억지 금기를 세워놓고, 이것을 어겼다는 이유로 프쉬케를 들판으로 추방했다는 것은, 명성왕후가 장씨를 흠잡아 궐 밖으로 추방한 것을 묵인한 숙종의 태도와 다를 바가 없다. <에로스와 프쉬케> 신화에서 볼 수 있듯이 "프쉬케는 남성들이 그 같은 상황에서 행할 수밖에 없는 투쟁, 항거, 방어, 저항으로 응대하기보다는 그 반대로 운명을 수용하는 것으로 대응했다."[17]고 지적되는데, 23세의 장씨가 궁중에서 추방되어 2년 6개월 이상 심적 방황을 했던 것은 그녀가 그것을 운명적으로 수용했다는 의미를 지닌다.

그런데 숙종 9년(1683년), 숙종이 26세 되는 겨울에 痘患을 앓자 어머니 명성왕후가 무리하게 간호하다가 사망을 하자마자, 민비와 숙종의 할머니 자의대비의 권유로 장씨는 다시 입궐하게 되었고, 당연히 숙종의 사랑을 독차지하게 되었다.

『인현왕후전』에서 민비가 장씨의 입궐을 숙종에게 권하는 부분은 생략되어 있다. 그러나 앞에서 확인하였듯이 『숙종실록』에는 민비가 명성왕후에게 "궁에 있던 사람을 밖에 두는 것은 국체에 미안한 일"이라고 하면서 장씨의 입궐을 권했다는 부분이 명시되어 있으며, 이 일은 자의대비가 역시 함께 힘써 권유함으로써 숙종의 명에 의하여 장씨가 다시 입궐하게 되었다고 기록하였다. 자의대비는 며느리이며 숙종의 생모인 명성왕후보다 5년을 더 살았고, 숙종 12년에는 "康仁의 존호를 받았다."[18]라고 하였으므로 장씨가 득

17) E. Neumann, *Amor and Psyche*, Princeton university Press, 1973, p.69. "She does not respond with struggle, protest, defiance, resistance, as a masculine ego must have done in a similer situation, but, quite the controry, with acceptance of her fate."

18) 이홍식, 『國史大辭典』, 한국출판사, 1982, p.1398.

세할 때까지 생존하였기 때문에 숙종의 대우를 후하게 받았음을 짐작할 수 있다.

4. 王子 誕生

『인현왕후전』의 작자는 숙종 14년(1688) 10월에 장씨가 왕자(균, 景宗)를 탄생했다는 사실을 다음과 같이 서술하였다.

> "차세(此歲) 동(冬) 시월에 희빈 장씨 처음으로 왕자를 탄생하니 상의과애(上意過愛)하심은 이르지 말고, 후가 대열하사 어루만져 사랑하시기를 기출(己出)같이 하시니 장씨 지분(知分)하여 있으면 그 영화를 어찌 측량하리요. 문득 참람한 뜻과 방자한 마음이 불 이듯 하니 중궁전(中宮殿) 성덕과 용색(容色)이 일국에 솟아나고 인망이 다 돌아가니 간출시기(簡出猜忌)하여 가만히 제어하고 대위를 엄습고자 하니 그 참람한 역심이 더욱 심하여 날로 기색을 살펴 중전을 참소하여 하는 말이, "신생왕자(新生王子)를 짐살(鴆殺)하려 한다." 하고, 또 "희빈을 저주한다." 하여, 궁모곡계(窮謀曲計) 아니 미친 곳이 없어 간악한 후빈을 체결하여 말을 내고 자취를 드러내어 상이 듣고 보시도록 하니, 상이 점점 의심하사 중궁을 아주 박대하시고 장씨 요악한 정태로 천심을 영합하여 왕자로 협종이 되어 권세 중하니." <가람본>, pp.29～30.

이 부분에 대한 실록의 기록은 다음과 같다.

> "왕자가 탄생하였으니 소의 장씨가 낳았다." 『숙종실록』, 숙종 14년, 10월 27일.

장씨는 일개 나인으로 입궁하여 숙종의 사랑을 받았으나 명성왕후에 의해 궐 밖으로 추방되었다가, 명성왕후가 사망한 후에 다시 입궐하여 숙종의 나이 28세 장씨 나이 30세에 드디어 왕자를 생산하게 된다. 이로써 장씨는 궁안의 삼백 궁인을 물리치고 다른 어떤 궁녀가 추종할 수 없는 최상의 행운을 얻게 된 것이다.

숙종 당대 뿐만 아니라 왕의 후계자 문제는 가장 절실한 궁중의 관심사인데, 장씨가 이 장애를 해결해준 주인공이 된 셈이다. 그런데 이 막중한 사항을 실록에서조차 간단히 한마디로 언급하고 말았다는 것은 실록 편수자의 의식의 성향을 암시하고 있어서 흥미를 끈다. 즉 당시 실록 편수자의 기록은 장씨의 존재에 대하여 계급의식에 따른 신분적 차별에서 기인한 서술이라는 것을 부정할 수 없다.

국가를 소유하고 있는 국왕으로서 대를 이을 저사(儲嗣)가 없는 경우에는 감내할 수 없는 불행으로 여겼는데, 이러한 예는 얼마든지 찾아 볼 수 있다.

그 대표적인 예로 『三國史記』 고구려본기, <산상왕조>를 들 수 있다. 당시 산상왕은 자신을 왕으로 추대해준 형수(兄嫂) 우씨부인을 다시 왕비로 맞이하여 들였으나 우씨는 역시 산상왕의 아들도 낳지 못했다. 그 후 산상왕은 주통촌의 여자와 야합하였고 주통촌녀는 아들을 잉태하였다. 우씨가 이 사실을 알고 몰래 군사를 주통촌으로 보내 그녀를 살해하려 하였다. 그러나 그녀가 "복중에 있는 아이는 대왕의 유체다"고 항거하니까 심부름하는 사자가 감히 그녀를 해치지 못하였다. 그 후 왕자를 낳았으니 산상왕이 기뻐하여 말하기를 "이는 하늘이 나에게 사자를 주신 것이다."[19]라고 하였다. 또한 신라 경덕왕은 "비록 나라가 위태롭더라도 딸을 바꾸어 아들을 만들어 달라"[20]고 했는데, 위의 경덕왕의 경우도 아들이 없다는 이유에서 왕후를 바꾸고, 비록 나라가 위태롭게 되더라도 딸을 바꾸어 대신 아들을 낳고 몹시 기뻐했다는 것은 산상왕의 경우와 동일하다. 고려 공민왕의 경우는 후사가 불분명하여 후에 왕권을 계승하는데 커다란 장애요소가 되었던 것은 유명한 이야기이며, 그 이후의 왕들도 아들이 없으면 결국 형제들의 아들, 또는 조카들이 왕통을 이었던 것은 삼국시대 이후 여러 사례에서 찾아볼 수 있다. 『高麗史』에서는 공민왕 이후의 왕을 모두 신돈의 아들이라고 하여 신우, 신창이란 명호를 쓰고 있는 것도 이와 무관한 이야기가 아닐 것이다.

『인현왕후전』에서는 앞에서 살펴본 바와 같이 戊辰年(숙종 14년, 1688년) 정월부터 왕에게 아들이 없는 상황이 국가의 큰 관심사로 대두되었음을 암

19) 金富軾, 『三國史記』 권 제16, 고구려 본기 제4 <산상왕>
20) 一然, 『三國遺事』 <景德王. 忠談師. 表訓大德> 條

시하고 있다.

『숙종실록』에는 숙종 12년부터 다음과 같은 문제가 제기되었음을 알 수 있다. 숙종 12년 2월 27일에 다음과 같은 기록이 있다.

> "예조에 명하여 嬪御를 간택하도록 하였다. 이때 임금이 오랫동안 儲嗣가 없어서 위아래가 걱정하지 않는 이가 없었는데, 喪期를 마치자 뭇사람의 바램이 더욱 간절하였으며, 또 중궁이 여러 차례 권유하므로, 임금이 嬪御를 두기로 한 것이다. 임금이 하교하기를, "내가 생각하건대, 조종조에서 반드시 후궁을 간택한 것은 대개 儲嗣를 넓히려는 까닭이었다. 오늘날 淑儀가 미비한 것은 옛 제도에 어긋날 뿐만 아니라, 내전도 일찍이 이 뜻으로써 누누이 陳請하였으니, 그 말도 또한 事宜에 합당하므로, 마땅히 간택의 거조가 있어야할 듯하다. 예관으로 하여금 대신에게 문의하도록 하라." 하였다. 『숙종실록』, 숙종 12년, 2월 27일.

숙종 12년이면 숙종의 나이 26세이고, 민비 나이가 20세인데, 그때부터 후사가 없다는 것이 국가의 최고 걱정거리로 떠올랐다는 것이다. 숙종 자신도 '한밤에 자신도 모르게 한숨이 나오고 더구나 아플 때에는 걱정과 두려움이 갑절 간절했다'고 기술하고 있다. 여기에 대한 대안으로 민비는 후궁 두기를 적극 권하여 김창국의 딸 숙의 김씨를 후궁으로 간택했으나, 숙의 김씨 역시 왕자 탄생을 못하였는데, 결국 장씨가 昭儀의 신분으로 왕자를 낳아 국가적 소망을 달성했다는 것이다.

『인현왕후전』에서는 이 사실을 단 세 줄로 기록하였는데, 이것은 당시 숙종이나 조종대신 삼백 궁인 모두가 결코 가볍게 볼 수 없는 큰 경사이면서 중대사였을 것이다. 이러한 거국적 경사 그 가운데에 장본인 장씨가 자리잡고 있음에도 불구하고, 실록의 경우와 동일하게 이 사실을 최대한으로 축소하여 단 몇 마디 말로 표현하고 있는 서사문학이 현전하는 『인현왕후전』의 한 특징이다.

동서양을 막론하고 최고의 도덕과 법을 세운 성현들도 인류의 존속에 토대하여 도덕을 강조하였고, 더구나 유교적 宗旨를 말한 『禮記』에서도 혼례의 중요성을 명기하여 조상을 공경하는 것과 자손의 번성함을 강조하였다. 그리고 산상왕, 경덕왕의 경우처럼, 숙종이 왕자를 얻은 기쁨이 얼마나 컸을까 하는 것이 명백하게 드러남에도 불구하고, 『인현왕후전』 작자는 이러한 부분을 극도로 축약하여 단 몇 마디로 표현한 의도는 바로 작가의식의 뚜렷한 특징으로 포착되는 부분이라고 하겠다.

5. 登極

조선 당대의 여성으로서 최상의 영광스러운 자리는 당시 국왕의 제일부인이 되는 것이다.

장씨가 숙종 14년 10월에 왕자를 낳고, 이듬해 15년 5월에 왕후의 자리에 올랐던 내력에 대하여, 작품 『인현왕후전』에서는 다음과 같이 서술하고 있다.

> "선시에 상이 인후(仁后)를 폐출하시고 희빈 장씨로 왕비를 책봉하여 곤위에 오르니, 궁중이 조하를 받게 하매 일궁이 중궁을 생각하고 슬퍼하며 장씨 참람함을 분앙하나 조정에 어진 사람과 신하가 없으니 누가 감히 말을 하리요. 그윽이 원분을 품고 눈물을 머금어 조하를 마치매 희빈의 아비로 옥산부원군(玉山府院君)을 봉하고, 빈의 오라비 장희재(張希載)로 훈련대장을 제수하시니, 일국이 인심이 산란하여 소설(騷說)이 흉흉하니, 대개 예로부터 성제명왕이라도 한 번 참소를 듣거니와 숙종대왕 성신문무(聖神文武)로도 장씨에게 이대도록 침혹하사 국체를 어지럽게 하심은 실로 의외라. 이듬해 경오(庚午)에 장씨의 생자로써 왕세자를 책봉하시니 장씨 양양자득하여 방약무인하니, 이러므로 발악을 일삼아 비빈을 절제하며 궁녀를 嚴刑하여 포악한 말과 교만한 行止 不可形言이라." <가람본>, p.48.

『인현왕후전』 작자는 작품의 말미에서 숙종을 가리켜 '천추만대의 영걸지주'21)라고 결론을 내렸고, 위의 예문에는 "장씨에게 침혹하여 국체를 어지럽게 하니 실로 의외라." 라고 하여, 숙종을 여지없이 비하하였다. 그리고 장씨는 "참람하고 방약무인하고 발악을 일삼고, 포악한 말과 교만한 행지가 불가형언이라."라고 규탄하고 있다. 또한 민비가 폐출된 것에 대하여 "온 나라

---

21) <가람본>, p.108.

사람이 슬퍼하고 눈물을 머금고 한심히 여기고 위망을 기다려 인심이 흉흉했다." 라고 기술하고 있다.

그런데 『숙종실록』 15년에 민비를 폐출시킬 당시에 숙종이 내린 비망기를 살펴보면 다음과 같다.

"왕비 민씨를 폐하여 서인으로 삼았다. ……임금이 또 備忘記를 내리기를, 폐비 윤씨는 단지 투기에만 관계되었으며, 또 儲嗣가 있었으나, 成廟께서 단연코 폐해 黜으시고, 조금도 용서하지 않으셨다. 그리고 뭇 신하가 힘써 간쟁한 바도 또한 국본(세자를 가리킴)이 난처한 까닭에 지나지 않았을 뿐이다. 어찌 일찍이 박태보의 무리와 같이 무상한 자가 있었겠는가. 아! 예로부터 后妃가 투기로 인하여 원망하고 분노하는 경우가 혹 있었으나, 지금의 일은 그런 것이 아니다. 투기하는 것 외에도 별도로 간특한 계획을 꾸며, 스스로 先王 先后의 하교를 지어내어서 공공연히 나에게 큰 소리로 떠들기를, '숙원은 전생에 짐승의 몸이었는데, 주상께서 쏘아 죽이셨으므로, 묵은 원한을 갚고자 이 세상에 태어났습니다. 그래서 경신년(1680년 숙종 6년) 逆獄 후에 不逞한 무리와 서로 결탁하였던 것이며, 禍는 장차 헤아리지 못할 것입니다. 또 八字(推命家가 운명을 팔자라고 한다.)에 본디 아들이 없으니, 주상이 하셔도 노고하셔도 공이 없을 것이며, 內殿에는 자손이 많을 것이니, 장차 宣廟 때와 다름이 없을 것입니다.'라고 하였으니, 이는 비록 삼척동자라도 반드시 듣고 믿지 아니할 것이다. 더우기 이제 朝宗이 묵묵히 도우심으로 元良(세자)이 誕降하자 흉한 꾀가 더욱 드러났으니, 그 누구를 속이겠는가? 아! 국모로 한나라에 임하여 臣民이 우러러 받드는데, 이런 奸慝한 情狀이 있음은 천고에 듣지 못한 바이다. 이것을 참는다면 무엇을 참지 못하겠는가?" 『숙종실록』, 숙종 15년, 5월 2일.

위의 기록은 민비를 폐출할 때 숙종이 민비에 대한 자신의 생각을 여러 대신들과 세상 사람들에게 공포했던 비망기이다. 그런데 『인현왕후전』 작자는 명백하게 이러한 숙종의 관점과는 전혀 다른 대극적인 관점에서 작품을 서술하고 있다는 것을 알 수 있다. 이런 양자 간의 견해의 상반된 점은 바로 작자의 상대적인 시각의 태도를 포착하는 중요한 단서다.

위의 예문에 의하면 민비를 폐출할 때 숙종은 민비를 일컬어 '천고에 제일 나쁜 여자'라고 생각하였음을 알 수 있다. 그리고 민비를 성종 조에 폐출된 연산군의 생모 尹妃와 비교하여, 윤비는 투기에만 관계되지만 민비는 자식도 낳지 못하면서 투기는 물론이며, 간특한 계획까지 세웠다는 것이다. 숙종이 말하는 민비의 간특한 계획이란, 민비가 꿈꾸었던 내용을 그대로 숙종에게 말했던 것이 빌미가 된 것 같다. 앞에서 이미 거론했듯이 당시는 중세적 인생관 세계관이 지배하고 있는 때이다. 꿈에 보였던 것을 현실적으로 해석하여 미래에 일어날 조짐으로 보는 것이 일반적인 현상이었을 것이기 때문에, 민비가 당시 장씨에게 침혹되어 있는 숙종에게 자기가 꾼 꿈 이야기를 거르지 않고 그대로 토로했다는 것은, 즉 말하자면 민비의 잠재의식, 또는 무의식의 토로라고 할 수 있다. 이러한 상황은 상대방에게 오해를 살 수 있는 빌미를 제공한 것이라고 할 수밖에 없다. 평소 언행을 삼가고 유교적 도덕률에 충실했던 민비였다면, 오히려 꿈 속에서는 현실과는 상반적으로 장씨를 향한 극렬한 원초적 본능의 공격충동이 발동하지 않을 수 없었을 것이다. 위에 인용한 비망기에서 숙종이 밝히고 있는 민비의 꿈 이야기는 단순히 민비의 무의식 속에 존재하는 그녀의 소망의 발로일 따름이다. "장씨는 전생이 짐승이라는 것과, 숙종은 자신을 쏘아 죽인 원수지간으로 그것을 복수하려는 것이 현재 장씨라는 존재다"라는 민비의 꿈 내용은 이러한 분석이 충분히 가능하다. 즉 "숙종과 장씨가 서로 미워하고 싸우는 것을 보고 싶은 것" 이것이 바로 민비 꿈의 핵심이기 때문이다. 또한 "당신들은 서로 죽이고 죽임을 당한 숙생의 원수다. 그렇기 때문에 지금 너무 좋아하지 마라, 둘 중 한 사람은 반드시 죽임을 당할 것이다."라는 잠재의식이 꿈을 통하여 발로되었는데, 이 꿈은 민비가 시아버지 현종과 생전에 자신을 감싸주던 시어머니 명성왕후의 권위를 빌어서 민비의 잠재의식 속에 유입되어 나타난 것이다. 그러므로 숙종이 장씨에게 침혹해 있는 상황에서 이러한 민비의 저주와 공격적 감정이 담겨 있는 꿈 이야기를 숙종이 잠자코 수용했을 리가 없다. 더구나 그 꿈에 민비 자신은 자손이 많을 것이고, 장씨는 그렇지 못할 것이라는 이야기까지 전혀 걸러내지 않고 그대로 숙종에게 전달하였다고 했으니, 민비에게 돌아올 숙종의 역공격적 반응은 그 강도가 민비에게 치명적인 상처를 입힐 수 있다는 것은 불 보듯 뻔한 이치다. 결국 이 꿈 이야기로 인하여 민비는 숙종에게 자신을 폐위시키는 정당성을 제공한 셈이었고, 숙종은 이 꿈을 거론하여 민비를 폐위시키는 지경에까지 이어졌던 것이다.

이 꿈은 분명 장씨의 잉태소식이 나오기 이전(숙종 14년 1688년 숙종이 28세), 정월 이전의 꿈이다. 그때는 바로 민비는 왕후의 자리에서, 장씨는 미모와 왕의 총애라는 무기를 가지고 서로 간에 힘겨루기가 치열하게 전개되었을 현장이었다는 것을 짐작하게 한다. 그러나, 그 후 장씨가 왕자를 덜컥 낳고 보니, 민비의 난처함은 이루 말할 수 없는 지경이 되었을 것임은 말할 필요도 없다. 그렇다고 민비는 이전에 숙종에게 말했던 자신의 꿈 이야기를 다시 주워 담을 수도 없는 노릇이었다. 이러지도 저러지도 못하는 진퇴양란의, 유구무언하고 고립무원한 비참한 상태에 빠졌음을 쉽게 짐작할 수 있다. 이러한 상황에 놓이자 숙종은 더욱 큰 목소리로 민비에 대한 불만을 노골적으로 드러내 놓는 형국이 된 것은 당연한 논리다. 그래서 숙종은 선대의 성종대왕 시절의 윤비는 아들을 낳고도 폐출되었는데 지금 민씨는 아들도 못 낳는 주제에 '간특한 계획을 일삼는다.' 라고 비판을 가했던 것이다. 조정의 대신들 뿐만 아니라 당시 나라 안에서 그 어느 누가 있어서 이러한 숙종의 마음의 행로를 저지할 수 있으며, 이에 대한 반대 대안을 제출할 수 있었을까. 이러한 형국에 장씨는 왕자를 보아란 듯이 생산함으로써 낮은 신분과 주변세력의 열세를 딛고 당당히 왕후의 자리에 오르게 되었던 것이다.

위의 비망기에서 한 가지 놓칠 수 없는 점은 민비가 꿈 이야기를 하면서 장씨가 주상과 전생에 원수지간이기 때문에 "경신년 역옥에 불령한 무리와 결탁하였던 것"이라고 표현한 점이다. 왜냐하면 민비가 이 꿈 이야기를 할 당시 민비의 마음 속에는 서인과 남인과의 당파싸움이라는 정치적 배경이 자리하고 있었다는 사실을 확인할 수 있기 때문이다. 경신년 역옥이란 숙종 6년 남인의 무리를 밀어내고 서인이 득세할 당시를 말하는데, 민비는 꿈 이야기를 하면서 '남인들은 불령한 무리'라고 하고, 장씨가 그들과 연계되어 있음을 숙종에게 드러내어 이야기한 것이다. 숙종이라는 한 개인의 인간적 위치로 돌아가 살펴볼 때, 장씨와 민비와의 관계는 한갓 개인 사생활의 문제인데 어느 남녀의 애정 관계에서 정치적 당파성까지 고려될 수 있을까. 그만큼 민비의 눈에 비친 숙종과 장씨 두 사람의 긴밀한 관계는 민비가 차마 눈 뜨고 볼 수가 없는 지경으로 가까웠을 것이고, 그리고 민비는 이러한 갈등과 번민의 정신적 방황에서 자신의 처지를 돌아볼 때, 스스로 언동을 자제하는 것으로만 시간을 보낼 수 없는 절박한 상태에서, 심적으로 매우 위급한 상태에 이르렀음을 보여준다.

숙종 15년 5월 2일에 왕이 비망기를 내리고, 나흘 후 6일에 숙종은 다음과 같은 전지(傳旨)를 내렸다는 것이다.

> "領議政 權大運, 禮曹參判 柳命賢, 參議 柳夏謙이 명을 받들고 빈청에 모였는데 임금이 中官을 보내어 전지를 내리기를, 『周易』은 乾坤을 기본으로 하였고, 『詩經』은 關雎를 첫머리로 하였으니, 대저 풍속을 바르게 하고 妃匹을 중하게 여기기 때문이다. 지금 主壼을 아직 세우지 못하여 陰敎가 통달하지 아니하니 位號를 정하는 것을 하루라도 늦출 수 있겠는가. 희빈 장씨는 좋은 집에 태어나서 머리를 따 올릴 때부터 궁중에 들어와서 仁孝恭儉하여 덕이 후궁에 드러나 일국의 母儀가 될 만하니, 함께 종묘를 받들고 영구히 하늘의 상서로움을 받을 것이다. 이에 올려서 왕비로 삼노니 禮官으로 하여금 일체 예절에 따라 즉각 거행하게 하라 하였다. 『숙종실록』, 15년, 5월 6일.

숙종이 장씨를 왕비로 삼는다는 위의 전지에서 주목할 곳은 숙종이 장씨를 극찬한 말이다. 즉

"장씨는 좋은 집에 태어나서 머리를 땋아 올릴 때부터 궁중에 들어와서 인후공검 하여 덕이 후궁에 드러나 일국의 모후가 될 만하다"고 했다.

장씨가 숙종의 말처럼 인후공검 하다면 유교적 관점에서도 장씨의 언행은 최고의 덕성을 발휘했다는 것은 민비를 책봉할 때와 동일하다. 이 점은 『女四書』 등에 있는 말과 일치함으로써 이것은 결코 민비에게만 국한되는 것이 아님을 알 수 있다. 이것은 다른 사람의 규정이 아니라, 바로 두 여인을 상대한 숙종의 안목에서 나온 말이므로, 이에 역행하는 말을 할 사람이 당시에는 없었을 것이다. 더구나 숙종은 『周易』과 『詩經』을 비유하여 장씨가 왕후가 되는 것이 합당한 인물임을 강조하고 있다. 『詩經』의 <關雎章>은 군자 문왕이 태사를 배필로 구하려고 할 때의 고뇌와 고민을 노래한 것으로 알려져 있다. 숙종은 자신을 군자에, 장씨를 요조숙녀에 비유하여 극찬하고 있는 것을 알 수 있다.

그리고 숙종은 장씨가 좋은 집안에 태어나서 어려서부터 궁중생활에 익숙했음을 내세웠는데, 이것은 숙종 자신이 민비와 혼인한 것보다 앞서 장씨와의 관계가 더 오래고 익숙한 것임을 드러내는 말로 해석할 수 있다.

숙종 15년 5월에는 민비가 폐출되고, 장씨가 왕비의 자리에 올랐지만 당시는 자의대비 조씨의 상제 담제를 아직 지내지 않은 상황이었으므로 책례(冊禮)를 치르지 못한 상황이었다.

『숙종실록』, 16년 10월 22일, 기묘일의 기록에,

"희빈 장씨를 왕비로 책봉하였다. 지난해에 이 命이 있었으나 壯烈왕후의 상제 禫祭를 지내지 않았으므로 책례를 치르지 않았는데, 이때에 이르러 비로소 都監을 두어 거행하였다. 그 玉冊文에 이르기를, "왕은 이르노라. 하늘과 땅의 덕이 모여서 만물이 힘입어 비로소 살듯이 부부의 윤리가 이루어지고, 낮과 밤이 나뉘어 해와 달이 번갈아 밝히듯이 안팎의 교화가 갖추어지므로, 임금의 다스림은 반드시 왕비의 어짐을 힘입어야 한다. 후궁에서 세자를 기르매 魯經에는 귀하게 된 어머니의 표상을 전하였고, 왕실에 효순하매 周雅에는 잘 다스린 신하의 아름다움을 실었다. 이제 다행히 궁 안에서 덕이 있는 사람을 가리매 자나깨나 구하던 짝에 합당하니, 아름다운 位號를 바루고 절차를 갖춘 의례를 거행한다. 아! 너 장씨는 일찍부터 아름다운 자태를 타고나고 훌륭한 가르침을 베풀었다. 祥瑞가 夢日에서 조짐을 보이매 姚翁은 천하의 귀인이라 감탄하고, 史冊에 沙麓이 무너진 것이 적혀 있으매 建公은 元城의 聖女를 점쳤다. 오직 그 儀度가 법칙에 맞으므로 명성이 향기를 드날리니, 鷄鳴에서 儆戒를 더욱 밝히면 이보다 덕이 더 나타남이 없고, 麟趾에서 풍악을 울리면 하늘에서 녹을 받을 것이다. 왕비의 자리가 겨우 비게 된 이때에 큰 명이 허락됨을 보니 龜章 翟茀 象服이 빛나고 일진이 좋은 때에 대례는 거행된다." 『숙종실록』, 숙종 16년, 10월 22일.

그리하여 이듬해 숙종 16년에 책례를 치르고, 10월 22일 다음과 같은 왕비 책봉 玉冊文을 내렸다는 것이다.

"임금은 이르노라. 대궐에서 원자를 길러 세자를 책봉하는 典禮를 치르자, 중궁의 位號를 밝혀 왕비를 세우는 의례를 거행하니, 陰功을 도우려면 참으로 교화에 근본하여야 한다. 아! 너 장씨는 늘 內則을 따라서 덕이 후궁 중에 으뜸이니, 성품이 그

> 윽하고 고요하여 周 文王의 后妃와 아름다움을 짝할 만하고, 몸소 문안하여 大妃를 섬기게 되더니, 어찌 다행히도 시중들던 끝에 과연 이처럼 단장을 마치는 경사가 있게 되었는가. 중대한 종사를 부탁할 때가 있게 되는 것은 하늘이 나라를 돕는 것이고, 『春秋』의 의리에서 상고할 것은 어머니가 아들 때문에 귀하여지는 것인데, 마침 중궁 자리가 비어 있을 때에 존귀한 중전 자리에 합당하다. 생각하면 성종 때의 옛일이 있어서 징험할 만하고, 商 高宗이 喪制가 끝나기를 기다린 일에 비추어도 예에 있어서 당연하므로, 10월의 좋은 날을 가려서 중궁의 자리를 바룬다. ……" 『숙종실록』, 숙종 16년, 10월 22일.

또한 "장씨를 왕비로 책봉하는 것을 팔방에 알리는 교서에서는 셩녀를 구하여 얻어서…… 다행히 하늘의 돌봄을 힘입어……" 라고 하여 장씨를 가리켜 성녀에 견주었는데, 이는 민비의 경우와 같다.

> "임금은 이르노라 천도가 지극히 크나 땅이 아니면 만물이 생성하는 공이 없으니, 인륜이 터 잡고서 집으로부터 나라를 다스리는 교화를 가져오니, 이 성대한 의례를 마치매 온 백성과 함께 기쁨을 같이하여야 마땅하다. 돌이켜보면 내가 기업을 이어받은 이래로 중궁이 중간에 자리를 비우니, 聖女를 구하여 얻어서 자나 깨나 찾는 생각에 응하지 못하면 어찌 공경히 제사를 받들어 종묘의 일을 주관하게 할 수 있으랴마는, 다행히 하늘의 돌봄을 힘입어 후궁에서 원자를 얻는 상서를 크게 열었다. 덕을 숭상하는 것은 태임태사의 아름다운 명성을 이어받아 으레 법도를 따르고, 귀한 것으로는 춘추의 대의에 맞아 元良을 길렀으니 상복을 벗은 때에 맨 먼저 길일을 가려서 位號를 바룬다. 생각하건대 예전에 내전의 보탬은 처음을 삼가서 마지막까지 꾀하려는 것이려니와 그래서 臨軒하는 옛 법을 강구하여 儀物을 갖춘 성대 한 典禮를 거행하여 장씨를 왕비로 책봉하니, 琓琰이 빛나고 翟茀이 빛났다. 경계는 鷄鳴에 두매 밤낮으로 삼가는 아름다움이요, 경사는 麟趾에 맞으매 참으로 종사와 백성의 복이니, 큰 은혜가 두루 미치게 하는 뜻에 붙여 大命을 선포하여 赦宥한다. 이달 22일 昧爽 이전부터 死罪 이하의 잡범을 모두 용서한다. 벼슬에 있는 자는 각각 한 資級을 올리되 資窮인 자는 代加한다. 아아, 十亂(周武王 때 나라를 잘 다스린 신하를 말함. 周公旦, 召公奭, 太公望, 畢公, 榮公, 太顚, 閎夭, 散宜生, 南宮适, 文母 즉 太任)에 의지하여 후손을 길이 넉넉하게 하기를 바라거니와, 일월이 함께 밝으매 神人이 모두 기뻐함을 보았고, 雷雨가 일어나서 풀어주니 백성이 다 새로워지기를 기대한다. 그러므로 敎示하니 잘 알아야 한다." 『숙종실록』, 숙종 16년, 10월 22일.

위의 기록에서도 숙종은 장씨를 평하기를, 장씨가 내칙을 따라서 덕이 후궁 중에 으뜸이며, 성품이 그윽하고 고요하여 주문왕의 후비와 아름다움을 짝할 만하다 라고 하였다.

그런데 『인현왕후전』 작자의 장씨에 대한 시각은 완전히 부정적인 인물로 처음부터 끝까지 일관하고 있다. 앞에서도 이미 지적했듯이 장씨는 '참람하고, 방약무인하고, 발악을 일삼고, 포악하고 교만한 행지가 불가형언'이라고 서술하고 있는 것을 상기해 보면, 같은 사람의 동일 행동에 대한 시각이 당시 숙종의 시각과 민비 측의 시각은 이렇게 크게 다른 차이를 나타내고 있는 것을 알 수 있다.

『인현왕후전』 <가람본>은 그 제목이 <인현성모민시덕행녹>이다. 그러므로 덕행록을 서술하는 작가의 서술기법에 따라 서사문학을 음미할 수밖에 없다. 그러나 서사문학의 분석은 작품성을 뛰어넘어 작가의식의 개별성과 그 가치를 드러냄과 아울러, 작품의 한계성에 대해서 언급하지 않을 수 없다. 이러한 관점에서 숙종 당시 민비가 앉았던 중전 자리의 뒤를 이어 장씨가 중전에 올랐을 때, 장씨의 언행을 평하는데 있어 장씨를 왕후의 자리에 앉힌 장본인 숙종의 시각과, 작품 『인현왕후전』 작자의 장씨에 대한 시각이 이렇게 극단적으로 반대라는 중요한 사실을 놓칠 수 없다. 이러한 점에서 드러나는 특이한 작가의식은 『인현왕후전』이 어떠한 상황에서 만들어졌는가를 이해하는데 중요한 단서가 된다.

만약 장씨가 낳은 아들 '균'이 오랫동안 왕위를 지속하며 왕권을 공고히 하고, 또 그의 아들이 뒤를 이어 오랫동안 대위에 있었다면 과연 그 결과는 어떠하였을까. 말하자면 장씨의 자손들이 대를 있었을 경우에 소위 '민비 덕행록'을 지은 자는 불온한 문서를 썼다는 이유에서 통상적인 전례에 따라 부관참시 같은 중형을 당할 수도 있는 것임을 상상하기는 어렵지 않다. 조선 초기 이성계가 고려왕권을 찬탈한 사실이 있었고, 세조가 단종을 제거한 사건도 이러한 왕위 승계 문제에서 벗어나는 다른 이야기가 아니기 때문이다. 숙종 조에 장씨와 남인이 철저히 거세되는 반면, 민비와 서인이 복권된 마당에, 그리고 민비 쪽이 집권하는 시대가 오래도록 지속될 수 있었던 시대에 그 세력의 중심에서 작품 『인현왕후전』이 창작, 탄생되었다는 것을 인정하지 않을 수 없다는 이점이 『인현왕후전』을 이해하는 관건이 된다.

6. 降位

작품 『인현왕후전』은 장씨가 중전 자리에 있다가 다시 희빈의 자리로 강등된 내력을 다음과 같이 밝히고 있다.

> "이렇듯 삼 사년을 지내매, 천운이 세화하여 고진감례요 흥진비래라 하니, 부운이 점점 걷히매 태양이 밝은지라. 성총이 점점 깨달으사 민후(閔后)의 원억(冤抑)하심을 아시고, 장빈의 요악함을 짐작하사 의심이 가득하오시니, 기색이 전과 다르시고 소인과 간신이, "후의 삼촌숙질(三寸叔姪)을 다 안율(按律)하여지이다."날마다 계사(啓辭)하되 마침내 불윤(不允)하시니 이러므로 민씨의 일문이 보전하니라." <가람본>, pp.48～49.

위의 지문으로 확인해 볼 수 있는 것은 작자는 숙종의 총명이 밝아져서 민비의 억울함을 알게 되고, 장씨가 요악하다는 것을 점점 더 분명하게 알게 된 것은 바로 천운이며, 고진감래요 흥진비래라고 하였다. 그러나 이 대목에서 '성총이 점점 깨달으사' 성총인 주인공 숙종의 심경 변화, 그 중심에 어떠한 사건과 인물이 관련되었기에 숙종의 심경 변화를 유도했는지는 좀 더 깊이 살펴볼 필요가 있다.

민비를 환궁(갑술년, 숙종 20년 3월)시키고 보니, 궁중에는 왕비가 두 명이 있게 된 형국이 되었다. 숙종은 일을 진행하는 과정에서 순리적 순차적 경로를 무시하고 감정에 따라 일방적으로 처리하는 성급함을 드러내고 있다. 장씨가 중전 자리에 아직 버티고 있는데, 이 문제를 우선 정리도 않은 채 민비를 다시 불러들이는 데에만 급급하였다. 구체적으로 설명하면, 숙종은 민비를 대행왕비(大行王妃)라고 부르며 궁중복귀를 서둘렀고, 민비가 들어오자마자 정실궁에 바로 들여 앉힌 것이다. 이전에 이미 폐위시킨 왕비를 복위하는 막중사를 숙종은 우선적으로 밟아야할 어떤 절차도 무시한 채, 현재 중전 자리에 있는 장씨를 폐위하거나 또는 장씨를 희빈으로 강등시키는 선결 없이 먼저 민비부터 궁으로 불러 들이고 나서 장씨를 옛 희빈의 자리로 강등시키고 도로 취선당에 머물도록 조처한 것이다.

그런데 『숙종실록』에는 다음과 같은 기록이 있다.

"이보다 앞서 대행왕비가 병들어 누워 있을 때에 閔鎭厚형제가 입시하니, 왕비가 하교하기를, "갑술년(1694년 숙종 20년)에 복위한 뒤 조정의 의논이 세자의 私親을 俸供하는 등의 節目을 운위하면서, 마땅히 여러 빈어들과는 구별이 있어야 한다."고 하였는데, 이때부터 궁중의 사람들이 모두 희빈에게로 기울어졌다. 궁중의 舊法에 의한다면 빈어에 속한 시녀들은 감히 대내 근처에 드나들 수 없는데, 희빈에 속한 것들이 항상 나의 침전에 왕래하였으며, 심지어 창에 구멍을 뚫고 안을 엿보는 짓을 하였다. 그러나 침전의 시녀들이 감히 꾸짖어 금하지 못하였으니, 일이 너무나도 한심했지만 어찌할 수가 없었다. 지금 나의 병 증세가 지극히 이상한데, 사람들이 모두 말하기를 반드시 빌미가 있다고 한다. 궁인 時英이란 자에게 의심스런 자취가 많이 있고, 또한 겉으로 드러난 사건도 없지 아니하였으나, 어떤 사람이 주상께 감히 고하여 주상으로 하여금 이것을 알게 하겠는가? 다만 나는 갖은 고초를 받았으나 지금 병이 난 두 해 사이에 소원은 오직 빨리 죽는데 있으나 여전히 다시 더하기도 하고 덜하기도 하여 이처럼 병이 낫지 아니하니 괴롭다." 하고 이어서 눈물을 줄줄 흘렸다. 이때에 이르러 巫蠱의 사건이 과연 발각되니, 외간에서는 혹 전하기를, "숙빈 최씨가 평상시에 왕비가 베푼 은혜를 추모하여 통곡하는 마음을 이기지 못하고 임금에게 몰래 고하였다."고 하였다." 『숙종실록』, 숙종 27년, 9월 27일.

민비가 왕비의 자리에서 물러나게 된 이유는 '왕자 생산을 못하면서 비빈들을 헐뜯고 투기를 일삼는다'라는 것이었다. 그런데 장씨는 자신의 행동이 문제가 되어 다시 희빈의 자리에 내려오게 되고, 민비를 중전의 자리에 복위시킨 숙종의 조처 이후에도 시녀들로 하여금 중전의 침전을 무시로 왕래하며 침전의 창구멍을 뚫고 왕과 왕비의 거동을 엿보게 했다고 하였는데, 이 대목은 도대체 무엇을 의미하는 것일까. 여기서 특히 주목해야 할 부분은 평소 민비가 베푼 은혜에 감격한 숙빈 최씨가 통탄하는 마음에서 숙종에게 고했다는 점이다.

그러면, 숙빈 최씨는 어떤 인물인지 먼저 살펴본다.

『璿源系譜記略』의 숙종 조의 기술을 살펴보면, "숙빈 최씨는 毓祥宮 최씨다."(毓祥宮[22] 和敬 徽德安純 綏福 淑嬪崔氏)[23]라고 하였다.

숙종이 찬술한 『璿源系譜記略』에 의하여 숙종의 소생들을 살펴보면, 숙종은 六男을 두었다. 첫째가 장씨(玉山府大嬪張氏)소생인 균, 즉 후의 경종이며, 둘째가 역시 장씨 소생인 二男 盛壽이다. 셋째 三男은 숙빈 최씨가 낳은 永壽이고, 四男이 역시 숙빈 최씨가 낳은 延礽君으로 후의 영조대왕이다.[24] 그리고 역시 숙빈 최씨가 제 五男을 낳았고, 六男은 명빈 박씨가 延齡君 昌을 낳았다.

즉 왕실 족보에 의하면, 숙종의 여러 비빈 중에서 숙빈 최씨가 3남을 낳아 숙종에게 가장 많은 아들을 낳아준 후궁이다. 숙빈 최씨가 낳은 네째 아들이 연잉군이며 훗날 영조대왕이 되는 핵심적인 존재였다는 점을 감안한다면, 숙빈 최씨는 숙종 당대의 후궁 중에 왕의 승은을 입은 막강한 실력자였다는 것을 짐작할 수 있다.

『숙종실록』에는 "새로 태어난 왕자가 졸하였다."[25]라고 하였고, 이듬해에는 또한 다음과 같은 기록이 보인다.

> "鞫廳에서 앞에 말한 두 가지 단서를 가지고 다시 김인에게 물으니, 김인이 대답하기를…… 최숙원이 왕자를 낳았는데 閔黯과 李義徵이 주상의 은총이 어떠한지 알기 위해 李玄逸로 하여금 상의 의중을 알아보도록 하니, 이현일이 嫡庶의 分義를 분명히 해야한다"는 뜻으로 들어가 아뢰었고, 주상이 "나도 그 점을 알고 있다."고 답변하자 이현일이 나와서 민암과 이의징에게 주상의 뜻이 이러하니 그 은총이 두터

---

22) 칠궁에 모신 후궁을 말한다. 이들은 후궁의 몸으로 왕자를 생산한 7 명의후궁을 말하며, 이 제도는 영조 때 만들어졌다.

23) 신병주, 『가례도감의궤로 본 왕실의 혼례문화』, 효형출판, 2001, pp.124~125, "毓祥宮이란 七宮이라고도 하는데, 이것은 숙빈 최씨의 경우와 같이 正妃가 아니면서 왕을 낳아 宮號를 받은 6명의 宮廟를 모두 합한 것에서 유래한다. 어머니에 대한 애정이 각별한 영조는 왕위에 오르자 어머니를 극진히 모시고 싶은 마음에 육상궁을 지었다. 영조의 생모 숙빈 최씨는 7세에 궁중에 들어와 허드렛일을 하는 무수리로 궁중생활을 시작한 미천한 출신이었으나 숙종의 눈에 들어 후궁이 되었고, 숙종 사이에 연잉군 즉 영조를 낳고 육상궁이 된 여인이다. 또한 '和敬'이란 이름은 아들 영조가 1753년 죽은 어머니에게 내린 시호이며, 이와 함께 무덤을 圓으로 승격시켰다."

24) 한국 정신문화원 소장본, 『璿源系譜記略』 卷之 17, 序居集四에, "연잉군은 숙종20년 갑술년(1694) 9월 23일 戊寅에 창덕궁 보경당에서 탄생하였다."(영종실록, 1권, p.19)

25) 『숙종실록』, 숙종 19년, 12월 13일.

운 것을 알 수 있는 일이라고 했다. 하였습니다. 이성기는 또 저에게 말하기를 "숙원이 비록 왕자를 낳았기 때문에 형세가 있긴 하지만 나의 造命으로써 본다면 분명 요사할 운명이다. 아마 반드시 靑平 寅平 益平 세 공주를 살해하여 그런 다음에 남인은 근심이 없게 될 것이다. 그러나 이미 죽일 수 없게 되면 형세는 장차 역전될 것이다. 하였다.『숙종실록』, 숙종 20년, 5월 23일.

위의 기록을 『璿源系譜記略』과 비교해 보면, 영조대왕은 숙종 20년 9월 13일에 탄생했으므로 국청의 김인에 대한 심문이 있을 당시에는 숙빈 최씨의 태중에 있는 상태이다. 그런데 최숙원이 왕자를 낳았다는 사실을 가지고 숙종이 그 왕자를 낳은 최씨와 왕자에 대한 은총이 어떠한지 민암과 이의징이 궁금해 했다는 것은 숙빈 최씨가 낳은 첫째아들 永壽에 대한 문제를 가지고 의논한 사항임을 알 수 있다. 그리고 전년(숙종 19년 12월 13일)에 "새로 태어난 왕자가 졸하였다." 라는 기록은 장씨 소생 二男 盛壽일 가능성이 높다. 그래서 장씨 소생 아들이 하나이고, 다시 숙빈 최씨도 아들이 하나 있는 상태에서 남인들이 숙종의 의중을 궁금해 했던, 그 당시의 상황을 위의 기록을 통해 어느 정도를 헤아려 볼 수 있다. 한마디로 말하여 숙빈 최씨는 영조를 낳기 최소한 1년 전(숙종 18년 어름)에 이미 왕자(永壽)를 낳았고, 이보다 1년 전에는 이미 숙종과 가까워져 있었다는 점을 추측할 수 있다. 그러니까 어림잡아도 숙종 18년부터 숙빈 최씨와 숙종은 아주 가까워져 있는 긴밀한 관계가 되었을 것임을 짐작할 수 있다. 이로써 장씨는 숙종 16년에는 사실 상 중전의 자리를 차지하고 있었으나, 중전에 오른 지 3년 만에 다시 새로운 강력한 도전자를 숙빈최씨를 만난 것이다. 장씨가 이 새로운 도전자에 대해 구체적으로 어떻게 대응했는지에 대해서는 작품 『인현왕후전』이나 『조선왕조실록』에는 거의 찾을 수가 없다. 단지 『인현왕후전』에 짤막하게 나타나 있는 것을 발견할 수 있다.

"장씨 양양자득하여 방약무인하니, 이러므로 발악을 일삼아 비빈을 절제하며, 궁녀를 엄형하여 포악한 말과 교만한 행지 불가형언이라." <가람본>, p.48.

라고 간단하게 기술했을 뿐이다. 그런데 위의 예문에서 볼 수 있는 '비빈을 절제하고 궁녀를 엄형하여' 라는 표현에 내포된 뜻은 무엇일까. 이 부분은 앞의 지문에 나타난 것처럼, 대행왕비로 복위된 민비의 침전을 엿보며, 틈틈이 견제와 복위 운동을 멈추지 않았던 장씨가 일개 궁녀 몸에서 왕자(永壽)가 탄생했을 때 어떻게 대응하고 어떠한 태도를 보였을 것인가에 관한 문제임에 분명하다. 따지고 보면, 이미 왕비 자리를 차지하고 있는 장씨라고 하더라도 자신도 처음에는 나인이라는 신분으로 입궐 한 처지에서, 역시 일개 나인인 숙빈 최씨와 신분의 근원에서는 하등의 차이가 없다. 숙빈 최씨가 낳은 왕자가 장씨 자신이 낳은 왕자와 어떻게 차별이 있을 수 있을까. 그러나 이에 대한 장씨의 반응과 응대는 짐작하건데, 그리 세련되거나 너그러운 태도를 보였을 가능성은 아주 희박하다.

앞의 『숙종실록』에서 언급한, "숙빈 최씨가 통곡하는 마음을 이기지 못하고 임금에게 몰래 고하였다."라는 지적에서 볼 수 있듯이, 왕자를 셋이나 생산한 숙빈 최씨와 숙종의 친밀한 교감을 무시해 버리면 숙종의 마음의 변화는 단순히 천운이고, 고진감래 흥진비래로 풀 수밖에 없을 것이다. 이것은 민비가 복위된 후 8년 만에 병이 들어 죽을 때, 민비가 임종시 숙빈 최씨가 낳은 연잉군에게 했던 말을 미루어 보면, 민비와 숙빈 최씨 사이는 평소 매우 돈독한 관계를 유지하고 있었던 것을 확인할 수 있다. 민비가 "연잉군의 손을 잡으시고 슬퍼 왈, 此兒가 영특하여 내 지극히 사랑하더니 그 장성함을 못 보니 한이라."[26]라고 한 것은 숙빈 최씨를 절대적으로 신임하는 민비의 태도로 이해할 수 있다. 그러나 장씨가 왕자를 생산한 것은 일개 나인에 불과했던 미천한 신분에서 일약 왕후의 자리에까지 올라서게 되었다는 것을 감안하면, 숙빈 최씨가 거듭해서 왕자를 생산했다는 것은 매우 중대한 의미를 지니고 있다. 그리고 숙종 25년 10월 23일 조에 보면, "귀인 최씨를 숙빈으로, 숙원 유씨와 박씨를 숙의로 승급"[27]하였다고 기록되어 있는데, 이러한 내명부에 소속된 후궁들의 계급을 승격하는 현상은 숙종이 장씨를 중전의 자리에 올려 놓은 후에는 계속해서 여러 후궁들을 가까이 하였다는 증거라고 할 수 있다. 이러한 현상은 다시 말해서 이미 숙종이 장씨를 멀리하고 소

26) <가람본>, p.77.
27) 『숙종실록』, 25년, 10월 23일조.

원하게 생각하고 있는 심정의 그 단면을 엿 볼 수 있는 단서다. 귀인의 신분이었던 최씨를 숙빈으로 승격시키고, 숙원인 유씨와 박씨를 숙의로 승격시키는 문제는 전적으로 숙종 개인의 감정에 의하여 좌우되었을 것이며, 또한 숙종이 절대적인 권한을 행사하는 바가 아니면 그렇게 번거롭게 후궁들의 계급을 고칠 리가 없었을 것이다. 여기서 숙의로 승격하였다는 박씨는 뒤에 왕자 연령군을 낳은 명빈 박씨이며, 숙종실록 30년 4월 17일 조에는 다음과 같은 기록이 있다.

> "전교하기를, "왕자가 저택이 있어야 出閤할 수 있는데, 延礽君은 吉禮가 이미 지났어도 아직 第宅이 없고, 방금 큰 역사가 한참이어서 영조하기 어려울 것 같은데, 이것도 부득이한 일이니, 먼저 該曹로 하여금 값을 주도록 하라." 하였다. 연잉군의 어머니 숙빈 최씨는 梨峴에 甲第가 있는데 임금은 또 왕자를 위하여 별도로 또 저택을 세우고자 하였으나, 朝臣들 사이에 말이 있을까 두려워하여 우선 부득이하다는 전교를 내렸으니, 中外가 남몰래 탄식하였다." 『숙종실록』, 숙종 30년, 4월 17일.

위의 대목은 숙종이 숙빈 최씨가 낳은 연잉군에게 얼마나 관심을 가졌는지 잘 나타내 준다. 이미 숙빈 최씨의 제택이 이현에 있는데, 새로 태어난 왕자를 위해 또 제택을 지어주고 싶다는 것이 숙종의 마음이다. 그러나 나라 살림 형편이 좋지 못하고, 또 조신들의 말이 있을 것을 두려워하여 그것을 값으로 내려주라는 명을 내렸다는 것이다. 이러한 숙종의 심정은 장씨가 처음 왕자를 생산했을 때의 상황과 비교할 수 있다. 적어도 숙빈 최씨에 대한 숙종의 심경이 처음만은 못하다 하더라도 왕으로서 외형적인 물질적 포상의 물량은 똑같이 베풀어졌을 것이다.

또한 숙종은 일국의 국무를 총괄하는 국왕이다. 그러므로 궁중의 여자들에게만 관심을 집중할 수는 없는 일이다. 왕 대신에 여러 비빈들을 잘 통어하고 화목하게 지내게 하고 왕자 왕녀를 잘 길러내는 일을 주관하는 것은 중전의 임무다. 숙종으로서는 빈어들을 다스려야할 중전이 투기로 분란을 일으키는 문제가 가장 골치 아픈 일이었을 것이다. 그리하여 오랫동안 왕자가 없던 차에 왕자를 생산한 장씨와 다투는 민비를 가차없이 폐위해서 문제를 잠재웠는데, 새로이 중전에 오른 장씨가 '비빈을 절제하고 궁녀를 엄형하고 포악한 말과 교만한 행동을 하는 것이 이루 말할 수 없었다.' 라고 한다면 숙종의 심경이 어떠했을 것이라는 것은 가히 짐작할 수 있다.

이러한 상황에서 중전 장씨는 '절제와 엄형과 포악하고 교만한 언행'을 감행했음 직하다. 또한 숙빈 최씨도 왕자까지 생산하기는 마찬가지 처지인데 장씨의 공격을 참고 견디기만 했을 리는 없었을 것은 당연지사다. 그러므로 실록의 기록처럼, '외간에서는 그녀가 임금에게 몰래 고했다.' 라고 한 것은 전혀 근거가 없다고 할 수 없다. 이 말의 의미는 숙종과 숙빈 최씨가 아주 긴밀한 관계에서 할 수 있는 말임을 부정할 수 없다. 그리고 이 사건이 결정적으로 장씨를 중전에서 강위시키고 다시 민비를 복위시키는데 중요한 단서가 되었을 것이라는 추측이 가능해 진다.

그 구체적인 상황을 『숙종실록』의 다음과 같은 기록에서 찾을 수 있다.

> 비망기를 내려, "죄인 正淑(궁녀)은 사람됨이 奸毒하고 온갖 악을 다 갖추어, 임금을 업신여기고 제 뜻을 방자하게 행하고 허무한 것을 날조하고 조금만 원망이 있으면 반드시 갚으므로, 작년에 절도로 귀양보냈으나, 그가 범한 것을 논하면 여기에 그칠 수 없으니, 該曹를 시켜 빨리 邦刑을 바루라." 하고, 또 하교하기를, "나인 英淑은 正淑과 악을 같이하고 서로 도왔으니, 놀랍고 놀랍다. 그 단서가 같지 않으나 경중의 구별이 없지 않으니, 한차례 엄하게 刑訊하고 절도에 정배하라." 『숙종실록』, 숙종 20년, 4월 18일.

숙종의 위와 같은 결행은 민비가 대행왕비로 복위되고, 장씨가 희빈으로 강등된 직후에 실행한다. 궁녀 정숙과 영숙의 비행을 장씨가 말했을 리가 없고, 평소 바깥 정무에 바쁜 숙종이 파악할 수도 없고, 그 동안 궐 밖에 나가 있었던 민비가 그들의 비행을 헤아려 처벌을 주장했을 리도 없었을 것이다. 분명 나인 정숙과 영숙은 장씨의 오른팔과 왼팔이 되어 장씨와 숙종의 사랑을 다투던 대상을 감시하고 견제했던 장씨의 충복들임이 분명하다. 이와 같은 내력은 앞서 대행왕비 민비가 오빠 민진후(閔鎭厚)에게 털어놓았던 말 '희빈에 속한 것들'로서, 중전의 침전을 왕래하고 침전의 창구멍을 뚫으면서까지 장씨의 세력 확보에 열성적인 무리라는 점이다.

나인 정숙과 영숙의 잘못의 책임자는 물론 장씨다. 장씨의 궁극적 의도는 숙종의 사랑을 독차지하고자 하는 독점욕에 기인함으로써, 당시 남성중심의 왕권체제에서 이러한 장씨의 행동이 장씨라고 예외로 용납될 수 없었다는 것은 어쩌면 당연한 논리다.

민비에 대한 나인 장씨의 도전은 출중한 미모와 오랫동안 기다려왔던 왕자를 생산함으로써 쉽게 이루어졌다. 그러나 이미 중전에 오른 장씨고, 자기가 낳은 아들을 왕세자 자리에 앉힌 마당에도 그러나 포기할 수 없는 것은 남편 숙종을 독점하는 사랑일 것이다. 만약, '당신은 왕후자리를 차지하고 있고, 아들이 이미 왕세자로 책봉되었으니, 당신은 남편은 생각 말고 여러 비빈들을 덕행으로 관리하는 것만이 너의 임무다'라고 하며 이것만을 강요한다면 여기에 순응할 여자는 없다. 남편이 뭇 다른 여성들과 관계하여 아이를 낳고, 자신의 세력을 위협하고 있다면, 이것을 인내하며 덕으로 감싸기만 할 여자가 과연 있을까. 이러한 부부 또는 남녀의 애정갈등의 복합적인 상황에서 요구되는 인내심의 한계를 나타내기는 민비도 예외는 아니었다. 앞에서 이미 밝혔듯이 민비는 자신의 꿈을 내세워 장씨에 대한 갈등을 표현할 수 밖에 없었고, 그 꿈이 빌미가 되어 장씨를 투기했다는 죄명으로 폐위를 당했다. 조선의 여성들의 발목을 잡고 있었던 금기사항인 투기의 죄목은 장씨의 경우에도 도 역시 마찬가지였다. 이러한 갈등 국면에 처한 상황을 서술한 대목이 "궁녀를 엄형하여 교만한 언동이 불가형언이라" 라고 하였고, 그 결과 중전 장씨가 희빈으로 강위될 수밖에 없었던 내력일 것이다.

7. 결언

주지하다시피 『인현왕후전』은 실존 인물을 명칭도 바꾸지 않은 채 그대로 작품에 반영한 특이한 작품이다. 서사 문학 작품에 실존인물들을 등장시키는 특수한 장치는 독자들로 하여금 사실을 경험하는 것 같은 생동감과 입체감을 실어주어 작품에 직핍하게 한다는 측면에서 본 작품은 독자들의 흥미를 유발하는 기본적인 요소를 지니고 있다 .

본 작품은 '숙종과 민비', '숙종과 장씨', 그리고 '민비와 장씨'라는 삼각관계에서 야기되는 갈등과 간극, 그 배경을 서사화하여 여타의 고전서사문학과 차별성을 갖는다. 역시 폐쇄된 봉건시대에 일반인들에게는 잘 알려지지 않는 '宮禁'에서 일어난 은밀한 사건을 서사화했다는 점 또한 특별한 의미를 갖는다.

작품 『인현왕후전』은 유교적 덕행을 드러내는 민비의 덕을 찬양하고자 하는 점이 핵심이지만, 그 상대편에 서 있는 장씨라는 여인의 반유교적 행동을 나열하여 강조함으로써 민비의 유교적 덕행을 더욱 돋보이게 장치한 수작이다. 장씨가 처음 숙종의 총애를 입고 승승장구하여 중전의 자리에 오를 때까지의 기록은 매우 소략하게 기록되었고, 중전의 자리에서 다시 강위되어 희빈이 되고, 반유교적인 행동을 자행하다가 결국은 숙종에게 사사될 수밖에 없었던, 변전의 과정을 리얼하게 구체적으로 서술한 작품이다.

장씨는 일개 나인으로 궁중에 들어와서 국가 최고의 실력자 왕의 사랑을 독차지하고, 거기다가 왕통을 이을 아들을 생산함으로써, 실질적으로 인간사의 부귀영화의 실현을 한 손에 거머쥔 존재이다. 그럼에도 불구하고 『인현왕후전』 작자는 단지 민비의 덕행과 신이함, 덕목을 여러 장에 걸쳐 장황하게 나열하여 서술하면서도, 그 맞은편에 자리 잡고 있는 장씨의 인간적인 영화의 구체적인 면에서는 매우 소략하게 기술함으로써 그 상대적 가치에 대해서는 너그럽지 못하고 인색한 태도를 고수하고 있는데, 이러한 태도 역시 봉건적 계급주의에 입각한 작가의식의 한 특징임을 알 수 있다.

굿판의 여성 한풀이 기능

홍 태 한*

1. 머리말

“굿하고 싶어도 며느리 춤추는 꼴 보기 싫어 안한다.”라는 속담은 굿이 가진 한풀이 기능을 강조한 말이다. 지금이야 여러 놀이가 있고 즐길 수 있는 대상이 있지만 과거에는 풍물이나, 사당패가 아니면 굿이 놀이의 기능을 담당했다. 집안에 우환이 있어서 행하는 우환굿[1]이라면 몰라도 경사굿[2]에는 굿판에 참가한 사람들이 다투어 무감을 서면서 신명 풀이를 했다. 그때 시집살이의 설움과 어려움을 가지고 있던 며느리가 웃어른들 눈치 보지 않고 장단에 맞추어 뛰면서 속에 쌓인 말을 했으니, 며느리 입장에서는 한풀이가 되었겠지만, 시부모 입장에서는 난감스런 일이었을 것이다. 그렇지 않아도 마음에 차지 않은 며느리가 굿판에서 신명나게 가슴에 쌓인 한을 풀어버리며 자신의 속마음을 이야기하는 것이 시부모의 마음에 들지 않았을 것이다. 이것은 역설적으로 굿이 가진 신명풀이와 한풀이의 기능을 강조한 말로 보인다.

---

* 중앙대학교 국악교육대학원 대우교수

1) 진오기굿이 가장 대표적인 우환굿이다.

2) 재수굿이 가장 대표적이다. 무당이 신도들을 불러서 하는 진적도 해당된다.

무속이 음지로 들어간 지금에 와서는 굿이 가진 한풀이의 기능을 확인하기가 쉽지 않다. 과거에는 굿이 있다면 다투어 이웃들이 달려와 품앗이를 하면서 굿에 참가했을 것이나, 익명성과 비밀을 보장하는 영업용 굿당이 발달하면서 이제 더 이상 굿은 열린 잔치가 아닌, 개인의 복을 기원하는 행사가 되어버렸다. 아직도 시군단위의 지방에 가면 굿을 할 때 마을 사람들이 모여들어 굿을 즐기는 모습을 볼 수는 있으나, 경제적인 논리에 휘말린 굿이 대도시로 집결하면서 마을사람들이 편하게 참가할 수 있는 굿은 거의 대부분 사라졌다. 마을굿이 아직 당주무당[3)]의 주도적인 역할 속에 마을 사람들의 대동의식을 확인할 수 있는 기능은 하고 있으나,[4)] 마을굿의 기반이라 할 경제적 토대가 무너지고, 젊은이들이 참가하지 않아 노년층의 친목회같은 느낌을 주는 굿이 점차 증가하고 있어 과거처럼 열린 한마당 잔치는 아니다. 특히 행정기관에서 개입하면서 마을굿이 일회적인 행사에 그치고 있는 곳이 늘고 있어, 이제 마을굿은 마을 주민들이 주도적으로 참가하는 곳이 아니라 구경꾼의 입장에 머물게 하는 곳으로 바뀌었다.

그렇지만 서울지역에는 아직도 굿이 많이 연행된다. 정확한 통계는 아니지만 대략 일년에 4～5만건의 굿이 연행되는 것으로 추정된다. 이 정도의 굿이 연행된다는 것은 분명 굿이 개인의 기복신앙이면서, 또 다른 기능을 가지고 있다는 의미이다. 단지 자신의 소원이 이루어지기를 기원하는 굿이라면 상당한 비용을 지불하면서까지 굿을 할 수 있는 생각을 가진 사람은 많지 않을 것이기 때문이다. 무엇보다도 굿판에 가면 지속적으로 굿을 하는 재가집[5)]이 있는데, 이들은 정기적으로 재수굿을 진행한다. 그래야 가정이 편안하고 자신이 행하는 일의 결말이 좋을 것이라고 한다. 여기에서 가정이 편안하다는 말에 주목할 필요가 있다. 구체적인 소원이 있어서, 예를 들어 재물의 증가나 가족 중 환자가 있어 병이 빨리 낫기를 바라거나, 굿을 행하는 것이 아니라 일년의 운수를 위해 굿을 한다는 데에 주목할 필요가 있다.

---

3) 마을굿을 오랫동안 맡아오면서 마을의 사제 역할을 한 무당을 당주무당이라 한다.

4) 마을굿이 가장 발달한 서울의 경우에는 약 40여곳의 마을에 당주무당이 있으며 마을굿을 주재한다. 박흥주, 『서울의 마을굿』, 서문당, 2002 참조.

5) 서울지역에서는 굿을 부탁한 사람과 그 가족을 재가집이라 한다. 굿의 수요자라 할 수 있다.

이것은 굿이 직접적인 목적만을 추구하는 것은 아니라는 뜻으로 분명 또 다른 굿의 효용이 있을 것으로 보인다.

이 글에서는 이러한 의도 아래에 굿 존재의 이유를 추구하는 것을 목적으로 한다. 특히 굿이 가지고 있는 한풀이의 기능에 주목하고자 한다. 현재는 굿판에 재가집으로 남성들이 참가하는 비율이 꽤 높지만, 과거에는 굿은 여성 중심의 의례 공간이었다. 제주도에는 이러한 인식이 분명하여 본향당굿은 여성이 중심이 되고 유교식 포제는 남성이 중심이 되어 진행한다. 남성들이 유교를 중심으로 제사라는 의식으로 자신들의 존재감을 확인했따면 여성들은 굿을 통해 자신들의 존재를 확인했다. 과거 사회에서 여성은 억눌리는 존재로 자신의 의사를 손쉽게 표현하지 못하고 속에 담아두는 존재였다. 이런 여성들이 굿판에서는 주인공이 되어 속 마음을 풀어버리는 모습이 지금도 동해안 오구굿판에 가면 볼 수 있다.

동해안오구굿이 진행되면 남성들은 거의 참가하지 않는다. 동네의 여성들, 특히 50대 이상의 중년층이 주로 참가하여 굿을 진행하는 무당의 말에 일희일비한다. 동해안오구굿이 아니라 여성이 재가집으로 참가하는 굿에서는 이러한 모습을 쉽게 볼 수 있는 바 이글에서는 한풀이의 기능에 주목하여 굿 존재의 당위성을 찾아보려고 한다.

굿판에 나타난 여성들의 모습에 대해서는 그동안 몇 차례 논의된 바 있으나[6] 여성들의 한풀이에 초점을 맞춘 글은 거의 없다. 특히 개별 굿 사례를 중심으로 하여 굿이 어떻게 진행되는가에 초점을 맞추어서 굿의 의미를 추구한 글은 더더욱 없다. 이글에서는 개별 굿 사례를 중심으로 하여 여성들의 한이 어떻게 풀리고 있는가를 주목하고자 하는 것이다. 자료로는 글쓴이가 현재 조사하고 있는 것을 대상으로 한다.

---

6) 이러한 시각은 한국구비문학회, 『구비문학과 여성』, 박이정, 2000을 통해 도움을 받을 수 있다. 굿을 직접 고찰한 글은 아니지만 무가를 중심으로 여성들의 역할을 다룬 홍태한, 「무가와 여성」, 『한국민속학보』 11, 한국민속학회, 2000도 도움이 된다. 경희대학교 인문학연구원에서 간행한 여성문화총서 전3권도 유용한 이론적 전거가 된다.

2. 진오기굿에 나타난 죽음의 슬픔 넘어서기

진오기굿7) 사례를 통해 한풀이의 모습을 살펴본다.8) 이날 진오기굿은 딸이 죽은 후 친정어머니가 재가집으로 참가한 굿이다. 재가집은 아들과 딸을 두었는데 아들은 이번에 박사학위를 받고 혼인을 앞두고 있다. 망자(여, 38세)는 가족과 함께 여행을 다녀오다가 교통사고로 아들(9세)과 함께 현장에서 즉사했다. 그리고 망자의 남편과 딸(12세)은 현재 병원에서 치료 중이다. 평소 아들에게만 잘 해 준 것이 걸려서 이번에 굿을 하게되었다고 한다. 오늘은 바로 망자의 삼오날이다. 재가집은 시종 굿이 진행되는 동안 통곡을 했으며, 망자의 혼령이 들어와 개가집과 이야기를 나누는 영실거리에서는 무당을 부둥켜 안고 너무도 슬프게 울었다. 망자의 고모가 함께 참가하였는데 역시 시종 슬프게 울었다.

이날 굿을 의뢰한 이는 당주무당의 오랜 단골로 집안의 대소사를 항상 의지하면서 살아왔다. 이런 점에서 재가집은 독실한 무속 숭배자라는 것이 확인된다. 이는 전통적인 사고관의 소유자라는 의미로서 비현실과 현실의 통로인 굿판에 대한 경험이 많다는 뜻이기도 하다. 망자는 재가집의 딸로서 젊은 나이에 그것도 어린 외손자와 함께 죽었다는 사실로 인해 재가집에 큰 충격을 준 존재이다.

재가집과의 문답을 통해 다음과 같은 사실이 확인되었다. 첫째, 아들을 딸보다 선호한 재가집은 어린 시절에도 아들에 대한 편애가 심한 편이었다고 한다. 나이를 먹어가면서 이러한 것이 마음에 걸렸는데, 갑작스런 사고로 딸이 죽음을 당하자 그동안 자신이 딸에게 한 여러 가지 행동이 후회의 감정과 함께 북받쳐 올랐고 이러한 것은 굿을 행하는 중요한 요인이 되었다. 둘째, 사후세계에 대한 관심이 높다. 젊어서는 별로 사후 세계에 대한 생각이 없었는데 나이를 먹어가면서 사후 세계에 대한 관심이 높아지고, 사람은 죽으면 반드시 사후세계에 가서 자신이 행한 생전의 여러 행적에 대한 심판을

---

7) 진오기굿의 전반적 모습은 홍태한, 『서울진오기굿』, 민속원, 2005를 통해 확인할 수 있다.
8) 1998년 3월 3일 천신당에서 진행한 진오기굿이다. 주무는 김경주로 서울 무속에 정통한 무당이다. 이외 유복연 등의 조무가 참가해서 굿을 진행했다.

받는다고 믿고 있다. 이러한 재가집의 생각은 사고로 죽은 딸이 저승에 가서 올바른 심판을 받지 못하면 안된다는 생각을 가져오게 했고 이에 따라 단골 무당의 권유를 받아 굿판을 열게 된 것이다. 셋째, 삶에 대한 설움이 많이 쌓여 있다. 재가집은 평소 살아오면서 순탄하지 않은 삶을 살아왔다고 하면서 인생이라는 것이 참으로 살기 어려운 것이라는 말을 했다. 직접 표현하지는 않았지만 주위 사람들로부터 약간의 피해를 당한 것같기도 하며, 자신이 가진 억울함을 풀어볼 기회가 없었음을 나타냈다. 이러한 의식은 딸의 죽음과 함께 표면화되었고 그래서 굿판에서 굿이 진행되는 동안 계속 울었다. 재가집은 이를 자신의 설움 때문에 더 많이 운다고 말했다. 이러한 의식은 갑작스럽게 죽음을 당한 딸의 사정을 이해하고 나아가 딸에게 쌓인 것을 풀어주어야 자신처럼 맺히고 쌓인 것이 없게 된다라는 인식으로까지 발전한다.

이러한 재가집의 특성을 고려할 때 이날 벌어진 진오기굿은 영혼을 천도한다라는 의미와 함께 재가집 자신이 가진 설움을 풀며 딸과 자신 사이에 맺힌 모든 설움이 풀리는 굿이 될 수 있다. 현재 서울에서 행해지는 진오기굿이 형식적인 면에 치우져 있음 감안하면 이날 참가한 굿은 시간적으로는 과거의 진오기굿에 비해 짧게 끝나겠지만 그 진오기굿이 재가집에게 주는 효과만큼은 과거 진오기굿과 버금갈 정도라는 의미이다. 실제로 굿판에서 보여준 재가집의 반응은 이러한 의식을 유감없이 나타낸다.

재가집은 가슴에 한을 담고 굿판에 온 것이다. 딸을 아들만큼 대우하지 못했다는 것이 마음에 무겁게 자리잡고 있었는데, 갑작스런 딸의 죽음이 재가집 마음에 더 큰 짐을 주었다. 이러한 재가집의 자세는 굿 초반부에 설움을 나타내고 자신이 하고 싶은 말을 다하지 못하는 식으로 나타난다.

주당물림[9]이 있을 때도 굿이 시작되었다는 것에 아무런 반응을 보이지 않는다. 부정청배에서 망자의 생년월일을 불러주자 그제서야 눈물을 흘리기 시작한다. 특히 외손자의 이름과 나이를 부를 때는 소리 높여 흐느낀다. 옆

9) 진오기굿은 초반부와 후반부로 나눌 수 있다. 초반부는 이승굿으로 아직 본격적으로 망자를 천도하는 굿이 시작된 것은 아니다. 이 부분은 1)주당물림 2)부정청배 3)가망청배 4)진작 5)상산 6)별상 7)초영실 8)신장 9)대감 10)창부 순으로 이어진다.

에 있는 사람들이 다독거리면서 음료수를 주어도 마시지 못할 정도로 격한 슬픔에 빠진다. 함께 온 가족들의 말이 귀에 들리지 않는 듯이 그는 슬픔에 온전하게 빠져있다.

별상거리에서 상문을 벗겨줄 때 서서히 마음을 되잡는 모습을 보인다. 무당이 말이 재가집을 위로하기 시작한다.

> 무당 죽은 사람은 죽은 사람이요. 죽은 딸에 대한 미련을 그렇게 자꾸 가지고 있으면 망자가 마음 편하게 저승을 못가요. 답답하고 억울한 일이 많아도 풀어서 보내야 합니다. 부모가 그런 것 아네요? 자식이 서운하게 했다하더라도 그것을 마음이 두지 않고 제 갈 길로 보내는 것이 부모랍니다.

이런 말에 재가집은 서서히 굿에 몰두하기 시작한다. 이왕 죽은 딸이니 저승으로 잘 천도하자는 무당의 말에 자신이 해야 할 본분이 무엇인지를 안 듯한 표정이다. 눈물을 흘리면서 슬픔을 보이지만, 슬픔에 함몰해 있는 모습에서 벗어나 무엇인가 행동을 하려는 모습을 보인다.

이러한 재가집의 한이 완전하게 풀리는 것은 영실거리에 와서이다. 영실거리에서 무당은 죽은 딸의 혼령을 몸에 싣는다. 겉모양은 무당이지만, 이제 무당의 몸 속에는 망자가 들어와 있는 것이다. 재가집은 무당을 통해 딸과 이야기를 나누면서 자신의 가슴에 쌓인 한을 풀기 시작한다. 영실거리를 일부 옮겨 본다.

> 무당(딸) : (갑자기 쓰러지면서) 아이구 어머니.
> 재가집 : (놀라서 무당을 껴안으며) 너 왔냐? 너 왔어? 어이구 내 자식아.
> 무 당 : 그래 엄마 나 왔어 왔어. (통곡하기 시작한다.)
> 재가집 : (함께 통곡하며) 이 자식아 그래 가긴 왜 가니. 왜 가. 이 엄마 맘에 못을 박고 가냐.
> 무 당 : 내가 가고 싶어 갔겠오. 수명이 다하고 운수가 그래서 간 것이지.
> 재가집 : 운전은 네가 왜 하냐? ○서방이 하지.
> 무 당 : 그이가 피곤하다고 해서 바꿨는데 그냥 트럭이 달려들어서 (……)
> 재가집 : 내가 생전에 너한테 못할 짓 많이 했다. 똑같은 자식인데 왜 너를 미워했겠느냐.

무 당 : 알어 알어 엄마 알어. 내가 자식 낳아 보니 알겠어. 그러는 엄마 맘은 편했겠어. 그냥 잊고 이제 편하게 살아.

재가집 : 아이구 내 가슴이야. 내 가슴에 못이 박혔다. 어떻게 너한테 그렇게 했는지……

무 당 : 아냐 엄마 아냐. 그래도 날 낳아주고 키워준 것이 엄마 아냐? 엄마 마음 아파 하면 내가 못가. 그러니 엄마 맘을 편하게 가지고 살아.

무당의 몸에 들어온 딸은 어머니를 원망하기 보다는 어머니에 대한 이해의 말과 함께 마음 고생하지 말고 편안하게 여생을 보낼 것을 당부한다. 30여분간 진행된 딸과 어머니의 대화는 주로 상대방을 이해하는 내용으로 진행된다. 어머니는 자식에게 못다했던 미련과 안타까움을 이야기하며 이해를 바라는 것을 주로 이야기하고 있으며, 딸은 어머니를 이해한다는 것과 이제 편안하게 살기 위해서라도 서로를 놓아주어야 한다는 것을 이야기 한다.

이러한 대화를 통해 재가집은 가슴에 쌓인 한을 세 갈래로 풀 수 있다. 하나는 딸에 대한 죄책감에서 벗어난다. 아들을 우대하고 딸을 구박하다가 갑작스런 딸의 죽음은 재가집에게 상처가 되었을 터이나, 망자는 원망과 설움보다는 이해와 위로의 말을 한다. 이러한 행위를 통해 재가집은 딸에게 가졌던 죄책감을 덜 수 있다. 둘째는 죽음을 받아들이기 시작한다. 갑작스런 딸의 죽음으로 딸과의 온전한 작별을 다하지 못했던 어머니는 딸과의 대화를 통해 죽음을 받아들이고, 딸이 이승에는 더 이상 없다는 현실을 받아들이기 시작한다. 셋째는 마음을 추스르고 내일을 향해 나갈 수 있는 여력을 얻을 수 있다. 영실거리 후반부에 가면 재가집은 슬픔의 말보다는 일상생활과 관련된 말을 더 많이 하기 시작한다.

재가집 : 그래 병원에 있는 ○서방과 걔(외손녀)는 괜찮겄냐?

무 당 : 엄마 내가 다 막아줄게. 걱정하지 마.

재가집 : 네가 살던 집은 팔리겄냐?

무 당 : 걱정하지마. 모든 게 다 잘돼. 아무 염려하지 말고 마음 편하게 살아요.

딸의 죽음으로 슬픔에 빠져있던 어머니는 남은 가족들에 대한 걱정과 재산 처분에 대한 근심을 드러낸다. 이때 무당은 철저하게 재가집의 마음을 위안하는 말을 한다. 갑작스런 딸의 죽음이 비록 우환으로 다가왔지만, 더 이상의 근심은 없을 것이라는 마음으로 안심할 수 있다.

진오기굿 후반부[10]는 본격적인 저승굿이 진행되는 거리이다. 뜬대왕거리에서는 노래와 공수를 통해 망자가 무사히 저승으로 천도할 것을 알려준다. 사재삼성거리에서는 저승사자가 망자의 혼을 데리러 나온다. 초반부에서 딸의 죽음을 슬퍼하던 재가집은 망자의 혼령을 잡으로 온 저승 사자의 모습에 별다른 저항을 하지 않으면서 사자재담에서는 웃음을 보이기도 한다.

진오기굿 영실거리와 사재삼성거리는 그 성격이 사뭇 달라 대비가 된다. 영실거리가 눈물의 거리라면 사재삼성은 웃음의 거리이다. 사재재담은 이러한 웃음의 특성을 분명하게 보여준다. 사재재담 일부를 옮겨 본다.

> 무당(사재) : 내가 사재야. 살아 있는 모든 사람들을 등에 업고 가는 사자야. 그런데 이왕에 왔으니 문상을 하고 가는 것이 도리겠지. (상앞으로 가서) 아이구 얼마나 슬프십니까? (엎드려 절을 하는데 엉덩이를 상쪽으로 내민다.) 시어머니 죽으면 안방 차지 내 차지, 시아버지 죽으면 문전옥답 내 차지. 아이구 잘 죽었다.
>
> 악사 : 저 놈의 사재가 뭔 짓을 한데. 그게 문상이야. 제대로 문상을 해야 문상을 받지. 저렇게 못 배운 사재가 어디 있어?
>
> 무당 : (손으로 침을 눈에 바르면서) 아이구 슬프다 슬퍼. 이 망자가 어떤 망잔가. 내 등에서 잘 업혀 가야지.

웃음이 나오는 이러한 대화를 통해 재가집은 눈물을 닦으며 굿판에 전념하기 시작한다. 사자의 재담에 웃음을 보이기도 하고, 사자에게 노자돈을 주라고 하자 기꺼이 돈을 주는 등 활발한 모습을 보인다. 말미거리에서 바리공주 무가를 들으면서 재가집은 마음을 추수린다. 말미상 쌀에 나타난 무늬를 보면서 딸이 극락왕생했다는 말에는 웃음을 띠며 끄덕이기도 한다. 베가르기는 이러한 재가집 마음을 완전하게 달래주는 장치이다. 넋전을 허리에

10) 후반부는 망자를 본격적으로 저승으로 보내는 부분이다. 1)뜬대왕 2)사재삼성 3)말미 4)도령돌기 5)베가르기 6)상식 7)뒷영실 8)시왕군웅 9)뒷전 순으로 진행된다.

찬 무당은 온 몸으로 베를 갈라 앞으로 나간다. 이제 망자는 무당과 함께 온갖 장애물을 해치고 극락으로 가는 것이다. 재가집은 노자돈을 듬뿍 놓으면서 딸의 왕생극락을 기원한다. 뒷영실거리는 죽은 망자가 마지막으로 작별을 위해 들어오는 거리이다. 뒷영실 거리에서 재가집은 슬픔을 넘어섰음을 보여준다.

무당(딸) : 엄마 엄마 이제 슬퍼하지 말고 살아요. 나는 이제 편한 곳에 갔어요. 그러니 더 이상 나 생각도 말고.
재가집 : 어떻게 너를 잊니. 어떻게 잊어.
무　당 : 그래도 잊어야 해. 이제 서로 다른 세상으로 갈라섰으니 엄마가 자꾸 슬퍼하면 내가 온전하게 저승을 못가. 그러니 엄마는 엄마 생각만 하면서 살아.
재가집 : 그래 그래 너 좋은 데 간다는데 내가 그렇게 해야지.

재가집은 이제 딸이 좋은 데 갔다는 믿음과 함께 슬픔을 넘어선 모습을 보인다. 웃으면서 주위 사람과 대화를 나누기도 하고 이제는 더 이상 울지 않겠다는 다짐을 보인다. 굿이 끝난 후 글쓴이가 소감을 물었을 때 한 편으로는 서운하고 슬프지만 후련하면서도 안도하는 마음이 생겼다고 했다. 굿이 끝나고 총총이 사라지면서 더 이상 울지 않겠다는 약속을 무당들과 했다. 이러한 재가집의 반응과 감정 변화를 거리별로 정리하면 다음과 같다.

거리	재가집의 감정 표현 방식	재가집과의 대담을 통한 확인
주당물림	없음.	
부정	울음이 점점 격해짐	딸의 이름 듣자 눈물이 나온다고 함
가망	울음이 점점 가라 앉음	딸을 위해 왠지 진정해야 한다고 생각했다 함
별상	없음	딸을 위해 상문을 잘 벗어야 한다고 생각
영실	울음의 최고조에 이른 후 점차 진정되기 시작함	딸을 만나니 속이 후련하고 이런 저런 이야기를 해서 풀릴 것은 풀린다고 생각
대감	울음의 소멸, 웃음의 시작	
사재삼성	담담하게 바라봄	딸이 저승에 가야 하는 것을 인정하기 시작
말미	적극적인 참여	딸의 내세에 대해 알고 싶어하고 확인 후 안도

도량돌기	없음	
베가르기	적극적인 치성	딸이 이제는 좋은 데 갔음을 인정
상식	없음	
뒷영실	울음의 반복 후 웃음	딸의 죽음을 받아들이겠다고 생각

부정과 가망에서 터진 울음은 영실 거리에서 최고조에 이른다. 비록 무당이지만 무당의 입을 통해 딸이 부르는 엄마 소리를 듣고, 외손자가 부르는 외할머니 소리를 들으며 재가집은 격정의 소용돌이에 빠진다. 옆 사람이 주체 할 수 없을 정도로 통곡하다가 감정을 추스르기 시작한다. 영실 거리는 감정이 최고조로 올라간 거리이면서 동시에 감정이 가라앉기 시작한 거리이다. 처음에 슬피 울던 재가집은 무당의 몸을 빌린 딸과 일상적인 여러 이야기를 하면서 비로소 딸의 죽음을 이해하는 모습을 보인다.

대감 거리에서 웃음을 조금 보이기 시작한 재가집은 사재삼성에서 사자가 다가오는 것을 담담하게 바라볼 수 있고,[11] 장편 서사무가 바리공주가 구송되는 동안에도 자리를 지키며 계속 딸의 명복을 빌어준다. 세발심지에 불을 붙여 딸과 외손자의 내세를 확인할 때는 적극적으로 개입하여 확인하고 무당의 말에 맞장구를 치며 좋다고 웃기도 한다. 이제는 딸의 죽음을 기정 사실화하여 자신의 감정을 추스려 나가는 것이다. 베가르기에서는 저승길로 향하는 딸의 모습을 보며 산 자와 죽은 자의 거리감을 확인한다. 뒷영실에서 이제 다시는 딸을 만나지 못한다는 안타까움에 울음을 터뜨리지만, 그렇게 슬픔만이 가득한 울음은 아니다. 어느 정도는 안도감이 내재된 울음이고 무당의 당부에 따라 다시는 울지 않겠다고 하며 기꺼운 마음으로 굿판을 떠나간다.

처음에 굿판에 참가할 때 미진한 마음을 가졌던 재가집은 영실 거리를 통해 본격적으로 굿판에 참가하면서 자신이 감정을 드러낸다. 헤어졌던 가족을 만나 급작스런 죽음으로 나누지 못했던 미련과 아쉬움을 달랜다. 대감 거리부터 웃음을 보이기 시작한 재가집은 말미, 도량돌기, 베가르기를 통해

11) 실제로 사재삼성이 무당들의 입장에서는 가장 어렵다 한다. 그것은 익살을 떨며 보는 사람을 웃겨야 하기 때문이다. 조흥윤, 『한국의 샤머니즘』, 서울대학교출판부, 1999, 166쪽 참조.

죽음과 천도의 일련의 과정을 확인하고 상식으로 마침내 죽은 이가 이승의 사람이 아닌 혼령으로 존재함을 인정하는 것이다.

진오기굿 이전 감정		진오기굿 이후 감정
딸에 대한 죄책감		딸에 대한 죄책감 해소
갑작스런 죽음으로 인한 슬픔	→ 진오기굿 →	죽음을 현실로 받아들이기
딸과의 온전한 작별을 못한 슬픔		딸과의 대화를 통해 미련 해소

재가집은 진오기굿을 통해 자신의 가슴에 쌓인 한을 풀 수 있었다. 특히 이 사례에서 주목되는 것은 재가집이 진오기굿을 통해 처음으로 자신의 한을 풀 수 있는 공간을 만났다는 것이다. 재가집은 딸이 죽었을 때 제대로 한 번도 울 수 없었다고 했다. 주위 사람들의 눈치도 있었고, 무엇보다도 집안의 남자들이 보이는 반응 때문이었다. 시집간 여자는 남의 집 식구라면서 슬픔을 드러내지 못하게 했을 뿐 아니라, 부모보다 먼저 간 죄인인 딸에 대해 언급하는 것을 회피했다 한다. 어머니로서 이러한 현실의 모습은 참으로 견디기 어려웠다 한다. 그런데 이날 진행된 진오기굿은 재가집이 주인공이다. 망자가 있지만 재가집은 남의 눈치를 볼 필요없이 자신의 감정 흐름을 그대로 따라가면 되었다. 제지하는 사람도 없었고, 오히려 마음껏 울어야 슬픔이 풀린다고 격려해주는 무당들이 주위에 있다. 그동안 딸의 죽음을 슬퍼할 시간도 장소도 없던 재가집은 무당을 통해 자신의 슬픔을 푼 것이다.

이처럼 진오기굿은 망자의 죽음이 준 충격과 슬픔에서 벗어나게 해주는 역할을 한다. 특히 여성으로 참가한 재가집은 감정을 발산하고 쌓인 한을 푸는 것이다. 한풀이의 기능을 진오기굿이 보여준다.

3. 재수굿에 나타난 대신 말해주기

재수굿은 서울 지역에서 흔하게 볼 수 있는 굿이다. 경사굿의 일종이어서 굿판에 참가한 사람들은 모두 흥겨운 분위기 속에 참관한다. 낯선 이의 출현도 거부감없이 받아주어서 조사가 용이한 굿이다.

대개 재수굿은 자신이 바라는 일이 있어서 그것이 이루어지기를 바라는 경우에 하거나, 특별하게 바라는 것은 없어도 한 해 동안의 운수가 좋기를 바라면서 하기도 한다. 대부분의 재가집에서는 주기적으로 재수굿을 하는데 이러한 속에서 자연스럽게 단골관계가 성립한다. 특별히 정초에는 단골 무당을 찾아가 홍수맥이를 할 정도로 굿을 신봉하는 신도들이 많다. 다만 이들은 표면적으로는 무속을 신봉하지 않는 듯이 행동한다. 무속이 가진 이중적인 성격이 나타나는 사례이다. 이처럼 한국문화에서 무속은 비공식적인 종교로 그 기능을 수행하고 있다.

이러한 과정 속에서 한 번도 무속을 접하지 않던 사람들이 어떤 계기가 있어 굿을 하는 경우가 있다. 이런 사례는 대부분 삶이 고난의 연속이면서, 자신이 바라는 일이 어렵게 되어 풀리지 않는 경우가 많다. 다음 제시하는 재수굿 사례도 이러한 경우로 재가집은 굿을 처음 할 뿐아니라 본 적도 한 번도 없다고 한다.[12)]

재가집은 현재 전문직에 종사한다. 사귀는 사람이 있는데 사실상 부부라고 할 수 있을 정도로 주위 사람들로부터 인정을 받고 있다. 하지만 남자는 결혼할 마음이 없는지, 결혼 말이 나오면 자꾸 피한다고 한다. 여자가 온 정성을 다해 남자를 위하지만, 자신의 마음만큼 남자로부터 사랑을 받지 못한다고 느끼고 있다. 주위 사람이 점장이를 만나보라 해서 만나 보았는데 살이 끼어 그러니 살을 풀라고 하여 굿을 하게 되었다고 한다.

재가집은 기독교 집안 출신이다. 어려서부터 교회를 다녀 무속을 미신처럼 여기며 살아왔다. 그런데 살이 끼었다며 굿을 권한 보살이 매우 정확하게 자신과 그 남자의 관계를 맞추어서 굿을 하게 되었다고 한다. 굿을 부탁하면서 가족들에게는 일체 알리지 않았다고 한다. 만약 굿을 하는 것을 알게 되면 가족들이 자신을 정상인으로 대하지 않을 것이라고 했다.

---

12) 2004년 10월 12일 약수암에서 있었던 재수굿이다. 주무는 신현주(여, 당시 44세)였고 조무로 여보살(여, 당시 42세)이 참가하여 진행했다. 재가집으로는 굿을 요구한 20대 후반의 여성 한 사람과 그를 따라온 친구 한 사람이 다였다. 친구는 관객으로 거리감을 가지고 바라만 보았을 뿐 굿에는 일체 참가하지 않았다.

굿당에 처음 나타난 재가집은 매우 두려워하고 있었다. 굿당의 낯선 풍경뿐만 아니라, 인접한 굿청에서 열리는 작두타기가 재가집의 마음을 더 불안하게 했다. 무당이 아무리 다독였지만, 공연히 일을 시작했다는 표정을 보이며 빨리 굿이 끝나기를 바랐다. 굿이 시작되면서 공수를 받는 방법을 몰라 무당들이 일일이 일러주었다. 일어서야 할 경우와, 치마를 들어 복을 받는 경우를 알려주면서 굿을 진행했다.

재수굿은 주당물림과 부정청배, 가망청배로 진행된다. 주당살을 물려 굿청을 정화하고 여러 신격을 굿청에 불러들인 후 신의 세계와 인간의 세계가 소통할 수 있게 한다. 다음으로 신들에게 인사를 올리는 진적거리가 진행된다. 나가서 큰 절을 올려야 하는데 재가집이 두려워하고 거북해해서 결국 절은 하지 않고 진행했다.

불사거리부터 본격적인 재수굿이 시작되었다. 불사의대를 갖춘 주무가 굿을 시작하면서 공수를 주었다. 재가집은 처음에는 반신반의하다가 공수가 나오면서부터 울기 시작했고 종내는 고개를 끄덕이며 모든 말을 수긍했다. 불사거리 일부분을 옮겨 본다.

무　당 : 어이구 네가 고생이 많다. 이 불사할머니가 모든 것을 다 알아.

재가집 : (어리둥절해서 무당을 바라만 본다.)

무　당 : 네가 만나는 그 남자가 마음은 그렇지 않은데 갈피를 못잡아. 그래서 네가 마음 고생이 심해. 네가 뭘 사다주면 그 남자는 도대체 반응이 없어. 좋은지 싫은지를 알 수 없으니 네 마음이 얼마나 불안하냐.

재가집 : 맞아요 네.

무　당 : 그러다가 헤어진 다음에 전화를 해서 사 준 것이 고맙다고 인사를 해서 네 마음을 더 아프게 해. 눈앞에 있을 때 고맙다고 하면 어때서. 꼭 헤어진 다음에야 인사를 해. 그런데 그게 그 사람 마음이야. 공연히 내색하기 싫어하다가 갑자기 마음을 드러내는 것이 그 사람이야.

재가집 :(울기 시작하면서) 맞아요. 그 사람이 그래요. 제 마음을 잘 몰라줘요.

무　당 : 그래. 그렇다고 슬퍼마라. 그 사람 마음이 다른 데 간 게 아니라 네게 있으니 그냥 정성을 다 할 수밖에 없잖니?

이처럼 재수굿에서 무당은 재가집의 마음을 풀어주기 시작한다. 그 첫 번째 말하기 방식이 바로 대신해서 말하기이다. 남자를 만나 하고 싶은 말은 많았지만 만나게 되면 아무런 말도 하지 못하는 재가집의 심성을 헤아려서 그 남자에 대한 재가집의 마음을 대신 표현해 준 것이다. 이를 통해 재가집은 그동안 아무에게도 하지 못했던 마음의 한을 풀 수 있는 것이다.

무　당 : 그런데 그 남자가 조금 못됐다. 그냥 네게 잘하면 될 터인데 공연히 심술을 부리기도 해. 갑자기 신경질을 내서 너를 불편하게 하고. 도대체 말을 안해. 왜 그런지를. 알아야 뭐 풀어주든지 하지. 안 그래?

재가집 : 네 맞아요. 말을 안해요.

무　당 : 그 남자 가슴에 쌓인 것이 있어서 그런데 이제 좀 있으면 풀린다. 그러면 네게 잘 해 줄 거야.

남자에 대한 원망이 무엇인지를 무당은 꼭 집어 말한다. 두 번째 말하기 방식인 **<u>대신 나무래 주기</u>**가 사용된 것이다. 여자는 남자를 만나서 원망하는 것이 있어도 말을 할 수 없었다. 그 하고 싶었던 남자에 대한 원망을 지금 무당이 대신 해주고 있는 것이다. 이와 함께 **<u>미래에 대한 전망을 낙관적으로 제시</u>**한다.

이처럼 무당은 재가집이 그동안 하지 못하면서 듣고 싶었던 말을 대신해 주며 달랜다. 굿이 진행되면서 재가집의 울음은 잦아들고 대답이 즉각 나오기 시작한다. 사실을 세울 때는 별비를 선뜻 쓸 뿐 아니라 사실을 세우는 통돼지 앞에 나가 큰절을 올리기도 한다. 굿거리 중간에 재가집에게 굿을 하는 소감을 묻자 다음과 같이 말했다.

굿을 하는 것을 참 꺼렸는데 해보니 그게 아니네요. 얼마나 마음이 시원한지 모르겠어요. 그 남자를 왠지 더 잘 이해할 듯하고, 내 마음이 어떤 것인지를 다시 한 번 살펴볼 수 있어 좋아요. 굿을 미신이라고 생각했는데 해보니 이게 다 타당성이 있네요. 특히 여러 분들이 이렇게 저 하나를 위해 온 마음을 다 모아주는 것을 보니 내가 살면서 언제 이런 정성을 만나나 싶어요. 정말 굿 할 만합니다.

재가집은 굿을 통해 현실에서 쌓여있던 자신의 마음을 다 풀었던 것이다. 이처럼 재수굿은 대신말해주기를 통해 한풀이의 기능을 보여준다. 이와 함께 재수굿에서 주목할 거리는 무감서기거리이다. 무감서기는 대감거리가 끝난 후 굿판에 참가한 사람들이 다투어 무복을 입고 장단에 맞추어 춤을 추는 거리이다. 대감신이 사람들에게 재수와 복을 주는 신격으로 알려져 있어 반드시 대감거리가 진행된 다음에 무감서기를 한다.

과거에는 재수굿이 열리게 되면 가장 시간이 많이 걸리는 거리가 무감서기였다 한다. 굿판에 참가한 마을 사람들 모두가 무감을 서고나서야 다음 거리를 진행할 수 있었다. 무감서기야 말로 일반인들이 주인공이 되는 한바탕 잔치인 셈이다.

무감서기도 한풀이의 기능을 보여주는 거리이다. 무당이 강신한 후 공수를 주는 식으로 진행하는 것은 아니지만, 일반사람들은 자신이 주인공이 되어 굿을 진행하는 느낌을 받는 것이다. 평택에서 있었던 재수굿 무감서기 사례를 제시한다.13)

대감거리가 끝난 후 무감서기가 시작되자 구경꾼으로 온 마을 주민들이 차례롤 무복을 걸치고 춤을 추기 시작했다. 굿거리 장단에 맞추어 춤을 추다가 당악 장단이 울리자 제자리에서 뛰면서 격렬하게 움직였다. 대부분의 경우에는 한동안 뛰면서 춤을 추다가 장단이 그치면 옷을 벗고 굿상을 향해 절을 한 후 물러나왔지만 일부 주민은 그렇지 않았다.

> 주민 : (자꾸 뛰면서) 아이구 우리 시어머니가 올라 그래.
> 무당 : (장고를 멈추고) 시어머니가 언제 돌아가셨수?
> 주민 : 한 삼년 됐어요.
> 무당 : 시어머니가 하고 싶은 말이 있는가본데 한 번 뛰어 봐요. 괜찮으니 뛰어봐요.

---

13) 1996년 5월 15일 평택시 안중읍에서 진행된 재수굿. 당주무당은 평택 거주 노재용(남, 49세)였고 재가집으로는 한 가족 8명이 참가했다. 그리고 구경꾼으로 마을주민 15여명이 참가했다. 이들은 구경꾼을 넘어서서 굿거리 전반을 잘 알고 있어 적절한 곳에서는 개입을 하면서 굿이 원활하게 진행될 수 있도록 했다.

주민 : (장단에 맞추어 한참 뛰다가) 아이구 아이구 내가 가슴이 아파. 가슴이 아파. 우리 시어머니가 그렇게 나를 못살게 굴더니 오늘도 와서 나를 못살게 구네.

무당 : 그게 아닐거야. 설마 못살게 굴라구.

주민 : 아냐. 아냐. 분명히 그래. 아이구 아이구 어머니 그래 그래 편하게 가세요. 내 진오기 해드릴게 잘 가세요. 이제 그만 오시고 가세요. (울기 시작한다.)

그러자 무당은 다가가 무복을 벗기고 진정하라고 달랬다. 주위 주민들은 시어머니만 잘못한 것이 아니라 저 며느리도 잘못했다고 한다. 두 사람이 살아서 쌓인 것이 많아서 이처럼 시어머니가 자꾸 나올라고 한 것이라고 한다. 춤을 춘 주민은 혹시 자신이 무당이 될 팔자가 아닌가 두려워하지만 무당들은 그럴 리 없다고 안심시킨다. 그러면서 시어머니의 한을 풀어주면 된다면서, 그것이 살아남은 사람을 위한 길이라고 알려준다.

이날 굿에 참가한 며느리는 가슴 속에 시어머니에 대한 묵은 감정을 가지고 있었던 것으로 보인다. 그것이 잠재의식에 내재해 있다가 무감을 서면서 표면으로 나오게 된 것이다. 죽은 시어머니에 대해서 언급하는 것이 며느리 입장에서는 쉽지 않은 것이었고, 그래서 일상성이 사라진 비일상의 공간 굿판에서 그 감정이 표출된 것이다. 이처럼 무감서기는 굿판에 참가한 사람들에 내재된 감정이 겉으로 나타날 수 있는 계기를 마련해 준다.

재수굿 시작 전 감정		재수굿 이후 감정
내재된 감정 감추기 말하고 싶은 것 감추기	→ 재수굿 →	내재된 감정 드러냄으로 후련함 말하고 싶은 것 말하여 시원함

감추어진 것을 드러나게 하는 것이 재수굿의 중요한 기능이다. 주기적으로 굿을 하는 이들이 굿을 해야 마음이 편안하다고 말하는 것도 감정 해소와 관련이 있다. 쌓인 한을 풀어주는 점에서 재수굿의 의미도 진오기굿과 동일하다.

4. 마을굿에 나타난 신명풀기

전국에서 마을굿이 가장 왕성하게 전승되는 지역은 서울이다. 당주무당이 자리잡고 있는 마을굿이 40여 곳을 헤아릴 정도로 마을굿은 아직 생명력을 유지하고 있다. 이러한 마을굿은 한강변을 중심으로 정월에 굿을 행하는 부군당계열과 한강변에서 어느 정도 떨어져있으며 10월에 굿을 행하는 도당굿 계열로 나눈다.[14)]

대부분의 마을굿은 남성이 중심이 된다. 여성들이 굿판에 참가는 하지만 잠깐 와서 인사만 하고 짧은 공수를 듣고 가지만 남성들은 굿판에 계속 참가하여 술을 나누면서 판 분위기를 주도한다. 이들은 굿이 진행되는 동안 굿거리에 개입하여 무당에게 별비를 쓰고 공수를 듣는다. 그런데 이러한 과정에서 평상시의 엄숙하고 의례적인 모습보다는 나약하고 감성적인 모습을 보여 주목된다.

밤섬부군당굿의 한 사례를 본다.[15)] 대감거리에서 무당은 춤을 추다가 별비를 요구한다. 그러자 옆에서 함께 춤을 추던 주민들이 이의를 제기한다.

> 주민 : 아 돈만 자꾸 달라면 어떡해.
> 무당 : 신령님의 조화이니 그냥 주세요.
> 주민 : 우리도 받는 게 있어야지.
> 무당 : 올해 보니까 운수가 크게 들겠어. 물을 조심하고 낯선 사람 믿지 마.
> 주민 : 그러면 어떡하면 되겠오?
> 무당 : 신령님 잘 위하고. (하면서 남자의 귀를 잡고 소근댄다.)
> 다른 주민 : 그렇게 혼자만 듣게 말하지 말고 다 듣게 해. 뭐 좋다고.

무당의 말에 즉각적인 반응을 보인다. 옆에 있던 다른 사람들도 궁금증을 이기지 못해 개입한다. 엄숙하고 공식적인 관계를 내세우던 사회관계는 사

14) 홍태한, 「서울 마을굿의 연행 양상」, 『서울의 마을제사』, 서울시립역사박물관, 2006(간행예정).

15) 2004년 음력 1월2일 진행된 밤섬부군당굿이다. 당주무당은 김춘강으로 이날 굿을 맡아 진행했다. 마을 주민 30여명이 처음부터 끝까지 자리를 지켰다. 50여명 이상의 주민들이 굿판에 와서 인사를 하고 갔다.

라지고, 개인적인 감정 흐름을 중요하게 여기는 분위기가 된 것이다. 대감거리가 진행되면서 동일한 대화가 계속 오가게 되고, 주민들은 다투어 별비를 쓰면서 장단에 맞추어 춤을 춘다. 그들은 대감신이 분명 복을 줄 것이라고 기대하고 있으며, 이날 쓰는 별비가 그 징표라고 생각한다. 무당들이 따라주는 술을 마시면서 그들은 계속 춤을 추고 별비를 쓴다. 젊은 무당들과 손을 잡고 어울려서 춤을 추고 그들의 옷섶에다 돈을 꽂아주기도 한다. 사적인 행동이 부군당이라는 공식공간으로 나타난 것이다. 이를 통해 그들은 공개적으로 자신들의 신명을 풀 수 있다.

담터도당굿은 이러한 신명풀이가 다양하게 이루어진다.[16] 굿당을 중심으로 해서는 공식적인 굿이 계속 진행된다. 소임을 맡은 이들은 무당에게 별비를 주면서 공수를 받는다. 그런데 당 밖에서는 또 하나의 신명풀이 공간이 열린다. 대부분이 40대 이상의 여성들이 중심이 된 굿판은 무당의 굿 진행과는 상관없이 자신들의 신명을 풀어내는 데 집중한다. 악사들의 장단 연주에 맞추어서 계속 춤을 춘다. 무당이 공수를 주기 위해 음악이 잠깐 멈추어도 이들의 춤추기는 계속 된다.

이 춤판에 적극적으로 참가한 사람들이 대부분이 여성이라는 데에 주목할 필요가 있다. 마을굿이 공식적인 행사인데, 이들은 공식 행사보다는 자신들이 또 하나의 굿판을 만들어 신명을 푸는 데 집중한다. 마을의 남자들이 춤을 말리러 갔다가 도리어 잡혀서 함께 춤을 춘다. 굿이 진행될수록 이들의 신명풀이를 말리기보다는 참가하는 사람이 점점 는다. 마침내 대감거리가 진행될 때에는 이들이 만든 굿판이 공식적인 굿판을 압도한다. 굿당에 있던 무당이 밖으로 나와 이들과 어울리면서 공수를 준다. 공식적인 굿판이 신명풀이 판으로 완전히 바뀐 것이다.

마을굿은 공간의 변용을 적절하게 활용하면서 신명을 풀어간다. 마을굿은 준비과정부터 축제의 장이다. 마을굿에 소용되는 비용을 추렴하기 위해 걸립을 돌아 마을 사람 모두를 마을굿의 주인이라는 의식을 심어준다. 최근에

16) 담터는 중랑구 남양주시 경계에 있는 마을로 매년 양력 4월 5일에 마을굿을 진행한다. 당주무당은 신위행으로 이웃에 있는 봉화산도당굿을 맡고 있는 무당이다. 40여명의 주민들이 참가한 담터도당굿은 2003년 4월 5일 조사한 것이다.

는 걸립 없이 행해지기도 하지만, 마을굿을 주관하는 보존회 임원들이 마을을 돌며 찬조를 받아 마을굿이 어느 한 개인의 비용 부담으로 열리는 행사가 아님을 보인다. 행정기관에서 비용을 지원하고 있지만, 마을주민들이 적극적으로 참가하는 마을굿은 과거의 걸립과 성격이 유사한 추렴이 반드시 있다. 이러한 준비과정을 통해 마을 주민들은 마을굿이 바로 자신의 행사임을 알게 된다.

마을굿이 시작되면서 지금은 사라졌지만 유가를 도는 것에서 마을굿의 축제성은 확인된다. 유가를 돌면서 마을주민들에게 마을굿이 시작되고 있음을 알리고, 개인 사정으로 마을굿에 나오지 못하는 마을주민들을 직접 당주무당이 만나 공수를 주고, 그 가정의 일년 운수를 점쳐줄 수 있다. 유가를 돌면서 마을주민과 당주무당의 직접적인 만남이 이루어진다. 주민들은 꽃반을 차려와서 마을굿에 소용되는 여러 제물들을 제공했다. 지금은 유가를 도는 것이 마을굿이 시작되고 있음을 알리는 측면이 더 강조되었지만, 이를 통해 마을신당 뿐만이 아니라 마을의 모든 장소가 마을굿의 공간이 될 수 있어 마을굿의 영역이 넓어진다.

마을신당을 중심으로 제의가 행해진다면, 신당이 아닌 다른 여러 마을의 공간은 놀이의 장소가 될 수 있다. 신당까지 가지 못한 주민들이 끼리끼리 모여 술잔을 나누는 것도 마을굿에 간접적으로 참여하고 있는 것이다. 마을굿의 연행공간이 마을 전체로 확장되어 마을굿이 시작되는 것이다.

본제가 시작되면서 마을 전체로 확장된 마을굿 공간은 제의를 중심으로 하는 공간과 놀이를 중심으로 하는 공간으로 분할된다. 밤섬부군당굿의 경우를 본다. 밤섬부군당은 그동안 세 차례에 걸쳐 이전을 하면서도 밤섬 주민들의 구심점으로 자리잡아 왔다. 부군당은 담장이 사방에 둘러 있어 다른 공간과 구별된다. 부군님을 모신 신당 앞에서 무당과 악사는 부군당굿을 진행한다. 마지를 올리면서 부군님을 모시는 거리까지는 엄숙한 분위기가 주를 이룬다. 대안주 거리가 시작되면서 부군당 밖에서 또 하나의 공간이 형성되고, 이 공간에서는 주민들이 중심이 되는 또 하나의 마을굿이 진행된다. 화톳불을 피워 추위를 물리면서, 석쇠를 올리고 고기를 굽고 술을 나눈다. 신당 앞에서는 엄숙한 제의가 진행되고 있으며, 신당 밖에서는 마을 주민들이 주도적으로 참가하는 술판과 이야기판이 벌어진다.

오랫만에 만난 주민들은 자신의 삶에 대한 이야기를 주고받으며 술잔을 나눈다. 그러다가 말머리가 부군당에 대한 것으로 옮겨지게 되면, 누구나 겪은 부군당과 관련된 여러 이야기를 주고받는다. 자신들이 가족들이 부군당과 어떤 관계가 있었고, 부군당에 치성을 드린 다음에 어떤 영험이 있었다는 식의 여러 이야기가 이어진다. 새로운 구비문학이 창출되고 있는 셈이다. 부군당을 지금의 장소로 옮기면서 겪은 여러가지 어려웠던 저간의 사정에 대해 이야기가 오가게 되고, 이야기는 해마다 반복되면서 조금씩 과장되는 쪽으로 변화된다. 이야기를 주고받으면서 마을 주민들은 번갈아 신당으로 들어가 굿의 진행을 지켜보다가 무당이 내리는 공수를 받는다.

둘로 나누어진 공간은 대감거리가 시작되면서 하나의 공간으로 합해진다. 신당 앞에서 굿을 진행하는 무당들에게로 술잔을 나누며 기다리고 있던 마을주민들이 몰려 들어간다. 그들은 무당이 내려주는 공수를 듣고, 술잔을 받으며 굿판에 끼어들고, 마침내는 무당을 한 쪽으로 몰고 자신들이 신당의 중심에 서서 춤을 추기 시작한다. 무당들은 술을 명잔 복잔으로 내려주고 별비를 받느라고, 더 이상의 굿거리가 진행되지 못한다. 이제 주민들은 신령님을 모시고 굿을 진행한다는 사실을 망각한 채 놀이에 몰두한다. 악사들에게 계속 타령을 연주할 것을 부탁하고 타령 장단에 맞추어 노래를 부르고 춤을 춘다.

더 이상 굿을 진행할 수 없을 지경이 되자 무당은 신당 한 쪽에서 다음 거리를 진행한다. 제의성이 놀이성보다 중시되던 굿판은 놀이성이 제의성을 압도하는 쪽으로 바뀌면서 본격적인 축제의 장소가 되었다. 마을주민들이 어울려 유흥을 즐기는 동안에도 신당에 올라온 마을주민들은 뒤늦게나마 부군님을 참배한다. 신당 주위가 놀이가 중심이 되는 공간이라면 신당 안은 제의가 중심이 되는 공간이 되는 것이다.

이러한 과정을 보게 되면 서울 마을굿은 공간 분할을 매우 적절하게 사용하고 있다. 굿을 시작하면서 마을굿의 공간을 마을 전체로 확대하고, 신당을 중심으로 제의에 충실한 공간을 만들어간다. 신당 밖에서는 놀이에 중심을 둔 공간이 형성된다. 굿의 중반부까지는 이러한 두 공간이 양립하고 있다.

굿이 종반부에 접어들면서 신당 밖에 있던 놀이 공간이 신당 앞까지 들어가서 제의 공간을 놀이 공간이 압도한다.

마을전체가 제의의 공간이 되었던 마을굿은 점차 놀이공간이 확장고 제의공간은 축소되는 경향 속에 진행된다. 제의공간으로 시작이 된 마을굿은 그 제의성을 축소하면서 놀이성을 확장해간다. 놀이성의 확장을 통해 마을굿은 축제가 되고 마을 주민들은 누구나 그 판에 참여할 수 있는 것이다. 그리고 이를 통해 현실에서 억눌린 감정을 풀고 신명을 드러낼 수 있다. 노래방으로 대표되는 현대의 놀이문화와는 또 다른 하나의 놀이문화가 존재하고 있다. 공식적인 장소에서 이처럼 자신의 한을 풀어낼 수 있다는 데에 굿판의 의의가 있다.

5. 맺음말-굿의 존재 이유

진오기굿, 재수굿, 마을굿 사례를 통해 굿의 존재이유를 탐구해 보았다. 굿은 현실에서 풀지 못한 것을 풀어주는 기능이 있음을 제시했다. 이것은 굿이 가진 원본사고에 기인한다. 현실은 제약이 존재하는 곳이다. 이 제약은 현실의 질서 속에서는 풀리지 않는다. 그래서 새로운 질서가 있는 비현실로 들어가 현실의 제약을 풀어버린다. 새로운 질서가 있는 곳이 바로 굿판이다. 굿판은 신과 인간이 만날 수 있고 망자와 산자가 대화를 할 수 있다. 이러한 공간에서는 현실의 모든 제약이 사라진다.

현실		비현실
굿판의 정화	→ 비현실로 들어가기	신과 만나 제약을 풀기
현실로의 복귀	← 현실로 돌아오기	

현실에서 망자와의 뜻하지 않은 이별을 겪은 재가집은 현실 공간을 정화하여 비현실적인 공간으로 만든 후 현실에서 이루어질 수 없는 다양한 경험

들을 통해 망자를 만난다. 그리고 망자와의 설움을 푼 후 다시 저승으로 보내는 일련의 의식을 행한다. 재수굿에서는 현실에서 하지 못했던 말을 무당이 대신해줌으로써 쌓인 것을 풀어준다. 마을굿에서는 현실과는 또 다른 인간관계 속에 자신의 신명을 풀어낸다. 이러한 것은 굿판이 현실의 설움을 풀어주는 공간임과 동시에 현실과 비현실의 통로 역할을 한다는 뜻이다.17)

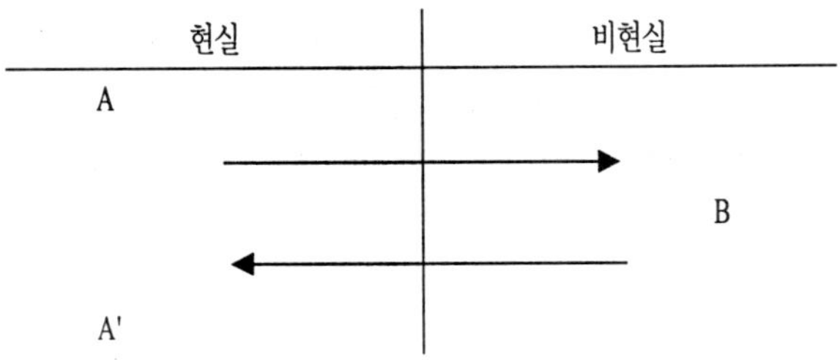

이러한 모습을 간략하게 정리하면 다음과 같다. 현실에 존재하는 A는 제약이 있어서 불행에 빠진 모습으로 공간의 제약을 가진 존재이다. 아직 가슴에 쌓인 한은 풀리지 않았고, 이러한 맺힘으로 인해 굿판의 필요성이 제기되고 이에 따라 여러 굿이 열리게 되는 것이다. 굿을 통해 제약을 가진 존재 A는 B로 바뀌게 되고 현실에서 풀 수 없었던 여러 제약을 무당이라는 사제의 조정을 통해 풀 수 있다. 이때의 B는 현실에서의 제약이 풀리고 있는 A를 의미한다. 눈으로 직접 망자를 볼 수 있는 것은 아니지만, 무당의 표정과 몸짓, 말투를 통해 가족들은 망자를 직접 대하는 느낌을 가지게 되고, 모든 것은 아니나 가슴에 쌓인 한이 풀리는 느낌을 갖는다. 자신이 할 수 없는 말을 무당이 대신 해주어 풀리는 느낌을 받는다. 굿판이 끝나고 다시 현실로 돌아왔을 때 존재는 변화하여서 비현실로 가기 전의 모습은 분명 아니다. 모든 것이 풀린 가슴이 시원해지는 느낌을 가지게 되며 비로소 또 다른 자신의 모습을 확인할 수 있다. 그러므로 A에서 A'로의 변화는 단순한 시간의 흐름을 바탕으로 한 모습의 변화만을 가리키는 것은 아니다. 다녀옴으로 인

17) 여기에서 말하는 현실과 비현실의 구분을 기반으로 한 사고는 한국 무속의 원형적 사고로 논고된 원본사고를 가리킨다. 김태곤, 『한국무속연구』, 집문당, 1980, 9장 참조.

해 새로운 존재로 탄생한다. 현실에 가졌던 모든 제약들이 해소된 느낌을 가지게 되어 현실을 살아가는 새로운 힘을 얻을 수 있는 것이다.

마음에 쌓인 한을 풀어버리게 만드는 것이 굿이고 그러한 밑바탕에는 현실에서 비현실로의 순환 구조가 자리잡고 있다. 굿은 현실에서 점차 벗어나 비현실계로 들어갔다가 다시 현실로 돌아오는 반복 구조를 가지고 있다. 이에 따라 존재는 현실이라는 동일한 틀에 계속 존재하고 있지만 비현실계에 다녀오기 전과 그 후는 차원이 변화된 양상을 보이는 것이다.

굿은 이처럼 존재 이유가 분명히 있다. 그리고 그것은 한풀이를 기반으로 한다. 현대에 들어오면서 이러한 굿의 기능을 예술과 오락이 대신해주고 있다. 그러나 그렇다고 하여 굿이 가진 한풀이의 기능까지 수행할 수 있는 것은 아니다. 그래서 굿은 지금도 지속되고 있는 것이다. 어쩌면 사람들의 가슴에 쌓인 한이 많아지는 현대사회가 복잡다단해질수록 굿의 존재 이유도 더 분명해지리라 생각한다.

참고문헌

김진영 외 편, 『여성문화의 새로운 시각』 1, 2, 3, 경희대학교 인문학연구원, 2002~2004.

김태곤, 『한국무속연구』, 집문당, 1980.

박흥주, 『서울의 마을굿』, 서문당, 2002.

조흥윤, 『한국의 샤머니즘』, 서울대학교출판부, 1999.

한국구비문학회, 『구비문학과 여성』, 박이정, 2000.

홍태한, 「무가와 여성」, 『한국민속학보』 11, 한국민속학회, 2000.

홍태한, 『서울진오기굿』, 민속원, 2005.

홍태한, 「서울 마을굿의 연행 양상」, 『서울의 마을제사』, 서울시립역사박물관, 2006 (간행예정).

『내훈(內訓)』의 여성 서사와 그 의미

최 혜 진*

1. 『내훈』을 읽는 시각

『내훈』은 소혜왕후 한씨(인수대비)가 성종 6년 간행한 우리나라 최초의 여성 교육서이다. 이전 시기 세종대에 발간된 『삼강행실도』가 전 민중을 상대로 한 교육서였음에 비하여, 성종 시기 간행된 『내훈』은 왕실과 양반 사족 여성을 대상으로 편찬한 최초의 여성 교육서로서 가치가 있다.

여성이 교육의 주체가 되지 못했던 당대의 현실을 고려할 때, 시대에 앞서 여성 작가가 능동적으로 최초의 여성 교육서를 집필했다는 것은 상당히 큰 의미를 지닌다. 이는 여성들이 실제적으로 행사하고, 주관해 왔던 내적 영역에 대한 중요성이 부각된 것이라고 할 수 있으며, 남성 중심의 세계, 혹은 남성들이 지도하는 세계에 대한 한계를 당대 권위 체계가 스스로 인정하는 것일 수 있다. 곧 여성이 주체적으로 변화하려는 노력이 없이는 세계의 변화가 불가능하다는 인식인 것이다. 그리고 그러한 첫 작업이 왕실 여성에 의해 이루어졌다는 것은 참으로 다대한 의미를 지닌다. 물론 그 이전에도 여성을 위한 교육이 전혀 없었던 것은 아니고, 중국의 서적이 보급되면서

* 전북대학교 전라문화연구소 연구교수

여성 교육의 중요성이 나름대로 인식되기는 하였다. 그러나 그것은 우리의 현실이 아니었고, 우리의 가치관이 반영된 것도 아니었다. 이런 점에 비추어 『내훈』은 비록 그 원전을 중국의 서적에 두고 있기는 하지만, 편찬자의 의도가 반영되고, 이에 따른 변개가 이루어졌을 것이란 점에서 결국 당대의 의식이 반영된 결과물이며, 또한 우리 민족의 역사적 현실이 반영된 소산이라고 할 수 있다.

『내훈』이 다루고 있는 내용과 체계는 이후 현재에 이르기까지 수백 년 동안 우리 여성의 무의식에 자리잡으면서 공식적 비공식적으로 영향을 끼쳐왔다. 『내훈』이 드러내고 있는 여성의 사상과 문화는 성리학적 가치를 존숭하는 당대의 이념에 합당하였으며, 인간의 관계 질서를 규정하고 보충하는 데 유리하였기 때문이다. 이후 『내훈』을 전범으로 하여 왕실과 가문 또는 개인 차원에서 많은 규훈서들이 발간되고 읽혀졌으며, 특히 『내훈』은 여성 교육의 필수 서적으로 인식되었다. 곧 『내훈』이 여성들에게 끼친 영향은 조선 역사의 전시기를 아우르고 있는 것이다.

그러나 그동안 『내훈』은 조선시대의 성리학적 이념을 바탕으로 종법질서와 내외법을 천명한 여성 억압적 이념서로 이해되어 온 감이 적지 않다. 기실 『내훈』의 내용을 근거로 하여 여성들의 행위와 사상이 규범적으로 구속되었고, 여성들의 수신과 예법, 행동거지에 이르기까지 엄격한 통제가 이루어졌다. 세 번에 걸친 공적 간행과 대대적 보급으로 『내훈』은 우리나라의 대표적인 여성 규범서가 되면서 내적, 외적으로 사상의 틀을 화석화하게 되었던 것이다. 이렇게 『내훈』이 여성 교육의 전범으로 읽혀지게 됨으로써 후대 이 책에 대한 이해는 두 가지 상반된 관점으로 나아가게 된다. 『내훈』을 전통 윤리로서 이해하고 그 태도와 정신을 계승, 수용하는 관점이 그 하나이고, 이 책이 우리 여성을 이념적으로 구속하기 위한 차별적 이론과 근거를 제시하고 있다고 보는 것이 다른 하나이다.

그러나 『내훈』이 오랜 기간 여성 교육서로서 누려온 지위를 감안할 때, 그 가치성을 새롭게 드러내고, 객관적으로 『내훈』을 평가하려는 노력을 해야 할 필요가 있다. 『내훈』의 성립에는 당대의 복잡한 사회적 현상과 조선시대에 구현하고자 했던 정치적 이상이 연관되어 있다는 점에서 이에 대한 작품 외적 배경이 큰 의미를 지니고 있다고 판단된다. 이를 통해 『내훈』의 역사적 평가가 객관적으로 조망되어야 하며, 또한 내용에 대한 비판적 해석을 통해서 역설적으로 이 책이 가지는 가치를 발견할 필요가 있다는 것이다.

그러기 위해서는 『내훈』을 편찬한 저자에 대한 면밀한 탐구, 『내훈』이 성립된 시기의 사회적 배경과 성립 의도 등이 충분히 밝혀져야 할 것이다. 궁극적으로는 『내훈』이 가지고 있는 내용과 사상의 문제가 과거 우리가 이해했던 문제로부터 한 걸음 더 나아가 여성 주체성의 실현이라는 문제까지 해명될 수 있어야 한다.

한편 『내훈』을 문학으로 보는 관점도 필요하다. 규훈서를 문학으로 바라보아야 하는 이유는 그것이 사상과 규범에 국한된 것만이 아니라, 한 작가가 세계를 재구성하고 해석하는 시각을 담고 있기 때문이다. 특히 전의 서술 방식이 우세하게 드러난다는 점에서 여성의 서사를 읽을 수 있다. 이러한 층위에서 규훈서를 대하면 그 속에는 문학적 감동과 교훈, 숨겨진 진실과 세계관 등을 새로이 접할 수 있다. 문학적 상상력이 주는 해석의 다양성이 뒤따르게 되는 것이다. 따라서 우리는 규훈서를 문학적 관점으로 바라보고 그 내용과 사상의 층위에 있어 작가 의식, 서술 구조, 주제와 사상 등을 고찰하는 일도 필요하다. 작가의 직접적 언술과 많은 여성 인물 입전이 교차, 편집되고 있는 점을 감안할 때, 문학으로서의 보편성과 특수성을 고찰할 수 있으리라 생각된다.

『내훈』은 작가의 사상과 역사적 배경, 문학적 진술 방식 등이 녹아있는 당대 여성의 종합적 보고서이다. 여기서는 7가지 문제(언행, 효친, 혼례, 부부, 모의, 돈목, 염검)가 각 항목으로 서술되고 있는바, 철학적이고 사상적인 면에서부터 미시적인 생활의 문제까지 다방면에 걸쳐 종합적인 서술 양상을 보인다. 그리고 그 서술적 측면에서는 전고의 인용과 함께 여성 인물의 입전이 교차 서술되고 있다. 사상적인 차원과 문학적인 형상화가 함께 이루어짐으로써 규훈에만 머무르지 않고 상상력이 개입할 여지도 충분히 보여주고 있는 것이다.

규훈서[1])를 문학적 범주에서 다룰 때 그 갈래를 '규훈문학'이라는 틀로 설정할 수 있다. '규훈'이란 충, 효, 열과 같은 덕목과 가치체계를 여성에게 알

맞도록 재구성한 것[2]이다. 규훈문학은 교술적 진술과 전 양식이 교차 서술되고, 여성 삶의 일대기를 제시하는 형식적 특성을 지니고 있다. 여성을 대상으로 하여 교육적 차원에서 실용적으로 쓰인다는 점에서 '규훈'이지만 문학적 범주에서 다룰 때는 '규훈문학'이라는 새로운 범주를 설정할 수 있는 것이다. 하위 갈래로는 규훈서류와 계녀가류를 꼽을 수 있다. 여성의 일대기를 기록하고 후세의 모범을 삼는다는 점에서는 '행장'도 넓게 보아 규훈문학의 범주에 넣을 수 있으나 그 대상이 여성에 국한되지 않는다는 점이 다르다. 후대의 계녀가류에서는 특히 딸에게 주는 부모의 애틋한 심정이 그대로 진술된다는 점에서 훨씬 문학성을 띠고 있는 작품이 발견되기도 한다.

『내훈』은 규훈문학으로서 최초의 작품이 될 것이다. 사상과 내용을 읽기에만 바빴던 연구자의 시각을 문학적으로 확장하고 이해의 저변을 확대할 필요가 있다. 문체나 문학적 진술방식, 작가 의식, 서사성, 작품의 구조와 의미 등은 모두 문학적 관점에서 이해할 때 좀더 풍요로운 해석을 기대할 수 있다. 특히 『내훈』의 문학성은 교술적 의도를 한 인물의 생애 혹은 사건을 통해서 '이야기'해준다는 차원에서 서사적인 것이라고 할 수 있다. 따라서 『내훈』 각 항목에 드러나는 교차 서술 양상을 보다 정밀하게 접근할 때 『내훈』이 밝히고자 하는 여성의 문제를 짚어나갈 수 있으리라 생각한다.

2. 『내훈』의 서지

『내훈』은 성종의 모후(母后)인 소혜왕후 한씨의 저작으로, 원간본 간행은 1475년(成化, 乙未, 성종 6년 10월)으로 추정된다. 하지만 원간본은 전하지 않고, 현재 전하는 책 가운데 완전한 책으로 가장 오래 된 간본은 일본의 봉좌문고본이다. 봉좌문고본은 을해자로 된 중간본으로, 권2가 상하로 분책되어 3권 4책이며, 1573년(선조 6년)의 내사본이다. 이 책은 연세대학교 인문과

1) '규범서'라는 용어가 많이 쓰이긴 하였으나, 규범이라는 뜻에 고정적이고 제약적 어의가 있고, 이것은 곧 남성적 시각이 반영된 용어라고 생각되어 '규훈'의 용어를 선택하기로 한다.
2) 이성림, 『한국문학과 규훈 연구』, 관동출판사, 1998, 7면.

학연구소에서 1969년에 영인한 바 있다.

『내훈』은 여러 번 간행되었다. 1573년(선조 6년)에 간행된 것이 있고, 1611년(광해군 2년, 萬歷 39년판), 1656년(효종 7년, 順治丙申판), 1736년(영조 13년, 乾隆 원년판),[3] 간행미상의 목판본(가람본, 일사본) 등 공식적으로도 여러 번 간행되어 그 수요를 짐작할 수 있다.

『내훈』은 총 7장으로 구성되어 있으며 목차는 다음과 같다.

내훈서(內訓序)

제 1권
제 1 언행장(言行章)
제 2 효친장(孝親章)
제 3 혼례장(婚禮章)

제 2권
제 4 부부장 상하(夫婦章 上下)

제 3권
제 5 모의장(母儀章)
제 6 돈목장(敦睦章)
제 7 염검장(廉儉章)

발문(跋文)

『내훈』은 3권 4책으로 구성되어 있으며, 총 7장의 항목으로 이루어져 있다. 이중 부부장은 2권으로 독립되어 있을 만큼 분량 면에서 차이가 나는데, 이는 많은 예화가 삽입되어 있기 때문이다. 『내훈』이 부부의 도리와 관계

3) 영조가 쓴 '어제내훈소지'가 '어제내훈서' 뒤에 있는데, '어제내훈소지' 말미에 '歲丙辰(1736) 菊秋上浣'이라는 기록이 있다. 이로 인해 간행 연대를 1736년으로 보는데, '내사기'에 있는 '乾隆二年(1737)'에 따라 간행연대를 1737년으로 보기도 한다. 이와 관련해 홍윤표(『어제 내훈』, 홍문각, 1990)는 "아마도 1736년에 소지를 쓰고 간행은 1737년에 한 것으로 보인다."고 언급하였다.

질서에 상당한 비중을 두고 있음을 미루어 짐작할 수 있다. 내용을 간략히 살펴보면 다음과 같다.

제1장 언행장에서는 「곡례」의 내용을 인용하면서 임금과의 관계, 군자의 언행 등을 다루고 있으며, 특히 女四行(婦德, 婦言, 婦容, 婦功)을 강조하였다. 유공과 유관의 예화를 통해 오륜을 강조하고 있다.

제2장 효친장에서는 도와 인의의 발단을 효로 보면서, 효자와 며느리의 도리를 말하였다. 문왕, 백유 등의 고사를 통해 효도 뿐만 아니라, 자애의 실천을 강조하였다.

제3장 혼례장에서는 혼례의 목적을 제사나 후사를 위한 것임을 강조하고, 개가 금지를 역설하였으며, 혼례시 갖추어야 할 태도와 시집가서의 실천사항들을 다루었다.

제4장 부부장에서는 아내의 위치와 역할에 대해 강조하고, 공경함과 순함으로 집안을 다스려야 함을 역설하였다. 가장 많은 예화를 다루고 있는 장으로써 번희, 소월희, 명덕 마황후, 화희 등황후, 고황후 마씨, 숙류 등 중국 고전에서 취택한 인물을 중심으로 하여 부인의 도리를 보여주고자 하였다.

제5장 모의장에서는 어머니 역할의 중요성을 강조하면서 자식을 엄하게 훈육할 것을 당부하고 있다. 태임, 태사, 맹모, 의계모, 망자모 등 중국 고전의 위대한 어머니상을 예화를 통해 보여주고 있다.

제6장 돈목장에서는 집안의 화목을 당부하는 내용으로 특히 형제 간의 우애를 중심으로 다루고 있다. 사마온공, 영공이적, 유곤, 범문정공, 의고자 등 여러 예화가 나오는데, 주인공이 여성에 국한되지 않고, 남녀를 아우르며 형제애를 강조하고 있다.

제7장 염검장은 부지런함과 청렴, 검소함을 권고하면서 특히 관리들의 검박함을 예화를 들어 일깨우고자 하였다.

3. 『내훈』 속 여성의 서사

『내훈』의 부부장은 여성의 서사를 비중있게 다루고 있는데, 입체적으로 여성의 일대기를 볼 수 있게 한 '전(傳)'의 성격을 지니고 있기도 하다. '전'은 사실적으로 인물의 행적을 나열하고 포폄함으로써 역사성을 포함하고 있지만, 보이지 않는 인물의 사고와 대화, 장면을 작가적 의식에 의해 재구성하여 그리고 있다는 점에서 문학성을 지니고 있다. 그리고 이러한 '전'의 성격이 입전자의 의식을 반영하고 있다는 점에서 인물의 형상과 의미는 중요하다. 부부장에 수용된 여성 주인공이 거의 황후라는 점과 서사의 분량이 책의 절반 정도를 차지하고 있다는 점은 『내훈』 작자가 가지고 있었던 이상적 가치를 이전 시기 황후의 삶을 통해 재구성 하려는 의도를 가진 것으로 생각된다. 즉 이상적인 황후의 상을 통해 『내훈』 작자가 지지고 있었던 여성상을 총체적을 드러내고 있다. 작자의 이상을 실현하고 있다는 점에서 문학적인 해석이 필요하다.

여기서 드러나는 인물은 앞서 유교적 사상을 실현하고자 하였던 이념의 선봉자라기보다는 주체적이고 적극적인 여성이며, 왕과 함께 국가를 실질적으로 다스리던 위정자 혹은 지도자로서의 여성이다. 또한 학문과 인재 등용에 힘을 기울였으며 예와 의에 엄격하고 철저했던 곧은 성품의 여성들이었다. 따라서 이러한 여성의 모습을 서사적 전개로 제시한 것은 큰 의미로 보았을 때 여성의 영웅적 모습을 '전'이라는 문학적 형태로 드러내고 있는 것이며, 이는 설화와 함께 후대 여성영웅소설의 전개에 동인으로 작용했을 가능성이 높다. 대개의 규훈문학에서 드러나는 여성들의 입전은 결국 당대에 요구했던 이상적이고 영웅적인 여성의 상이었던 것이다. 이러한 점을 염두에 두고 부부장에 나타나는 7명의 여성 주인공을 살펴 보자.

1) 번희

① 초나라 장왕의 부인 번희는 왕이 즉위하여 사냥을 즐기므로 고기를 입에 대지 않아 왕의 마음을 돌렸다.

② 왕이 우구자를 현명하다고 생각하였는데, 번희는 우구자가 친인척을 천거하며 임금을 가리고 있음을 말하였다

③ 우구자가 이를 부끄러워하여 숨고 손숙오를 천거하니 초나라 장왕이 패주가 되었다

④ 사관이 전하기를 장왕이 패주가 된 것은 번희의 힘이었다고 하였다.

번희의 행적은 두 가지가 중심이 되어 있다. 사냥을 즐기고 정사를 돌보지 않는 임금의 마음을 돌려 왕으로서의 직무에 충실하게 하였다는 점, 왕의 측근인 우구자의 실책을 간언하고 인재를 등용함으로써 패주가 되는데 결정적으로 기여를 했다는 점이다. 번희는 우구자가 친인척만을 등용하여 임금의 눈을 가리고 있다는 점을 소상히 논리적인 언변으로 설득하였다. 그리고 왕은 아내의 말대로 인재를 등용하여 비로소 패주가 될 수 있었다. 번희는 왕의 실수를 질책하고 바로잡음으로써 나라가 제대로 다스려지도록 하였다. 번희가 임금을 통해 나라를 다스린 것은 대리자를 통해 자신의 소신을 편 것으로 이는 주변자적 존재라기보다는 소신있고, 결단력있는 지도자적 자세라 할 만하다. 사적이라기보다는 왕후로서의 공적인 자세를 견지하고 있다. 후세의 사관이 번희의 힘을 칭송한 것은 결국 번희의 힘으로 국가가 다스려질 수 있다는 뜻을 나타낸 것이다.

2) 소월희

① 월왕 구천의 딸 소월희는 초나라 소왕의 아내이다.
② 왕이 노닐다가 두 부인 채희와 월희에게 즐거움을 물었다. 채희는 죽어서도 죽음을 함께 하겠다고 하였으나 월희는 즐거움을 버리고 정사에 전념하길 바란다고 하면서 죽음으로 약속할 수 없다고 대답하였다.
③ 왕은 깨닫고 월희의 말을 공경하였으나 오히려 채희를 더 가까이 하였다.
④ 25년이 흐른 후 진나라를 구하러 갈 때 왕이 진영 안에서 병이 났다. 장군이나 재상이 자신들의 몸으로 빌기를 청하였으나 왕이 거절하였다.
⑤ 함께 간 월희가 군왕의 덕을 칭송하면서 왕을 위하여 스스로 목숨을 끊었다.
⑥ 왕이 결국 죽었으나 채희는 함께 죽지 못하였다.
⑦ 왕의 아우가 신뢰할 수 있는 어머니의 아들이 어질 것이라고 하면서 월희의 아들 웅장을 왕으로 세웠다.

월희는 왕의 사사로운 정에 얽매이지 않았던 인물이었으나 왕이 의를 나타내자 죽음으로 보답하였다. 왕이 사랑하던 채희와 대비되어 공적인 행적을 더욱 부각시켜 드러내고 있다. 월희는 의로운 말로 왕의 행실을 보필하였고, 왕 또한 월희의 말을 공경하긴 하였으나 그 의로움을 받아들이지 못했다. 결국 왕이 의롭게 죽고자 하였을 때 월희는 왕보다 앞서 죽음으로써 자신의 신념을 드러내었다. 이러한 행적은 후세의 왕이 월희의 아들로 책봉되는데 결정적인 역할을 한 것이었다. 월희는 "저는 임금의 의로움 때문에 죽는 것이지, 결코 임금의 즐거움을 위하여 죽는 것이 아닙니다."라고 하며 사랑받는 한 여성으로서가 아닌, 임금을 모시는 신하의 자세로 그 덕을 칭송하였다. 왕에게 사사로운 정을 의탁하지 않고, 의로운 자세로 임금을 모시려고 했던 것은 한 사람의 아내의 입장이 아니라 국가를 책임지는 공적인 자세를 우선시함을 뜻한다. 곧 공적인 영역에서의 여성을 다루고 있는 것이다. 임금을 의로써 모시고자 하였던 월희의 자세는 여성으로서가 아니라 지조있는 선비의 자세이다. 그리고 그러한 모습을 후세에 드리워 후손이 왕이 될 수 있었음을 강조하였다. 여기에서도 자신의 신념을 지키고 주동적으로 죽음을 선택한 여성의 의지가 드러나고 있다.

3) 마황후

① 후한의 명덕 마황후는 복파장군 원의 어린 딸이다.
② 일찍 아버지를 여의고 오빠도 요절하자 어머니는 병을 얻었는데, 그 때 황후는 열 살의 나이로 어른스럽게 일을 처리하였다.
③ 어릴 적 점을 보는 사람들이 귀하게 될 것과 자식이 적을 것임을 예언하였다.
④ 황후가 열세 살에 간택이 되어 태자궁에 들어갔는데 주위 사람들로부터 총애를 얻었다.
⑤ 귀인이 되어 다른 빈의 아들을 데려다 길렀는데 정성을 다하였다.
⑥ 신기한 꿈을 꾸고 마침내 후궁 중에 황후로 책립되었다.
⑦ 황후는 아름다웠으며 글을 즐겨 읽었다. 검소한 옷차림으로 존경을 받았다.
⑧ 황제의 행차에 해로운 것들을 분별하고 경계하였다.
⑨ 황후는 노는 일과 음악을 즐기지 않았다.
⑩ 무고한 죄인들에 대한 사연을 황제께 이야기하여 형벌을 낮추고 많은 사람들을 사면토록 하였다.
⑪ 왕을 모시면서 이치에 맞게 정사를 보좌하였고, 사사로운 일로 소청하지 않아

왕의 총애와 공경을 받았다.

⑫ 황제가 죽은 뒤 태후가 되었고, 책을 편찬하면서 외척의 공로를 삭제하였으며, 외숙들을 제후로 봉하지 못하도록 하였다.

⑬ 태후는 공평함과 온화함으로 행하여 안팎에 따르는 자가 많았다.

⑭ 태후는 누에를 치고 황제와 정사를 의논하며, 젊은 왕을 가르치고 경서에 대해 토론하고 술회하며 지내었다.

⑮ 태후는 병중에도 무당과 의원을 믿지 않아 제사를 지내지 못하도록 당부하고 사십이 넘어 졸하였다.

마황후는 어진 성품과 검박한 행실, 지혜로운 정사로 안팎의 칭송을 받았다. 주로 마황후의 성품이 일화로 그려지고 있는데 특히 점을 쳐서 미래를 예견한 것이라든가 황후가 될 꿈 등에 대한 묘사는 문학적 상상력으로 형상화된 것이다. 황후의 성품은 ⑦번 이하의 항목에서 집중적으로 다루어지고 있다. 이로 보면 황후는 결단력과 분별력이 있었다는 점, 글을 즐겨 읽었고 책을 편찬하였다는 점, 인자함과 공평함을 지니고 있던 인물이라는 점을 알 수 있다. 특히 왕을 가르치고 경서를 토론하길 즐겼다는 점은 여성을 순종과 부덕만으로 규정지은 것이라고 보기 어렵다. 오히려 식견과 논리성, 교육적 자질을 가지고 있었던 점을 부각시키고 있는 것이다. 황후가 정사에 외척을 배제하고 합리적이고 공평한 정치를 펼치도록 한 칭송받는 지도자인 것도 여성의 한정된 지위를 벗어난 주체적이고 적극적인 모습이다. 또한 황후는 무당이나 의원을 믿지 않는 과학적인 사고의 소유자였다. <주역>을 외고 <춘추>와 <초사>를 즐겨 읽었으며, 특히 <주관>과 <동중서>의 글을 잘하였다고 하는 점도 여성의 영역에서는 한 걸음 벗어나 있는 것이다. 학문적 역량과 도덕적 행실을 통해 세인의 존경을 받고 왕 또한 그를 존경하여 따랐으니, 이는 국가의 위대한 여성 지도자상인 것이다.

4) 등황후

① 후한의 화희 등황후는 태부의 손녀이며 호강교위의 아버지와 황실 집안의 어머니 사이에서 태어났다.

② 다섯 살때 할머니가 머리를 깎아주다 상처가 났으나 마음을 상하게 할까 걱정

하여 참았다.

③ 여섯 살에 사서에 능하였고 항상 책을 읽으니 어머니가 여자의 일을 익히지 않는다고 질책하였다. 그 이후 낮에는 여자의 일을 익히고 밤에는 경전을 외우니 선비라 일컬어졌다.

④ 간택이 되어 입궁했으나 아버지가 돌아가시자 소금기 있는 음식을 입에 대지 않았다.

⑤ 황후가 되기 전 성왕이 될 길몽을 꾸었다.

⑥ 열여섯 살에 귀인이 되었는데 법도를 지키고 은혜를 베푸니 화제(和帝)가 사랑하였다.

⑦ 옷차림이 검소하고 황후를 잘 모시며 예의가 있으니 황제가 찬탄하였다.

⑧ 음황후가 황후의 덕을 저주하여 해치려 하였다.

⑨ 음황후는 무고사로 폐후당하고, 이후 후궁 중 덕이 빼어난 등귀인이 황후로 봉해진다.

⑩ 등후는 공물을 금지하고 외척들에게 벼슬을 내리는 것을 사양하였다.

⑪ 황제가 죽고 어린 상제가 즉위하자 등태후가 조회에 임하였다.

⑫ 궁인들에게 많은 하사품을 내리며 위로하였다.

⑬ 궁중에서 구슬 한 상자를 잃어버린 사건이 있었는데 태후는 사실을 조사하여 죄인을 밝혔으므로 모두들 감탄하였다.

등황후의 행적 중 특별히 관심을 끄는 대목은 ③ ⑩ ⑪번 항목이다. 등황후는 열두 살에 시와 <논어>에 통달하였고 오빠들이 경전을 읽으면 이해하기 힘든 것을 질문하였다. 항상 뜻을 책에만 두고 집안 살림에 대한 것을 전혀 묻지 않아 어머니로부터 질책을 당하기도 한다. 낮에는 여자의 일을 익히고 밤에는 경전을 외우므로 집안 사람들이 '선비'라 하였다. 아버지 훈은 딸을 남다르게 생각하며 일의 크고 작음을 가리지 않고 딸과 더불어 의논하였다. 선비라 일컬음을 받는 것은 여성에게 해당되는 사항이 아니었다. 그리고 아버지와 함께 매사를 의논하는 딸의 모습도 마찬가지이다. 그러나 등황후는 어린 시절부터 그 현명한 판단력으로 자신의 능력을 과감히 행하였고, 여성이기 때문에 못하는 일은 없었다. 자신의 총명함과 학식을 드러내어 사용하였던 것이다. 특히 등황후는 태후가 되어 섭정을 하였는데, 아랫사람을 덕으로 다스렸으며 죄인을 밝히는데 합리적이어서 정치가로서의 면모를 유감없이 발휘하였다. 덕으로 다스린다는 사상은 유교의 덕치주의 이상이다. 그리고 그 이상은 왕이 아니라 황후에게서 실현되는 것으로 그려진다. 이상적인 군주의 상이 남김없이 황후를 통해 실현되는 것이다. 이러한 점에서 등황후의 서사는 여성 군주의 모습과 그 이상을 그려놓고 있다. 그리고 그것은 탁월한 능력과 자질을 가진 여성의 자아 실현이기도 하였다.

5) 고황후 마씨

① 마황후는 부모가 일찍 죽자 아버지의 친구인 자흥에게 친딸처럼 길러졌다.
② 어려서부터 정숙하고 총명하였고, 고황제의 빈이 된 후 공경을 잘하여 사람들이 감동하였다.
③ 흉년이 들자 자신은 배고플지라도 황제의 식사를 거르지 않았고 부도를 행하였다.
④ 황제에게 인심을 잃지 말 것을 부탁하자 황제가 그 말을 잊지 않고 행하여 노략질한 병졸을 뉘우치게 하였다.
⑤ 황후는 황제 형의 아이들을 친자식처럼 사랑하여 길렀다.
⑥ 전쟁시 군사를 돕는 일을 게을리 하지 않고 왕의 계략을 도와 합당하게 처리하였다.
⑦ 황제가 황후로 책봉하면서 어진 행실을 칭송하였다.
⑧ 황후가 되어서도 부지런히 일을 하며 황제에게 도리에 맞는 일을 간하였다.
⑨ 황후가 여사에게 어진 행적을 가진 황후를 기록하게 하여 여러 사람이 배우도록 하였다.
⑩ 황제에게 은혜를 베풀고 어진 사람을 등용하도록 간하니 황제가 칭찬하였다.
⑪ 황제가 보물을 얻어오자 어질고 재주있는 자를 곁에 두어 천하를 안전하게 다스리는 것이 큰 보화라고 충고한다.
⑫ 황제에게 가난한 시절을 잊지 말고 편안한 날을 경계할 것을 당부한다.
⑬ 황제에게 올리는 모든 음식을 항상 정성스럽게 준비하였는데, 그 이유를 듣고 궁인들이 기뻐하였다.
⑭ 황후가 여사와 강론하며 인의를 말하고, 소학의 가르침을 황제께 권유하니 황제가 왕실의 사람들과 대학생에게 강론하며 읽도록 지시한다.
⑮ 황후는 검박한 행실과 몸가짐을 보이며 근검할 것을 말하였다.
⑯ 궁인에게 죄가 있자 궁정사에게 일을 맡겨 공평하게 처리하도록 하고 왕의 노

여움을 풀었다.

⑰ 황후가 시부모를 모시지 못함을 한스럽게 여겨 제사에 극진하였다.

⑱ 태자와 왕비들을 사랑하였고 항상 학문에 힘쓰도록 명하였으며 충직과 후덕을 힘쓰도록 당부하였다.

⑲ 황제가 재난을 구하기 위한 대책에 관하여 물으니 저축으로 할 것과 녹봉을 제 때에 줄 것을 말하였다.

⑳ 황제의 식사와 신하들의 식사가 맛에 차이가 남을 알려 고치도록 하였다.

㉑ 대학생의 처자에게도 양식을 지급하도록 황제께 간언하였고 법이 자주 바뀌어 백성들이 괴로워하지 않아야 한다고 간언하였다.

㉒ 황후가 병이 나자 황제에게 덕으로 왕업을 닦을 것과 자손과 신하에 대한 당부를 한 후 죽는다.

㉓ 황후가 죽자 황제는 새 황후를 세우지 않고 슬퍼하였다.

마황후는 여성의 서사 중 가장 많은 비중을 차지하고 있다. 그리고 그 행적도 소상하여 특별히 마황후의 일대기를 중시하여 반영한 것이 아닌가 한다. 마황후의 일생은 전형적인 영웅의 일생을 따르고 있다는 점에서 특히 중요하다. 비범한 자질과 계보(호걸의 집안)-고난과 기아(아버지 친구 집에서 길러짐)-어려움 극복(가난과 전쟁)-과업 성취(국가가 편안함)의 과정이 소상히 그려진다. 황후가 살아있을 때 내정을 잘 다스려 황제가 편안히 지낼 수 있었다고 한 결말부는 황후의 능력을 과업을 인정하는 대목이다. 그녀는 전쟁시에도 황제를 수행하며 계략을 도왔고, 군사들을 돕는 일로 밤을 세웠다. 이처럼 국가의 어려움을 극복하는 과정에서 황후의 역할은 절대적인 것이었고, 이 일을 통해 황후로 책봉을 받게 된다. 마황후의 서사에서 왕의 역할은 오히려 부차적인 데 불과하다. 황제는 황후의 덕을 칭송하고, 어려운 시절의 공로를 잊지 않는다. 왕을 깨우치고 아랫사람들을 거느려 국가가 편안해지도록 한 주동적인 일꾼은 바로 황후였던 것이다.

또한 마황후는 선대 황후들의 행적을 기록하게 하고 왕실의 비와 자손들이 학문을 하도록 훈계하였으며, 인재를 등용하는 길이 재물을 얻는 것보다 큰 보화가 됨을 역설하였다. 황후의 가르침은 왕 이하의 모든 사람들에게 적용된다. 황후는 국가의 정신적 지도자가 되는 동시에 황제를 교육하고 가르치는 스승으로서의 역할도 수행한다. 이러한 황후의 모습에서 우리는 영웅적 행위를 감지할 수 있다. 전쟁에 나가서 싸움을 하는 것만이 영웅은 아니다. 모든 사람들이 어려워서 할 수 없다고 느끼는 일에 대한 성취, 비범한 능력과 자질, 인내와 강인함 등이 영웅의 자질이라면 마황후는 과연 그러한 사람이다.

여기에서 우리는 여성이기 때문에 가져야 했던 굴욕이나 자기 비하, 억울한 복종을 찾아볼 수 없다. 곧 당당히 자신의 과업을 성취하는 여성 영웅의 서사를 만난다. 그리고 이러한 서사적 전개는 훨씬 이전 시기부터(사기 열전 이하 많은 여성의 전에서) 만날 수 있다는 점에서 『내훈』에서 드러나는 여성의 형상은 우리 문학사에 새로운 동력으로 작용하기 시작하였을 것임을 예감할 수 있다. 공적을 성취한 여성 인물의 전 양식이 여성을 주인공으로 한 소설사 전개에 투영되었던 것이다. 그것은 설화적 자산을 뛰어넘는 것이면서 설화와 소설 간의 간극을 메워주는 과도기적 문학의 형태가 될 수 있다. 이러한 여성 영웅 서사가 특히 규훈문학을 중심으로 이루어졌다는 점에서 규훈서는 문학사의 중요한 갈래적 특징을 새로 보유하게 된다. 그리고 그 시작에 『내훈』이 있는 것이다.

6) 숙류

① 숙류는 제나라 동곽에서 뽕을 따던 여자로 후에 민왕의 황후가 되었다.
② 민왕이 동곽에 놀러 나갔는데 숙류가 무관심하므로 이유를 물으니 부모님의 가르침을 따를 뿐이라고 말하였다.
③ 왕이 어진 여자라 생각하고 수레에 태워가고자 하니 숙류는 예의를 갖추지 않았음을 질타하며 따르지 않겠다고 한다.
④ 왕이 예물을 갖추어 맞으러 오자 숙류가 꾸미지 않고 옛 모습 그대로 사신을 따라갔다.
⑤ 궁중의 여인들이 숙류의 모습을 보고 웃자 왕이 계면쩍어 한다.
⑥ 숙류는 요순과 걸주의 예를 들어 사치스러운 부인들을 비판한다.
⑦ 왕이 숙류를 황후로 삼아 검소함을 실행하였다.
⑧ 이로써 교화가 두루 퍼져 여러 제후들이 조회를 오니 왕이 황제로 칭함을 받게 된다.

⑨ 숙류가 죽은 후 민왕은 연나라의 침입을 받아 죽게 되었다.

숙류 역시 황후로 나라를 교화로 다스린 인물이다. 그런데 전반부 황후가 되기까지의 과정이 다른 황후와 다른 점이 있어 특이하다. 우선 숙류는 평민이다. 동곽에서 뽕을 따던 여인이었던 것이다. 게다가 목에 큰 혹이 있었으므로 외모 또한 흉하였다. 왕이 그녀를 빈으로 맞은 것은 외모나 출신 때문이 아니라 부모님의 가르침을 따라 묵묵히 자신의 일을 수행하였던 행실 때문이다. 자신의 외모에 대하여도 "오직 마음 속에 품은 뜻이 중요한 것이므로, 이 혹이 마음 상하게 하는 일이 없다"고 말할 만큼 자신에게 당당한 여성이다. 왕이 이를 기특히 여겨 빈으로 데려가려 하자 숙류는 예로써 맞이하지 않음을 질타하며 죽어도 따를 수 없다고 말한다. 임금이라고 하여 소극적으로 대하는 법이 없다. 숙류의 당당함은 궁에 가서 더욱 빛난다. 좋은 옷을 입지 않고 남루한 채로 사신을 따라 궁으로 가서는 자신을 비웃는 비빈들에게 요,순,걸,주의 예를 들면서 오히려 사치하는 여인들의 무도함을 질책한다. 이 과정에서 자신을 두둔하려 한 왕 또한 질책을 듣는다. 숙류는 왕이라 하여 자세를 낮추지 않았다. 자신이 옳게 여기는 도리를 내세웠고, 왕이나 비빈을 물론하고 책망하기를 주저하지 않았다. 그리고 하찮은 평민으로 외모도 흉하기 그지없는 숙류는 그 의를 인정받아 황후가 되었다.

숙류와 같은 여성을 입전한 의도는 물론 유교적 신념을 바탕으로 하여 인격을 완성하는 것이 가장 중요하다는 것을 역설하기 위한 것일 것이다. 그러나 그 과정이 상당히 극적으로 전개되고, 신분의 상승 폭도 대단히 커서 반전과 일탈의 재미를 느낄 수 있게 구성되어 있다. 특히 왕을 훈계하거나 비빈들에 대한 질타는 신분과 계층을 초월하여 인간적 면모를 부각시키는 것으로 통쾌함을 느끼게 해준다. 황후가 평민 출신으로 설정된 점, 흉한 외모를 가지고 있었다는 점, 임금에게도 자신의 신념을 굽히지 않았다는 점 등은 앞서 입전된 여성들보다 훨씬 강한 여성상으로 다가온다. 주로 아름다운 외모와 출중한 부덕, 귀족 출신으로 임금을 보필하여 정치를 한 여성들보다 진보된 여성상을 보여주는 것이다. 여기에는 계급간의 차별이나 외모로 인한 가치 평가, 남여의 성적 차별은 완전히 거세되어 있다. 이러한 서사가 실릴 수 있었던 것은 당대의 여성들의 사고가 혹은 『내훈』 작자의 의식이 개방적이고 자유로웠음을 말하는 징표이기도 하다.

숙류의 교화가 두루 퍼져 여러 제후들이 조회를 왔고, 결국 왕이 황제로 등극할 수 있었다는 것이나 숙류가 죽은 후 왕이 비참한 최후를 맞이하였다는 것에서도 그 서술의 중심은 숙류에게 있다. 결국 국가의 정치는 왕이 한 것이 아니라 숙류가 한 것이다. 이로써 숙류의 영웅적 성격은 더욱 부각되어 드러난다. 숙류가 '군자'로 칭송되고, 시로 읊어진 것은 영웅적 과업을 달성한 것이다. 그리고 그것은 민중영웅의 모습이다. 평범한 여인도 인의와 도리를 알아 자신을 지키고 나라를 다스릴 수 있다는 것이다. 바로 이러한 점 때문에 숙류의 서사는 『내훈』에서 특이하면서도 주의깊게 다루어져야 한다고 생각된다. 『내훈』이 의도하고자 한 바가 유교적 신념과 그 체계였던 반면 여성의 자질과 능력을 평가하고 드러내는 데 인색하지 않았고, 오히려 차별없는 여성의 모습을 그리고 여성의 덕치를 더욱 가능성있게 다루었다는 점에서 부드러움으로 강한 것을 이긴다는 여성성의 최고선을 유감없이 보여주었던 것이다. 그러므로 『내훈』의 여성이 차별적 세계를 강조하였다는 종래의 주장은 재고하여야 한다.

7) 소군

① 소군은 한나라 포선의 아내 환씨이다.
② 소군의 아버지는 청렴한 생활을 하는 선을 기특히 여겨 사위로 삼았다.
③ 혼수와 재물이 넉넉하였으나 선은 즐거워하지 않자 소군이 명령을 따르겠다고 한다.
④ 소군은 시비와 의복, 장식들을 돌려보내고 베옷으로 갈아입은 후 선과 함께 고향 마을로 갔다.
⑤ 시어머니를 모시며, 예를 다하고 힘써 일하니 고을과 나라에서 칭송하였다.

소군의 서사는 청렴함에 대한 가치를 중점적으로 다루었다. 청렴 강직한 남편의 성품을 따라 자신이 가진 것을 주저없이 포기하고, 본분을 다하는 여성을 그렸다. 청렴하게 사는 것이 유교 가치에서 지향하는 바이고, 부귀는 사람의 탐욕을 드러내는 것이라는 의식을 보여준다. 문제는 지향하는 바의 가치가 현실과 다를 때 자신의 기득권을 포기하고 변화하는 자세가 여성 주인공에게 드러난다는 점이다. 외견상으로는 남편에게 순종하고 시부모를 잘 모시는 여성을 그리고 있는 듯 보이지만, 그 속에는 자신의 결단을 실행에 옮기고 올바른 가치를 숭상하는 도덕적 신념이 있다. 소군의 아버지가 사위를 선택한 배경에는 바로 이러한 도덕적 가치가 자리잡고 있었다. 소군의 행위는 무조건 남편에게 순응하는 여성으로서가 아니라, 옳고 그른 것을 판단하여 그 판단에 따라 편안함을 주체적으로 포기하였다는 점에서 능동적이다. 이는 곧 도덕적 심성을 인위적 교육이 아닌 행위 주체 자신의 본성에 비추어 실현 가능한 것으로 보는 유학의 입장을 반영한 것이다. 이것은 수동적 질서가 아니라 자율적이고 상호 의존적인 관계 속에서 합의를 통해 도출된 능동적 질서이다. 곧 윤리적 능동성이 일상 생활의 불편함을 감내할 만큼의 내면화된 형식으로 자리를 잡아가고 있음을 의미한다.

일곱 명 여성의 서사는 『내훈』의 작자가 드러내고 싶어하는 여성상을 구현한 것이라는 점에서 중요하다. 그리고 여기서 드러나는 여성 주인공의 모습은 대체로 정치가 혹은 지도자적 능력을 지니고 있다는 점이 부각되고 있다. 그리고 그 핵심은 덕치이다. 곧 여성의 서사를 통해 여성이 가진 자질과 능력을 드러내고, 공적인 영역에 확대 적용함으로써 여성의 영웅성과 사회성을 형상화하고 있는 것이다. 이러한 점은 혈연적 유대감을 매개로 국가 조직을 재구성하고자 종법 질서를 적용하던 『내훈』 형성 당대의 전략과 여러 부분에서 상치되는 것처럼 보이기도 한다. 그러나 『내훈』에서 훈계하였던 바의 본질적인 내용은 도덕적 인격완성을 목표로 하는 수신의 도리이지 차별적 관념이나 여성의 능력을 폄하하려는 것이 아니었다는 점을 여성의 서사를 통해 확인할 수 있는 것이다. 오히려 여성 서사에서는 황후로써의 자질과 능력을 더욱 높이 평가함으로써 국가를 이끄는 주체로서의 여성을 드러내고 있다. 따라서 『내훈』 속 여성의 서사는 더욱 깊이 연구되어야 할 가치가 있다.

4. 『내훈』의 서술 의도와 주체성

『내훈』은 다음 몇 가지의 역사적 사회적 의의를 지닌다.

첫째, 우리 여성교육의 필요성과 중요성을 제기하였다는 점에서 여성을 역사와 사회의 주체적 동인으로 이끌어 내었다는 점이다. 주변적이고 타율적 존재가 아닌 여성 스스로가 수신과 치가, 내조, 부공 등을 수행하고 그러한 작업이 곧 국가의 동력이 된다는 자각이 들어있는 것이다. 『내훈』 이전 시기에 이러한 의식이 없었던 것은 아니었을 것이다. 그러나 『내훈』이 성립되던 시기는 나름대로 국가가 중요한 변혁기를 맞이하고 있는 와중이었고, 그러한 국가적 위상 정립과 동행하여 여성의 사회적 역할에 대한 인식과 위상 정립이 필요했던 것이다. 『내훈』의 성립은 여성의 역할과 그 중요성을 인식하여 사회와 문화의 주체로 부각시키고 있다는 점에서 중요하다.

둘째, 사회적 위치가 변동하고 있던 조선 초,중기의 상황에서 여성들이 한 발 앞서 여성의 시대적 역할을 능동적으로 제시하고 있다는 점이다. 유교적 국가관 속에서 새로운 가치 체계는 나름대로 진통을 겪으며, 오랜 기간의 싸움 끝에 종법 질서를 확립해 나가고 있었다. 종법 질서의 가치 체계는 정치적인 선택이기는 하였으나, 시대를 이끌어가는 정치 사상과 이념이 되었던 만큼, 여성들이 그러한 사회 체계에 나름대로 살아남기 위한 생존적 본능을 발휘할 수밖에 없었다. 이러한 점에서 『내훈』은 사회적 가치 체계의 새로운 확립 속에서 새로이 여성의 역할을 규정짓고, 사회적 인간으로서 살아남기 위한 모색을 보여주고 있다. 실제로 『내훈』이 다루고 있는 여성상은 유교적 사회에서 선양되고 칭송되어지는 그러한 여성 전범이었던 것이며, 이는 국가적 이념에 동조하고 협력하는 모습과 여성의 능동적 역할 참여를 통해 가능한 것들이었다. 결국 『내훈』의 여성상은 공동체적 사회 가치에 따라 일정한 변모를 겪게 되긴 하였으나 또 다른 방식으로 여성의 능력과 힘을 증명하였던 것이다. 따라서 『내훈』은 어떤 한 개인의 독특한 개성이 발휘된 작품이 아니라 국가 이념에 합당한, 새로운 여성상을 능동적으로 구현하기 위해 당대의 삶의 방식을 그려준 '진보적 인식'의 결과물이었다.

『내훈』의 작자 소혜왕후는 격변기의 삶을 살면서 자신의 사상과 인식의 결과를 『내훈』으로 재구성하였다. 변화하는 시대에 여성이 자신의 역할을 다하면서도 권위와 자신감을 잃지 않아야 된다고 생각하였고, 예와 의로써 '자존심'을 지켜야 한다고 생각하였다. 따라서 『내훈』은 성리학적 인간관을 여성에게 적용시키는 가운데 여성의 미래상을 밝힌 것이다. 여성에 대한 차별적 언술이나 상화 관계의 질서에 복무하라는 내용은 바로 이러한 차원에서 새롭게 해석해야 할 대목이다. 전체적인 내용이 도덕적 인격 완성을 목적으로 하여 수신의 차원에서 이루어지고 있다는 점, 여성에 대하여도 '군자' '선비'의 호칭은 물론 이상적 모습이 동등하게 투영된 점이 그것을 증명한다.

특히 여성을 묘사하는 데에 있어 가정 내의 문제는 물론이고, 가문과 사회, 국가의 일에 덕치를 실현하는 영웅적이고 지도자적인 여성상을 제시하고 있다는 점은 중요하다. 비중있게 다루어진 부부장 여성들의 서사는 황후들을 통해 가문이나 국가가 다스려지는 과정을 보여주었다. 거기서는 남장이나 변복 혹은 대리자를 통해 여성의 능력을 보이는 것이 아니라 있는 그대로의 여성을 묘사하고 어려움을 극복하여 과업을 성취하는 '여성 존재'의 모습이 여실히 나타난다. 이로 보아 오히려 후대 여성 영웅 소설 속에서 주인공이 변복이나 대리인을 내세워 자신을 성취해나가는 모습보다 훨씬 진보적이고 강인한 여성상을 구현하였다고 할 수 있다. 이는 유교적 질서가 파급되기 이전 개방적이고 자유로웠던 사회 분위기를 짐작해 볼 수 있는 단서가 되기도 한다. 오히려 17, 18세기를 거치면서 여성의 자아 성취는 우회적인 방법을 모색할 수밖에 없게 되었고, 이러한 방식이 투영되어 나타난 것이 영웅 소설의 여성 형상화 방식인 것이다.

정희왕후의 영향 아래서 성장한 소혜왕후는 개인보다는 국가를, 감정보다는 도덕윤리를 중요시했던 공적 영역의 인물이다. 그녀에게 사사로운 감정이나 본능은 절제되고 수양해야할 것들이었다. 그리고 다른 여성, 특히 왕실의 여성들이 자신과 같은 삶을 살기 위해서는 마땅한 교육이 또한 필요하였다. 왕실의 여성이 국가의 주체, 도덕과 수신을 실현하는 주동자가 되어야 했다. 특히 자신의 관념에서 벗어나 있던 며느리 윤씨는 교화의 대상이 된 인물이라고 할 수 있다. 공적인 영역에서 살아야 할 여성들의 삶을 국가관에 맞추어 새롭게 변화시키고, 그러면서도 왕후로서의 권위있는 자화상을 만드는 일이 절실한 문제였던 것이다. 따라서 『내훈』에는 여성으로서의 개인보다는 아내와 어머니, 며느리로서의 여성의 역할과 지위, 능력을 부각시킬 필요가 있었다.

또한 『내훈』은 종법제 수용을 위한 여성의식의 교육을 마련하고 있다는 점에서 당대 법과 제도의 정비에 호흡을 맞추었다고 볼 수 있다. 법전만으로 시행하기 어려운 유습들을 의식적 차원에서 각성시키고 변화를 유도하는 일이 필요했던 것이다. 특히 그 시행은 여성의 자발적인 의식 변화가 필요했던 일이었다. 『내훈』은 바로 <경국대전>에서 설파하고 주지시키고자 한 법질서를 규훈적 측면에서 담당한 교육서였다. 그리고 이것은 먼저 상층부의 여성이 모범을 보이고 변화할 수 있도록 의도한 지도서이기도 하였다.

『내훈』은 변화하는 시대에 여성의 역할을 능동적으로 제시하고, 시대적 사상을 자발적으로 수용하여 성리학적 인간관, 여성관을 보여주었다는 점에서, 당대로서는 미래 여성상을 앞서 포착해낸 진보적 결과물로 해석할 수 있다. 또한 이는 특정 이념을 내면화시키기 위한 의도를 가지고 있었다는 점에서는 비판적이지만, 건국이념이 명분을 지키며 지탱해 나갈 수 있었던 기초를 여성들이 자발적으로 마련하고 있다는 점에서 당대 여성의 주체성을 발견할 수 있다. 변화하는 시대, 변화해야 할 여성의 모습을 능동적으로 그리고 있는 것이다.

그러나 그렇다고 하여 여성의 능력과 자질이 평가 절하되고 있는 것은 결코 아니다. 많은 여성의 서사를 통하여 여성들이 '군자'와 '선비'로 동등하게 대우를 받았던 모습과 국가의 지도자적 역할을 충분히 수행했던 모습을 그려내었다. 특히 비중있게 다루어진 부부장의 여성 서사는 당대 여성들이 지향하던 '자기 발견'이었다는 점에서 그 의의를 찾아야 할 것이다. 그곳에서 작자는 신분과 계층, 지위를 초월한 여성 존재의 가치를 보여주고 있고, 남성의 영역에서는 다루지 못할 여성만의 권위와 능력이 존재함을 보여주었던 것이다. 그리고 이러한 서사의 구조가 여성 영웅의 일대기적 구조로 짜여지고 있다는 점은 주목할 만하다.

여성 문학사에서 여성의 능력이 실현되는 이야기는 후대의 여성 영웅소설로 구체화된다. 여성 영웅소설은 서사적 자산을 배우자 선택담이나 지인지감형 설화에서부터 찾고 있다. 그런데 설화에서 소설로의 이행기에 규훈문학이 담당하였던 여성 인물의 입전은 일대기적 성향을 보인다는 점에서 구조적으로 완성되어 가는 형식성을 보여준다. 곧 규훈문학은 여성 영웅의 서사 구조가 변이되어 나가는데 있어 과도기적 문학 형태를 담당하고 실현하였던 것이다. 이러한 점에서 규훈문학에서 드러나는 여성 인물의 서사는 또다른 방식으로 여성 영웅을 탐색하는 과정이었다고 하겠다. '고황후 마씨'나 '숙류'의 이야기는 그러한 면에서 서사적 전개의 의미가 남다르다. 여성 영웅은 여성성을 뛰어넘어 남성과 동등하거나 더욱 뛰어난 능력을 성취, 전개하고 있으며, 그 실현이 국가나 사회가 이상적으로 여기는 명예를 통해 이루어진다. 대리인을 내세우지 않고 여성 존재를 남김없이 실현한다는 점에서 『내훈』의 여성 서사는 후대의 소설보다 진보적 인식을 보여주고 있는 것이다.

『내훈』을 통해 규훈문학의 위상을 점검해보는 일이 문학사 전개의 측면에서 긴요하다. 『내훈』에서 드러나는 여성의 능동적 '자기 발견'은 또다른 왕실 여성 작가의 작품인 『여범』을 통해 더욱 구체화되어 실현되고 있기 때문이다. 『여범』은 여성 인물의 입전만으로 텍스트가 구성되어 있으며 일체의 교술적 진술을 포함하고 있지 않다. 『내훈』과 『여범』이 왕실 여성 작가의 의식과 총체적 여성상을 구현한 작품이라는 점에서 연관하여 해석하려는 노력이 필요할 것이다.

여성 교육이라는 측면에서 『내훈』은 일차적으로 왕실 여성들을 대상으로 한 것이다. 그러나 『내훈』에서 추구하는 여성은 후대 전 계층의 여성을 대상으로 확대되고 강화된다. 이는 『내훈』이 가지고 있는 이념의 내면화, 자발적 순응의 태도가 필요했던 탓이다. 그러한 과정에서 『내훈』이 다루고 있는 도덕적 수신과 여성의 가치, 공적 영역에서의 활약상은 축소되고 왜곡되어졌다. 따라서 그 왜곡된 모습을 복원하고 『내훈』을 객관적으로 다시 조망하고 평가하려는 노력이 필요하다. 떨어져 나간 퍼즐의 조각을 찾기 위해 우리는 여성의 서사를 문학적 관점에서 해석하고 평가하려는 태도가 필요하다. 문학의 상징과 은유를 찾아내어 미처 깨닫지 못한 여성의 '힘'을 발견할 때 우리의 여성사도 온전히 복원될 것이다.

<金仁香傳> 연구

-가족 구성원의 대화를 통한 계모 갈등의 의미 고찰-

김 현 주*

1. 서론

<김인향전>은 전처자식과 계모와의 갈등을 다룬 계모형 가정소설의 하나로 <장화홍련전>의 아류작 혹은 모방작이라 불려온 작품이다. 이로 인해 <김인향전>의 연구[1])는 계모형 가정소설에 관한 연구의 일환으로 이뤄지거

---

* 경희대학교 강사

1) 최근까지 발표된 <김인향전>과 관련된 연구 성과는 대략 다음과 같다.
김기동, 『이조시대소설론』, 정연사, 1969.
전성탁, 「김인향전 고-한국 고대소설의 특성에서 변모된 표현 양상을 중심으로-」, 논문집 12집, 춘천교육대학, 1973.
우쾌제, 「계모형 소설 연구-특히 구성, 인물, 사상을 중심으로-」, 고려대 대학원 석사학위 논문, 1976.
신규원, 「계모형 소설 연구-계모의 성격과 그 갈등양상을 중심으로-」, 영남대 대학원 석사학위논문, 1981.
김귀석, 「조선시대 가정소설에 나타난 인간상 연구」, 조선대 대학원 석사학위논문, 1984.
유시순, 「계모형 소설에 나타난 갈등의 전개양상에 관한 연구」, 계명대 교육대학원 석사학위논문, 1984.
이원수, 「<계모형>소설유형의 형성과 변모」, 『국어교육연구』 17집, 경북대 사대 국어교육과, 1985.
우쾌제, 「조선시대 가정소설의 형성요인 연구-烈女傳의 전래와 수용을 중심으로-」, 고려대 박사학위논문, 1986.
박태상, 「조선조 가정소설 연구-계모형, 쟁총형 소설을 중심으로-」, 연세대 대학원, 박사학위나 <장화홍련전>과의 관계 등으로 이루어졌고, 개별 작품으로의 연구는 활발하지 못한 게 사실이다. 더구나 <김인향전>이 현재까지 한문본 없이 활자본[2]과 필사본[3] 국문본으로 전해지고 있음에도 불구하고, 거의 대부분의 논의가 활자본에 치중[4]되어 있다. 이에 본고에서는 <김인향전> 필사본[5]을 토대로 가족 구성원의 대화를 통한 가족 내 갈등의 양상을 살핀 후, 당대 및 작품 내적으로 계모가 영입되어야 할 상황을 기반으로 가정 내 계모의 필요성 및 역할에 대해 살펴보도록 하겠다. 또한 앞선 논의를 토대로 <김인향전>에서 드러나는 갈등의 의미를 모색해 볼 것이다.

논문, 1988.
김윤영, 「가정소설에나타난 갈등구조의 연구-개인간의 갈등을 중심으로-」, 중앙대 교육대학원 석사학위논문, 1990.
황성렬, 「가정소설에 나타난 갈등구조와 의미」, 경북대 교육대학원 석사학위논문, 1990.
김재용, 「계모형 고소설의 시학적 연구」, 서강대 박사학위논문, 1991(이 논문을 단행본으로 출판함. 『계모형 고소설의 시학』, 집문당, 1996).
김귀석, 「조선시대 가정소설 연구-구성과 인물을 중심으로-」, 조선대 대학원 박사학위논문, 1992.
이원수, 「가정소설 작품세계의 시대적 변모」, 경북대 대학원 박사학위논문, 1992(이 논문을 단행본으로 출판함. 『가정소설 작품세계의 시대적 변모』, 경남대출판부, 1997).
이승복, 「계모형 가정소설의 갈등 양상과 의미」, 『관악어문연구』 제20집, 서울대학교 국어국문학과, 1995.
박선미, 「고소설에 타나난 속임수의 기능-제도적 모순을 드러냄을 중심으로-」, 부산대 교육대학원 석사학위논문, 1999.
한상현, 「<김인향전>주인공의 인격적 성향과 가장비극의 상관성-계모형 가정소설과 관련하여-」, 『고전문학연구』 제17집, 월인, 2000.
이금희, 「<김인향전>연구사」, 일위 우쾌제 박사 회갑기념 논문집 간행위원회, 월인, 2002.
______, 「<김인향전>연구」, 『고소설연구』 15집, 한국고소설학회, 2003.
______, 「<김인향전>에 나타난 노인(어른) 삶의 양상」, 『문명연지』 4권 2호, 한국문명학회, 2003.
이금희, 「계모형 소설 연구-<장화홍련전>과 <김인향전>을 중심으로-」, 『고소설연구』 19집, 한국고소설학회, 2005. (이상 4편의 논문을 단행본으로 출판함. 『김인향전 연구』, 푸른사상, 2005.)

2) 동국대학교 한국학연구소편, <인향전>, 『활자본 고전소설전집』 권2, 아세아문화사, 1976.
3) 한국정신문화원 소장, <김인향전>필사본.
박순호 편, <김인향전>필사본, 『한글 필사본 고소설 자료 총서』 40권, 오성사, 1986.
국립중앙도서관 소장, <인향전> 필사본.
4) 국문학연구 초기부터 오늘날까지 연구자들이 국문본 필사본보다 활자본을 선호하여 필사본을 대상으로 연구한 논문은 몇 편밖에 찾아볼 수 없고, 필사본과 활자본을 비교하여 연구한 논문도 눈에 띄지 않는다. 이금희, 『김인향전 연구』, 푸른사상, 2005, 14면.
5) <인향전>, 국립중앙도서관 소장, 필사본 42장본.

본 논의는 그간 연구에서 전처자식과 계모의 관계를 선인 대 악인의 관계로만 인식하여 계모를 악인의 전형인 것으로 형상화하여, 갈등의 원인을 전적으로 계모에게서 찾으려고 한 것에 문제의식을 갖는데서 출발한다. 가족이라는 혈연집단의 특수성을 통해 계모의 형상과 가정소설에 내포되어 있는 갈등요인에 대해 다시 한 번 생각하려는 시도라고 할 수 있겠다.

2. 갈등 양상

<김인향전>의 갈등은 크게 계모 대 기존 가족으로 그려진다. 그러나 특이한 점은 갈등양상이 직접적으로 드러나는 것이 아니라 거의 대부분이 전실 자식들 사이의 대화나 부친과의 대화, 혹은 계모와 제삼자 사이의 대화를 통해 드러난다는 특징이 있다.

2.1. 전실 자식과의 갈등

2.1.1. 인형

인형과 계모의 갈등은 작품 전반부에서 뚜렷하게 드러나지 않는다. 단지 삼 남매와의 갈등으로 나타나다가 인향과 인함이 죽은 후에 비로소 드러나기 시작한다. 그러나 인형 역시 계모에 대해 우호적인 입장은 아니었던 것으로 보인다. 그것은 인형의 생모가 죽기 전에 인형에게 한 말을 통해 알 수 있다.

> 너희을 두고 황쳔에 도라간들 엇지 눈을 가물이요. 나 죽은 후에 너의 부친이 후취을 헐 거시니 부듸 효셩을 극진이 하야 계모에 눈에 나지 말나.(2면)
>
> 인형아. 명심하여 들으라. 네 두 누의는 아직 어린고로 쳘을 몰으는 거시언니와 네는 남에 눈치을 거의 알 것신니 네에 부친을 미들사람이 안이라. 어린 동싱을 잘 길너 교훈을 잘하여 졍셩으로 계모을 셤겨 황쳔에 도라간 어미 혼빅을 슬게 말나.(3~4면)

인형은 계모를 만나기 전에 이미 모친에게서 '계모의 눈에 나지 말나'는 말을 들었다. 그렇다면 계모와의 관계가 형성되기 전에 계모의 눈에 잘 들고, 부친을 대신하여 어린 동생들을 잘 길러야 한다는 의무감을 갖게 되었을 것이다. 그러므로 인형 역시 표면적으로는 계모와의 갈등이 드러나지 않지만 내적으로는 갈등 혹은 거리감이 존재한다는 것을 추측할 수 있다.

2.1.2. 인향

작품의 제목에서도 알 수 있듯이 계모와의 갈등이 가장 심하게 그려지는 인물이 바로 인향이다. 인향은 계모의 박대가 있을 때마다 생모를 그리워하며 생모와 계모를 비교하거나 계모를 간악하고, 자신을 모함하는 인물로 표현하고 있다.

> 모친은 우리을 두고 이다지 셜계허는고. 모친님 계실 ᄊᆡ의는 옷시 업스면 불일ᄂᆡ로 지여 달나허며 신청ᄃᆡ로 허여 쥬며 입든 니 헌 옷슬 임의로 입지 못허고 밥을 한 변 실토록 먹지 못허고 힝신을 이의로 못허며 쥭글 번 살 번 허여 일심졍역으로 허여 노흔 일을 계모 보기 곳 허면 필경 할을 잡아 그르다 허고 ᄭᅮ지람 허시니 아모리 계모라도 남의 ᄌᆞ식된 바예 발명허여 그르고 올은 ᄃᆡ담헐 길 업셔 ᄂᆡ염의 인난 말을 눌더려 허ᄌᆞᆫ 말고.(17~18면)
>
> 모친 ᄉᆡᆼ시의는 틈을 타셔 노는 날이 이셔도 시약심상허여 ᄭᅮ지람이 업고 날마당 ᄉᆞ랑허시든니 계모 칠팔년을 지ᄂᆡ되 하로을 노지 못허고 불 ᄊᆡ여 화로을 들고 부모 양친 계신방의 드려가 방이 ᄎᆞ고 더운거슬 물어 칩다 허시면 오슬 불예 쬐여 덥게하여 ᄎᆞ려로 밧드려 드리고 그 모친이 치운데 나오실짜 염예허여 면져 간허여 그 부모 허실 일을 남ᄆᆡ ᄋᆞ논허여 일호라도 착난 업게 허며 음식을 맛보와 드리며 그 부모의 정셩을 밧치여 셤계도 그 좌슈의계 간악헌 말노 인향의 삼 남ᄆᆡ을 모함허여 분여지의을 불합허게 허니(18~19면)

인향과 계모와의 갈등이 표면에 구체적으로 드러나게 된 것은 계모가 인향에게 실행의 누명을 쓰게 한 사건이 있은 후에 일이다. 다음은 인향이 부친에게 자신의 결백 및 계모의 포악함을 고하는 장면이다.

> 일언 원악한 일이 또 어ᄃᆡ 잇슬잇가. ᄇᆡᆨ 번 쥭기는 셜지 안커니와 모친을 얼여셔

여희고 부친과 간악헌 계모을 지셩으로 셤기면셔 어린 동싱을 다리고 쥬야로 한심으로 셰월을 보ᄂᆡ며 언제나 이 셜음을 면헐가 바라든니 오늘날 부친과 동싱을 영별허물 당허니 뉴뉴창쳔은 살피소셔. 기험헐ᄉᆞ ᄂᆡ 팔ᄌᆞ야 세ᄉᆞᆼ 난 지 십오 년의 일 연 열두 달 한 달 셜흔 날 한심과 눈물노 벼슬 삼아 셜은 ᄯᆡ 무궁허되 힝여나 계모 알가 낫츨 화슌이 허고 쥬야로 울고 십푼 ᄃᆡ 이슬지라도 소ᄅᆡ 날가 우지도 못허고 남몰은는 셜음 뉘가 알가 간악헌 계모은 것츠로 조흔 쳬 허고 속마음의 눈을 바로 쓰지 아니 허고 조흔 얼골의에 울리 곳 보면 낫츨 찡그리고 슌이 헐 말리리도 슌이 안니 허고 포악헌 마음의 우리을 ᄒᆡ헐 날이 멧날인고.(33~35면)

임의 쥭거 셰ᄉᆞᆼ을 일별허고 고락을 몰을 바에 원통헌 말을 못허올 잇가. 계모가 날다려 실힝허엿다 허건이와 일월셩신이 짐갓허고 지토실령이 감응헐 섄더려 남의 변거려온 눈이 잇ᄉᆞᆸ난ᄃᆡ 이갓튼 험헌 말ᄉᆞᆷ을 허옵는잇가. ᄇᆡ가 불르기는 향ᄌᆞ ᄯᅥᆨ 먹근 타시오니 뉘라셔 옥셕을 분별허물잇가. ᄂᆡ 몸의 깁픈 병이 드려 만신이 부은 ᄇᆡ 온ᄃᆡ 계모 여ᄎᆞ지셜노 모함허올잇가. 소여 ᄇᆡ 불은거슬엇지 허온니 ᄌᆞ식 빈쥴 분명이 아옵는잇가. 이제 날을 셰워 두고 ᄇᆡ을 갈나 이 거리에 걸러 두면 ᄂᆡ왕허는 ᄉᆞ람들이 소에여 뉴무죄을 알 거시온니 계모들 무슨 빗치로 나셔리오. 쥭어도 한이 업고 눈믈 감고 쥭갓소이다.(35~36면)

위 부분에서 볼 수 있는 인향의 모습은 춘향이 변 사또 앞에서 수청을 거절할 때 보여주었던 단호함과 논리 정연함을 보는 듯하다. 그러나 여기서 중요한 것은 부친에게 자신의 결백을 주장하려는 의도보다는 계모의 이중성을 고발하려는 의도가 비친다는 점이다. 더군다나 계모는 변 사또와는 달리 한 가족의 구성원으로 집안의 어른임을 생각한다면 인향의 위와 같은 말은 그간 인향이 보여주었던 소극적이며 고통을 감내하던, 순종적인 자식의 모습과는 사뭇 다르다는 것을 알 수 있다. 그렇다는 것은 표면적으로는 부친께 자신이 억울함을 호소하는 방식을 취하고 있지만 내면에서는 계모의 박대 및 온당치 못한 성품을 고발하려는 의도가 깔려 있다고 하겠다.

더구나 인향은 죽은 혼령으로 고을 관리에게 나타나 자신의 억울함을 호소하기에 이르는 데 이것 역시 계모가 옳지 않은 인물임을 외적으로 알려 계모를 가족 구성원에서 배재시키려는 강한 의도로 볼 수 있겠다.

2.1.3. 인함

인함 역시 계모와의 직접적 갈등이 드러나기 보다는 인향과의 지나친 결속이 계모와의 갈등을 드러내는 역할을 했다고 하겠다. 인함은 인향의 혼인이 결정되자 홀로 남겨질 자신의 처지를 한탄하게 된다. '형은 시집가면 셰상에 나련이와 우리는 누을 바라고 살라 하오.(26면)'라는 인함의 말에서 인함과 인형의 관계가 긴밀한 결속 상태임을 말해 준다. 그런데 인향은 자신이 시집가면 홀로 남겨질 동생을 걱정하여 다음과 같은 말을 한다.

> 시부모나 인후하고 시낭이나 어질면 셰셰한 셜은 사졍하고 너을 모쪼록 다려갈 거시니 염녀 마라. 만약 부친이 아니 보닉실지라도 간쳥하야 다려갈 거시믹 아니 보닉시면 우리 두리 자결하야 모친에 혼빅을 따로리라.(26~27면)

두 자매는 죽음도 불사할 정도의 결속력을 가진 관계를 형성하고 있는 것이다. 인향과 인함의 이와 같은 결속은 인함 또한 계모와 친밀해질 수 없는 상태임을 보여주는 것이라 하겠다.

인향에게 지나치게 의존적인 모습을 보이던 인함은 인향이 죽었다는 것을 알고 나서 극단적인 행동을 하기에 이른다. '나도혼자 사라다가 계모에 손에 죽는니 차라이 형 죽은 곳데 가셔 형과 한 가지로 죽어 혼빅이라도 한딕 모여 모친 혼녕이나 위로하자.(47면)'며 인향이 죽은 곳을 향해 떠나려고 한다. 그런데 여기서 인함이 인향과 보여주는 지나친 결속력이 사실은 인향이 죽은 모친과의 결속력을 떼지 못한데서 야기된 것과 같은 것임을 보여주는 부분이 있다. 인함은 '모친 싱젼에 지녀 주든 의복을 닉녀 입고 형에 찻든 픽물을 닉여 차고, 오라버니 닉가 심천동 가는 쥴을 알면 필경의 붓들 거시니 모르게 가리라.(48면)'며 인향의 시신을 찾아 나서는 부분이 바로 그것이다. 인향의 무덤을 찾은 인함은 손으로 무덤을 헤친 후, 인형의 치마끈으로 목을 매어 죽으며 인향의 뒤를 따른다.

인향이 부친에게 고함으로 계모와의 갈등을 표면에 드러냈다면, 인함은 철저히 계모를 배제하고 인향과의 결속력을 보임으로써 계모와의 갈등이 내면에 존재하고 있음을 보여 주고 있는 것이다.

2.2. 좌수와의 갈등

좌수와의 갈등은 자식과의 갈등, 계모와의 갈등으로 나눠볼 수 있는데 먼저 자식과 부친과의 갈등은 후취를 취함에 있어 드러난다.

> 좌수 쏘한 가ᄉᆞ에 쥬장무인하여 ᄌᆡ취을 옷고져 한즉 ᄌᆞ식에 셜음과 양씨 유언을 ᄉᆡᆼ각하고 난쳐하여 하든니 인형의 남ᄆᆡ 그 부친의 슬어하시물 보고 엿ᄌᆞ오되, 부친임은 우리을 근심하여 ᄌᆡ취을 안이 하려 하신이 속셜에 하여스되 '열 즁 한 당신'이라 하여ᄉᆞ오니 이졔 모친 안니 계시기로 부친 셜위하옵신이 ᄌᆞ식되온 ᄇᆡ에 모친의 기셰ᄒᆞ여 ᄉᆞ온이 ᄉᆞ라계신 부친임 셜위하시물 참아 뵈옵지 못하깃ᄉᆞ오니 부친은 우리을 염여치 마옵고 계모을 어드면 지셩으로 셤기오리다.(7~8면)
>
> 네의 아직 미셩하여 가ᄉᆞ을 맛기지 못하니 ᄌᆡ취ᄒᆞ고져하나 만약 계모 슌치 못하여 네에 슬어하미 이슨즉 네에 죽은 모친에 혼빅이라도 슬어할 듯하니 참아 취실치 못하로라.(8면)

위 인용 부분에서 좌수는 가사를 주장할 사람이 없어서 재취를 얻고자 했으나, 계모로 인하여 자식들이 설움을 당할까 망설이다가 자식들이 계모 얻을 것을 권하여 구하게 되는 것처럼 그려져 있다. 그러나 지인이 좌수에게 재취를 권하는 다음 말은 재취를 얻는 또 다른 이유에 대한 가능성을 열어 놓고 있다.

> ᄃᆡ장부 셰상에 쳐하여 늑도 점도 안이하여 엇지 홀노 잇슬이요.(9면)
>
> 나 ᄉᆞ는 곳에 졍씨 잇셔 가합하되 인물이 ᄉᆡᆨ 범하고 영민ᄒᆞ미 과인하다.(9면)

물론 재취를 얻는데 이유야 다양할 수 있다. 그러나 앞서 죽은 부인의 유언을 생각하면 계모를 들이는 일에 대해 신중할 필요가 있었다. 하지만 좌수는 전혀 그러한 모습을 보이지 않았다고 할 수 있다. 이에 죽은 부인이 인향의 꿈에 나타나 '나 죽을 ᄯᅵ의 너의 부친더려 젼우 ᄋᆡ원헌 말을 누누이 부탁허여든니 구ᄐᆡ여 간악헌 후쳐을 어더 평ᄉᆡᆼ ᄉᆞ랑허든 너의을 셜계허니 엇지 슬퓨지 안니허라...너의는 부모 잘못허물 과렴치 말고 젼부덤 더허여 계모의 눈의 나지 말나.(21면)'며 부친의 잘못을 질책한다.

계모 정씨에게서 인향의 실행에 대해 듣게 된 좌수는 '엇진 골절는지 아지 모옷하고 정씨의 말만 듯고 의심을 마지 아니 하드라.(27면)'는 모습을 보인다. 또한 인향에게 사실 여부를 묻거나 진의를 파악할 생각은 하지 않고 인형으로 하여금 '네 누의을 다리고 심천동 깁픈 물에 너어 동적을 업시하라.(32면)'며 호통친다. 이에 인형이 머뭇거리자 '너는 달은 일이라도 아븨 영을 거역지 못헐녀든 허물며 규중쳐자가 되어 집안을 망케하는 동싱을 쥭이라 하기든 일엇틋 거역하니 당당이 넉의 슴 남믹을 다 쥭여 분을 씨츨리라.(33면)'며 성급하며 즉흥적인 면모를 보이기에 이른다. 또한 '좌슈 후쳐의 계모의계 요혹헌 빅되여 보고 들은 거시잇는고로 의아 만단헌 즁에 정씨 거짓 쥭글려 허난 거슬 보고 힝여 쥭을가 허여 강ᄌ 인형을 직촉허며 인향을 ᄌ빅ᄂ라 허며 심동으로 밧비 가셔 쥭이여 죵젹을 업시 허고 오라.(37면)'하여 자식과의 갈등과 아울러 자식과 계모의 관계까지 심한 갈등을 야기한다.

이상을 통해 자식과 부친의 갈등은 그 표면에 '효'를 내세워 겉으로는 드러나는 일이 없지만 사실 저변에 존재하고 있음을 알 수 있다.

다음은 계모와의 갈등이다. 좌수와 계모의 갈등 역시 표면에는 드러나지 않지만 다양한 부분에서 내포된 갈등을 찾아낼 수 있다. 먼저 인향을 죽이라 명하여 놓고선, 인향이 죽은 후 괴로워하는 좌수를 보며 계모가 하는 말이다.

> 져다지 슬어헐 양이면 찰하리 쥭이지 말고 망신을 당하옵지.(45면)

순간의 화를 참지 못하고 자식을 죽이라 명하였으면서 또한 자신의 행동으로 괴로워하는 남편의 모습은 아내로 하여금 신뢰할 수 없게 만들었을 것이다. 좌수는 그 괴로움을 참지 못해 심화병으로 죽기에 이른다.

> 종일 통곡 우다가 신체을 다시 염장허고 집으로 도라와 인향의 ᄋ미이 쥭은 쥴 짐작허고 좌슈 일노 인허여 심하병되여 오라지 안니허여 ᄋ통이 터져 쥭는지라.(52면)

이상에서 살펴본 좌수와 계모의 갈등은 좌수의 우유부단하고 무책임한 모습을 통해 그려진다고 할 수 있겠다.

2.3. 계모의 갈등

계모와 전실 자식들 사이의 갈등은 그녀가 딸을 낳으며 더욱 심해진다. 그녀는 '젼실들리 영민 효취허여 장늬예 구이되면 졔 ᄌ식의계 거리씨미 이슬가 허여(12면)' 자식들을 구박하고 간계를 생각한다. 이때 무당 할미가 등장하는데 계모가 무당 할미에게 하는 말로 계모가 전실 자식과 좋은 관계를 유지하지 못하는 결정적인 이유가 드러난다.

> 나는 팔ᄌ 긔박허여 남의 직취되여든니 젼실 ᄌ식이 만키로 날마당 마음이 펀치 안이헌즉 할미는 긔특헌 계괴을 닉여 나예 심회을 편케허면 은혜을 후이 갑퓨리라. (12~13면)

무당 할미와 계략을 꾸미는 계모 역시 마음이 편하지는 않다. 그녀는 자신이 꾸미고 있는 일이 얼마나 위험한 일임을 알고 있다. 이에 할미에게 '할미는 이 말을 누셜치 말나. 만약 누셜되면 할미와나와 쥭기을 면치 못헐 써시니 부듸 조심허여 은근이 허라.(13면)'고 다짐을 받는다.

계모는 재취로 들어올 수밖에 없는 자신의 팔자를 한탄했으며, 전실 자식들은 영민하여 장래에 귀하게 될 가능성이 높았다. 아울러 앞서 살핀 전실 자식들의 대화에서 알 수 있듯이 삼남매는 처음부터 계모에 대한 선입견 내지 편견을 갖고 있었으며, 죽은 모친과 자신을 비교하며 지나치게 모친에게 의존하는 모습을 보여 왔다. 또한 자신이 아들이 아닌 딸을 출산한 것 역시 계모의 갈등을 심화시켜 결국 목숨까지 걸게 되는 일을 꾸미기에 이른 것이다.

3. 가정 내 계모의 필요성 및 역할

가정소설에서 계모의 등장은 빈번하다. 또한 등장하는 계모마다 거의 악인의 형상을 하고 있다고 해도 과언이 아니다. 그렇다면 악인의 전형처럼 여겨지는 계모를 가정 내 구성원으로 받아들이려는 의도는 무엇인가? 작품 내에서도 전처가 죽기 전에 남편과 아이들을 앞에 놓고 후처의 인물됨이 악할 것을 염려하여 당부하는 것을 잊지 않았다. 그렇다면 일종의 모험이 될 수도 있는 계모의 가정 내 영입은 왜 이루어지는 것일까? 계모가 필요한 이유, 계모가 집 안에 들어와 해야 하는 역할은 과연 무엇일까?

먼저 생각해 볼 수 있는 것은 전처가 죽었을 경우이다. 이 경우에 계모는 자녀 양육 혹은 후사문제를 해결하기 위해 필요했을 것이다. <김인향전>에서도 죽은 부인이 유언으로 '나 죽은 후에 어진 빅필을 구한야 어린 즈식을 어미 업다 말고 잘 길너 어진 빅필을 어더 원앙이 쌍유하오면 지하에 도라가도 외로온 혼빅이랴도 눈을 감게ᄉᆞ오니 부디부디 명심 불망하옵소셔.(3면)'라고 말한다. 후처로 들어온 계모는 전처소생의 여부에 따라 그 역할이 조금씩 다를 수 있을 것이다. 계모 정씨의 경우에는 전처소생으로 장자 인형이 있었기 때문에 후사문제를 해결할 필요는 없었을 것이다. 그러므로 그녀에게는 자녀 양육의 역할이 주어졌을 것이다.

다음으로 생각할 수 있는 것은 가사를 주장하고 집안의 재정을 살필 사람이 필요했을 것이다. 좌수는 재취의 이유를 바로 이 가사를 주장할 사람이 없음에 두었다. 조선시대에는 남녀의 역할이 엄격하게 구분지어진 때였기에 어려서부터 남자와 여자를 교육하는 방식이며 내용이 달랐다. 그렇기 때문에 당연히 집 안의 일과 집 밖의 일도 다를 수밖에 없었다. 그러므로 가장이 여주인의 몫을 감당한다는 것은 무리가 되는 일이었을 것이다. 정씨가 집안에 들어 온 후 집안 노복들까지 정씨에게 꾸지람을 받을까하여 전전긍긍할 정도였다고 하니 그녀는 자신의 역할을 잘 주장한 것으로 보인다.

마지막으로 좌수의 아내가 필요했을 것이다. 앞서 언급했듯이, 늙지도 젊지도 않은 남자가 혼자 살기는 힘들었을 테니 말이다. 자녀의 양육이나 집안의 살림 등은 안주인의 부재 시 노복들의 협조를 통해 어느 정도는 이루어질 수 있다고 보지만 아내의 역할은 도움 받을 수 있는 차원의 것이 아니기 때문이다. 앞서 언급한 두 가지 역할이 마지막 바로 이 아내로 인해 이루어진다면 좌수를 포함한 가족 구성원 모두가 안녕한 삶을 지속할 수 있기 때문이다.

그렇다면 계모는 결국 가정 내 실용적인 업무를 통한 가족 구성원들의 안녕을 위해 필요한 존재였다. 물론 여기서 간과해서는 안 되는 점도 있다. 계모 역시 기존 가족 구성원 내로 영입되면서 얻게 되는 것이 분명히 있다는 것이다. 남편과 자식들이 바로 그것이다. 하지만 중요한 것은 성립되는 관계의 대다수가 새 가족 대 기존 가족, 일 대 다로 이루어지고 있다는 점이다. 그러므로 충분히 고려되어야할 것들이 있음에도 불구하고 간과되고 있는 것이다.

4. 계모 갈등의 의미

김좌수의 전처가 죽고 계모가 집에 들어온 지 팔 구년쯤 되었지만 시간이 가도 기존 가족과 새 가족의 화합은 전혀 이뤄지고 있지 않고 오히려 인향과 인함의 죽음으로 상황은 파국으로 치닫게 되었다. 그렇다면 그 원인은 어디에 있으며 그것이 의미하는 바는 무엇일까? 그 문제에 대해서 크게 세 가지 관점으로 접근하도록 하겠다.

4.1. 배타적 가족의식-폐쇄적 혈연관계

삼 남매는 계모를 맞아들일 때 부친께 정성껏 섬기겠다고 했으나 실제 계모에게는 겉으로만 순종하는 태도를 보이고 있다. 이는 계속 죽은 생모와 계모를 비교하며 생모를 그리는 모습을 통해 드러난다고 하겠다. 또한 인향이 부친 앞에서 계모의 허물을 언급할 때는 계모를 어머니로 인정하지 않겠다는 의도가 엿보인다. 그렇다면 <김인향전>은 당대 사회와 가족들과의 관계를 대변해주고 있는 것이다. 혈연관계로 맺어진 가족들 간의 친밀한 관계와 위계질서, 그리고 비혈연관계에서 비롯된 배타성과 이기심 및 위장된 윤리가 작품 속에 숨김없이 드러나 있다[6]고 본다.

인향이 계모에 관한 이야기를 부친에게 고했음에도 불구하고 외할머니께 편지로 전하고, 고을 관리에게까지 고했다는 것은 모든 것을 계모의 탓으로 돌려 결국에는 계모를 가족 구성원으로 받아들이지 않겠다는 의도와 아울러 그런 의도가 사회적으로도 용인되어지고 있음을 암시한다고 하겠다.

이와 같은 의도는 계모를 떠나 계모가 낳은 딸에 대한 언급이 작품 어디에서도 발견되지 않음을 통해 확인할 수 있다. 이것은 넓게 비혈연관계인 계모와 그녀가 낳은 자식은 가족으로 받아들일 수 없다는 의식을 갖고 있다고까지 해석할 수 있겠다.

또한 가정 문제에 대해 방관자적 입장을 취하고 혈연인 딸을 죽음으로 몰아넣은 아버지에 대해서는 배타적인 입장을 취하지 않고 있는 모습을 통해 확인할 수 있다.

그렇다면 전실 자식들이 계모에게 배타적 의식을 갖게 된 이유는 무엇일까? 생모의 유언이 어느 정도 작용을 했다고 볼 수 있다. 어린 나이에 생모의 죽음을 경험했으니 상실감이 무척 컸을 것은 당연할 텐데, 그런 모친 유언으로 남긴 말에는 계모에 관한 좋지 않은 선입견을 안겨 주었을 가능성이 높다고 하겠다. 하지만 죽은 모친도 역시 혈연관계가 전혀 없는 외부인물이 가정 내로 영입되는 것에 대해 배타적인 입장을 가지고 있었다[7]는 것에 대해서는 인정할 수밖에 없다.

계모형 가정소설에서 갈등의 동기를 거의 전적으로 계모의 성격적 결함에서 찾는 것은 계모와 전실 자식 사이의 갈등이 지닌 본질적인 문제를 제대로 이해하지 못했거나 외면한 것[8]이라고 할 수 있다. 그렇다면 좀 더 넓은 관점으로 보았을 때, 가족 구성원들이 갖고 있는 배타적 가족의식 역시 계모를 악인으로 몰고 가는데 일조를 한 바 있다고 하겠다.

---

6) 이금희, 앞의 책, 45면.

7) 결혼이라는 것은 비혈연관계를 가진 남녀가 자식을 매개로 하여 혈연관계와 같은 관계를 형성하는 것이다. 그렇다면 후사를 이을 필요가 없는 후처는 전처의 입장에서 보았을 때 영원히 비혈연적 관계일 뿐이다.

8) 이승복, 앞의 논문, 274면.

4.2. 비판적 남성관-무책임, 우유부단함

전처가 죽고 후처를 취함에 있어서 김 좌수는 모순적인 행동을 보인다. 가사를 주장할 사람을 구하려고 했고, 계모의 인물됨으로 인해 자녀들이 서러움을 받을까 분명 걱정하는 말을 했음에도 불구하고 막상 재취를 한 후에는 가정 내 문제에 관심을 갖는 모습이 보이지 않는다. 또한 문제가 겉으로 드러났음에도 불구하고 가장으로서 해결의 의지를 보이지 않고 오히려 방관자적이며 우유부단한 모습을 보이고 있다. 또한 스스로 병이 들어 죽음에 이르러 죽음을 통해 그 사이 있던 모든 일에 대해 면죄부를 얻게 된다.

그런데 김 좌수의 이러한 모습은 장자인 인형에게서도 나타난다. 동생의 누명을 풀기 위해 어떠한 노력도 하지 않고 사태를 지켜보는 것이 전부이다. 어쩌면 그러한 모습으로 인해 동생 인함이 오라버니인 인형보다는 인향을 더 따르는 모습으로 그려졌을지도 모르겠다.

그렇다면 <김인향전>에서 좌수와 인형을 통해 드러내는 것은 무엇일까? 그것은 당대 남성들의 이기적 의식을 드러내는 것은 아닐까 한다. 물론 한글소설이 특히 가정소설 같은 경우는 주독자층이 여성이었기 때문에 여성들의 갈등이 부각이 되었을 가능성도 배제할 수는 없지만, 당시 사회가 유교사회였다는 점을 생각한다면 남성들의 가정 내 갈등에 직접적으로 개입하는 것이 쉽게 용인되지는 않았을 것이라고 생각된다.

하지만 계모와 자식에 대한 좌수의 무관심이 계모와 자식의 관계를 소원하게 하였으며, 그 결과 자식과 계모의 죽음을 야기. 계모를 악인으로 낙인찍히게 만든 책임을 면하기는 어렵다.

계모가 들어온 가정은 혈연을 달리하는 두 개의 집단이 명분상으로 모자, 형제 관계를 유지하고 있는 것이기 때문에, 두 집단의 조화와 융화에 대한 책임의 상당 부분은 당연히 가장에게 있을 수밖에 없다. 그러나 현실적으로 이러한 것을 기대하기 어려운 상황에서 이들 작품은 가장을 무분별하고 우유부단하여 갈등을 방관하거나, 야기 또는 심화시키는 인물로 형상화하면서 가장의 책임을 문제 삼고 있는 것[9]이 아닐까 한다. 여기서 장자인 인형은 미래의 가장으로서 역시 좌수와 같은 맥락으로 해석할 수 있다고 본다. 그렇다면 작품에서 말하고자 하는 바에는 남성 역시 그 책임에서 벗어날 수 없음에도 불구하고 면죄부를 받고 있는 것을 통해 당대 남성에 대한 비판적 시각을 갖기에 충분하다고 본다.

4.3. 경계인적 여성[10]의 문제

조선시대 여성은 독자적 지위가 보장되지 않는 존재였다. 남편이나 자식을 통한 타자로서의 존재만이 의미가 있었던 것이 사실이다. 계모는 사회적 관계에서 보면 移住人的 성격을 가지고 있는 인물이다. 정치적, 경제적 혹은 다른 이유로 한 집단에서 다른 집단으로 옮겨 사는 인물을 이주인이라고 한다면, 계모는 이주인적 성격을 가지고 있음이 분명하다.[11] 그러나 계모는 이주한 후에 정착하기가 힘든 상황에 놓여 있다. 전처 자식들과의 관계는 소원하고, 남편은 가족의 화합에 대해 특별한 행동을 취하지 않고 있으며, 자신은 딸을 출산했기 때문이다.

물론 계모가 어머니로서의 기능을 가지고 있음은 부인할 수 없다. 그러나 계모는 어머니의 역할을 하면서도 어머니로서 인정받지 못한 위치에 처해 있는 셈이다. 달리 말하면, 한 가족원이면서 동시에 가족원의 테두리에서 벗어난 타인이기도 한 것이다.[12]

대개 후처들은 한미한 가정환경에 의해 재취를 선택하게 된다. 그렇다면 그녀들의 상황이 그녀들이 위험도 불사하고 악행을 저지르게 만들 수 있는 요인으로 작용한다는 것을 간과해서는 안 될 것이다.

더구나 전처 자식들은 가문이나 부락사회의 기존 구성원일 뿐만 아니라, 엄마 없는 아이들이란 동정심까지 받고 있기에, 주변사회의 시선은 외부에서 영입된 계모보다 그들에게 훨씬 더 우호적일 수밖에 없[13]다. 그러므로

9) 이승복, 앞의 논문, 286~287면.

10) 본고에서 경계인적 여성이란, 가정의 구성원으로 들어가지도 못하고 그렇다고 외부인도 아닌 여성(계모)을 의미한다.

11) 김재용, 『계모형 고소설의 시학』, 집문당, 1996, 197면.

12) 김재용, 앞의 책, 201면.

모든 면에서 계모에게 불리한 점이 사실임에도 불구하고 그 점에 대해서는 언급이 없다.

기존 가족 구성원으로 새로운 가족이 들어가게 되었을 때는 영입되는 가족에 대한 배려가 분명히 필요함에도 불구하고, 선입견과 비교로 인해 계모를 악인으로 형상화하고 고정화시키는 경향이 분명 존재하고 있다는 점도 지적할 필요가 있다고 하겠다.

5. 결론

당대 사회의 현실적 문제가 소설의 소재가 되는 것은 그만큼 많은 사람들이 문제의식을 공감하고 있었다는 증거가 된다. 그럼에도 불구하고 대다수의 계모형 가정소설에서 가정 내 갈등의 원인을 계모의 인간됨에서 찾는다는 것은 소설이 인간의 총체적 삶의 모습을 그리고, 전통사회가 지향했던 공동체적 삶의 방향이라는 관점에서 보았을 때, 분명 문제가 있다고 본다. 작품을 바라보는 다각도의 시야가 훨씬 작품을 박진감 넘치게 만들 수 있지 않을까 한다.

이에 본고에서는 가족 구성원 간의 대화를 통해 <김인향전>에 나타난 계모 갈등의 양상을 전처 자식과 계모의 갈등, 좌수와의 갈등, 계모의 갈등으로 나누어 파악하고, 갈등이 의미하는 것을 배타적인 가족의식과 비판적 남성관의 표출 및 경계인적 여성의 문제로 살펴보았다.

본 논의가 좀 더 심도 있는 결과를 낳기 위해선 추후 <김인향전> 활자본과 필사본 간의 이본분석도 필요하며, 더 나아가 계모형 가정소설 속 계모의 형상을 총체적으로 살펴볼 필요가 있다고 하겠다.

13) 이원수, 『가정소설 작품세계의 시대적 변모』, 경남대학교출판부, 1997, 101면.

참고문헌

<인향전>, 국립중앙도서관 소장본, 필사본 42장본.

김재용, 『계모형 고소설의 시학』, 집문당, 1996.

오종근·백미애, 『조선조 가정소설연구』, 월인, 2001.

이금희, 『김인향전 연구』, 푸른사상, 2005.

이승복, 「계모형 가정소설의 갈등 양상과 의미」, 『관악어문연구』 제20집, 서울대학교 국어국문학과, 1995.

이원수, 『가정소설 작품세계의 시대적 변모』, 경남대출판부, 1997.

한상현, 「<김인향전> 주인공의 인격적 성향과 가장비극의 상관성-계모형 가정소설과 관련하여-」, 『고전문학연구』 제17집, 월인, 2000.

야담집 소재 열녀담의 유형 연구

김 진 선*

1. 서론

우리 문학사에 유몽인의 『於于野談』 표제로 처음 등장하게 된 야담(野談)은 18·19세기에 집중적으로 창작되고 향유된 서사문학이다. 야담은 신화·전설·민담·소설의 경계가 모호한 여러 작품을 포괄하고 있어 그 문학적인 성격을 규정하지 못하고 있다. 그러나 '역사적인 사건이나 인물에 관해 민간 전승된 이야기'라는 데는 대체로 일치하고 있다.

그에 따라 야담에는 남녀노소 많은 인물들이 등장하고 있으며, 신분도 임금에서부터 노비에 이르기까지 다양하다. 이 가운데는 실존 인물도 있으며 허구적인 인물도 있다. 특히 야담의 편찬자가 사대부 남성임에도 불구하고 많은 여성 인물들이 등장하여 다양한 양상을 보여주고 있음에 주목했다. 조선후기 여성의 위치가 상대적으로 매우 미미한 시대였음을 고려할 때, 이 시기 야담집에 등장하는 여성 인물 이야기의 양적 수치는 매우 주목되는 현상이다. 이 시기의 여성담은 前 시기에 비해 양적으로 크게 늘어났으며 그 양상도 다양하다. 야담 소재 여성담의 자료의 양과 질적인 면에서 연구의

* 경희대학교 대학원 국어국문학과 박사과정

가치가 있음에도 불구하고 기존의 연구는 여성담의 전체적인 성격과 양상을 제시하지 못했다. 대부분 야담집에 나타난 여성주인공의 근대적인 행동양식과 적극적인 의식을 중심으로 한 논의에 집중되고 있다.

본 연구는 야담에 나타난 여러 여성 인물의 유형 가운데 '열녀(烈女)'에 해당하는 이야기를 바탕으로 그 구체적인 양상으로 분석하고자 한다. 야담 중에서도 烈을 소재로 한 열녀야담은 조선시대의 봉건적 위계질서와 유교윤리에 입각한 정절이데올로기와, 역으로 그를 부정하고 재해석하는 새로운 烈의 의미 모두를 살펴볼 수 있다는 점에서 의의를 둘 만하기 때문이다. 이에 따라 16세기 자료인 『於于野談』과 18·19세기의 자료 『靑邱野談』, 『溪西野談』을 대상으로 야담집 소재 열녀담의 유형 분석을 통해 열녀담의 양상을 밝혀 보고자 한다.

2. 열녀담의 형성배경 및 현황

조선 후기 성리학적 건국이념이 점차 강화되면서 사대부들은 성리학에 기반을 둔 새로운 여성관, 즉 유교적인 여성관을 확립하려고 노력했다. 여성에게 강요되었던 것은 '열(烈)'이다. '여자는 두 남편을 섬기지 않는다(女不事二夫)'는 법도가 충절과 표리를 이루는 절의로 장려되었다. 이러한 절의는 곧 수절의 강요라는 굳건한 사회 이데올로기를 형성하였으며 윤리나 도덕적 관념이 그 이상의 것이었다.

재가금지라는 조선조의 稀有의 법제가 명분으로 삼은 것은 '餓死事極小失節事極大'라는 주자의 정조론이었다. 역사적으로 재가금지의 논의가 일기 시작한 것은 고려말 공양왕 원년으로 都堂이 계를 올려 재가금지를 공론화 한데서부터 비롯하였다. 그러나 재가금제 대상의 범주가 극히 제한적이었을 뿐만 아니라, 금지를 위반하는 경우 '失節'이라는 도덕률의 문책 차원에 머물러 있었지 실질적인 법적 제재가 가해졌던 것은 아니었다. 그러다 조선조에 들어서 여러 상황적이고 정치적인 내면적 연유가 복합적으로 작용한 결과 및 재가 금지를 탄탄하게 지탱해 줄 수 있는 주자학적 성리학이 당대 사상을 지배하게 됨으로 말미암아 태종 때에 '改嫁子孫 勿敍顯職'이라는 가혹한 입법이 이루어진다. 성종 때에 이르면 자손 앞에 '世世'를 첨가하여 한층 더 가혹한 禁錮法이으로 굳어지게 된다.[1]) 성종 8년에는 과부들의 재가가 법적 규제로 이어져 재가가 전면적으로 금지되었다.

여성의 재가를 금지시킨 이유는 가계계승의 질서가 문란해진다는 가부장적 발상 때문이었다. 성종대에 이르러서는 재가를 한 여성의 자손은 벼슬길을 제한했으며 과거의 응시 조건까지 박탈하는 규제까지 만들었다. 자연히 여성이 재가하면 자식의 앞길이 막힌다는 인식이 형성되게 되었다. 이 재가 금지법은 이후 4백여 년간 엄격하게 지켜져 과부의 수절을 찬양하고 실천하도록 만드는데 중심역할을 했다. 정절에 대항할 이념이 부재했던 여성들은 이에 저항하기보다 열녀 이데올로기에 순응하는 길을 택했고, 절개를 생명보다 더 중시했다고 할 수 있다. 이에 따라 많은 열녀담이 양산되었다.

본 연구의 대상인 『於于野談』, 『靑邱野談』, 『溪西野談』에는 총 1096의 이야기가 수록되어 있다. 이 가운데 중 여성인물의 烈節과 수절이 이야기의 중심을 이루어 열녀담이라 부를 수 있는 이야기는 총 40편이다. 이를 표로 정리하면 다음과 같다.

번호	야담집	제목	이름	신분
1	於于野談	成博成怡子漢之子也	윤기삼 처	사족
2	於于野談	韓氏吾侄柳洸妻	한씨	사족
3	於于野談	南原鄭生者失其名	홍도	사족
4	於于野談	江南德母者京都西-	강남덕 모	평민
5	於于野談	僉知柳忠弘夫人許氏	허씨	사족
6	於于野談	玄風人郭趪字養靜	곽준 처, 딸	사족
7	於于野談	冠紅粧者長安名妓也	관홍장	기녀
8	靑邱野談	守貞節崔孝婦感虎	최씨	평민
9	靑邱野談	成勳業不忘糟糠	김생 처	사족
10	靑邱野談	乞父命忠婢完三節	향단	여종
11	靑邱野談	楊承宣北關逢寄耦	양승지 처	평민(첩)
12	靑邱野談	李尙書元宵結芳緣	?	사족(첩)
13	靑邱野談	李節婦從容取義	이씨	사족

1) 이능화, 『朝鮮女俗考』, 동문선, 1990.

14	靑邱野談	節婦當難辨高義	이씨	사족
15	靑邱野談	拒强暴閨中貞烈	길녀	평민
16	靑邱野談	崔崑崙登第背盟	?	평민
17	靑邱野談	得二妾權上舍復緣	?	평민
18	靑邱野談	托終身女俠捐生	가련	기녀
19	靑邱野談	禹兵使赴防得賢女	?	평민
20	靑邱野談	訴輦路忠僕鳴寃	박씨	사족
21	靑邱野談	伏園中舊妻授計	?	평민
22	靑邱野談	柳上舍先貧後富	?	사족
23	靑邱野談	盧玉溪宣府逢佳妓	?	기녀
24	靑邱野談	矗石樓繡衣藏踪	?	여종/기녀
25	靑邱野談	得佳妓沈相國成名	일타홍	기녀
26	靑邱野談	營妓佯狂隨谷隨倅	매화	기녀
27	靑邱野談	義男臨水喚兪鐵	?	용녀(龍女)
28	靑邱野談	洪尙書受挺免刃	?	평민
29	靑邱野談	新婦搬虎救丈夫	?	사족
30	溪西野談	梅花者谷山妓也	매화	기녀
31	溪西野談	榮川儒生閔某有一子	박씨	사족
32	溪西野談	巫雲者江界妓也	무운	기녀
33	溪西野談	東岳李公新娶後	?	평민
34	溪西野談	李節婦忠武公後裔也	이씨	사족
35	溪西野談	中和縣有一殺獄	?	평민
36	溪西野談	楊蓬萊士彦之父	양사언 모친	평민(첩)
37	溪西野談	湖中一士人	?	사족
38	溪西野談	禹兵事夏亨平山人也	?	사족
39	溪西野談	盧玉溪禛早孤家貧	?	기녀
40	溪西野談	趙復興拌有其姑	?	기녀

『於于野談』, 『靑邱野談』, 『溪西野談』에 각각 7편, 22편, 11편의 열녀담이 있다. 『於于野談』의 열녀담에는 대부분 사족여성이 등장하며 기녀와 평민이 각각 1편씩 존재한다. 이에 대한 가능한 추측은 사대부가의 남성인 유몽인이 실제로 평민여성과 면대하거나, 그들의 이이야기를 들을 수 있는 기회가 많지 않았다는 것이다. 실례로 『於于野談』은 다른 야담집에 비해 여성담의 비중이 적으며 그나마도 사대부가 여성에 관한 이야기에 집중된다.

『靑邱野談』과 『溪西野談』에는 총 22편과 11편의 이야기가 열녀담에 해당한다. 이들 열녀담은 각각의 신분계층이 고루 분포하고 있으며, 16세기 유몽인의 『於于野談』에 비해 작품편수가 많아졌다. 이는 17세기 이후 더욱더 굳건해진 정렬(貞烈)관념 때문에 더 많은 열녀담이 만들어지고 전해졌을 가능성이 많다. 열(烈)이 원래 양반 여성에게만 해당되는 윤리였음에도 불구하고 조선 후기에 들어서면 하층 여성들도 열녀전에 등장하기 시작했음을 고려하면[2] 야담집 소재 열녀담에 평민과 기녀의 비중이 높아진 것도 놀라운 일이 아니다.

3. 열녀담의 유형별 양상

조선시대 열녀들의 특징을 알아보기 위해 『동국여지승람』에 나타나는 조선시대 열녀들의 행동양상을 정리하면 다음과 같다.[3]

1) 목숨을 걸고 수절
2) 廬墓 朝夕奠
3) 머리 깎고 중이 됨
4) 호랑이에 대항하여 구하거나 시체를 찾음
5) 남편의 뒤를 따라 죽음
6) 남편의 병 치료를 위해 斷指
7) 벽에 남편의 그림을 붙이고 제사함
8) 남편의 원수를 갚음
9) 남편의 사후 슬퍼한 자리에 흰 대나무가 자라남
10) 왜구에 잡혀간 남편을 기다려 상봉함
11) 남편이 죽은 후 글을 지어 제를 지냄

조선후기 여성 삶의 일거수일투족을 제한했던 수절과 절개에 대한 영향력이 컸던 사회적 분위기에 힘입어 야담에는 많은 열녀들이 등장하고 있다. 위 동국여지승람에 기록된 열녀의 양상 가운데 2), 6), 7), 8), 9), 11)번을 제외한 나머지 이야기는 야담에 모두 등장한다. 이는 조선조에 이미 이상화되

2) 홍인숙, 「열녀담론의 새로운 독해」, 『한국고전여성문학연구』 5, 한국고전여성문학회, 2005.
3) 고두행, 「동국여지승람 효자 열녀조의 분석」, 전북대학교 교육대학원 논문, 1980.

고 보편화된 열녀의 모습이었을 것이다. 이를 바탕으로 열녀의 양상을 정리하도록 한다.

1) 자결형

당시 가장 이상적인 열녀의 모습은 죽음으로써 절개를 지킨 여성들이라고 할 수 있다. 특히 사족들의 경우 절개를 지키기 위해 스스로 목숨을 끊은 이야기들이 많이 발견되고 있다.

여인에게 정절은 혼인하기 전이나 후에나 그리고 남편이 살아있을 때나 죽은 후에나 변함없이 중요한 것이다. 그러나 이를 실현시키기 위해서는 정절을 지킬 수 없는 어떤 장애가 필요하다. 이야기에 많이 등장하는 요소는 전쟁, 외적의 침입, 호환, 자연재해, 관원의 폐해, 남편의 병, 외간남자의 강압과 유혹 등이다.[4] 이처럼 절개를 잃을 수 있는 상황에서 정조를 지키기 위해 죽음이라는 방법으로 절개를 지킨 열녀담이 해당한다.

> <어우야담> 韓氏吾侄柳洸妻
>
> 유몽인 조카 유광 처 한씨는 한극겸의 딸이다. 임진왜란 때 왜적을 피해 양주 홍복산으로 갔다. 앞산을 바라보니 왜적이 숲을 이루어 수탈을 자행하고 있었다. 그것을 보고 나무에 목을 매 자살하였다. 한씨의 동생은 김 선비 처였는데, 시집 식구를 따라 숨어 있다가 왜적이 핍박하니 절개를 지켜 언덕에 떨어져 죽었다. 그 부친 한극겸도 양주에 피난 왔다가 왜적에 의해 목숨을 잃었다.

한극겸의 두 딸은 임진왜란이라는 전란의 상황에서 몸을 더럽힐 것을 두려워하여 자살을 선택한다. 외적의 침입과 호환이라는 장애의 현장에서 여성이라는 존재는 한없이 나약하고 불안한 존재이다. 더구나 피란이라는 상황은 여성 스스로 의지에 의해 몸을 지킬 수 있는 상황도 아니다. 전쟁이라는 시대의 굴곡에서 사족의 여성들이 선택할 수 있는 가장 이상적인 가치는 자결이었다.

---

4) 김대숙, 『한국설화문학과 여성』, 월인, 2002.

이 이야기에서 두 명의 한씨 부인은 전란을 당하여 침착하게 대처한 양반가 부녀자로서의 모습을 보여준다. 당시 이러한 정조관념이 국가에 알려지면 정문이 세워지고 표창을 받았다는 사실을 감안해 볼 때 왜적에 의해 능욕을 당하고 구차하게 살아가느니 차라리 죽어서라도 가문과 마을이 자랑거리가 되고자 하는 마음이 컸을 것이다. 그렇기 때문에 그녀들은 스스로 목숨을 끊을 수 있었다.

앞서 언급했듯 조선전기에 열이라는 관념은 유교적 가치관에서 권장되는 이상적인 윤리규범[5]이었다. 조선후기라는 시기적 구분을 유의미하게 해주는 양대 전란은 사실상 열녀전의 창작을 급증하게 한 가장 직접적인 계기였다. 전쟁이라는 전면적인 위기 상황에서 여성들은 외적들에게 성적인 약탈의 대상이 되었다. 그러한 가운데 생명의 위험을 무릅쓰고 성적 수탈을 의지적으로 거부하고 저항하는 여성들이 열녀라는 이름으로 다수 쓰이기 시작하였다.[6] 따라서 양대 전란 이후 17세기 초까지는 전쟁을 배경으로 하여 외적의 강포한 위협 속에서 변절의 위기를 맞았을 때 죽음으로 대응하는 열행양상을 보이는 열녀들이 많이 등장한다. 결국 전쟁이라는 역사적 사건은 사회적인 차원에서 '여성이 정절을 지킨다는 것'이 얼마나 어렵고 대단한 일인가 하는 사실을 인정하게 했으며 동시에 여성에게 열이라는 개념을 주체적인 결단을 요구하는 실존적인 가치로 인식하게 만드는 결정적 계기가 되었다.

위와 비슷한 유형의 이야기가 『於于野談』에만 나타난다는 특징이 있다. 이는 『於于野談』의 추정 편찬연대가 1622년으로 임진왜란의 폐해와 피해의식이 많이 남아 있을 시기에 편찬되었기 때문일 것으로 보인다.

다음의 '절부이씨'에 관한 이야기 역시 대표적인 열녀의 유형에 속한다. 앞서 한씨의 경우와 마찬가지로 자결을 통해 정절을 지키고 있으나 앞선 상황이 전쟁의 상황으로 말미암은 죽음이었다면 이는 남성에 의해 능욕당할 위기의 순간에 목숨을 끊는다는 차이점이 있다.

---

5) 이혜순, 『한국의 열녀전』, 월인, 2002.

6) 전란으로 인하여 열을 실천한 여성들이 많았다는 것은 다음의 언급에서 단적으로 표현되고 있다. '임진왜란 이후 행해진 표창 숫자를 보면 전쟁 첫 해를 중심으로 하여도 효자 67명, 충신 11명, 열녀 356명으로 열녀의 숫자가 압도적이다.' 한명숙, 「유교적 여성관의 원리론적 고찰」, 이화여대 석사학위논문, 1986, p.56.

<청구야담> 節婦當難辨高義

절부 이씨는 양가의 여자로 16 나이에 황일청에게 시집갔다. 17에 남편이 죽자 시부모가 어린 나이에 수절하는 것을 불쌍히 여겨 개가시키려 했으나 죽기로 맹세하고 10년을 수절하였다. 이 지역 풍속이 과부 수절을 강조하지 않는 편이어서 젊은 과부들이 겁탈 당하는 일이 많았다. 그러나 이씨만은 모두 그 절의를 존중해 범하려 하지 않았다.

근처 필욱이라는 환부가 살았는데 이씨의 자색을 보고 사모의 마음을 갖고 기회만 노리고 있었다. 하루는 인근 불량배 10여 명을 매수하여 이씨를 취하려는 계획을 세운다. 이에 불량배들이 이씨 집 주위에 진을 치고 필욱은 대문을 부수고 이씨 방으로 들어갔다. 상황을 파악한 이씨는 피할 수 없음을 알고 "내 평소 재혼을 생각하고 있었는데 잘 되었다."라는 말로 안심시켰다. 필욱이 밖에 있던 불량배들에게 일이 잘 되었으니 돌아가라고 말하고 다시 방에 들어와 보니 이씨는 목을 매 죽어있었다.

이 사실을 관가에 고발하니 필욱은 매를 맞아 죽였고, 불량배들은 죄의 경중을 가려 귀양 보냈다. 이씨의 집에는 정문을 세웠다.

이 열녀담은 필욱이라는 남성이 수절과부의 동의 없이 일방적으로 그 고을의 풍속대로 과부 업어가기를 하려다가 과부인 여성이 정절을 지키기 위하여 자결을 하고 이를 안 과부의 시아버지가 그 사실을 관가에 고발함으로써 남성이 죽임을 당하게 되는 이야기다.

이씨는 어린 나이에 남편을 잃고 10년이라는 세월을 수절한다. 시부모까지도 재가시키려 했으나 듣지 않고 스스로 독수공방의 외로운 길을 선택한다. 정조를 유린하려는 계략에 대해 저항하지 않고 순종하는 체 해 상대를 안심시킨 다음 스스로 목숨을 끊어 절개를 지킨다. 양반가의 여성으로 능욕을 당할 위기에서 당황하지 않고 침착한 태도를 보이는 기지를 발휘한다는 내용까지 당시의 이데올로기를 모두 수용한 열녀의 전형을 갖추었다고 할 수 있다. 결국 그녀는 열녀의 최고서열에 오르게 되고 정문이 내려진다. 17이라는 어린 나이에 수절이라는 상황은 남편을 따라 죽은 일보다 오히려 힘든 일이었을지 모른다. 10년을 시부모 봉양과 살림을 성실히 수행한 그녀는 주자학적 규범에 맞추어진 착하고 훌륭한 여인이다.

열녀의 대표적인 유형인만큼 야담집에는 이와 유사한 이야기 구조를 가진 작품들이 많이 있다. 『東野彙集』에서는 이절부를 충무공의 후예라고 기록하고 있는 것으로 보아 실존인물일 가능성도 있다. 규범적인 열녀 설화는 그 내용이 상당히 사실적이라는 특징이 있다. 그러기에 서두는 어디 사는 어느 집안의 이야기라는 식으로 내력을 밝힌다. 이 이야기는 『溪西野談』, 『靑邱野談』, 『東野彙集』 등 주요 야담집마다 거의 수록하고 있으며, 편찬자들이 가장 훌륭한 열녀의 사례로 이절부를 예로 들고 있다. 이는 아마도 당시 사대부 남성들의 가부장적 발상이 만들어낸 윤리적인 여성상이 투영된 모습이 아닐까 한다. 절부이씨 이야기 외에도 수절 중 능욕의 위기에서 자결하게 되는 여성의 이야기는 야담집에 많이 발견된다.

기녀의 경우도 목숨을 끊는 것으로 상대 남성에 대한 절의를 행하는 열녀담이 등장한다. 기생은 노류장화(路柳墻花)라 하여, 길가의 버들이나 담 밑에 피어 있는 꽃처럼 임자가 없어서 아무나 꺾을 수 있고 누구나 소유할 수 있는 것으로 이해되어 왔었다. 많은 기녀담이 여성의 절개와는 상관없는 내용을 기술하고 있지만, 기생의 순정에 관한 이야기와 절개를 지키어 일생을 수절하는 얘기들도 많이 전해지고 있다. 기녀들도 역시 규방의 여인들처럼 순정을 쏟고 절개를 지켰다는 언급이 기술되어 있다. 아래 이야기는 기생이 인연 맺은 남자의 죽음에 기생도 따라 죽는다는 절사(節死) 요소가 결부된 것이다.

<계서야담> 梅花者谷山妓也

매화는 곡산 기생이었는데 자색이 있었다. 한 늙은 재상이 황해도 관찰사가 되어 곡산 지방을 순행하다가 매화를 보고 친압해 데리고 가, 해주(海州) 감영에 두고 총애했다. 그런데 한 젊은 명사(名士)가 곡산 군수가 되어 부임해 관찰사에게 인사차 해주 감영에 들렀다가 매화를 보고 그 자색이 뛰어남에 놀라 몹시 마음이 끌렸다.

군수는 곡산으로 돌아와 늙은 기생으로서 곡산에 있는 매화 어미에게 온갖 맛있는 음식과 값진 물건을 여러 번 선물했다. 매화 어미는 황송해 하면서 군수에게 무슨 까닭인지 물었다. 시일이 지난 뒤 군수는 딸 매화를 보고 사랑해 병이 날 지경이니 한 번 만날 수 없겠느냐고 실토했다.

이에 매화 어미는 승낙하고 매화에게 '어미가 갑자기 병이 났으니 잠시 관찰사의 허락을 받아 다녀가라'는 내용의 편지를 써서 딸에게 전달했다. 이렇게 해 매화가 곡산으로 오니 그 어미는 군수의 보고 싶어 한다는 말을 전하고 군수에게 가도록 했다. 매화가 군수를 보니 늙은 관찰사보다 훨씬 젊고 뛰어나 마음에 들었다. 그래서 군수와 함께 재미있는 세월을 보내다가 다시 해주로 돌아갈 기한이 되어 떠나면서, 곧 계책을 꾸며 다시 돌아오겠다고 약속하고 떠났다.

해주로 간 매화는 며칠 후 병이 났다면서 앓아누웠다. 그리고 얼마 후부터 머리를 풀고 옷을 아무렇게나 한 채 거짓으로 미친 사람처럼 행동했다. 그러자 관찰사는 매화를 집으로 돌려보내 병을 고치도록 명령했다. 곡산으로 돌아온 매화는 그날부터 다시 몸단장을 하고 군수와 함께 거처하면서 즐거운 나날을 보냈다.

세월이 흘러 매화의 거짓 미치광이 짓이 소문이 나서 관찰사의 귀에 들어갔다. 관찰사가 곡산 군수를 불러, "매화의 병이 어떠하며, 군수가 매화를 종종 불러 만나느냐?"하고 물었다. 이에 군수는 "병은 좀 나은 것 같은데, 제가 감히 불러 보겠습니까?"하고 거짓말을 했다. 위협을 느낀 군수는 관찰사의 비위사실을 허위로 꾸며 고발해 그를 파면되도록 했다. 그러고 곡산에서 군수 임기를 마치고 서울로 올라올 때에 매화를 첩으로 데리고 와서 살았다. 그런데 뒤에 이 군수는 병신해의 옥사(獄事)에 연루되어 투옥되고 말았다.

군수가 죄에서 벗어날 수 없게 되자 군수 아내가 매화에게"나는 남편과 함께 자결하려고 하니, 매화 너는 곧 곡산 집으로 돌아가 살도록 하라."하고 일렀다. 이에 매화는 "소첩이 영감님 은혜를 입어 향락을 누리고 살았는데, 어찌 이때를 당해 영감님을 배반하고 돌아가겠습니까?"하면서 떠나지 않겠다고 했다.

군수가 사형을 당하고 그 아내 역시 자결하니, 매화는 두 시체를 거두어 염습해 선산에 장례한 다음, 이어 자기도 스스로 목숨을 끊어 그 옆에 묻혔다.

기생 매화가 곡산 군수에게로 마음이 옮아가는 방식이나 과정은 다른 기녀들과 크게 다르지 않다. 그녀들에게 있어 절개라는 개념은 강요받고 의식되어지는 성질의 것이 아니다. 그러나 그녀는 곡산 군수가 옥사에 연루되는 상황에서 그 곁을 떠나지 않고 힘든 시절을 함께 보낸다. 또한 군수와 그의 처가 각각 사형 당하고 자결하자 장례를 치르고 본인도 스스로 자결한다. 즉, 기생도 양반가의 여성처럼 한 남자를 향한 순정이 있고 그를 행하는 절의가 있음이 나타난다.

끝 부분의 입절사의(立節死義) 구성은 조선후기 기생관련 설화에 흔히 표현되는 형태이다. 또한 여자 종이나 유모에게 선물을 주어 환심을 사서 애정결연을 부탁한다는 소재는 신분의 고하를 막론하고, 여러 유형의 이야기에서 발견되고 있다. 이는 아마도 이런 고정 소재가 당시에 유행했을 가능성이 있다.

이상의 이야기는 열의 관념을 죽음으로써 지켜낸 여인들이다. 우리는 이들을 훌륭한 절부라 일컬었으며 그녀들은 남성들의 가부장적 발상이 만들어낸 이상적인 여인들이며 사회 이념을 충실히 수행한 중심에 선 여성들이다.

특이한 점은 죽음으로써 절개를 지켜 낸 여성이 사대부 여성에게만 나타난다는 것이다. 앞서 기생의 경우 절개를 언급하기는 했으나 이는 사대부가 여성이 지켜낸 절개와는 양상이 다르다. 비록 죽음으로써 절개를 지키기는 했으나 사족 여성이 유교적 이념에 충실한 지조를 실천했다면 기생의 경우는 이념과 달리 애정의 발로라고 보는 것이 마땅하다.

2) 수절형

절개를 지키려고 목숨을 끊는 경우는 계기가 마련되었기 때문이다. 그러나 보통의 경우는 젊어서 남편이 사망했을 때, 재혼을 하느냐 수절을 하느냐가 큰 문제였다. 평민의 경우, 특히 자녀가 없을 때에는 더욱 재가의 유혹이 많았다. 친정 부모는 말 할 것 없고, 시부모까지도 재혼을 권했다. 이와 같은 상황에서 수절을 택한 여인들에 관련된 이야기를 고찰해보고자 한다.

<청구야담> 李節婦從容取義

절부 이씨는 충무공 이순신 후손이다. 민병사 손부가 되어 결혼식을 올리고 신랑이 본집으로 돌아가 아직 신행도 하기 전에 신랑이 갑자기 사망했다. 부고를 받은 이씨는 온양 조모에게 의지해 있다가 부모에게 자기의 뜻을 고하고 청주의 신랑집으로 갔다. 시가에는 조부모와 부모가 있었고, 그들을 봉양할 사람이 아무도 없었다.

시가에 온 이씨의 나이는 겨우 15, 6세였지만 시부모를 정성껏 모시고 제사 모시는 일이며 집안일 처리를 절차에 맞게 빈틈없이 잘 처리했다. 친척집에서 양자를 구해 길러서 자부를 보니 가정이 정상을 회복하고 10여년동안 시조부모와 시부모가 모두 세상을 떠났다.

이씨는 뒷산 조상의 묘소에 각종 비석을 완비하고, 하루는 양자 부부를 데리고 묘소에 가서 성묘한 다음, 돌아와 양자를 불러 앉혀놓고 자신이 여태 살아 온 이유는 시가의 대가 끊어지지 않게 하기 위함이었으며, 앞으로는 아들과 며느리가 집안 일을 이끌어 가도록 하라고 당부한다.

이튿날 이씨는 독약을 물에 타고 자살해 있었다. 부인의 시체 옆에는 가정의 여러 가지 예법 절차와 재산 관계 등을 기록하고 저승에 가서 남편을 만나 이런 사정들을 보고하는 것이 소원이라고 적혀있다. 후에 정문이 세워졌다.

청춘과부의 대표적인 표준형이다. 일반적으로 가장 심한 여성의 비극을 표현한 얘기의 경우, 첫날밤에 남편이 사망하는 경우와 결혼식 직전에 신랑이 사망한 경우를 그리고 있다. 이씨처럼 남자와의 접촉 없이 청상과부가 되어 평생을 슬픔으로 산 여인들의 이야기는 교훈적 의도가 짙은 작품이라 할 수 있을 것이다.

양반 사대부계층에서 가장 이상적인 열녀로 삼은 전형은 젊어 喪夫 후, 남편을 따라 죽는 것보다, 남편의 상을 치르고 시부모를 정성껏 봉양하다가 양자를 얻어 대를 잇게 하고 시부모 사후 삼년상을 지내 놓고 나서 양자에게 집안일을 당부하고 사당에 나가 자결하는 여인상이다. 이에 따라 이 구조와 유사한 이야기가 야담에는 상당수 존재한다.

3) 남편 구조형

전란이나 위험한 상황에서 자신의 목숨을 걸고 남편을 살려 낸 이야기로 『靑邱野談』과 『溪西野談』에 동일 이야기가 존재한다.

<계서야담> 湖中一士人

한 선비의 아들이 초례를 치르고 나서 밤에 신방에 들어가 신부와 마주 앉았는데 갑자기 호랑이가 방에 뛰어 들어와 신랑을 물고 갔다. 신부가 창황 중에 급히 일어나 호랑이 뒷다리를 안고서 놓지 않았다. 호랑이가 바위굴의 높고 낮음이나 가시덤불도 가리지 않았는데 몇 리를 가다가 호랑이가 기진하여 신랑을 수풀 언덕에 버리고 갔다.

신랑의 명치 아래 미미하게 온기가 남아있자 인가로 내려갔다. 대여섯명이 모여 술을 먹고 있었는데 피가 홍건한 여자가 들어오자 깜짝 놀랐다. 신부가 사정을 설명하자 사람들이 횃불을 들고 언덕으로 가니 소년 하나가 쓰러져 있었는데 자세히 살펴보니 바로 그 주인집 아들이었다.

신랑의 부친이 혼행을 차려 보내고 마침 이웃 친구들과 모여 술을 마시고 있었던 것이다. 양가 부모가 놀라고 기뻐하며 그 지극한 정성과 높은 절개에 마지않았다. 향리의 많은 선비가 그 일을 관에 알려 정려포상의 은전을 받는데 이르렀다.

위 이야기에서 신부는 신행을 차리기도 전에 신랑과 이별하여 평생 수절해야 할 위험에 직면한다. 당시의 사회적 분위기를 감안한다면 호랑이에게 물려 죽는 고통보다 수절하는 일이 더 힘든 일이었을지도 모른다. 그래서 죽음을 각오하고 호랑이를 붙잡았고 결국 신랑을 살리게 된 것이다. 그녀의 그러한 정성에 하늘이 감동해서 마침 남편의 마을이었다는 우연을 통해 남편의 죽음도 막고, 국가로부터 정려의 표창까지 받게 되는 행운을 누린다.

조선 후기에는 혼례를 치르기 전이나, 혼담만 오고간 경우에 신랑이 죽게 되더라도 평생 수절해야 하는 극단적인 열녀관이 광범위하게 퍼져 있었다. 부부의 연을 맺지 않더라도, 순결을 훼손하지 않았어도 죽은 남편을 향한 일부종사를 실행해야 했던 것이다. 이는 정혼을 했거나 혼서지를 받으면 이미 그 집 사람이라는 철두철미한 주자가례의식에 사로잡힌 까닭이다.

아울러 규범적인 열녀담에서 남편을 따라 죽거나 수절을 위해 목숨을 버리는 이야기가 많은데 남편을 구해서 같이 사는 행복한 결말의 이야기의 전형을 보여준다 하겠다. 구전설화에는 이와 유사한 구조의 이야기가 많이 등장하는데 반해 야담에는 단 하나의 이야기가 2개의 야담집에 실려 있다는 점이 특징이다.

4) 상봉형

<어우야담> 南原鄭生者失其名

남원에 정생이란 자가 있었는데 젊어서 퉁소를 잘 불로 노랫말을 잘 지었다. 같은 마을 양가에서 홍도라는 딸이 있었는데 두 집안이 결혼하기로 의논하였다. 길일이 가까워지자 홍도의 아버지가 정생이 배운 것이 없다는 이유로 사절하자 홍도가 '이미 정혼하기로 허락하였으면 마땅히 그와 결혼한다.'고 얘기해 아버지를 감동시키고 그와 결혼하여 아들 몽석을 낳고 살았다.

임진년이 일어나 정생이 군인이 되어 왜적을 방어했는데 홍도도 남장을 하여 따라 갔다. 성이 함락되자 정생은 총병을 따라 도망 나올 수 있었지만 홍도와는 헤어지게 되었다. 정생 중국에 들어가 구걸을 하며 홍도를 찾아 다녔다.

하루는 절강 가는 배를 타고 달밤에 통소를 부니 어떤 사람이 "예전에 조선에서 듣던 곡조와 비슷하다."고 말하였다. 정생은 자신의 아내가 아니라면 이 노래를 알 수 없다고 확신하며, 예전에 아내와 더불어 화답하던 가사를 읊조리니 그 사람이 "내 남편이다."라고 소리 질렀다. 다음 날 새벽에 도주가 돈 수 십 냥과 집안의 장정을 주어 사람을 주고 잘 타이르면서 그를 찾으니 과연 아내였다. 남원이 함락될 때 홍도는 왜적에게 붙잡혀 일본으로 들어갔는데 홍도가 남자 옷을 입은 걸 보고 남자 장정에 채워져 되팔아 장삿배에 딸려 보낸 것이다. 절강까지 이르렀던 것은 기회를 틈타 조선으로 되돌아가기 위함이었다. 배 안에 놀라지 않은 사람이 없었다.

아들 몽진을 낳고 몽진이 17살이 되었을 때 한 처자가 몽진에게 구혼하며 말하기를 아버지가 동쪽으로 정벌하러 조선에 가서 돌아오지 않으니 몽진과 결혼해 아버지의 제사를 지내고 싶다고 말한다. 그래서 그녀는 몽진에게 시집 와 살게 된다.

조선에서 무오년에 북쪽을 정벌하러 가니 정생이 유정의 군대에 응모하여 노적을 정벌했다. 유공이 패하니 호병이 명나라 군대를 거의 다 전멸시켰는데 정생이 중국 사람이 아니고 조선 사람이라고 소리쳐 죽지 않고 조선으로 도망 나왔다. 남원으로 가다가 의사를 만났는데 중국 군대가 철수하면서 되돌아 갈 때 낙오된 자라 했다. 성명을 물으니 몽진의 장인이었다. 함께 남원의 옛 살던 곳을 가보니 아들 몽석이 아내를 맞아 아들까지 낳고 잘 살고 있었다.

1년 후 홍도는 재산을 팔아 작은 배를 세내어 남편을 찾아 절강을 출발하였다. 한 달 이십오일쯤 지나서 제주도 바깥쪽에 정박했는데 양식이 떨어져 목을 매 죽으려 했으나 며느리가 만류했다. 마침 5, 6일 만에 통제사 사수선의 도움으로 순천 땅에 도착했다. 홍도가 옛터를 찾으니 남편과 몽석과 몽진의 장인까지 함께 잘 살고 있었다.

홍도는 몇 번의 과정을 통해 절개를 지켜낸다. 처음 홍도의 아버지가 정생과의 혼사를 그가 배운 것이 없다는 이유로 취소하려고 했을 때 이미 정혼한 사이이므로 그와의 혼례를 치르겠다는 의사를 아버지에게 말한다. 그녀는 정생과의 혼인 이야기가 나온 순간부터 정생의 아내인 것이다. 조선의 유교 이념을 충실하게 수행하고 그를 만류하는 아버지까지 감동시키는 명민한 여성의 모습을 두루 갖추었다.

임진란이라는 전쟁의 상황에서 정생과 홍도는 두 번의 헤어질 위기를 맞는다. 처음 위기에서 홍도는 남장을 하고 다니다 장삿배에 팔려 절강에까지 이른다. 기회를 틈타 조선으로 돌아가려는 중 우연히 퉁소소리를 알아듣고 남편과 다시 만나게 된다. 두 번째 위기는 첫 번째 위기보다 더 험한 어려움을 감수한 것으로 묘사된다. 배를 타고 절강에서 순천까지 두 달이나 배를 타는 죽음을 무릅쓴 고난을 겪고 나서야 남편과 해후하게 된다.

난리로 인해 헤어진 남편을 찾기 위해 목숨을 걸고 고행을 하는 이 유형에 속하는 이야기는 16세기의 전란을 배경으로 하고 있다. 전쟁의 직 · 간접적 경험을 통해 전쟁이 인간에게 가져다주는 비극성을 제시하면서도 어떠한 상황에서라도, 설사 죽음의 상황이라 하더라도 여성의 지조를 지켜야한다는 교훈적 의도가 깔려 있다.

이 이야기에는 다음과 같은 평결이 붙어 있다.

> “정생은 우리나라 사람이다. 난리로 헤어져 그 처를 잃었으나 멀리 중국에서 찾고, 홍도는 그 남편을 전쟁 중에 잃었으나 세 나라에 들어가 남자 옷으로 변장하고 몸을 보존하였다. 몽진의 처는 외국인을 스스로 구하여 혼인하여 아버지를 사지에서라도 만나기를 원하였다. 마침내 모두 한 것에서 만났는데, 온 가족 여섯명이 기약하지 않고서도 만난 것이 모두 만 리의 바람과 파도를 넘어 국경 바깥에 있었던 것이다. 비록 이치에 닿지 않을 만 분의 일의 행운에서 온 것이라고 할지라도 어찌 이른바 지극한 정성이 신을 감동시킨 것이 아니하겠는가? 기괴하고 특이하다 하겠다.”

유몽인은 여성담에 평결을 생략하거나, 부정적으로 기술한 경우가 많다. 심지어 논개의 충절을 이야기 할 때에도 폄하하는 경향이 있는데 위 이야기에는 지극한 정성이 신을 감동시켰다는 긍정적인 평결을 붙여 놨다. 사대부 남성의 이념에 홍도의 절행은 모든 여성이 배워야 할 것으로 강조하고자 했을 것이다.

이와 유사한 이야기가 『於于野談』에 있다.

> <어우야담> 江南德母者京都西
>
> 강남덕의 어머니가 뱃사공 남편이 태풍을 만나 돌아오지 않자 과부로 여러 해를

살다가 남편의 편지를 받게 된다. 아내는 남편을 찾겠다는 일념으로 몰래 압록강을 건너 중국으로 들어가 걸식하며 찾아다녔다. 일 년 남짓하여 편지에서 가리킨 곳대로 강남에 도달하여 남편과 상봉하여 고국으로 돌아왔다. 오는 도중 임신을 하였는데 돌아와 딸을 낳고 강남덕이라 이름 지었다.

이 이야기 역시 어우당의 평결이 있는데, 다음과 같다.

"한 부녀자가 감히 중국에 혼자 들어갔다가 돌아오기를 동쪽 마을에서 서쪽 마을 가듯 하여 끝내는 아득히 넓고도 먼 곳에서 남편을 만났으니, 이는 천하에 없던 일이다. 그 용감함과 정렬은 삼강을 세우고 고금을 관통했다고 하겠다."

강남덕의 어머니는 죽을 것을 두려워하지 않고 혼자 몸으로 중국까지 건너가 구걸하며 결국 강남에까지 가게 된다. 그에 대한 보상으로 남편과 상봉하게 된다. 일반 평민여성에게 반드시 수절해야 한다는 강요는 없었다. 이는 대부분 사대부가 여성에게 가해지는 굴레였다. 그럼에도 강남덕의 모친은 개인적인 안락보다는 남편을 향한 열을 실천하는데 더 큰 뜻을 두었다는 점에서 의미 있다.

5) 변이형

위에서 살펴본 바처럼 여성들의 정조를 지키는 방법은 일반적으로 위 항목과 같다. 그러나 기생의 경우 그 두 가지와 다른 방향의 열녀의 양상이 등장하는 데 그를 살펴보면 다음과 같다. 아래의 2가지 이야기는 그 대상이 기생이며 열의 실행 방식이 다소 특이한 양상의 열녀담이라고 볼 수 있다.

『於于野談』 冠紅粧者長安名妓也

장안 명기(名妓) 관홍장은 얼굴이 뛰어났고, 악원 교방(樂院敎坊)에 이름이 올려 있었다. 한주(韓澍)가 의정사인(議政舍人)으로 있으면서, 데려다가 첩으로 삼아 한 딸을 낳았다. 을사(乙巳)사화 때 한주가 죄를 입어 남해로 귀양가니, 관홍장은 신의를 지키면서 딸을 데리고 혼자 살고 있었다.

이 때 관홍장을 첩으로 삼으려는 사람이 많았으나, 관홍장은 모두 거절하고 여러 해를 매우 궁핍하게 살았다. 한주에게는 더욱 더 무거운 벌이 가해졌고, 관홍장의 생활이 점점 어려워지니, 마침 이천군(伊川君)이 첩으로 삼겠다고 청혼했다.

이에 이천군에게, "내 노모를 모시고 살아가기 어려워 허락할 수 있지만, 이미 몸을 맡긴 한사인(韓舍人)에 대한 의리를 지켜야 하니, 어느 때이고 한 사인이 돌아오면 자식을 얼마를 낳았든 상관하지 않고, 한 사인에게로 돌아가게 약속해 주면 뜻을 받아들이겠습니다."고 했다.

이천군은 그렇게 하기로 약속하고 관홍장과 함께 살았다. 20여 년 동안 살면서 여러 자녀를 낳았는데, 이때 한주가 귀양살이에서 풀려 돌아오게 되었다. 관홍장은 한주가 돌아온다는 말을 듣고 이천군에게 약속한 대로 작별을 고하고, 가재도구는 모두 이천군 집에 그대로 두고 가벼운 옷가지만 챙겨 집을 나섰다.

먼저 딸(韓澍가 낳은 딸)을 시켜, 옷과 버선을 가지고 돌아오는 한주를 중도에서 만나 모친 얘기를 모두 전하고, 옷과 버선을 드리라고 했다. 딸이 한주를 만나 관홍장이 이천군과 약속하고 살았던 얘기를 전하고, 이제 이천군 집에서 나와 함께 살려고 준비하고 있다면서 옷과 버선을 드렸다.

얘기를 들은 한주는 공자(公子)의 아내를 뺏을 수 없다며 옷과 버선도 받지 않았다. 딸이 애원하여 옷과 버선을 억지로 맡겼다. 한주는 할 수 없이 버선만 받아 신었다. 딸이 한주의 얘기를 모친에게 전하니, 관홍장은 대성통곡했다. 뒤에 이 딸(한주에게서 난 딸)은 부제학(富提學) 홍인탁(洪仁度)의 측실(側室)이 되었는데, 이천군이 친딸같이 많은 결혼비용을 마련해 주었다. 이천군과의 사이에 난 아이들은 모두 벼슬이 군수(郡守)에 올랐다.

관홍장의 모습은 정조를 순수하게 지킨 것으로 보기 어렵다. 이 점에서 기존의 열녀와는 그 양상이 다르다. 그녀의 신분은 기생이다. 그녀는 그녀 나름의 방식으로 한주에 대한 절개를 지킨 것이다. 기생이라는 신분의 특성상 실제로 절의를 행할 수 있는 방법은 많지 않다. 조선후기의 전통 관념에서 보면 기생이 절개를 지킨다는 것은 의미 없는 것이었다. 그런데 기생으로서 온갖 위협과 생활의 어려움을 견디고 한 남자를 위해 수절한다는 것은 여성 본연의 정신적 승리를 의미한다고 할 수 있다. 기녀의 열녀이야기를 다룰 때 중요한 점은 기녀의 '행동양식이 어떠한가'가 아니라 '의식구조가 열녀의 행위를 지향하고 있는가'에 있다.

4. 결론

『동국여지승람』에 나타난 열녀의 양상을 바탕으로 야담집에 등장하는 열녀의 모습을 살펴보았다. 가장 많은 열녀의 행동양식은 위기의 상황에 자결함으로써 자신의 정절을 지키거나, 남편의 사후 자식들과 시부모를 봉양하며 평생 수절하는 것이었다. 이는 남성들의 가부장적 가치관이 개입하여 만들어낸 모범적인 열녀의 모습이었을 것이다. 지조와는 상관이 없어 보이던 기녀의 경우도 자신의 주체적 애정으로 인해 절개를 지킨다는 이야기도 존재했다. 목숨을 걸고 남편을 만나기 위한 고행을 겪는 이야기도 있었으며, 남편을 구조하는 이야기도 존재했다.

모두 남편의 죽음이나 부재의 상황에도 절개를 지켜냄으로써 당대의 이념에 순응한 인물들의 이야기다. 가장 적극적인 방법으로 시대의 이념에 순응한 여성인물은 죽음으로 열을 실천한 인물들이며 수절한 여성들 역시 당시의 이념을 거스르지 않고 훌륭히 수행해냈다. 그러나 이를 두고 사회 체제에 억눌린 무기력한 여성의 모습으로만 이해해서는 안 된다. 저항의 목소리를 낼 수 없었던 사회적 약자, 주어진 체제에 순응하는 것 말고는 아무것도 할 수 없었던 무능력한 여성의 이야기가 아니다.

오히려 열녀담의 여성인물들은 당대의 이념을 수호함으로써 그녀들 스스로의 존재의식을 드러냈다는 점에서 의미가 있다. 여성의 역할이 미미한 시대였던 만큼 그녀들의 위상을 확실히 보여줄 수 있는 방법은 몇 가지로 제한되었는데 그 중 가장 많은 이야기를 형성하는 것이 바로 열녀담이다. 제도권을 벗어나면 삶 자체가 영위될 수 없으므로 주어진 여건에 맞추어 인정받는 것이 오히려 더 유익하다는 생각을 스스로 하게 된 것이다. 가문의 家婦 또는 宗婦로서의 위치 확보, 正妻로서의 안정성[7) 등의 것들을 얻을 수 있는 권리이기도 했다.

이처럼 여성이 이념을 적극적으로 실천하는 경우, 스스로 사회적 자아 성취 욕구를 성취하는 수단으로 이념을 적극 이용한 것으로 본다. 제한된 공

7) 이순구, 「조선시대 가족 제도의 변화와 여성」, 『한국고전여성문학연구』 10, 한국고전여성문학회, 2005.

간에서 한정된 경험만이 허용되었던 여성들의 삶에 사회적 존재로서 의의를 인정받는 방법으로 이데올로기의 모범적 실천은 무척 효율적이었다. 당시 많은 포상제도가 있었음을 감안할 때 당대의 가치 체계 안에서 여성 자신의 삶을 의미 있는 존재를 만들 수 있는 유일한 방법이었을 것이다.

이는 제도에 순응하는 여성의 신분이 대부분 사족이었다는 점을 감안하면 더욱 그러하다. 현실과 이상과의 괴리를 더 많이 경험한 여성일수록 이념에 현실을 타파할 방법으로 이념을 적극 실천한 것이다. 이를 통해 사회를 지배하는 남성들과 동등한 문화적 존재로서의 자아를 확인하는 방안이기도 했던 것이다. 즉, 여성들의 이와 같은 수동적이고 헌신적인 태도는 역으로 적극적이고 대담한 저항이기도 한 것이다.

참고문헌

강진옥, 「열녀전승의 역사적 전개를 통해 본 여성적 대응양상과 그 의미」, 『여성학논집』 12, 이화여자대학교 한국여성연구원, 1995.

고두행, 「동국여지승람 효자 열녀조의 분석」, 전북대학교 교육대학원 논문, 1980.

곽정식, 「가짜 열녀이야기의 존재양상과 전승의식」, 『이론언어학』, 형설출판사, 2005.

김현룡, 『한국문헌설화』 3 · 4, 건국대학교 출판부, 1999.

유몽인 저, 신선희 · 현혜경 역, 『어우야담』 1 · 2 · 3, 전통문화연구소, 2003.

이강옥, 「조선후기 야담집 연구」, 서울대 석사학위논문, 1982.

이능화 저, 김상억 역, 『조선여속고』, 동문선, 1990.

_____, 『조선해어화사』, 동문선. 1996.

이순구, 「조선시대 가족 제도의 변화와 여성」, 『한국고전여성문학연구』 10, 한국고전여성문학회, 2005.

이신성, 「일타홍 이야기의 전개양상과 그 의미」, 『한국한문학연구』 14집, 한국한문학연구회, 1991.

_____, 「천예록 소재 여성인물야담의 성격 연구」, 동아대 박사학위논문, 1993.

_____, 「양은천미 소재 여성인물야담에 대하여」, 『부산한문학연구』 8, 1994.

이우성 · 임형택 편, 『이조한문단편집』 상 · 중 · 하, 일조각, 1973～1978.

이월영, 「야담집 소재 여성신분상승담 연구」, 『한국언어문학』 45집, 한국언어문학회, 2000.
______, 「야담집 소재 재가담 연구」, 『한국언어문학』, 1996.
______, 「야담집 소재 여성담 연구」, 『한국언어문학』, 1997.
이혜순, 『한국의 열녀전』, 월인, 2002.
______, 「조선조 열녀전 연구」, 『여속논총』, 1999.
이희준 저, 유화수·이은숙 역, 『계서야담』, 국학자료원, 2003.
정명기, 『한국야담문학연구』, 보고사, 1996.
______, 『야담문학연구의 현단계』 1·2·3, 보고사, 2001.
최웅 역, 『청구야담』 상·중·하, 국학자료원, 1996.
현혜경, 「한문단편의 서사구조에 있어서 지감화소」, 『한국한문학연구』 9·10집, 한국한문학연구회, 1987.
______, 「지인지감유형 고전소설 연구」, 이화여대 박사학위논문, 1990.
______, 「於于野談에 나타난 여성 삶의 형상화 양상과 의미」, 『한국고전여성문학연구』 8, 한국고전여성문학회, 2004.
홍인숙, 「열녀담론의 새로운 독해」, 『한국고전여성문학연구』 5, 한국고전여성문학회, 2005.